Buch

Träume stoßen die Fenster unserer Seele auf und öffnen das Tor zum Jenseits. Durch sie erhalten wir Zugang zu einer höheren Dimension von Erkenntnis und Weisheit. Die bekannte amerikanische Hellsichtige Sylvia Browne hat Tausende von Träumen erforscht, die Traumerzählungen der großen spirituellen Werke studiert und über Jahre hinweg selbst ein Traumbuch geführt. Sie ist überzeugt, dass die wundersamen Reisen, die unsere Gedanken während des Schlafs unternehmen, entscheidende Bedeutung für unser Leben haben, unsere Gesundheit beeinflussen, auf unsere Erinnerungen einwirken und unsere Beziehungen lenken. Illustriert mit zahlreichen Traumberichten, zeigt sie, wie wir unsere Träume, so verstörend sie auch manchmal sein mögen, positiv nutzen können, um die darin enthaltenen Botschaften zu entschlüsseln.

Autorin

Sylvia Browne wurde 1936 in Kansas City, Missouri, geboren. Von Kindheit an erschienen ihr die verstorbenen Mitglieder ihrer Familie. Mittlerweile arbeitet sie seit nahezu fünfzig Jahren als Hellsichtige und hat mit ihrer einzigartigen Begabung bereits vielen Menschen geholfen. In ihrer amerikanischen Heimat ist sie regelmäßiger Gast zahlreicher Fernsehshows. Die Website von Sylvia Browne können Sie besuchen unter: www.sylvia.org

Von Sylvia Browne sind bei Goldmann bereits erschienen:

Die Geisterwelt ist nicht verschlossen (21567)
Jenseits-Leben (21603)
Engel an deiner Seite (21693)

SYLVIA BROWNE
MIT LINDSAY HARRISON

DAS BUCH DER TRÄUME

Botschaften aus
einer anderen Welt

Aus dem Amerikanischen von
Marie-Therese Hartogs

GOLDMANN

Die amerikanische Originalausgabe erschien im Juli 2002
unter dem Titel »Sylvia Browne's Book of Dreams
by Sylvia Browne with Lindsay Harrison«
bei Dutton, New York.

Umwelthinweis:
Alle bedruckten Materialien dieses Taschenbuches
sind chlorfrei und umweltschonend.

Deutsche Erstausgabe November 2003
© 2003 der deutschsprachigen Ausgabe
Wilhelm Goldmann Verlag, München
in der Verlagsgruppe Random House GmbH
© 2002 Sylvia Browne
Published by arrangement with Dutton, a member of Penguin Putnam Inc.
Umschlaggestaltung: Design Team, München
Satz: Uhl + Massopust, Aalen
Druck: GGP Media GmbH, Pößneck
Verlagsnummer: 21663
Redaktion: Daniela Weise
WL · Herstellung: WM
Made in Germany
ISBN 3-442-21663-X
www.goldmann-verlag.de

2. Auflage

Inhalt

Einleitung 9

1. Die wundersamen Reisen im Schlaf 13
2. Die Innenwelt der Träume 25
3. Der prophetische Traum:
   Während des Schlafens in die Zukunft schauen 34
4. Der kathartische Traum 57
5. Der Wunschtraum 80
6. Wenn es mehr als Träume sind:
   Erkenntnis und Problemlösung während des Schlafs   95
7. Astralbesuche:
   Das Wunder des Wiedersehens im Schlaf 134
8. Astralkatalepsie:
   Vorübergehende Lähmung und
   laute Geräusche im Schlaf 172
9. Archetypen:
   Die Symbole in unseren Träumen 180
10. Die Akteure in unseren Träumen:
    Von Angehörigen bis zu seltsam vertrauten Fremden . 222
11. Wenn Kinder träumen 257
12. Luzide Träume und Tagträume:
    Zwischen Bewusstem und Unbewusstem 274
13. Träume durch die Augen eines Mediums betrachtet .. 292

Epilog 340

Widmung

Von Sylvia:

Für meine Freunde, Familie, Mitarbeiter und alle
dienstbaren Mitstreiter, besonders
für Montel Williams,
einen Freund
und wunderbaren Menschen,
der nicht nur mich,
sondern auch Millionen anderer
mit seiner Hilfsbereitschaft unterstützt hat.

Von Lindsay:

Für Mutter, der ich allzeit verbunden bin,
und ein von Herzen kommendes Dankeschön an dich,
Bernie, der du unser »Traumfänger« bist.

Der Träumer

Komm durch meine Tür,
O Weber der Handlungsstränge
Und du mir Vertrauter,
Mit vielen verlorenen Träumen.

Komm in mein Zimmer,
Wo Geschichten gelesen werden,
Und lass gestrige Sorgen
Verwehen und vergehen.

Komm herein, junger Mann,
Mit der Welt in deinen Augen,
Komm herein, junge Frau,
Und weine bitte nicht.

Die Menschen kommen und gehen,
Junge, nicht mehr ganz junge und alte,
Und jedes Leben ist eine Geschichte,
Die erzählt werden muss.

Dem Ohr, das geneigt ist,
Und dem Herzen, das erfüllt ist,
Mit Beistand voller Hoffnung
Dem Schicksal entgegen.

Komm in meine Welt,
O Träumer der Träume.
Komm in meine Welt,
O Schmied aller Pläne.

Niemand ist zu klein,
Niemand zu groß,
Als dass nicht eine gewisse Anmut
Ihm von Gott gegeben sei.

Komm stürz dich ins Abenteuer
Und halte meine Hand,
So werden wir eingehen
ins viel besungene gelobte Land.

Lass mich dich durchs Leben begleiten
Und mit dir alle Kämpfe bestreiten
Und mit dir all seine Freuden teilen,
Bis die Zeit der Freiheit kommt.

Du wirst nichts hören
Als das als wahr Vernommene,
Was ich für dich höre,
Sei der lebende Beweis dafür.

Was wäre die Kirschtorte
Ohne Sahnehäubchen,
Komm also in mein Zimmer,
O Träumer der Träume.

SYLVIA C. BROWNE

Einleitung

Träume und all die anderen großartigen Reisen, die unser Geist unternimmt, wenn wir schlafen, haben seit über 30 Jahren meine Leidenschaft entfacht. Ich habe unzählige Forschungsbände in dieser Richtung gelesen und die Träume Tausender von Klienten analysiert und entschlüsselt. In den großen spirituellen Werken dieser Welt bin ich der Bedeutung von Träumen nachgegangen und allein in der Bibel auf 121 Hinweise gestoßen. Ich habe Vorlesungen zum Thema Träume gehalten und Kurse über Traumdeutung gegeben. Und schon seit Jahren habe ich mir geschworen, eines Tages ein Buch über Träume zu schreiben, damit sie leichter verständlich und besser zugänglich werden, weniger Verwirrung stiften und vor allen Dingen: uns mehr Trost und Freude spenden, bis wir letztlich zu der Einsicht gelangen, dass sogar unsere Albträume Segnungen sind.

Der 11. September 2001 hat unser Leben für immer verändert, und das in mehrfacher, bis heute noch nicht absehbarer Weise. Mit dem Wandel unseres Alltags haben sich auch unsere Träume verändert, denn wir suchten die Tragödie, die Furcht, den Verlust, die Trauer, den Mut, den Stolz, die Einheit und den fühlbaren, überall spürbaren Glauben an Gott und den Nächsten zu verarbeiten – einen Glauben, der allgegenwärtig war, als wir ihn brauchten, und der auch in Zukunft immer da sein wird. Die ganze Zeit über waren und sind uns unsere Träume geblieben. Sie halfen uns, zu flüchten, wieder Hoffnung zu schöpfen, das Schlimmste nochmals zu durchleben und loszulassen. Sie führten uns in die Vergangenheit und Zukunft und sogar ins Jenseits, wo wir den dringend benötigten Trost von unseren Angehörigen und Freunden erfuhren, die im Stillen unsere Wunden heilten und uns die Kraft zum Weitermachen gaben. Immer mehr Klienten, immer mehr Briefe, immer mehr Anrufe und immer mehr Zuhörer suchten das Gespräch über ihre durch die Ereignisse befeuerten Träume. So erkannte ich, dass die Zeit reif war, mein Versprechen einzulösen und endlich das Buch zu schreiben, das ich seit fast einem halben Leben hatte zu Papier bringen wollen.

Da ich einige der besonders intensiven Träume der jüngeren Vergangenheit in dieses Buch aufnehmen wollte, ohne daraus gleich ein Werk über den 11. September zu machen, habe ich in meinen Vorträgen und auf meiner Website dazu aufgerufen, mir Traumberichte zu schicken, um sie meinen in all den Jahren zusammengetragenen Unterlagen hinzuzufügen. Dafür, dass Sie meinem Aufruf so bereitwillig und freigebig gefolgt sind, möchte ich mich an dieser Stelle bedanken. Viele, wenn auch längst nicht alle mir zugesandten Traumberichte haben in diesem Buch ihren Niederschlag gefunden. Ihre Anonymität habe ich dabei stets gewahrt, sodass Sie sich zu diesem Beitrag nur dann zu bekennen brauchen, wenn Sie es möchten. Dass sich mir so viele Menschen anvertraut haben, obwohl sie wussten, dass ich die Träume veröffentlichen wollte, ist mir eine Ehre, die ich nicht auf die leichte Schulter nehmen und niemals missbrauchen werde. Jenen, deren Briefe hier nicht erscheinen konnten, möchte ich versichern, dass ich jede einzelne Zuschrift gelesen habe – Zeugen können das bestätigen. Hätte mir mein teurer, aber gestrenger Herausgeber Brian Tart freie Hand gelassen, hätte ich sie liebend gern alle hier aufgenommen.

So ist das Buch aus Bergen von Recherchematerial, Aktenschränken voller Unterlagen aus meinen Traumseminaren und Hunderten von Zuschriften mit Traumerlebnissen entstanden. Es ist eine Hommage an jenes faszinierende, unbekannte Terrain, auf dem wir uns immer noch an der Oberfläche bewegen – jenes erstaunliche Phänomen, das wir als Träumen bezeichnen und das uns allen gemein ist. Es vermittelt Einsichten darüber, warum wir träumen, wie wir Negativität im Schlaf auflösen, wie wir Erkenntnisse gewinnen können und sogar warum sich gelegentlich Monster und Dämonen einmischen. Dieses Buch wird Sie zum lang ersehnten Wiedersehen mit Ihren Angehörigen und Freunden führen, die Sie verloren zu haben glaubten, und Sie mit Ihrer eigenen unverwechselbaren Geschichte konfrontieren. Es wird Ihnen begreiflich machen, dass Träume eine Welt für sich sind, eine Welt, in der wir durchschnittlich etwa sechs Jahre unseres Lebens verbringen – und alle Zeit läuft in Gottes ewigem »Jetzt« zusammen –, eine Welt voller Erinnerungen an vergangene Leben, gegenwärtige Probleme und Lösungen sowie präkognitive Einsichten in das, was uns die Zukunft bringen mag, eine Welt, in der Botschaften, Warnungen, Hoffnung, Hilfe, Geistführer und sogar ein Mittel gegen unser universales Heimweh geduldig darauf warten, von uns entdeckt zu werden.

Ich bin überzeugt davon, dass Träume nur eine zusätzliche geistige Dimension sind, eine Dimension, die uns – in den rechten Zusammenhang gesetzt – Zugang zu einem ganz neuen Wissensschatz vermittelt, wenn wir nur unseren Blick dafür öffnen. Das Unbewusste, das im Schlaf das Kommando übernimmt, bewahrt unsere passiven Erinnerungen; dort liegt auch der Schlüssel zu den Aufzeichnungen über jede einzelne der vielen Lebensspannen, die wir je hier auf Erden oder im Jenseits gelebt haben. Träume dienen als Weg zu diesem Schlüssel, der die Tür zu einem ewigen Wissensschatz aufmacht. Und je mehr Weisheit wir erlangen, desto verständlicher, nützlicher und positiver werden unsere Träume.

Nochmals vielen Dank für die Hunderte und Aberhunderte von Briefen. Dies ist nicht allein mein Werk, es ist das Ergebnis eines echten Gemeinschaftsprojekts. Mithin sage ich: Willkommen in *unserem* Buch der Träume.

1
Die wundersamen Reisen im Schlaf

Es gibt nichts Faszinierenderes, nichts Persönlicheres und nichts ausschließlicher uns Gehörenderes als jene Reisen, die unser Geist während wir schlafen unternimmt. Die Träume und anderen Abenteuer, die wir in dieser Zeit erleben, beunruhigen und verwirren uns; sie alarmieren uns, beschäftigen uns, erleichtern uns, amüsieren uns, trösten uns, informieren uns, erhellen uns und vor allem – sie halten uns gesund und heil, mehr als wir es uns ohne sie je erhoffen könnten. Unsere Exkursionen im Schlaf, auch unsere Albträume, sind Geschenke, sind unsere Verbündeten, die wir willkommen heißen und nicht fürchten sollten. Jede Anstrengung lohnt sich, ihre Geheimnisse zu entschlüsseln und die damit einhergehenden wichtigen Lektionen zu verinnerlichen.

Mehr als 30 Jahre habe ich mich aufs Intensivste mit den Schlaf- und Traumwelten beschäftigt. Im Verlauf dieser Studien habe ich eine Fülle von Literatur zum Thema Traumdeutung gesichtet – Material, das womöglich auch Ihnen selbst bekannt sein dürfte. Häufig ging es mir jedoch so, dass die Konfusion nach der Lektüre größer war als zuvor. Manche »Experten« schwören darauf, dass jeder Traum große kosmische Bedeutung habe, sofern wir nur klug genug wären, ihn richtig zu interpretieren. Andere sind überzeugt davon, dass Träume nichts als eine Art bedeutungsloser Filmvorführungen sind, die während des Schlafens zu unserer Unterhaltung beitragen. Und wieder andere gehen so weit, in jedem kleinsten Detail unserer Träume eine sexuelle Symbolik zu entdecken. (Nur allzu gerne wäre ich einem Sigmund Freud begegnet, nur ein einziges Mal und nur, um ihm eine einzige Frage zu stellen: »Was stimmt eigentlich nicht mit Ihnen?«) Und manche Genies behaupten sogar, dass wir uns im Moment des Wegdösens in lauter Nebelschwaden auflösen und aus völlig schleierhaften Gründen im Universum umherirren würden.

Ich hätte womöglich das Interesse verloren und die ganze Sache mit den Träumen an den Nagel gehängt, weil mir das Durchdringen des Themas allzu verwirrend erschien, wenn es da nicht ein paar grundlegende Fakten gegeben hätte, die ich ganz und gar nicht verwirrend fand:

Zuallererst war da meine Großmutter Ada, bei der ich aufwuchs: Sie war ein brillantes Medium und eine Lehrerin, die mich – ihre sie abgöttisch liebende Enkelin – an ihrer Leidenschaft für Träume, insbesondere die prophetischen, teilhaben ließ; sie hat mir beigebracht, dass das Unbewusste die Bedeutung der Träume versteht, egal ob sich der Verstand einen Reim darauf machen kann oder nicht.

Dann war da mein eigenes lebhaftes Interesse für Weltreligionen, das mich alle großen heiligen Werke lesen und immer wieder aufs Neue lesen ließ und mich zu der Erkenntnis führte, dass Träume in das feinmaschige Geflecht einer jeden religiösen Richtung unübersehbar eingewoben sind. Wenn schon allein die Bibel 121 solcher Bezüge aufweist, wie hätte ich sie dann ignorieren können?

Und weil ich von Geburt an medial veranlagt bin, verschlang ich zudem die Bücher aller berühmten Medien von Edgar Cayce über Arthur Ford bis hin zu Ruth Montgomery, in der Hoffnung, mich auf diese Weise nicht ganz so sehr als Außenseiterin zu fühlen. Gleichzeitig war ich unendlich neugierig, wie der menschliche Geist denn eigentlich funktioniert (weil ich wohl dachte, »normal« zu sein *lernen* zu können), und so las und studierte ich jedes Buch, das mir zum Thema Psychiatrie, Psychologie und Hypnose in die Hände fiel, besuchte alle einschlägigen Lehrgänge und erhielt sogar einen Meisterbrief in Hypnose. Dabei knüpfte ich lebenslange Freundschaften mit den herausragendsten Psychiatern und Psychologen Amerikas. Auch wenn es manche Mitglieder der psychiatrischen Gemeinde bestimmt nicht gerne hören: In Wahrheit haben die übersinnliche und die psychiatrische Welt vieles gemein, darunter das tiefe Interesse daran, die verborgenen Geheimnisse der Träume zu lüften und zu verstehen.

Kaum dass ich mir als Medium einen Namen gemacht hatte, ersuchten immer mehr Klienten um meine Hilfe zur Deutung ihrer Träume. In den meisten Fällen stört es mich kein bisschen, auch einmal zuzugeben, dass ich etwas nicht weiß. Wenn aber ein Klient mit einem ernsthaften Anliegen zu mir kommt, schulde ich ihm mehr als ein Achselzucken und einfaches Abtun nach dem Motto: »Da bin ich überfragt.« Es war also zum Wohle meiner Klienten wie auch zur Stillung meiner unersättlichen Neugier, dass ich es mir zur Aufgabe machte, die Mysterien der Träume bestmöglich zu entschleiern. Das führte dazu, dass ich viele Jahre lang überaus erfolgreiche Traumdeutungsseminare vor einer wachsenden Zahl von Interessierten abhalten durfte, die ebenso wie ich in den Bann geraten waren.

Und dann wurde ich eines Tages durch einen Traum dermaßen aufgerüttelt, dass ich selbst um Hilfe bei einem meiner Professoren ersuchte. Und das Ergebnis des Entschlüsselns der in diesem Traum enthaltenen Botschaft traf mitten ins Schwarze. Es geschah in einer Zeit großen persönlichen Umbruchs in meinem Leben. Gerade dann sind unsere Erlebnisse im Schlaf gewöhnlich viel lebhafter, heftiger und bedeutsamer als sonst. Ich versuchte den Spagat zwischen meinen beiden Vollzeit-Berufen als Medium einerseits und als Lehrerin andererseits zu vollbringen, nahm an einem Hypnose-Seminar für Fortgeschrittene teil und steckte obendrein mitten in einer unangenehmen Scheidungsaffäre von meinem ersten Mann Gary (genau genommen sogar mein zweiter, aber das ist eine andere Geschichte für ein weiteres Buch). Wir mussten uns nicht über Geld oder Besitz streiten, weil sowohl Gary als auch ich selbst keines von beidem besaßen. Aber es gab eine riesige und ziemlich hässliche Auseinandersetzung über das Sorgerecht für unsere beiden kleinen wunderbaren Söhne Paul und Chris und unsere bildhübsche Pflegetochter Mary. Ich war nicht bereit zuzulassen, dass mich irgendjemand auf dieser Welt von meinen Kindern trennen würde – *Punktum*. Beim Gedanken an jene schmerzliche und schreckliche Zeit krampft sich mir noch heute, 30 Jahre später, während ich darüber schreibe, der Magen zusammen.

In besagtem Traum stand ich in einem Zustand absoluter Panik in einem Klassenzimmer und hielt meine drei Kinder Paul, Chris und Mary, die sich eng an mich schmiegten, fest umschlungen. Wir vier befanden uns im Zentrum eines Schutzkreises, den ich auf dem Boden gezogen hatte. Mehrere androgyne, nicht bedrohlich wirkende Gestalten mit gesichtslosen grünen Masken schritten hintereinander die äußere Kreislinie entlang und sangen ohne Unterlass »Vorsicht vor der Drei, Vorsicht vor der Drei«. Vor den Gestalten selbst fürchtete ich mich eigentlich nicht, wohl aber vor deren wiederholter Warnung, und beim Aufwachen fühlte ich mich so hilflos und panisch wie nie zuvor in meinem Leben.

Den Rest der Nacht konnte ich kein Auge mehr zutun. Verzweifelt versuchte ich, die Bedeutung der Worte »Vorsicht vor der Drei« zu entschlüsseln. Vor welcher »Drei« sollte ich mich denn in Acht nehmen? Sicherlich waren die drei unschuldigen Kinder gemeint, die ich so vehement zu beschützen bemüht war. Handelte es sich vielleicht um einen bevorstehenden Termin für eine Sorgerechtsanhörung, die nicht gut für uns ausgehen würde, etwa am »dritten« des Monats oder gar erst in »drei« Monaten? Hatte sich mein von mir getrennt lebender Ehemann womöglich »drei« Belastungspunkte gegen mich ausgedacht, um den Richter davon zu überzeugen, dass ich als Mutter nichts taugte? Kaum auszudenken, wenn es eine Vorwarnung gewesen sein sollte, mich emotional darauf gefasst zu machen, meine »drei« Kinder zu verlieren, was ich womöglich nicht überlebt hätte! Tausende von Möglichkeiten schossen mir in jener Nacht durch den Kopf, während ich in heller Aufregung im Haus umherwanderte, aber keine davon schien mir richtig, geschweige denn jene Art von Hilfestellung zu beinhalten, die eine solche Warnung zu bergen pflegt. Ich habe mir gelobt, immer wachsam zu sein, mich vor einem möglichen Feind in Acht zu nehmen und mich ihm tapfer zu stellen, aber ich kann nichts machen, solange ich nicht einmal weiß, wer oder was dieser Feind überhaupt ist.

Glücklicherweise studierte ich zu der Zeit gerade Hypnose für Fortgeschrittene. Mein Professor war ein Genie auf dem Gebiet der komplexen Abläufe des menschlichen Unbewussten und der Botschaften, die es uns vermittels unserer Träume schickt. Auch heute noch sehe ich in ihm einen der zuverlässigsten und versiertesten Kollegen. Ich wartete bereits vor seinem Büro, als er an jenem Morgen dort eintraf. Mittlerweile war ich so aus der Fassung geraten, dass ich durchaus fähig gewesen wäre, ihn sogleich beim Kragen zu packen. Ich kann heute nicht mehr beschwören, ob ich es nicht am Ende wirklich tat. Geduldig geleitete er mich zu dem Besucherstuhl an seinem Schreibtisch und meinte einfach: »Erzählen Sie mir, was los ist.«

Ich setzte ihn ins Bild über den widerlichen, Kräfte zehrenden Sorgerechtskampf und beschrieb ihm dann meinen Traum in all seinen beunruhigenden Details. Ich weine nicht oft, und schon gar nicht vor anderen Leuten. An jenem Tag aber konnte ich die Tränen nicht zurückhalten.

»Sie hätten sicherlich nicht gedacht, dass sich ein Medium, das allen Menschen als Ansprechpartner gilt, einmal so hilflos fühlen kann«, meinte ich. »Aber Sie wissen ja, was mich selbst anbelangt, ist meine mediale Begabung keinen Pfifferling wert. Sollte mir dieser Traum etwas sagen wollen und bei der Sorgerechtsverhandlung nur deswegen etwas schief gehen, weil ich die Botschaft nicht verstanden habe, so werde ich mir das nie verzeihen. Was kann ich nicht sehen, wo bin ich blind, John? Was könnte ›Vorsicht vor der Drei‹ bedeuten?«

Er lächelte geduldig und mitfühlend, während er sprach: »Erzählen Sie mir, wer gegen Sie im Sorgerechtsstreit kämpft? Wer versucht, Ihnen Ihre Kinder wegzunehmen?«

Das war leicht zu beantworten: »Mein Mann, seine Mutter und, Sie werden es nicht für möglich halten, auch meine Mutter.«

Anstatt das Offensichtliche in Worte zu fassen, brachte er mich dazu, es von allein zu verstehen. Ich brauchte ein paar Sekunden, bis ich schließlich hinzufügte: »Mit anderen Worten: drei Personen. Vor drei Menschen muss ich mich in Acht nehmen.« Ich wurde von jener Welle der Erleichterung erfasst, die uns immer dann überrollt, wenn wir erkennen, dass wir etwas Richtiges und Wahres aufgedeckt haben. Der Traum war also nicht irgendeine schreckliche Vorhersage. Er entpuppte sich nicht als nervenaufreibendes Ratespiel, bei dem es irgendwelche mysteriösen neuen Informationen zu enthüllen galt. Er diente lediglich zur Aufklärung und Erinnerung daran, dass ich meinen Blick auf die drei Leute gerichtet lassen sollte, die es sich auf die Fahnen geschrieben hatten, mich vermittels meiner Kinder zu verletzen.

Ich spürte förmlich, wie mir die Last der ganzen Welt von den Schultern genommen war, als ich Johns Büro an jenem Morgen verließ. Die Furcht, die mich die ganze Nacht wach gehalten hatte und mich umherwandern ließ, war einem Gefühl von Entschlossenheit gewichen, wie es sich einstellt, wenn wir im Dunkeln das Licht anknipsen und feststellen, dass das fürchterliche, diffuse Monster in der Ecke unseres Schlafzimmers nichts als ein Stapel Kleider auf einem Stuhl ist. Von jenem Tag an lenkten wir beide, mein Rechtsanwalt und ich, ein noch wachsameres Auge auf »die Drei«, und weil wir das taten, haben wir auch gewonnen. Ich habe das alleinige Sorgerecht für meine Kinder bekommen. Gott sei Dank!

Wenn irgendein Ereignis meine Verpflichtung besiegelt, die Welt der Träume zu erforschen und meinen Klienten und mir selbst ihren Zauber besser zugänglich und verständlich zu machen, so war es jener Traum, mit all seinen Folgen und dem, was ich daraus lernte.

Mir wurde bewusst, dass wir im Schlaf wertvolle Klarheit finden können, wenn wir nur das Vokabular beherrschen, um die Botschaften unserer Träume zu übersetzen.

Am eigenen Leib erfuhr ich, wie verloren, verwirrt und oft ängstlich sich meine Klienten wohl gefühlt haben müssen, wenn sie mich um die Deutung ihrer Träume ersuchten. Und ich habe Gott und mir selbst versprochen, dass ich alles in meiner Macht Stehende tun würde, sie niemals im Stich zu lassen.

Ich lernte, wie wichtig Objektivität ist, wenn man den Sinn eines Traumes herausfinden will, und wie leicht der Verstand dazu neigt, den Sinn eines Traums zu verkomplizieren, wo doch häufig die einfachste Antwort gerade die richtige ist.

Mir wurde außerdem klar, dass die Schlafwelt sehr viel reichhaltiger, bunter und um etliches weiträumiger ist, als ich mir es je vorgestellt hatte, und dass Träume nur der Beginn jener Welt sind, wie wir im Verlauf dieses Buches darlegen werden.

Grundsätzliches über den Schlaf

Wir alle wissen, wie man schläft, und auch, dass Schlafen eine biologische und psychologische Notwendigkeit ist. Doch in den Fünfzigerjahren des letzten Jahrhunderts begannen Wissenschaftler damit, formale, gut dokumentierte und umfangreiche Studien des gesamten Schlafverlaufs durchzuführen; und heute – gut fünfzig Jahre später – ist immer noch nicht alles erforscht, und es zeigt sich, wie unendlich komplex die Welt des Schlafs wirklich ist.

Ich habe die Ergebnisse der meisten dieser Studien gelesen. Einige sind ungeheuer faszinierend, andere offen gesagt so langweilig, so technisch oder auch schlichtweg so schlecht geschrieben, dass ich es kaum schaffen konnte, sie bis zum Ende durchzuarbeiten. Ein Großteil der Forschungsberichte liefert jedoch wertvolle Informationen über den Schlaf und darüber, wann und wie wir träumen. Das kann uns jene wohligen Stunden besser genießen lassen, in denen unser Bewusstsein zurücktritt und dem Geist und dem Unbewussten die Bühne freigibt.

Es ist inzwischen allgemein bekannt, dass es zwei elementare Schlafphasen gibt: REM, was für »rapid eye movement« (schnelle Augenbewegung) steht und die leichteste Phase des Schlafens ist, und Non-REM, was den Tiefschlaf charakterisiert, wenn es fast keine Augenbewegung oder andere Muskelreaktionen gibt. Während der REM-Phase träumen wir. Wenn wir während oder unmittelbar nach dem REM-Schlaf aufwachen, ist die Wahrscheinlichkeit groß, dass wir uns an unsere Träume erinnern.

Die Non-REM-Phase macht etwa 75 Prozent unseres Schlafs aus, sodass 25 Prozent für den REM-Schlaf verbleiben. Einer Vielzahl brillanter Köpfe, dem unermüdlichen

Wissensdurst einiger Forscher und dem enormen Fortschritt der Medizintechnologie verdanken wir auch unser heutiges Wissen darüber, dass sich das Muster unserer Gehirnzellen im Schlaf ungefähr alle 90 Minuten periodisch wiederholt. Die mittels EEG (Elektroenzephalogramm) gemessenen Gehirnwellen lassen sich in verschiedene Stadien einteilen:

- Beta-Stadium: Wir sind hellwach, aktiv und auf dem Sprung.
- Alpha-Stadium: Wir sind wach, aber entspannt, und unsere Augen sind geschlossen.
- Theta-Stadium: Wir sind schläfrig oder kurz davor einzuschlafen und fallen dann gewöhnlich in die REM-Phase.
- Delta-Stadium: Wir schlafen tief und fest und sind in der Non-REM-Phase.

Haben wir das Delta-Stadium des Zyklus erreicht, kehrt sich die Reihenfolge um; unser Schlaf wird wieder zunehmend leichter. Wachen wir dann auf und fühlen uns ausgeruht und erfrischt, ist die Wahrscheinlichkeit hoch, dass sich diese 90-Minuten-Zyklen ohne Störung und Unterbrechung aneinander reihen konnten.

Die Wissenschaftler haben die Schlafzyklen und insbesondere die REM-Phase bis ins letzte Detail untersucht. Dabei haben sie sogar entdeckt, dass sich unsere Augen horizontal bewegen, wenn wir im Traum etwas von der Seite her betrachten, und vertikal, wenn wir unseren Blick träumend von oben nach unten schweifen lassen. Glücklicherweise beschränkt sich das körperliche Ausagieren unserer Träume weitgehend auf die Augen. Die gleichen Zonen des Gehirns, die unsere Schlafzyklen steuern, verhindern auch unsere anderen motorischen Aktivitäten. Das erklärt, warum wir im relativ leichten REM-Schlaf, wenn wir zwar noch schlafen, aber dennoch unsere Umwelt vage wahrnehmen, gelegentlich Träume haben, in denen wir verzweifelt zu laufen versuchen, aber unsere Beine den Dienst versagen – es ist die Verquickung von Traumsituation und normaler, temporärer, schlafinduzierter Hemmung der Körpermotorik. So frustrierend solche Träume auch sein mögen, die Alternative wäre schlimmer und womöglich peinlich. Eine unangenehme Vorstellung, was wäre, wenn es diese biologische Sperre nicht gäbe, sodass uns nichts aufhalten und uns unser Körper tatsächlich im Schlaf weglaufen würde, finden Sie nicht auch? Es gibt effektiv eine selten auftretende Fehlfunktion des Gehirns, die als »REM-Schlafverhaltensstörung« bezeichnet wird; sie lässt die Betroffenen ihre Träume physisch ausagieren, ohne dass sie sich dessen bewusst sind, und am Ende verletzen sie nicht nur sich selbst, sondern auch jeden anderen, der ihnen zufällig in die Quere kommt.

Weil erfolgreiches Schlafen auf dem natürlichen Gleichgewicht und Fluss der REM- und Non-REM-Zyklen sowie der verschiedenen Stadien der Gehirnwellenaktivität beruht, hoffe ich inständig, dass Sie der Versuchung widerstehen mögen, sich (außer nach strikter ärztlicher Verordnung) mit Tabletten – oder auch Alkohol – in den Schlaf zu wiegen. Zwar stehen die Chancen gut, dass man durch Selbstmedikation schneller einschläft, aber wie von unzähligen Experten und Forschern nachgewiesen worden ist, wird dadurch garantiert die Ausgewogenheit unserer Schlafzyklen beeinträchtigt. Entweder verbringen wir zu viel Zeit im Theta-Stadium und werden von einer Flut von Träumen überschüttet, die uns mit dem Gefühl aufwachen lassen, wir hätten die Nacht in einer Art bizarrem, unentrinnbarem Spiegelkabinett verbracht, oder aber wir verweilen zu lange im Delta-Stadium und schlafen derart tief und traumlos, dass wir uns beim Aufwachen wie gerädert und innerlich leer fühlen.

Ungeachtet der anhaltenden Diskussion einer Hand voll Forschern, die, wie ich meine, ihr Menschsein unter allzu hohen Stapeln von Daten vergraben haben, gibt es nicht den kleinsten Zweifel in mir, dass das Träumen ebenso wichtig für uns ist wie das Atmen. Ob wir uns an unsere Träume erinnern oder nicht, ob wir sie auch nur ansatzweise verstehen – wie dem auch sei, sie sind ein Entlastungsventil, ein regelrechter Überlebensmechanismus, die Art und Weise eben, wie unser Geist ein gewisses Gleichgewicht zu bewahren und erhalten sucht in einer von Aktivität überschäumenden Welt, die oft sehr wenig Ausgewogenheit zu bieten scheint. Der Schlafforscher William C. Dement hat einmal gesagt: »Träumen ermöglicht einem jeden Einzelnen von uns, jede Nacht insgeheim in aller Geborgenheit die eigene Verrücktheit auszuleben.« Ich kann ihm nicht genug beipflichten. Wie notwendig Träume für uns sind, geht aus klinischen Studien hervor, wonach Körper und Geist nach mehreren Nächten REM-Entzug unmittelbar nach Wiederherstellung des normalen Schlafrhythmus als Erstes dafür sorgen, die Dauer und Häufigkeit der REM-Zyklen zu erhöhen, um die verlorene Zeit zu kompensieren. Träume sind schon allein deshalb unerlässlich, weil wir ohne sie alles und jedes im kalten Licht des Tages erleben müssten, vom Desorientiertsein bis hin zur Unfähigkeit, uns zu konzentrieren oder logisch auf Angst, Depression oder Halluzinationen zu reagieren – mit anderen Worten all jene oftmals beunruhigenden Zügellosigkeiten, die wir im Schlaf so ungeniert im stillen Kämmerlein zum Ausdruck bringen können.

Bevor wir nun diese gemeinsame Entdeckungsreise in die ungewöhnliche, unentbehrliche Welt der Träume antreten, bitte ich nur um eines: Egal, was wir enthüllen werden, wie dunkel oder hell, bizarr oder erfreulich, schaurig oder aufregend die Dinge auch sein mögen, vergessen Sie niemals, dankbar dafür zu sein, dass Sie überhaupt Träume haben. Und geloben Sie sich vorbehaltlos, von heute Abend an für den Rest Ihres glücklichen, heilen, spirituellen, wissbegierigen Lebens aus Gottes Hand mutig zu träumen.

2

Die Innenwelt der Träume

Wie schon erwähnt, habe ich die gleichen Traumdeutungsbücher gelesen wie Sie und stand nach der Lektüre oft genauso verwirrt da wie Sie auch. Am meisten gehen mir die Bücher auf die Nerven, in denen darüber fabuliert wird, wie einfach es doch sei, unsere Träume zu deuten, nur um dann mit so hochkomplizierten und verschlungenen Erklärungen über Traumsymbolik aufzuwarten, dass man den Mut verliert oder sich schlichtweg zu blöd vorkommt, um sich an eine Interpretation heranzuwagen. Stellen wir also gleich zu Anfang ein paar Dinge klar.

Zum einen ist es gar nicht immer einfach, Träume zu deuten. Wie bei so vielen anderen wertvollen Fähigkeiten sind auch hier Übung, Zeit, präzise Informationen und die eigene Bereitschaft, einen offenen, selbstkritischen Geist zu bewahren, ausschlaggebend. In der Regel ist es weitaus schwieriger, die eigenen Träume zu interpretieren als die anderer Menschen, denn es fehlt uns der Abstand, sodass wir oft »den Wald vor lauter Bäumen nicht sehen können«. Je objektiver wir also die Dinge angehen, desto erfolgreicher werden wir höchstwahrscheinlich sein.

Zum anderen gibt es selten nur eine einzige »richtige« Deutung eines Traums. Häufig sehen wir uns mehreren absolut plausiblen Interpretationsmöglichkeiten gegenüber. Offen gesagt, kommt es auf die wörtliche Bedeutung der vielen Details nicht so sehr an, solange wir es schaffen, die globale Botschaft eines Traumes zu verstehen.

Ein perfektes Beispiel hierfür lieferte eine Klientin, die mich vor einigen Monaten aufsuchte, als ich gerade mit dem Schreiben dieses Buches begonnen hatte. (Es ist immer wieder erstaunlich, wie häufig mir das Leben anschauliche Beispiele genau zu dem Zeitpunkt beschert, wo ich sie brauche.) Mitten in einem Reading, das überhaupt nichts mit Träumen zu tun hatte, verspürte meine Klientin plötzlich den inneren Drang, mir von einem wiederkehrenden Albtraum zu berichten, mit dem sie sich seit Monaten quälte:

»Ich fühle mich wie eingeschlossen in einem kleinen, fensterlosen Zimmer mit grauen Wänden. Ich habe einen Säugling auf dem Arm; doch obwohl ich Babys liebe, macht mir dieses hier alles andere als Freude. Im Gegenteil, es stört und nervt mich, denn es hat einen unersättlichen Appetit. Egal, wie oft ich ihm das Fläschchen gebe, es will immer mehr und mehr und mehr, als sei es hoffnungslos bedürftig, ohne dass ich es jemals zufrieden stellen kann. Ich bin verzweifelt und sehe keinen Ausweg, weil ich weiß, dass ich für das Baby verantwortlich bin, aber am liebsten flüchten und es in die Obhut irgendwelcher anderen Leute geben würde.«

Das Baby? Ihr Mann. Die Flasche? Seine schwere Alkoholabhängigkeit, der er sich nicht stellt und mit der er sich schon gar nicht auseinander setzt. Aber ebenso gut könnte sie selbst das Baby sein, das sich angesichts der Trunksucht ihres Mannes hilf- und wehrlos wie ein Kind fühlt. Ob das Baby ihn oder sie darstellt, ist bei weitem nicht so wichtig wie die Tatsache, dass ihr da zum wiederholten Mal eine Wahrheit vor Augen geführt wurde, der sie sich im Wachzustand nicht stellen konnte: Sie fühlte sich in ihrer zerrütteten Ehe gefangen, an der sie schon seit langem keinerlei Freude mehr hatte. Sie wollte weglaufen, doch ihr Verantwortungsgefühl ließ das nicht zu.

Die Information über den übermäßigen Alkoholkonsum ihres Mannes wurde mir nicht auf mediale Weise zuteil. Das war auch gar nicht nötig, denn bereits früher hatte die Klientin mir in einer Sitzung davon berichtet. Sie hatte auch davon gesprochen, wie sehr sie ihren Mann liebte und dass das Ganze eigentlich gar nicht so schlimm sei – definitiv nicht arg genug, um ihre Ehe hinzuschmeißen. Es war wieder einmal ein gutes Beispiel dafür, dass man, wenn man zu nahe an einer Situation dran ist, die offensichtliche Botschaft eines Traums nicht zu erkennen vermag, genau wie ich selbst es damals auch am eigenen Leib erlebt hatte. Um wie viel ehrlicher ist die Geistseele in unserem Unbewussten als unser Verstand, der sich eifrigst bemüht, Entschuldigungen zusammenzutragen und seine Verteidigungsmechanismen spielen zu lassen.

Acht Monate später erhielt ich einen Brief von der Klientin. Nachdem sie eine umfassende Therapie absolviert habe, habe sie sich nun doch dazu durchgerungen, ihren Mann zu verlassen, denn er habe sich unnachgiebig geweigert, sein Alkoholproblem zuzugeben, geschweige denn, sich damit zu befassen. Der Schritt sei ihr nicht leicht gefallen, aber sie sei sich sicher, dass es das einzig Richtige und Heilsame wäre. Besonders eine ihrer Aussagen hat mich beeindruckt: »Offen gestanden, wären Sie diejenige gewesen, die mir die Ausweglosigkeit meiner Situation vor Augen geführt hätte, so hätte ich Ihnen bestimmt nicht geglaubt. Doch da *ich* es mir selbst eingestand, konnte ich es nicht einfach so vom Tisch wischen.«

Das untermalt eine andere wunderbare Wahrheit, die ich Ihnen mit auf den Weg geben möchte, bevor wir uns dem eigentlichen Thema zuwenden: Unsere Träume und die dahinter wirkende Geistseele wissen für gewöhnlich viel mehr über uns als wir selbst; welch ein Verlust wäre es also, ihre Sprache nicht zu beherrschen und nicht aufmerksam *hinzuhören*.

Ewiges Trachten nach Träumen

Es sollte uns inspirieren und nicht entmutigen, dass Menschen wahrscheinlich ebenso lange die Geheimnisse der Träume zu entschlüsseln suchen, wie es Vertreter dieser Spezies auf Erden gibt. Schriftliche Traumdeutungen gehen zurück bis ungefähr 4000 v. Chr., aber noch vor jener Zeit sahen die »primitiven« Kulturen (die manchmal mehr Weisheit besaßen als unsere so genannten zivilisierten Gesellschaften – machen wir uns nichts vor!) in der Welt der Träume nichts Geringeres als eine mächtigere Version der Welt der Wirklichkeit, in der sie ihre Zeit des Wachseins verbrachten, sodass jene zwei Welten untrennbar, miteinander verwoben und gleichermaßen wichtig waren.

Die alten Römer glaubten, dass Träume Botschaften der Götter seien. In der Regel überließen sie es dem Senat, alle wichtig erscheinenden Träume zu interpretieren, während es bei den griechischen Feldherren Tradition war, Traumdeuter zu Rate zu ziehen. In Afrika wiederum oblag es Heilern und Schamanen, in den Träumen Anhaltspunkte zur Diagnose und Heilung von Krankheiten zu finden. Die Chinesen ebenso wie die Mexikaner betrachteten die Traumwelt als eine eigene Dimension, in die sich die Seele allnächtlich begibt, eine Dimension, in der ihre Vorfahren auf sie warteten, um ihnen Trost zu spenden und Weisheit zu verleihen. Nach dem Glauben der Ägypter schließlich waren Träume heilig; Priester wurden deshalb mit der Aufgabe geehrt, sie zu deuten. Etwa fünfhundert Jahre vor Christus hatte eine nordindische Königin namens Maya eines Nachts einen Traum, in dem sie mit einem reinen, vollkommen weißen Elefantenbaby spielte. Gegen Ende des Traumes zog der Elefant in ihren Schoß ein, und als Maya erwachte, wusste sie, dass dies ein

Zeichen war, dass sie eines Tages ein ebenso reines, vollkommenes Kind gebären würde. Jenes Kind war Siddhartha, der der erleuchtete Buddha wurde. Eine weitere große Weltreligion war geboren, die – wie auch das Christentum – nach einer im Traum übermittelten göttlichen Verheißung ihren Weg in die Welt gefunden hatte.

Die großartige Spiritualität der Indianer hat sich ebenfalls seit Urzeiten in ihrer tiefen Verehrung für die Traumwelt widergespiegelt, in der ihre Ahnen leben. Die Ojibwa, ein nordamerikanisches Indianervolk, schufen die Traumfänger: wunderschöne, aus Weidenringen und Pflanzenfasern geflochtene Netze mit einer einzelnen herabhängenden Feder. Über der Schlafstatt des Kindes platziert, würde dieser Traumfänger, so die Legende, alle Träume anziehen. Die schlechten würden in den Maschen hängen bleiben, die guten hingegen ihren Weg zum Zentrum finden, sodass sie an der Feder entlang bis hinein in die Geistseele des Kindes gleiten könnten. Und mit dem ersten Lichtstrahl des Morgens würde die Sonne auf die schlechten Träume scheinen, die sich im Inneren des Traumfängers verfangen hatten, und sie mit ihren Strahlen verbrennen.

Ich lasse Sie nicht etwa deshalb an diesen Anekdoten teilhaben, weil sie ein Steckenpferd von mir sind, sondern weil sie auf so wunderbare Weise die unermessliche Tiefe der Beziehung zwischen dem Menschen und seinen Träumen veranschaulichen. Unsere diesbezügliche Neugier ist also zeitlos, unser Bemühen, sie zu verstehen, grenzenlos, unser emotionales Bedürfnis danach unbestreitbar. Und wie wir in den nachfolgenden Kapiteln noch sehen werden, bekommen wir über die medialen Kanäle, die sie uns eröffnen, Zugang zu unserer eigenen außergewöhnlichen Kraft, zu unserem großen Reichtum an spirituellen Fähigkeiten, zu ewigem Wissen und zu den Erinnerungen, Begegnungen und Heimgängen sowie der nächtlichen Bestätigung unserer seligen, gottgegebenen Unsterblichkeit.

Wir träumen schätzungsweise jede Nacht mindestens zwei Stunden lang. Bei einer angenommenen Lebenserwartung von siebzig Jahren in einer Inkarnation verbringen wir also über 50000 Stunden unseres Lebens träumend. Über 50000 Stunden in Gottes Gegenwärtigkeit, in denen wir Einblick in die Zukunft und Vergangenheit nehmen, diese erforschen und begreifen lernen und in denen wir Angehörige und uns nahe stehende Menschen im Diesseits und Jenseits flüchtig zu Gesicht bekommen. Mal tun wir dabei nichts anderes, als einfach nur Dampf abzulassen oder bestimmte weltliche Probleme zu lösen, mal nichts Geringeres als ein Leben zu retten, mit Engeln emporsteigen oder göttliche Inspirationen zu empfangen, die allen Menschen zugute kommen könnten. Mehr als 50000 Stunden für Antworten, die uns gehören, nur uns allein – und die nur darauf warten, verstanden zu werden.

Die fünf Traumkategorien

Wie schon gesagt, beschäftige ich mich seit 30 Jahren leidenschaftlich mit dem Studium und der Auswertung von Träumen. Dabei bin ich zunehmend sensibler dafür geworden, was mir plausibel erscheint und was nicht, sodass ich meinen eigenen Deutungsstil gefunden und immer weiter verbessert habe. Was nützen mir die cleversten, beeindruckendsten, noch so fortschrittlich klingenden Pamphlete, was die rhetorisch perfektesten Vorträge, wenn ihr Inhalt keinen Sinn macht? Ich liebe die Logik, je einfacher und klarer etwas ausgedrückt wird, desto besser, und Logik ist ein wesentliches Element in meiner Methodik der Traumdeutung.

Ich gebe ferner ganz offen und ehrlich zu, dass meine Ansichten über die Traumwelt auf zwei weiteren Säulen basieren, die die tragenden und inspirierenden Kräfte eines jeden Augenblicks in meinem Leben sind: meine absolute Hingabe an Gott und die Spiritualität sowie die medialen Gaben, die Gott mir geschenkt hat. Das soll nicht heißen, dass Sie mit meiner Weltanschauung völlig übereinstimmen müssen, um von diesem Buch profitieren zu können. Ich will Ihnen hier nur meinen Standpunkt von vorneherein darlegen und Sie darum bitten, meine Einstellung zu respektieren, ebenso wie auch ich jederzeit die von Ihnen eingegangenen Verpflichtungen oder Bindungen achten werde. Ich werde niemals behaupten, dass mein Ansatz zur Traumdeutung der einzig wahre sei. Es ist lediglich *mein* Weg, in dessen Mittelpunkt Gott, die Spiritualität und die Logik stehen – ein Weg, mit den Augen einer medial Begabten geschaut, so wie dieses eine Augenpaar ihn sehen kann. Ich bin fest davon überzeugt, dass auch Sie irgendwo auf diesen Seiten einige lang gesuchte Antworten zu den engen Beziehungen zwischen Ihnen und Ihren Träumen finden werden oder dass zumindest Ihr Forschergeist geweckt wird.

Nachdem ich dies vorweggeschickt habe, will ich nun ganz logisch mit dem ersten Schritt beginnen, den ich zur Entschlüsselung eines jeden Traumes tue, nämlich mit der Beantwortung der Kernfrage: *Was für eine Art Traum war es?*

Es ist erfreulich und erstaunlich zugleich, wie leicht die Antwort hierauf fällt, sobald wir uns erst einmal zu fragen getraut haben. Und es ist verblüffend, um wie vieles leichter es ist, einen Traum und die damit einhergehenden Emotionen zu deuten, wenn wir ihn erst einmal in den richtigen Kontext gestellt haben.

Jedes Traumerlebnis lässt sich einer der fünf Kategorien zuordnen:

- der prophetische Traum
- der kathartische Traum
- der Wunschtraum
- der Erkenntnis- oder Problemlösungstraum
- die Astralreise

Im Folgenden eine kurze persönliche Geschichte über den Sinn dieser Kategorisierung. Seit ich Anfang zwanzig war, habe ich einen sehr sporadisch wiederkehrenden Albtraum. Ich befinde mich in einem offenen Gelände, und eine riesige Herde starker weißer Pferde trampelt über mich hinweg. Seltsamerweise verletzen sie mich nicht, und sie scheinen mich auch nicht zu bedrohen; sie überrollen mich regelrecht, doch mir ist stets bewusst, dass ich aus freien Stücken auf diesem Gelände und den Pferden im Weg stehe. Ich habe nicht wirklich Angst; vielmehr fühle ich mich hilf- und kraftlos.

Bevor ich wusste, dass es fünf verschiedene Arten von Träumen gibt, konnte ich mit dem Traum überhaupt nichts anfangen. Doch als ich begann, mich zu fragen, welche Art von Traum es sein könnte, wurde auf einmal alles viel einfacher. Ein Wunschtraum? Wohl kaum. Ein prophetischer Traum? Eher unwahrscheinlich. Ein Erkenntnistraum? Nein, auch nicht, solange ich nicht mit irgendeiner neuen Erkenntnis erwachte. Ein Problemlösungstraum? Höchstwahrscheinlich nicht, weil ich nichts tat, um die Pferde zu stoppen oder vor ihnen zu fliehen. Und ganz bestimmt keine Astralreise, da war ich mir völlig sicher. Aber ein kathartischer Traum, das machte tatsächlich Sinn. Was ich für einen Albtraum gehalten hatte, war in Wirklichkeit nur meine Geistseele, die die rote Fahne schwenkte, um auf die Tatsache zu weisen, dass ich den Bogen überspannte. Zwar wurde mir ein Leben beschert, das ich – in welcher Form auch immer – Gott, der Spiritualität und dem Gebrauch meiner medialen Gaben gewidmet habe, um

DIE FÜNF TRAUMKATEGORIEN

diese Welt ein wenig besser zu verlassen, als ich sie vorgefunden habe. Gleichzeitig aber bin ich eine der engagiertesten und leidenschaftlichsten Mütter und Großmütter, die Ihnen je begegnet ist. Ich müsste also entweder lügen oder verrückt sein, wenn ich behaupten wollte, dass mir die Dinge des Alltags nie und nimmer über den Kopf wachsen würden. Liegt es nicht glasklar auf der Hand, dass ich in meinem Traum nicht von einer Horde dunkler, bösartiger, schädlicher Monster überwältigt wurde, sondern eine Herde wunderschöner Pferde über mich hinwegfegte – ebenso stark, edel, unaufhaltsam und herrlich wie jene Kräfte, die mich selbst antreiben? Die Erkenntnis, Träume erst zu kategorisieren, bevor ich mich an die Deutung mache, ließ mich begreifen, dass mein wiederkehrender »Albtraum« eigentlich ein Segen für mich war, denn meine Geistseele hatte nur einen müden Seufzer ausgestoßen, um mir zu bedeuten: »Ich an deiner Stelle würde etwas kürzer treten.«

Um es nochmals zu verdeutlichen: Zu wissen, welche *Art* von Traum man deuten möchte, ist immer der erste Schritt zur Entschlüsselung seiner Geheimnisse, und das ist leichter, als man es sich vielleicht vorstellt, weil jede der fünf Traumarten ihre eigenen, unverwechselbaren Merkmale hat. Beginnen wir mit einer Kategorie, mit der so viele von uns gesegnet sind, auch wenn wir sie manchmal als Fluch empfinden, dem faszinierenden prophetischen Traum.

3

Der prophetische Traum: Während des Schlafens in die Zukunft schauen

»Ich war an einem schwach beleuchteten Ort, der aber keine Furcht verbreitete. Er sah eher wie ein Auditorium aus. Sylvia hielt dort ein Referat. Genauer gesagt, war es eigentlich Francine, ihre Führerin, die durch sie sprach. Das ganze Publikum im Saal schien irgendwie in Trance zu sein. Vor mir saß eine kleine alte Dame, die unentwegt dumme Fragen stellte, sodass ich langsam ungeduldig wurde. Meine Armbanduhr und die Wanduhr zeigten eine Minute vor zwölf. Für mich blieb also keine Zeit, weitere Fragen zu stellen, und Sylvia machte sich zum Aufbruch bereit. Dann blickte sie mir direkt in die Augen und meinte: ›Sie wollen am 10.7. nicht in New Jersey sein. Beten Sie für New Jersey am 10.7.‹ Ich war beunruhigt und ging hinüber zu meiner Mutter, die mit im Publikum saß, legte meinen Arm um sie und sagte: ›Keine Sorge, wir werden am 10.7. nicht in New Jersey sein.‹ Meine Mutter umarmte mich, und ich küsste sie auf die Stirn. Sie begann zu weinen. Dann wachte eine Dame hinter ihr auf und schaute mich an. Ich wiederholte die Botschaft: ›Sie werden am 10.7. nicht in New Jersey sein. Beten Sie für New Jersey am 10.7.‹ Die Lady wurde geradezu hysterisch und fing an zu weinen. Dann schwappten die Worte auf das Publikum über, und eine Welle der Emotion rauschte durch den Saal. Hysterie erfasste alle Anwesenden, und sie weinten bitterlich.«

Diese Schilderung ihres Traums hatte mir eine Frau namens Kathryn zugeschickt: Das klassische Muster eines prophetischen Traums und auch ein klassisches Beispiel dafür, wie achtsam der Träumer und wir alle sein müssen, nicht gleich mit Schlussfolgerungen aufzuwarten und überzureagieren, wenn sich ein prophetischer Traum einstellt.

Alle prophetischen Träume haben zwei Eigenarten gemein. Erstens, auch wenn Kathryn dies nicht erwähnte, stellen sie sich immer in Farbe dar, niemals in Schwarz und Weiß. Und zweitens, die Traumhandlung spielt sich in Folgen ab, wobei ein Ereignis zum anderen und weiter zum nächsten führt, gewissermaßen in logischer Ordnung. Im Gegensatz zu anderen Träumen, die bunt zusammengewürfelt, rein zufällige und unzusammenhängende Geschichten enthalten können, entfaltet sich der prophetische Traum schrittweise und kann deshalb nach dem Aufwachen viel leichter vom Verstand nachvollzogen werden. Wie wir in den nachfolgenden Kapiteln feststellen werden, sind nicht alle farbigen oder sequentiellen Träume zwangsläufig auch prophetisch; jeder prophetische Traum aber folgt einem logischen Handlungsablauf und läuft in Farbe vor unserem geistigen Auge ab.

Ein Problem allerdings gilt für alle prophetischen Träume, auch für den hier vorgestellten Fall, und genau das war auch der Grund, warum ich so energisch gegen eine Evakuierung des Staates New Jersey am 10.7. optiert hätte: Sie sind oft zu unspezifisch, um eine echte Hilfe zu sein. Es steht außer Frage, dass Kathryns Traum wie eine Warnung klingt. Aber für wen gilt sie? Ist Gefahr für Kathryn im Anzug? Oder für ihre Mutter? Oder für beide? Was wird am 10.7. in New Jersey passieren? Welchem Ereignis will sie aus dem Weg gehen, indem sie den gesamten Staat an diesem Tag meidet? Oder falls den Einwohnern von New Jersey am 10.7. eine eher allgemeine Gefahr droht, worum handelt es sich dabei? Wo liegt das Epizentrum der Gefahr? Und was, wenn überhaupt, kann getan werden, um sich darauf einzustellen oder das Ganze zu verhindern? Leider sieht es ganz so aus, als ob jemandem in New Jersey am 10.7. etwas Schreckliches zustoßen könnte. Sollte dies aber tatsächlich der Fall sein, würden wir alle, die wir von diesem Traum wissen, dennoch zu weit gehen, würden wir nun aufspringen und sagen: »Aha, sehen Sie, der Traum war richtig!« Wenn Träume oder Vorhersagen so allgemein gehalten sind, ist die Wahrscheinlichkeit zu groß, dass sie sich auf irgendeine Situation, irgendwo und irgendwann beziehen. Nehmen wir im vorliegenden Fall einmal an, 10.7. bedeute 10. Juli, wäre es dann nicht hilfreich, auch das Jahr zu kennen? Wer sagt denn, dass sich 10.7. nicht auf den Juli des Jahres 2007 bezieht? Verstehen Sie, was ich sagen will? Je näher man hinschaut, desto weniger »offensichtlich« und desto verwirrender wird der Traum. Kein Wunder, dass er Kathryn so aus der Fassung brachte. Ihr wurde nur teilweise Einblick in eine dunkle Zukunftswarnung geschenkt und ohne annähernd ausreichende Information, um Maßnahmen zu ergreifen. Ich finde es lobenswert, dass sie den Mut hatte und ihrem idealistischen Impuls folgte, die Details, so wie sie sich ihr präsentierten, dennoch weiterzugeben.

Eine Frau, die ich Ellen nennen will, hatte einen ähnlich aufregenden prophetischen Traum mit noch erschreckenderen Details: »Im Juni 2001 hatte ich einen Traum, der mich auch heute noch beinahe täglich verfolgt. Alles fing mit meinem Mann und mir im Auto an. Er saß am Steuer, was für mich ein Schock war, denn er ist körperbehindert und hat keinen Führerschein. Am Himmel wurde es dunkel, so als ob ein Sommergewitter heraufzog. Ich schlug vor, umzukehren und nach Hause zurückzufahren. Auf dem ganzen Nachhauseweg begleiteten uns die dunklen, schwarzen Wolken am Himmel. Es blies ein starker Wind. In der Ferne erhob sich die Skyline einer Stadt mit hohen Gebäuden, vergleichbar mit der Emerald-City-Szene aus dem Film *The Wizard of Oz (Das zauberhafte Land)*. Als wir näher kamen, sah ich zwei säulenartige Gebilde vor mir aufragen, die ich damals für Tornados hielt. Mittlerweile war der Himmel pechschwarz, doch an ihrem oberen Ende standen diese beiden Türme lichterloh in Flammen. Wir fuhren weiter darauf zu und kamen an einer Familie vorbei (Mann, Frau und Kind), die in einem hellgelben Ryder-Mietlaster am Straßenrand angehalten hatte. Wir boten den Leuten an, in unserem Auto mitzufahren. Sie lehnten dankend ab und kletterten in den Laderaum des Lasters, um sich in Sicherheit zu bringen. Unterdessen sagte ich meinem Mann, dass ich zur Toilette müsste, doch weit und breit war kein Rastplatz mit entsprechenden Einrichtungen in Sicht. Weiter unten an der Straße entlang entdeckte ich ein Haus und ich bat ihn, dort anzuhalten, um die Bewohner zu bitten, ihr WC benutzen zu dürfen (was ich übrigens im *wirklichen* Leben *nie* tun würde). In dem Haus sah ich eine Frau in einem Schaukelstuhl sitzen. Sie las ein Buch. Ich fragte, ob ich ihre Toilette benutzen dürfe, und sie bat mich herzlich hereinzukommen. Sie war völlig ruhig und unbekümmert ob des um ihr Haus herum tobenden ›Sturms‹. Nachdem ich von der Toilette zurückkam, bedankte ich mich und fragte, ob sie allein zurechtkäme. So ein Wetter hätte ich noch nie erlebt, sagte ich ihr. Bestimmt sei das mehr als ein bloßes Gewitter. Ob sie denn gar keine Angst habe, erkundigte ich mich. Sie aber zuckte die Achseln: ›Warum sollte ich Angst haben? Wovor fürchten Sie sich eigentlich?‹ Ich fragte, ob dies wohl das Ende der Welt sei, da blickte sie mir zum ersten Mal in die Augen und meinte: ›Ja, das Ende der Welt, so wie wir sie kennen.‹ Das Schrillen des Weckers riss mich aus dem Schlaf. Zitternd wie Espenlaub versuchte ich, die nächtlichen Bilder zusammenzusetzen. Als ich mir in der vergangenen Woche im Fernseher die Szenen von der Verwüstung des World Trade

Center anschaute, stand der Traum plötzlich wieder vor mir – in zehnfacher Vergrößerung. Ich fing an zu zittern. Ich verstehe nicht, warum gerade ich diesen Traum haben musste. Sollte ich latente Fähigkeiten besitzen, um in die Zukunft zu schauen, würde ich gerne wissen, wie ich diese nutzen kann, um irgendwie helfen zu können.«

Ellen ist nur eine von einer Vielzahl meiner Klienten, die so etwas wie einen prophetischen Traum über die entsetzliche Tragödie des 11. Septembers hatten. In der Tat hat Ellen in ihrem Traum den Angriff vorausgesehen – jene zwei lodernden »Säulen«, die sie sah, waren tatsächlich die Türme des World Trade Center. Wie jeder andere, der einen prophetischen Traum zu den Ereignissen des 11. Septembers hatte, tut sich auch Ellen ungemein schwer damit, dass ihr nicht genug Informationen gegeben wurden, um auch nur das Geringste zur Verhinderung der Katastrophe unternehmen zu können. Gleichzeitig erlebte sie sich aber dennoch während des ganzen Traumes als überaus fürsorglich und rührend besorgt um andere Menschen. Von wenigen Ausnahmen abgesehen, besteht bei all den Klienten, die mir im Laufe der Jahre ihre prophetischen Träume erzählt haben, immer großes Interesse daran, wie sie solche Träume nutzen können, um anderen zu helfen. Möge jedem Einzelnen von ihnen für dieses schöne Zeichen der Mitmenschlichkeit der Segen Gottes zuteil werden.

Lassen Sie mich mehrere wichtige Dinge verdeutlichen:

Zum einen – und obwohl ich schon im Fernsehen darauf hingewiesen habe, möchte ich es hier noch einmal erwähnen, weil das Thema bei uns allen so sehr präsent ist: Ich als Medium habe in keiner Weise die terroristischen Anschläge vom 11. September vorausgesehen. In der Woche vor dem Ereignis träumte ich wiederholt von Feuer, doch ich dachte mir, dass es sich um eines der Häuser meiner Söhne handeln würde, und warnte sie vorsichtshalber beide. Über den 11. September habe ich mich genug gegrämt und mir dabei oft gewünscht, dass ich auf die eine oder andere Weise doch wenigstens einen einzigen Menschen davon hätte abhalten können, an jenem Tag zur Arbeit zu gehen oder eines der Flugzeuge zu besteigen. Aber es war einfach nicht so. Ich habe meine eigene Theorie, warum es so hatte kommen müssen, auf die ich noch eingehen werde. Dennoch können keine meiner Gedanken den uns seit jenem entsetzlichen Tag auf der Seele brennenden Kummer vollständig von uns nehmen. Wie Millionen anderer höre auch ich nicht auf, unablässig für die Angehörigen der Opfer, für unsere unzähligen Helden und für uns alle zu beten, die wir einen guten, liebenden Gott verehren.

Zum andern, lassen Sie sich nicht von der falschen Vorstellung leiten, dass Sie keine prophetischen Träume haben können, nur weil es bislang keine Anzeichen dafür gab, dass Sie im wachenden Zustand die Zukunft voraussagen können. Ich persönlich bin aus dem Tagesbewusstsein heraus hellsichtig, habe aber bisher noch keinen prophetischen Traum gehabt. Meine Geistführerin Francine erinnert mich immer wieder daran, dass wir alle den Verstand verlieren würden, wenn es keinen Unterschied zwischen Schlafen und Wachen gäbe. Ich muss zugeben, sie hat Recht. Ich habe gelernt, meine übersinnlichen Gaben als Segnung zu betrachten und dankbar dafür zu sein, aber glauben Sie mir, ich bin ebenso dankbar für die nächtlichen Ruhepausen. Gaben sind Gaben, ob sie sich nun im Schlaf manifestieren oder wenn wir wach sind. Machen wir sie uns also zu Eigen, wann immer sie sich offenbaren.

Noch etwas sollten Sie mir glauben, die ich mich Tag für Tag so sehr mit der Zukunft befasse: Ein Mensch, der prophetische Träume hat, muss sich vor der frustrierenden Angst, die diese besondere Gabe hervorrufen kann, zu schützen wissen. In meinen Vorträgen und Aufsätzen habe ich oft genug betont:

Wer mich um den Verstand bringen will, braucht mir nur tagaus, tagein Flugzeugcrashs und Autounfälle, Mordszenen und Naturkatastrophen zu präsentieren, ohne die Flugnummer, die Beschreibung des Wagens, die Identität des vorgesehenen Opfers oder den Ort der Katastrophe preiszugeben. Was bliebe mir in einer solchen Situation anderes übrig, als die Straßen auf und ab zu rennen, die Arme schwenkend und wie eine Irre brüllend: »Passt auf, ihr alle, nehmt euch in Acht!« Wem wäre damit schon geholfen?

Jeden Morgen beginne ich mit dem gleichen Gebet, und ich kann allen, die prophetische Träume haben und sich eine Menge verzweifelter Tränen ersparen wollen, nur dringend dazu raten, es mir gleichzutun:

»Lieber Gott, wenn du mir eine Botschaft über die Zukunft geben möchtest, die ich zum Wohle und Besten eines anderen Menschen nutzen soll, so gib mir bitte genügend Details, um helfen zu können. Falls mir solche Einzelheiten verborgen bleiben sollten, dann erspare mir bitte von vorneherein die Botschaft. Doch wenn du mir mehr sagen möchtest oder wenn ich etwas in der Sache unternehmen soll, lass mich die Botschaft bitte noch einmal erleben, in welcher Form auch immer, sodass ich sie verstehe, um dir zu Diensten sein zu können.«

Dieses Gebet sollten Sie jeden Abend vor dem Schlafengehen darbringen, denn es wirkt klärend und kann dazu beitragen, dass die wichtigen Details des prophetischen Traumes klar genug zum Ausdruck kommen, sodass Sie damit etwas anfangen können. Bei Kathryn beispielsweise, über deren Traum wir weiter vorne gesprochen haben, könnte es durchaus sein, dass aufgrund dieses Gebetes der gleiche Traum womöglich nicht wiederkehrt. Aber sie könnte andere Träume haben, in denen die Zahlen 10 und 7 erscheinen – in einer Telefon- oder Hausnummer, auf einer Kreditkartenabrechnung oder etwas Ähnlichem... Die Einzelheiten, um die sie gebeten hat, werden sich von allein offenbaren, *sofern sie die Botschaft empfangen und danach handeln soll.*

Es dürfte zur Klärung der Frage beitragen, warum wir bei Einsichten in die Zukunft nicht immer so viele Informationen erhalten, wie wir zu brauchen meinen, wenn ich zunächst einmal erläutere, wie diese Einsichten überhaupt möglich sind. Glauben Sie mir, sie sind gar nicht so zufällig und willkürlich, wie wir uns das vorstellen.

Woher prophetische Träume kommen

Dieses Thema habe ich bereits ausführlich in meinen anderen Büchern behandelt, insbesondere in *Die Geisterwelt ist nicht verschlossen*. Ich werde mich hier also so kurz wie möglich fassen. Bevor wir uns entscheiden, in eine neue Inkarnation zu gehen und aus dem Jenseits auf die Erde zurückkommen, schreiben wir für die bevorstehende Lebensspanne einen unglaublich detaillierten Plan als Bürgschaft dafür, dass wir die uns selbst gesetzten Ziele auch erreichen. In dieser Chronik halten wir alles und jedes fest, angefangen von unseren Eltern und Geschwistern, den Ehepartnern bis hin zu den Freuden und Tragödien, Krankheiten, Herausforderungen, Neigungen und Abneigungen, guten und schlechten Entscheidungen, die wir auf unserem Weg treffen, und sogar unsere »Ausstiegspunkte« beziehungsweise die genauen Zeiten und Formen unseres Ab- und Heimgangs. Bei Ankunft hier auf Erden hat jeder fünf bestimmte »Ausstiegspunkte« festgelegt. Im Laufe des Lebens können wir uns für die eine oder andere Variante entscheiden, je nachdem, wie hoch wir das Erreichte, gemessen an dem, was wir uns für diese Existenz vorgenommen haben, bewerten.

Wenn wir im Schlaf- oder Wachzustand irgendein zukünftiges Ereignis voraussehen wie den Tod eines Menschen, bedeutet das, dass wir uns telepathisch in einen oder mehrere Lebenspläne eingeklinkt haben und/oder einen Ausstiegspunkt vor Augen haben – bisweilen gar unseren eigenen. Monika schrieb zum Beispiel: »Mein Freund Stefan ist schwer krank. Seit kurzem plagt ihn ein immer wiederkehrender Traum, in dem er sich auf seiner 55. Geburtsfeier sieht und all seine Gäste lauter verstorbene Angehörige und Freunde sind.« Es kommt nicht oft vor, dass wir unsere eigenen Lebensentwürfe zu lesen bekommen (ich kenne kein Medium, das hellseherische Fähigkeiten in Bezug auf die eigene Person entwickeln kann, mich selbst eingeschlossen), doch Stefan weiß nun, dass er einen seiner Ausstiegspunkte an oder um seinen 55. Geburtstag herum gewählt hat. Der wiederholte prophetische Traum wird ihm also gegeben, damit er sich auf das glückliche Wiedersehen mit all jenen vorbereiten und sich darauf einstimmen kann, die auf ihn warten, wenn er wieder heimkommt.

Aber zur Verdeutlichung und aus dem Herzen eines Menschen, der sich mit dieser Thematik wirklich auseinander gesetzt hat: Nicht jede prophetische Botschaft soll überbracht werden, und zwar deshalb nicht, weil *diejenigen von uns, die solche Botschaften erhalten, sich nicht in alle Lebenspläne oder Ausstiegspunkte einmischen sollen.* So einfach das klingt, so bedrückend fühlt sich das bisweilen an. Schenken Sie also Ihren prophetischen Träumen unbedingt Beachtung und tragen Sie möglichst viele Einzelheiten zusammen. Und wenn Ihnen im Zusammenhang mit dem Geschauten irgendetwas besonders wichtig oder dringlich erscheint, beten Sie ohne Unterlass um die noch fehlenden Details. Sollten Sie am Ende allerdings erkennen müssen, dass Sie ein Desaster nicht verhindern, niemanden erfolgreich vorwarnen oder vor einem

Schaden bewahren konnten, weil Sie eben nicht spezifisch genug waren, so dürfen Sie sich deswegen keinen Augenblick lang Vorwürfe machen. Es bedeutet lediglich: Wer auch immer es war, den wir vorwarnen oder beschützen wollten – er hat sich dazu entschlossen, es bei dem Gang der Dinge zu belassen, für den er sich lange bevor er hierher kam entschieden hatte.

Im Umgang mit prophetischen Träumen stellt sich manchmal noch ein weiteres Problem: Der eine oder andere unter uns entwickelt eine gewisse Neigung, sich in den Lebensplan oder die Ausstiegspunkte anderer Menschen so sehr hineinzuversetzen, dass er nicht mehr distanziert und objektiv bleiben kann. Dafür lieferte Karen, wie ich meine Klientin hier nenne, ein ausgezeichnetes Beispiel: »In einem sehr lebhaften Traum war ich ein leicht übergewichtiger Mann mittleren Alters. Ich arbeitete in einem Büro, und mein Schreibtisch war zum Rest des Raumes hin mit Glaswänden abgeschottet. Ich stand auf, ging um die Abtrennung herum und schloss die Jalousien. Dann kehrte ich wieder zu meinem Platz zurück, ergriff das vor mir liegende Gewehr, stellte mich neben den Schreibtisch und schoss mir selbst in den Magen. Ich konnte das Eindringen des Geschosses deutlich spüren, presste die Hand gegen den Bauch und fiel zu Boden. Dann spürte ich, wie ich geistig wegdriftete und gleichzeitig an Ort und Stelle verblutete. In dem Moment, als ich das Bewusstsein verlor, wachte ich auf. Am darauf folgenden Tag erhielt eine Kollegin von mir einen Anruf. Es wurde ihr mitgeteilt, dass ihr Bruder sich unter verblüffend ähnlichen Umständen in der Nacht zuvor erschossen habe und inzwischen verstorben sei.«

Wer sich wie Karen zu sehr mit zukünftigen Ereignissen anderer identifiziert, muss Gott darum bitten, dass ihm eine gesunde Distanz zu den Träumen bewahrt bleibe, und sollte nie und nimmer zu Bett gehen, ohne sich zuvor mit dem weißen

Licht des Heiligen Geistes umgeben zu haben. Das sollten wir alle mehrmals am Tag tun und es uns zur Gewohnheit werden lassen, um uns selbst zu schützen.

Ich kann das Thema der Lebenspläne und Ausstiegspunkte nicht beenden, ohne eine Frage aufzuwerfen, die mir seit dem 11. September 2001 sicher tausendmal gestellt wurde: »Wollen Sie damit etwa sagen, dass sich all jene unschuldigen Opfer der terroristischen Anschläge diese Art zu sterben *ausgesucht* haben?« Die Antwort lautet: Ja. Genau das will ich behaupten. Es mag bis zum Ende unserer Tage – womöglich auch bis zum Ende der Tage unserer Kinder und Kindeskinder – dauern, aber der Tag wird kommen, an dem uns ein Licht aufgeht und wir endlich die Größe und Weite unseres Entfaltungspotenzials in Sachen Spiritualität, Mitmenschlichkeit, Anstand, Mut, Integrität, Güte, Mitgefühl und Gemeinschaftssinn begreifen, wie es uns die Ereignisse jenes schrecklichen Morgens vor Augen geführt haben. Und wir können jenen Tausenden von erleuchteten und hoch entwickelten Geistseelen nur danken, die sich, lange bevor sie geboren wurden, zu diesem Opfer bereit erklärt haben – für einen höheren Zweck, von dem wir heute nur eine Vorstellung zu entwickeln beginnen. Vergeuden wir nicht einen Moment unserer Zeit mit der Frage, wie Gott eine derart schreckliche Tragödie geschehen lassen konnte. Er konnte es nicht, er tat es auch nicht. Wie bei allen schlimmen Ereignissen, war auch dieses hier ausgesprochenes Menschenwerk, durch das Wort »gottlos« definiert. Gott ist da, wenn alles andere zu Ende gegangen ist, und heißt jede dieser wunderbaren Seelen in Seiner ewigen Liebe bei Sich zu Hause willkommen.

Gott und die Prophezeiungen

Jane schrieb mir kürzlich: »Ich habe viele prophetische Träume gehabt. Aber durch das, was man mir in meiner Kindheit sagte, und aufgrund meiner eigenen Anschauungen mache ich mir manchmal große Sorgen darüber, ob diese Träume nun schlecht oder böse sind und mich wirklich zu dem hinführen, was Gott von mir will.«

Ein ausführlicherer Brief von Tammy liest sich wie folgt: »Solange ich zurückdenken kann, habe ich im Schlaf bevorstehende Todesfälle, Krankheiten und sogar die Toten selbst gesehen. Ich sah den Tod meines Schwiegervaters voraus, noch bevor er eintrat. Vor ein paar Wochen war ich in Maine und sah eine Frau im Türrahmen stehen, von der ich wusste, dass sie tot war. Ich habe von den Krankheiten mir nahe stehender Menschen geträumt, noch bevor sie diagnostiziert wurden. Mein Problem besteht darin, dass ich nicht weiß, ob diese Träume wirklich von Gott kommen oder Teufelswerk sind. Ich bin in einer christlichen Familie groß geworden, kann mich aber nicht mit Vertretern der Kirche über dieses Thema unterhalten, ohne dass man mich für verrückt erklärt oder mir das Gefühl gibt, es zu sein. Können Sie mir helfen? Wenn Träume über die Zukunft wirklich von Gott und nicht vom Teufel kommen, welchen Beweis gibt es dafür?«

Als Erstes will ich deutlich machen, dass ich nicht eine Minute lang daran glaube, es gäbe so etwas wie »den Teufel«. Wie schon gesagt, bin ich felsenfest davon überzeugt, dass die schlimmsten Wesen auf der Welt in Menschengestalt und nicht in Geistgestalt daherkommen; und sie sind bestimmt nicht mächtig genug, jemanden mit der Gabe prophetischer Träume auszustatten. Meine Sichtweise über das Böse habe ich in einem Kapitel meines Buches *Die Geisterwelt ist nicht verschlossen* ausführlich dargestellt, weshalb ich das Thema an dieser Stelle nicht erneut behandeln möchte. Da es aber für Jane und Tammy und viele andere meiner Klienten aufgrund ihrer christlichen Prägung von zentraler Bedeutung ist, ich selbst der gnostischen Bewegung des Christentums angehöre und eine eifrige Bibelleserin bin, kann ich gut nachvollziehen, wie viele scheinbar dagegen sprechende Sichtweisen es in den diversen Bibelfassungen über das Verhältnis Gottes zu jenen gibt, denen Er die Gabe der Prophezeiung verliehen hat. Beispielsweise heißt es bei Levitikus 19,31: »Wendet euch nicht an die Totenbeschwörer und sucht nicht die Wahrsager auf; sie verunreinigen euch.« Oder bei Jeremias 27,9: »Ihr aber, hört nicht auf eure Propheten, Wahrsager, Träumer…«

Werfen wir andererseits einen Blick auf die viel geschätzten, ergebenen Diener Gottes, deren Träume das Herzstück unseres Glaubens ausmachen. In der Genesis 28,12 hatte Jakob »…einen Traum. Er sah eine Treppe, die auf der Erde stand und bis zum Himmel reichte. Auf ihr stiegen Engel Gottes auf und nieder.« Mit Vers 37 der Genesis beginnt die Geschichte von Joseph, dem Sohn Israels, der aufgrund seiner Fähigkeit zur Traumdeutung vom Gefangenen zum zweitstärksten Mann von Ägyptens Pharao emporstieg, und in Vers 39,21 heißt es: »…der Herr war mit Josef. Er wandte ihm das Wohlwollen zu.« Große Propheten wie Moses, Samuel und Elias waren das Sprachrohr Gottes zu Seinen Menschen. Und als Christin kenne ich kaum eine erhabenere Prophezeiung als die in Matthäus 1,18-24: »Maria, die Mutter Jesu, war mit Josef verlobt; noch bevor sie zusammengekommen waren, zeigte sich, dass sie ein Kind erwartete – durch das Wirken des Heiligen Geistes. Josef, ihr Mann, der gerecht war und sie nicht bloßstellen wollte, beschloss, sich in aller Stille von ihr zu trennen. Während er noch darüber nachdachte, erschien ihm ein Engel des Herrn im Traum und sagte: Josef, Sohn Davids, fürchte dich nicht, Maria als deine Frau zu dir zu nehmen; denn das Kind, das sie erwartet, ist vom Heiligen Geist. Sie wird einen Sohn gebären; ihm sollst du den Namen Jesus geben; denn er wird sein Volk von seinen Sünden erlösen... Als Josef erwachte, tat er, was der Engel des Herrn ihm befohlen hatte...«

Mit anderen Worten, wer unterstellt, dass Propheten und prophetische Träume etwas Bösem entsprängen, unterstellt gleichzeitig auch, dass es »der Teufel« und nicht Gott war, der einen Engel zu Josef schickte, als er schlief, um die bevorstehende Geburt Christi anzukünden, und dass alle großen Religionen der Welt mit Propheten im Zentrum ihrer Lehre samt und sonders einem unerklärlichen Komplott Satans entstammen. Würde das wirklich Sinn machen? Für mich nicht. Bitte vertrauen Sie mir, wenn ich Ihnen sage, dass Gott es ist, der uns *all* unsere Gaben schenkt, auch die der Prophezeiung. Ob sie »gut« oder »böse« sind, hängt davon ab, wie wir diese Gaben nutzen. Ich kann Ihnen versichern, wenn ich nicht die absolute Gewissheit darüber hätte, dass mein Leben als Medium von Gott gegeben und in Gott zentriert ist, würde ich es auf der Stelle aufgeben und dafür sorgen, jeden Cent, den ich bisher eingenommen habe, zurückzuzahlen. Träumen Sie also Ihre prophetischen Träume, ohne sich dafür zu schämen, zu entschuldigen oder gar zu befürchten, bei Gott in Missgunst zu fallen. Bedanken Sie sich vielmehr bei Ihm, dass Er Ihnen dieses Geschenk gemacht hat, und stellen Sie es in den Dienst Seiner göttlich-liebenden Absicht.

Wenn prophetische Träume »falsch« sind

Ich setze »falsch« in Anführungszeichen, denn es gibt eigentlich nichts »Richtiges« oder »Falsches« in der Welt der Träume. Es kann Verwechslungen, fehlgedeutete Botschaften, konvergierende Bilder und jede Menge logischer, aber missverstandener Schlussfolgerungen geben. All diese Dinge passieren aus den unterschiedlichsten Gründen. Das fängt damit an, dass unser Verstand unabsichtlich zwei oder mehrere Träume zu einem kombiniert, und reicht bis zu unserer natürlichen Neigung, unsere Ängste auf die Interpretation unserer Träume zu projizieren, sowie der simplen Tatsache, dass wir uns häufig viel weniger an unsere Träume erinnern, als wir meinen. Schlafforscher schätzen, dass uns die Hälfte des Inhaltes eines Traumes bereits fünf Minuten nach dessen Ende verloren gegangen ist. Nach ungefähr zehn Minuten sind 90 Prozent weg. Kein Wunder, wenn so viele unserer Träume bei Tageslicht betrachtet einem wilden Durcheinander gleichen.

Der Traum einer Frau namens Wendy veranschaulicht meine Gedanken besonders gut: »Ich träumte, dass mein Mann eine bestimmte Straße hinunterfuhr und eine Autopanne hatte (ich glaube, ein Reifen war geplatzt). Er fuhr seinen Wagen zur Seite, um ihn zu reparieren. Ein als Clown verkleideter Mann hielt an, um ihm zu helfen. Doch dann verletzte er ihn schwer. Am nächsten Morgen erzählte ich ihm den Traum. Ein paar Tage später fuhr er zusammen mit einem guten Freund eben jene Straße entlang, als dieser sein Hosenbein hochzog, um meinem Mann seine neue Tätowierung zu zeigen. Es war der gleiche unheimliche Clown, den ich im Traum gesehen hatte. Sein Auto hatte keine Panne und sein Freund hat ihn nicht verletzt, was er im Übrigen auch nie tun würde. Warum sind denn meine Träume so oft halb prophetisch und halb falsch?«

Verstehen Sie nun, was ich meine? In diesem Traum gibt es nichts »Falsches«. Die Bildersprache ist sehr klar und präzise, sie ist nur versetzt. Wendy hat die Straße gesehen, auf der ihr Mann fahren würde, sie hat eine weitere Person bei ihm gesehen und das Abbild eines unheimlichen Clowns im Zusammenhang mit jener anderen Person. Als Traumdeuterin kann ich ihr versichern, dass sie einen prophetischen Traum mit einer kombinierten Metapher hatte. Als Medium versichere ich ihr, dass ihr instinktives Gefühl richtig war: Ihrem Mann droht keinerlei Gefahr von seinem Freund. Ich würde lediglich dafür sorgen, dass er seine Reifen in Zukunft gewissenhafter überprüft.

Kara schrieb: »Ich habe mehrmals davon geträumt, dass mein Mann gestorben sei, aber ich wusste nicht, unter welchen Umständen er ums Leben gekommen war. Etwa einen Monat nach dem letzten Traum hat man bei ihm ein stark vergrößertes Herz diagnostiziert. Die Ärzte setzten ihn daraufhin gleich auf die Warteliste für eine Herztransplantation. Wird er wieder gesund werden?«

Ein ähnliches Anliegen trug eine Frau namens Stacy in einem Brief an mich heran: »Ich habe einen wiederkehrenden Traum, wonach mein Freund und ich im Flugzeug sitzen. Es ist sein erster Flug. Ich spreche ihm Mut zu und kläre ihn über die normalen, zu erwartenden Geräusche eines Flugzeugs auf. Unmittelbar nach dem Start stürzen wir ab, aber alle an Bord überleben. Diesen Traum habe ich ein paar Mal im Jahr, und ich mache mir wirklich Sorgen hinsichtlich künftiger Flüge, die wir gemeinsam unternehmen möchten. In den nächsten Jahren wollen wir beispielsweise nach England reisen, aber ich habe Angst, mit ihm zusammen zu fliegen, falls diese Träume Warnungen sind.«

Das sind zwei klassische Beispiele dafür, wie der Träumer seine eigenen Ängste auf das projiziert, was leicht als ein prophetischer Traum missverstanden werden könnte. Im ersten Fall sind Karas wiederholte Träume von ihrem Mann, der unter ungeklärten Umständen ums Leben kommt, Ausdruck ihrer Furcht vor dem Alleinsein. Ich kann Kara insoweit beruhigen, als das einzige Prophetische an ihrem Traum die Erkenntnis ist, dass sie ihren Mann überleben wird. Die momentane Krise jedoch wird er überstehen, und die beiden werden noch viele gemeinsame Jahre miteinander verbringen.

Stacys wiederkehrender Traum von dem Flugzeugabsturz, den sie und ihr Freund erleben, drückt eine Angst aus, die viele von uns mit dem Fliegen assoziieren: die Angst, in Situationen zu geraten, in denen wir keine Kontrolle mehr haben. Doch selbst ihr eigenes Unbewusstes beteuert ihr immer wieder, dass sie nichts befürchten muss, wenn sie mit ihrem Freund zusammen fliegt, denn als im Traum das Schlimmste eingetreten und das Flugzeug abgestürzt ist, *überleben alle*. Dies ist eigentlich ein »kathartischer Traum«, den ich im folgenden Kapitel behandeln werde. Er wird jedoch als prophetisch empfunden, weil Stacy einer Reise nach England entgegenfiebert und entsprechend aufgeregt ist. Ich finde, sie soll nach England reisen und es sich dort schön machen.

Unvollständige, ungenaue oder kombinierte prophetische Träume sind nichts Ungewöhnliches und können eine Menge unnötiger Ängste und Beklemmungen auslösen. Wer Gott um klarere Botschaften und nur solche, mit denen man etwas anfangen kann, zu bitten weiß, kann die Spreu besser vom Weizen trennen. Doch wie bei allen anderen uns von Gott verliehenen Gaben, lässt sich auch an unseren prophetischen Traumfertigkeiten feilen. Es ist ein leichtes und interessantes Unterfangen, eines, das zahllose Klienten als nützlich erachtet haben, weil sie damit ihre Fähigkeiten verfeinerten, in jenen Lebensplänen, die wir im Jenseits so akribisch detailliert verfasst haben, schon einmal »vorauszulesen«, um es einmal so zu formulieren.

Schlafen Sie von jetzt an nie wieder ein, ohne sich vorher mit dem weißen Licht des Heiligen Geistes umgeben zu haben! Sie nicht und ich auch nicht. Es hat etwas Befreiendes, etwas Reinigendes, etwas Wohltuendes und verschafft uns die bewusste Wahrnehmung, sicher und heil in den Armen Gottes geborgen zu sein.

Haben Sie sich vor dem Einschlafen erst in einen Mantel weißen Lichts gehüllt und fühlen sich nun geschützt, so stellen Sie sich mindestens ein bis zwei Wochen lang eine Frage zu einem simplen Ereignis, das in nächster Zukunft ansteht. Die Betonung liegt wirklich auf dem Wort »simpel«. Wer geht bei einem kommenden Fußball-, Baseball- oder Basketball-Spiel als Sieger hervor? Was trägt Kollegin XY morgen im Büro? Welche Musik hören Sie morgen im Autoradio? Von welchem Freund oder Verwandten bekommen Sie unerwarteterweise vor dem Wochenende eine Nachricht? Um es nochmals zu sagen, es sollte etwas Banales sein und nichts, an was Sie in irgendeiner Form besonders interessiert sind. Andernfalls könnte Ihr Verstand in Versuchung geraten, sich im Schlaf mit der Antwort auseinander zu setzen. Es ist gut möglich, ja sogar wahrscheinlich, dass in den ersten Nächten überhaupt keine Antwort kommt. Prophetisch begabt zu sein und auf Wunsch Antwort zu bekommen sind zwei verschiedene Dinge, so wie man ein begabter Athlet oder Musiker sein kann, ohne dass man dieses Talent auch praktisch anwenden muss. Bleiben Sie am Ball und variieren Sie die Fragen, sooft Sie mögen, schreiben Sie alle Antworten auf, mit denen Sie wach werden, ob sie nun relevant sind oder nicht. Dieser Teil der Übung soll Ihnen lediglich helfen, sich zu fokussieren und Ihre prophetischen Fähigkeiten zu erwecken. Auf Genauigkeit kommt es in diesem Stadium wenig oder gar nicht an.

Nach Ablauf dieser ein- bis zweiwöchigen Phase weiten Sie Ihre Frage geringfügig auf etwas immer noch Einfaches und wenig Bedeutsames aus, aber mit einer etwas persönlicheren Note wie zum Beispiel: »Hoffentlich kann ich Sonntag zum Golfen gehen. Ob es wohl regnen wird?« »Am Freitag erwarte ich den Anruf eines alten Freundes. Zu welcher Zeit sollte ich zu Hause sein, sodass ich ihn nicht verpasse?« »Welche Post wird am Montag im Briefkasten liegen?« »Wem werde ich wohl morgen im Lebensmittelladen begegnen?« Keine hochbrisanten Fragen, nichts Dringendes oder Weltbewegendes, das Sie unnötigem Druck aussetzt. Konzentrieren Sie sich einfach auf Ihre Frage, schreiben Sie sie auf, entspannen sich anschießend und gehen Sie dann zu Bett.

Notieren Sie im Moment des Aufwachens alle Träume oder Bruchstücke daraus, soweit Sie sich daran erinnern können. Strengen Sie sich nicht an, einen Bezug auf Ihre Fragen herzustellen. Schreiben Sie einfach alles nieder und legen Sie die Notizen beiseite. Früher oder später werden Sie mit etwas Geduld und Offenheit allmählich eine Verbindung zwischen den Träumen oder bruchstückhaften Sequenzen und der ersehnten Antwort erkennen. Hier geht es nicht um absolute Wahrheiten. Es spielt keine Rolle, wenn Sie keinen Traum über Golfspielen haben. Aber womöglich haben Sie einen Augenblick lang geträumt, dass Sie draußen sind oder auch nur aus dem Fenster hinausschauen. Wenn dies der Fall ist, dann achten Sie darauf, wie das Wetter in jenem Augenblick war, notieren Sie es und warten ab, ob das Wetter am Sonntag so ist wie in Ihrem Traum. Sie wollen wissen, wann Sie am Freitag zu Hause sein sollen, um den Anruf entgegenzunehmen? Achten Sie auf jeden Moment, in dem Sie in Ihren Träumen auf die Uhr schauen, egal wie nebensächlich es auch erscheinen mag. Und halten Sie nach allem in einem Traum Ausschau, was sich auf Stunden und Minuten beziehen lässt, wie beispielsweise eine Wohnungs- oder Hausnummer oder eine Vorwahl, machen Sie sich Notizen davon und prüfen Sie dann im Laufe des Freitags, wie hoch Ihre Trefferquote war. Ich denke, das Prinzip ist jetzt klar. Es geht darum, jenen einzigartigen »Muskel« zu stärken und auszubilden, um zu lernen, was uns unsere Träume zu sagen haben, und ein Gefühl dafür zu entwickeln, wie zuverlässig wir prophetische Fragen im Rahmen unserer Träume stellen und beantworten können. Je mehr Praxis, desto besser die Ergebnisse und umso eher können wir die Fragen auf wichtigere Themen für uns selbst und *für andere Menschen* ausdehnen. Ob im Wachen oder Schlafen, wir sollten das Geschenk der Prophezeiung stets großzügig, frohen Herzens und verantwortungsbewusst mit anderen teilen. Lassen wir uns hingegen von Egoismus oder Neid leiten, wachen wir eines Morgens auf und haben ein Geschenk weniger als in der Nacht zuvor.

Was die Genauigkeit anbelangt, sollten wir unsere Erwartungen realistisch einschätzen. Nur Gott ist vollkommen. Für uns Menschen ist der Wunsch nach hundertprozentiger Genauigkeit lachhaft und undenkbar. Ein Medium, das behauptet, mit seinen Aussagen immer 100 Prozent richtig zu liegen, lügt. Doch halten Sie sich nicht zu lange mit der Bewertung Ihrer eigenen Fähigkeiten auf, besonders wo Sie noch daran arbeiten, diese erst auszubauen. Aber ein Endziel von 60 bis 80 Prozent wäre bestimmt besser als der Durchschnitt bei prophetischen Träumen.

Persönliche Notizen

Ich möchte das Thema der prophetischen Träume nicht abschließen, ohne ein paar Briefe anzuführen, die mich als Medium besonders stark angesprochen haben.

Der erste kam von M. und lautet: »Der Vater meines Sohnes und ich sind seit zwei Jahren getrennt. Es hat etwa 18 Monate gedauert, bis ich ganz darüber hinweg war. Ich liebe ihn immer noch, er ist unserem Sohn ein wunderbarer Vater und war mir ein guter Ehemann. Da ich an einer Schilddrüsenüberfunktion leide, ging es mir während unserer Ehe die meiste Zeit ziemlich schlecht. Doch nun träume ich etwa alle zwei Monate davon, dass wir wieder zusammenkommen. Der Traum geht immer so aus, dass wir Sex haben und ich dann aufwache. Ich stehe wirklich vor einem Rätsel. Können Sie mir helfen?«

In neun von zehn Fällen würde ich behaupten, dass ein solcher Traum ein Wunschtraum ist, den ich noch ausführlicher behandeln werde. Und ich bin felsenfest davon überzeugt, dass es unfair und kontraproduktiv wäre, jemandem falsche Hoffnungen zu machen. Doch ich will M. die Botschaft mitteilen, die mir medial gegeben wurde, ohne zu urteilen oder daran herumzudeuten: In ihrem speziellen Fall handelt es sich tatsächlich um einen prophetischen Traum. M. möge Geduld haben, so großzügig und liebevoll sein, wie es ihr entspricht; und sie möge vor allem darauf verzichten, die Dinge vorantreiben oder gar beschleunigen zu wollen. Sie und der Vater ihres Sohnes werden wieder zueinander finden, sofern sie darauf achtet, sich nicht selbst im Wege zu stehen und die Dinge einfach geschehen zu lassen.

Eine junge Frau, die ich A. K. nenne, schrieb: »Ich träume wiederholt davon, dass ich schwanger bin oder ein kleines Kind habe, aber völlig auf mich allein gestellt bin. Der Vater des Kindes lässt mich am Ende immer irgendwie im Stich. Und im Grunde genommen ist das die Geschichte meines wirklichen Lebens. Ich bin allein erziehende Mutter von einem Jungen, dessen Vater mich schon lange verlassen hat. Ist mein wiederkehrender Traum tatsächlich eine Vorhersage, wie ich vermute? Wird jeder, den ich in mein Leben eintreten lasse, mich wirklich wieder verlassen?«

Ich kann gut nachvollziehen, wie prophetisch der wiederkehrende Traum A. K. anmutet, aber in ihrem Fall ist es etwas ganz anderes. Sie programmiert sich innerlich – sowohl wachend als auch schlafend –, dass sie es nicht verdient habe, eine dauerhafte Liebesbeziehung eingehen zu können. A. K.s

Traum ist keineswegs prophetisch, er ist die Reflektion einer sich selbst erfüllenden Prophezeiung, die sie für sich erschaffen hat, im Sinne von »Früher oder später wird er sowieso herausfinden, dass ich eine Versagerin bin, und auf und davon gehen. Da kann ich es mir gleich sparen, etwas in die Beziehung zu investieren!« Wenn A. K. in der Lage ist, sich einen niedrigen Selbstwert einzureden, dann kann sie sich umgekehrt auch Selbstvertrauen einprogrammieren. Das ist sie sich selbst und ihrem Sohn schuldig. In diesem Buch befasse ich mich noch ausführlicher mit dem Thema der positiven Traumprogrammierungstechniken. Doch A. K. sei bereits an dieser Stelle geraten, von heute an jede Nacht vor dem Schlafengehen und nachdem sie sich und ihren Sohn mit dem weißen Licht des Heiligen Geistes umgeben hat, Gott um Träume zu bitten, die ihr Zuversicht geben – Träume, die sie glauben machen, dass sie als Sein Kind zur dauernden Liebe fähig ist, dass sie diese verdient, dass sie ein wertvoller Mensch ist, dass sie andere Werte schätzen kann und dass sie ein göttliches Geschöpf ist. Wenn A. K. diese Übung zur Steigerung des Selbstvertrauens mit einer Beratung unterstützen kann, umso besser. Ich halte sehr viel von erfahrenen professionellen Therapeuten und schätze ihre Arbeit hoch ein; sie sind dazu ausgebildet, uns Schritt für Schritt durch unsere Lernprozesse zu begleiten, damit wir ein erfülltes, produktives und emotional gesundes Leben führen können. Je mehr A. K. lernt, ein selbstbewusstes Kind Gottes zu sein, desto besser kann sie ihr Kind führen und anleiten. Damit wird sie zu einer kompetenteren Mutter, was eine der wertvollsten und heiligsten Zielsetzungen überhaupt ist.

Und schließlich ein prophetischer Traum von Frau L.: »Ich träumte, dass meine Mutter eine tödliche Krebserkrankung hätte. Am nächsten Morgen erzählte ich meinem Mann davon, aber sonst niemandem. Tagelang habe ich bittere Tränen vergossen, denn irgendein Gefühl in mir sagte, dass dieser Traum wahr werden würde. Sechs Monate später starb meine Mutter tatsächlich an Eierstockkrebs.«

So traurig dieser Traum auch ist, er ist gleichzeitig eine Inspiration in vielerlei Hinsicht. Frau L. wusste tief in ihrem Herzen, dass es ein prophetischer Traum war, und sie reagierte hervorragend und sehr angemessen darauf. Einerseits gab sie ihrem Schmerz und ihrer Verzweiflung nicht so viel Raum, dass sie die restliche Familie und besonders ihre Mutter mit ihren Vorahnungen über Gebühr beunruhigte. Zum anderen hat sie die Bilder positiv verarbeitet, indem die verbleibende Zeit mit ihrer Mutter – immerhin waren es sechs Monate – von liebevoller Fürsorge, menschlicher Nähe und tiefer Spiritualität geprägt waren. Es erfüllt mich mit Freude, dass Frau L. ihrer Mutter einen so friedvollen Abschied bereitet hat und sie sich selbst auf diese Weise Erinnerungen an sie aufbauen konnte, die sie immer schätzen wird. Die Mutter ist leichten Herzens hinüber in die jenseitigen Gefilde gegangen und dort sehr glücklich. Von ihrer Heimstatt aus wacht sie über Frau L. und besucht sie häufig.

Wenn auch Sie zu den Kindern Gottes gehören, denen Er das Geschenk der prophetischen Träume gemacht hat, so erfreuen Sie sich daran, aber nehmen Sie die Sache auch ernst. Mit diesem Geschenk geht immer auch die Verpflichtung einher, sie entweder mit Güte, Mitgefühl und Diskretion in Seinen Dienst zu stellen oder sie überhaupt nicht zu nutzen. Und lassen Sie sich nie von Ihren prophetischen Träumen in Angst und Schrecken versetzen. Diese Segnung wäre Ihnen nicht zuteil geworden, wenn Ihnen nicht gleichzeitig auch die Kraft gegeben wäre, sie positiv zu nutzen. Mit Gottes Hilfe und Führung können Sie es! Er glaubt an Sie und ich auch!

4
Der kathartische Traum

Von allen Träumen sind die kathartischen für gewöhnlich die verwirrendsten, chaotischsten, absurdesten und verstörendsten. Dennoch sind sie absolut lebensnotwendig, denn durch sie entsorgen wir den mentalen und emotionalen Müll, den wir tagsüber zusammentragen. Manche dieser Träume sind albern und können am nächsten Morgen mit einem Achselzucken abgetan werden, in der Mehrzahl aber sind es Albträume, die uns über lange Zeit hinweg begleiten können, weil Angst eine besonders starke und schwer abzuschüttelnde Emotion ist. Doch ohne kathartische Träume und damit auch ohne Albträume würden wir alle entweder chronisch stressgeplagt oder total psychotisch sein. Sie wiegen also die unangenehmen Gefühle, die sie in uns auslösen, mehr als auf.

Ich stelle hier drei klassische kathartische Träume bzw. wiederkehrende Albträume vor, die repräsentativ für die vielen Beispiele sind, die mir von Klienten zugeschickt worden sind. Sie veranschaulichen am besten das zu Grunde liegende Muster:

»Ich habe drei Kinder«, schreibt Lyn. »Zu verschiedenen Zeiten habe ich geträumt, dass jedes von ihnen gestorben sei. Warum träume ich bloß vom Tod der Menschen, die mir in meinem Leben am meisten bedeuten?«

Ähnlich heißt es bei J.: »Ich habe geträumt, dass mein achtjähriger Sohn erschossen würde. Sowohl wachend als auch schlafend wird mir beim Gedanken an ein derart fürchterliches Ereignis regelrecht übel. Sagen Sie mir bitte, dass ich da nicht eine Tragödie voraussehe, die ich womöglich nicht ertragen kann!«

Und L.B. berichtet: »Seit der Zeit unmittelbar nach meiner Hochzeit träume ich immer wieder den gleichen Traum, der mich noch tagelang weiterverfolgt. Darin hat mich mein Mann verlassen und will nicht einmal mit mir sprechen; ich habe keine Ahnung warum. Ich scheine seinen Aufenthaltsort zu kennen, kann aber nicht an ihn heran, und fast regelmäßig bin ich mir bewusst, dass da eine andere Frau im Spiel ist. Wütend und bebend vor Angst wache ich dann auf. Im realen Leben habe ich überhaupt keinen Grund, ihm gegenüber misstrauisch zu sein. Wir haben eine sehr feste, innige Beziehung zueinander. Wo in aller Welt kommen denn solche Träume nur her?«

Solche Träume oder Albträume können natürlich sehr beunruhigend sein, und doch sind sie etwas absolut Übliches. Höchstwahrscheinlich können auch Sie mit ähnlichen Berichten aufwarten. Ich zumindest kann es. Wir haben es hier nicht mit prophetischen Träumen zu tun, und ganz gewiss sind sie auch nicht Ausdruck von irgendwelchen fürchterlich entgleisten Wünschen aus dem Unbewussten. Sie sind nichts als eine Ausdrucksform der Worst-case-Szenarien, die unser Unbewusstes freisetzt – des Allerschrecklichsten, was wir uns überhaupt vorstellen können, etwas so Schrecklichem, dass wir in unserem Bewusstsein keinerlei Fantasien darüber zulassen, sondern unsere Aufmerksamkeit, sobald auch nur der geringste Gedanke daran auftaucht, sogleich in eine andere Richtung zwingen. Viel lieber denken wir da an etwas, mit dem wir besser umgehen können. Was unser Verstand so schnell wie möglich verdrängt, dem bleibt unser Unbewusstes auf der Spur und spielt es durch, nicht weil es uns übel gesonnen ist und herausfinden will, auf welche Weise es uns die größte Angst einjagen kann, sondern um sicherzustellen, dass wir es irgendwie schaffen zu überleben, wenn das »Schlimmste« tatsächlich einmal passieren sollte, egal, wie verheerend die emotionalen Folgen auch für uns sein mögen. Bemerkenswerterweise endet keiner der drei Träume, die ich angeführt habe, wie übrigens generell keiner unserer kathartischen Träume vom persönlichen »schlimmsten Fall« nach dem Motto »Ich war so außer mir über das Geschehene, dass ich darüber verstarb«. Es gehört zum normalen menschlichen Dasein – egal, ob wir wachen oder schlafen und wie auch immer die Umstände sein mögen –, dass wir letztlich davon ausgehen, dass uns nichts passieren kann. Unsere kathartischen Träume wollen unter anderem unserem weisen, ewigen Unbewussten die Gelegenheit einräumen, uns zu zeigen, dass dies tatsächlich so ist.

Insgesamt können uns kathartische Träume ein unendlich breites Spektrum unseres Selbst zeigen. Sie sagen uns, was in unserem Leben alles geschieht und welche Gefühle uns wirklich bewegen – Gefühle, die, wie sie in jenen »schlimmsten Fällen« auftreten, unser Verstand vor lauter Geschäftigkeit, Verstörtheit oder Angst von uns fern zu halten sucht. Die Träume einer Frau, der ich den Namen Aurelia gebe, veranschaulichen diesen Punkt besonders gut. Im ersten heißt es: »Ich träume immer wieder, dass unsere Haustür nachts nicht zugeschlossen ist und etwas getan werden müsse, damit nicht jeder zu uns hereinkommen kann. Manchmal träume ich sogar, dass ich sie nachts zuschließe und am Morgen wieder offen vorfinde. Oft überlege ich mir, einen Stuhl unter die Klinke zu klemmen oder einen Stein davor zu legen, doch ich bin mir im Klaren darüber, dass ich etwas Schwereres brauche, um Fremde auszusperren. Ich weiß einfach nicht mehr, was ich tun soll.« Und im zweiten: »Ich entdecke, dass meine Mutter meine schwarze Handtasche und viele meiner Kleider weggeworfen hat. Ich bin wütend darüber und sage ihr, dass sie kein Recht habe, so über meine Dinge zu verfügen und sich in meine Angelegenheiten einzumischen.«

Um es nochmals zu verdeutlichen, dies sind keine prophetischen Träume. Und es sind auch keine Hinweise aus Aurelias Unbewusstem oder von dem ihr innewohnenden göttlichen Geist, dass sie Angst hat, bei ihr würde eingebrochen. Jeder normal denkende Mensch hat doch Angst davor, überfallen oder ausgeraubt zu werden, oder nicht? Nein, hätte sie mehr Abstand von ihrer derzeitigen Lage gehabt und diese objektiv betrachtet, so hätte sie mit Sicherheit erkannt, dass die ihr nahe stehenden Menschen es als selbstverständlich ansahen, »bei ihr zu Hause einzufallen«, wann immer es ihnen – wohlgemerkt nicht ihr – gerade passte, und dass man nicht einmal etwas so Persönliches wie Aurelias Privatsphäre (was gibt es Intimeres für eine Frau als ihre Handtasche und ihre Kleider?) als das *Ihrige* respektierte. Aurelia weiß nicht, wie sie in der Realität mit diesen Übergriffen umgehen soll, weil sie niemanden verletzen möchte, doch ihr Unbewusstes meldet sich zu Wort und verteidigt ihre Rechte, wie sie es in Wirklichkeit so gern tun möchte. Käme sie zur Beratung in meine Praxis, würde ich ihr empfehlen, als Erstes einmal jenen Menschen in ihrem Leben, die sie ausnutzen, vernünftige Grenzen zu setzen. Sobald diese Grenzen gezogen sind und sie diese dauerhaft durchzusetzen weiß, werden ihre Träume von ganz allein verschwinden.

Die Symbolik der Träume

Die Auseinandersetzung mit kathartischen Träumen bietet eine optimale Gelegenheit zur Untersuchung der Symbolik, die unser Unbewusstes zur Kommunikation mit uns benutzt.

Diese Symbolik durchzieht all unsere Träume, ist aber in den kathartischen am deutlichsten zu erkennen und zugleich am schwierigsten zu interpretieren. Ein jeder von uns ist wohl von dem Wunsch beseelt, unser Unbewusstes möge mit den Verwirrspielen aufhören und klar und deutlich aussprechen, was es uns zu sagen versucht. Aber es gibt Gründe, warum es das nicht tut und tun möchte.

Nie dürfen wir vergessen oder daran zweifeln, dass unser Unbewusstes, in dem unser göttlicher Geist wohnt, unendlich viel weiser ist als unser bewusster Verstand. Es besteht seit aller Ewigkeit, ist Wächter und Beobachter zugleich, und wird bis in alle Ewigkeit da sein. Es hat jeden Moment unserer Existenz miterlebt und registriert – von den Inkarnationen auf der Erde bis hin zu glorreich aktiven Seinsformen in den jenseitigen Gefilden. Es hat eine tiefgründige, eloquente Symbolsprache entwickelt, die es perfekt kennt und beherrscht, während unser normaler Verstand nur böhmische Dörfer versteht.

Neben dem ewigen Leben hat unser göttlicher Geist immer währende Geduld. Er versteht unsere menschliche Begrenztheit, und wenn eine wichtige Botschaft unseren Verstand erreichen soll, wird er sie immer wieder auf stets neue Weise und mit unterschiedlichen Symbolen senden, bis wir sie endlich begreifen. Nicht unser Unbewusstes ist wirr und wolkig, wenn es uns symbolische Träume schickt, auf die wir uns keinen Reim machen können. Vielmehr hat unser Verstand ein Übersetzungsproblem. Wir können uns immer darauf verlassen, dass in unserem Unbewussten Klarheit darüber herrscht, welche Botschaft es uns schicken will, ob unser Verstand diese nun begreift oder nicht und ob wir uns unserer Träume nun bewusst erinnern oder nicht.

Unser Unbewusstes ist zutiefst freundlich, sanft und liebenswürdig; es weiß genau, womit unser Verstand umgehen kann und womit nicht. Selbst in einem höchst aufregenden Traum sind Symbole garantiert eine gnädigere Form des »Geschichtenerzählens« als eine kalte, strenge und wörtliche Darstellung. Mit unserer unmittelbaren, persönlichen Realität sind wir tagsüber genug konfrontiert. Wenn wir während des Schlafens noch mehr davon abbekämen, würde das eine fatale Überbelastung mit sich bringen – vielleicht wären die Dinge einfacher zu deuten, aber letzten Endes würde sich keinerlei Entspannung oder Auszeit von der Realität einstellen. So verwirrend und frustrierend die Entschlüsselung der Traumsymbolik auch zuweilen sein mag, im Grunde ist es eine Gnade, dass es sie gibt, denn sie ist für unser Heilsein von essentieller Bedeutung; wir sollten Gott dankbar dafür sein.

Nachdem ich 30 Jahre lang das Gebiet der Träume erschöpfend erforscht, viele Bücher gelesen und unzählige Theorien studiert habe, habe ich mich schließlich in meiner persönlichen Arbeit für eine Kombination zwischen Gestaltpsychologie und der Arbeit des Schweizer Psychologen C. G. Jung entschieden.

Die Gestaltpsychologie wurde Anfang des 20. Jahrhunderts von dem deutschen Forscher Max Wertheimer begründet. *Gestalt* ist ein deutsches Wort und bedeutet auch »Form, Schema oder Figur«. Stark vereinfacht ausgedrückt: In der Gestaltpsychologie werden Erfahrungen als Ganzes gesehen, statt sie als Summe von Einzelelementen zu betrachten. Mit anderen Worten, die Deutungen von Details in einem Traum sind ziemlich unwichtig, solange man den Gesamtsinn der nächtlichen Bilder versteht.

Im Fall von Aurelias Träumen beispielsweise würde es uns meines Erachtens in die Irre führen, wenn wir sie haarspalterisch in sämtliche Details zerlegen würden, um herauszufinden, was der von ihr erwähnte Stuhl oder Stein tatsächlich bedeutet oder warum sie von einer *schwarzen* Handtasche spricht. Mag sein, dass nur ich so denke, aber ich finde, wenn man etwas aus zu großer Nähe betrachtet, geht der Blick für das Wesentliche leicht verloren. Für Aurelias Alltag ist es wichtiger, ihr den Hinweis zu geben, dass sie unbedingt Grenzen setzen muss, als dass man krampfhaft danach forscht, von welcher Handtaschenfarbe sie geträumt hat.

Der faszinierende C. G. Jung, einer der größten Psychologen des 20. Jahrhunderts, hat einen Großteil seines Lebens den Träumen, ihrer Symbolik und Bedeutung für unsere Existenz gewidmet. In seiner 1945 veröffentlichten Schrift *Vom Wesen der Träume* beschreibt er ein Verfahren, das er als das »Aufnehmen des Kontextes« bezeichnet. Danach müssen wir unseren eigenen »Kontext« oder unsere persönliche Assoziation mit den aufgetauchten Symbolen beleuchten, um deren Bedeutung vollständig zu dechiffrieren. Nehmen wir einmal an, dass häufig Vögel in Ihren Träumen vorkommen. In neun von zehn Traumdeutungsbüchern steht, dass Vögel eine Sehnsucht nach Freiheit ausdrücken und/oder ein Hinweis darauf sind, dass gute Nachrichten ins Haus stehen. Doch wie es der Zufall will, haben Sie Ihr ganzes Leben lang vor Vögeln Angst gehabt. Also dürfte Ihr Traum leicht zum Albtraum geraten, und Sie werden sich womöglich bedroht und angegriffen fühlen, während ein anderer die gleichen Bilder als beglückend und befreiend erleben könnte. Trotzdem hätten beide aus ihrer jeweiligen Sicht Recht mit ihrer Interpretation. C. G. Jung hat einmal sinngemäß gesagt, dass wir uns möglichst viel Wissen über Symbole aneignen und alles Gelernte dann wieder vergessen sollen, wenn wir einen Traum analysieren. Das ist einer meiner liebsten Aussprüche von ihm.

Viele Traumdeuter wenden den Gestaltansatz buchstabengetreu an; sie glauben, daß in jedem Traum rein alles – jede Person, jedes unbelebte Objekt, jedes Tier und überhaupt jedes Symbol – den Träumer tatsächlich selbst darstelle. Um das auf möglichst einfache Weise zu demonstrieren, stellen wir uns am besten unseren Traum als einen Film vor, in dem wir alle Rollen spielen, und fragen uns dann, ob damit auch alle Fragen, die wir zu unserem Traum haben, beantwortet sind. Wenn das der Fall ist, umso besser. Glauben Sie keinem, der Ihnen weismachen will, dass es nur einen »richtigen« Weg gäbe, die Geheimnisse der Träume zu entschlüsseln. Sie zu »verstehen« ist das Einzige, was wirklich zählt. Wie bei jedem anderen Vorhaben, sollten wir immer den effizientesten Weg wählen, einen, der unsere Möglichkeiten, in die falsche Richtung abzugleiten, auf ein Minimum reduziert.

Wie Jung glaube auch ich, dass alles in einem Traum, von dem wir uns in irgendeiner Weise emotional berühren lassen, etwas mit *uns selbst* und mit unseren eigenen persönlichen Beziehungen zu den Menschen, Plätzen und Dingen in jenen nächtlichen Bildern zu tun hat. Darum lege ich meinen Akzent stets auf all die Elemente, *von denen wir uns in irgendeiner Weise emotional berühren lassen*. Es spielt keine Rolle, was oder wer das Gefühl hervorruft. Man ist immer wieder überrascht, aus welchen Ecken und Winkeln das Erkennen und Verstehen zu uns kommen.

Im weiteren Verlauf dieses Buches gehen wir auf die Archetypen ein, das heißt jene häufig vorkommenden, allgemein gültigen Traumsymbole, die bei den meisten Menschen ziemlich ähnliche Assoziationen auslösen. Diese klassischen Symbole, wie sie in jedem anderen Traumbuch oder »Traumlexikon« abgehandelt werden, können sehr hilfreich sein. Doch das Wichtigste, was Sie über ihre Interpretation im Gedächtnis behalten sollten, ist, dass diese jeweils nur dann zutrifft, wenn der Sinn auch *für Sie persönlich* stichhaltig ist. Keine gedruckte Auflistung von Archetypen wird Ihnen je so viel Nutzen bringen wie die Tabelle der Symbole und ihrer Bedeutungen, die sie für sich selbst anlegen, wozu ich Ihnen ganz dringend rate. Werden Sie nicht ungeduldig und erwarten Sie nicht, dass die Aufstellung solcher Übersichten schnell und problemlos erfolgt. Schreiben Sie einfach listenförmig die Menschen und Dinge auf, die ziemlich regelmäßig in Ihren Träumen vorkommen. In dem Maße, wie Ihnen Erinnerungen und Erkenntnisse zufallen, können Sie dann Schritt für Schritt die Bedeutungen neben den aufgelisteten Begriffen notieren. Redigieren oder bewerten Sie nichts, und fühlen Sie sich auch nicht genötigt, anderen Menschen Ihre Aufzeichnungen zu zeigen, wenn Sie dies nicht wünschen. Vergessen Sie nicht, es ist *Ihre* höchst persönliche Liste von Archetypen. Sie ist einzigartig auf der Welt und dennoch ebenso zutreffend wie die eines jeden anderen Menschen. Mit der Zeit wird daraus eine Landkarte von unschätzbarem Wert für weitere Entdeckungsreisen in die Tiefen Ihrer Träume.

Ich erinnere mich noch gut an eine meiner Klientinnen namens Elise und daran, wie sie mich ein wenig verlegen darum bat, ihr zu sagen, warum sie jedes Mal in panischer Angst aufwachte, wenn sie wieder einmal einen ihrer Träume über Pfirsiche hatte. Keine Spinnen. Keine Monster oder Autounfälle, nicht der Verlust des Arbeitsplatzes oder des Ehemanns. Pfirsiche. Mal lagen sie in einer Schüssel, mal hingen sie auf dem Baum, mal lagen sie auf dem Boden ihres Schranks, mal in ihrer Handtasche, mal waren sie im Vordergrund, mal waren sie nur Teil des Hintergrunds, doch stets versetzten sie Elise in helle Aufregung, ohne dass sie den Grund dafür kannte. Ich stellte ihr mehrere Fragen, um zum Kern des Problems zu gelangen, aber wir standen beide vor einem Rätsel, bis ich sie durch eine Meditation führte. In einer Trance-Sitzung hatte Elise mir schon einmal vom plötzlichen Tod ihrer Mutter infolge einer ungewöhnlichen Schwangerschaftskomplikation berichtet und dass sie damals erst zwölf Jahre alt gewesen war. Doch meditativ entspannt und geistig ruhig und offen, grub sie nun eine lang vergessene Erinnerung aus: In den Wochen vor ihrem Tod hatte Elises Mutter ein unstillbares Verlangen nach Pfirsichen gehabt. In all diesen Träumen von Pfirsichen versuchte Elise also, mit dem jähen Tod ihrer Mutter, dem Trauma und Kummer darüber fertig zu werden. Damit wurde ihre Liste von Traumsymbolen und deren Bedeutungen bereichert durch: »Pfirsiche = Verlust; Tod; Tragödie«. Für kaum einen von uns mag dies zutreffen, aber für sie stimmt es absolut. Dies ist ein hervorragendes Beispiel dafür, warum unsere eigene Liste von Archetypen für uns persönlich stets besser ist als jede generelle Tabelle aus irgendeinem Traumbuch, inklusive diesem. Die in Kapitel 9 erscheinende Aufstellung ist also lediglich eine Richtlinie und nicht wörtlich zu nehmen, außer wenn Sie bestimmte Symbole und ihre gebräuchlichsten Interpretationen in Ihrem Inneren als richtig und zutreffend empfinden.

Wie wir unsere kathartischen Träume umschreiben können

Bei kathartischen Träumen gibt es eine gute und eine schlechte Nachricht. Die schlechte ist, dass sie in den wenigsten Fällen erfreulich sind. Der Grund ist offensichtlich: Wir sehen kaum eine Notwendigkeit, uns von den Dingen in unserem Leben zu erlösen, mit denen wir glücklich und zufrieden sind. Oder kamen Sie schon einmal von einem gelungenen Tag oder Abend nach Hause und dachten, wenn ich jetzt nicht bald etwas Dampf ablasse, dann explodiere ich? Genau dies aber ist der Sinn und Zweck von kathartischen Träumen, nämlich ungelöste oder unausgesprochene Themen ins Rampenlicht zu rücken und was immer wir an Frustration, Zorn, Reue, Schuld, Groll, Verrat oder Peinlichkeit mit uns herumgeschleppt haben, im Unbewussten auszuagieren. Dies führt zu einem äußerst anstrengenden, emotionsgeladenen Schlaf. Und am Morgen danach fällt es uns wahrscheinlich schwer, den Traum gleich abzuschütteln, egal ob wir uns nun bewusst daran erinnern oder nicht.

Die gute Nachricht heißt: Mit viel Übung, Geduld und Entschlossenheit können wir uns effektiv selbst dahingehend programmieren, den Ausgang von sich wiederholenden kathartischen Träumen, die uns immer aufs Neue in Angst und Schrecken versetzen, umzuschreiben. Damit bekommen wir Gelegenheit, jenes heilsame Gefühl des »Dampfablassens« zu erleben und dankbar darüber aufstehen zu können, dass wir den Kampf gewonnen haben.

Folgender Traum von C. C. veranschaulicht diese Aussage: »Vor fünf Jahren habe ich meinen Mann verloren; wir hatten uns entfremdet und lebten bereits getrennt. Seit jener Zeit habe ich wiederholt von einer dunklen Gestalt geträumt, die sich im Türrahmen zu meinem Schlafzimmer aufbaut. Natürlich jagt mir das Bild eine Riesenfurcht ein, und ich bete zu Gott, dass er mich unversehrt und gesund erhalten möge. Nach diesen Bildern träume ich dann regelmäßig, dass mein Mann vom Tod auferstanden sei und ich bei ihm bleiben müsse, obwohl ich das überhaupt nicht will. Ich schreie und protestiere und bete, dass so etwas nicht wirklich geschehen darf. Ich hoffte, diese Träume würden mit der Zeit verschwinden, doch sie treten immer noch auf.«

Zunächst möchte ich Ihnen versichern, dass die dunkle Gestalt, die da im Türrahmen steht, wie übrigens die meisten »Monster«, die uns im Traum erscheinen, C. C. selbst ist. Um es präziser auszudrücken: Es handelt sich um jenen Teil von ihr, der unnötigerweise unter unaufgelösten Schuldgefühlen leidet und sich die Tatsache nicht verzeihen will, dass sie und ihr Mann sich zum Zeitpunkt seines Ablebens entfremdet hatten und das letzte Zusammentreffen mit ihm überaus gespannt und unerfreulich war.

Der zweite Teil spiegelt die Angst davor, dass ihr Schuldgefühl und das Nichtzulassen von Selbstvergebung dazu führen könnten, dass sich die gleiche unglückliche Ehe mit einem anderen Mann noch einmal wiederholen könnte, um diesen Teil ihrer persönlichen Geschichte zum Abschluss zu bringen oder eine Art Buße zu tun, um diese imaginäre Schuld abzutragen. Doch dies sind nichts als vorprogrammierte Belastungen, die ihr Verstand ihr als Stolpersteine in den Weg legt. In Wahrheit sind sich Seele und Geist in ihrem Inneren vollkommen klar darüber, dass es eigentlich nichts gibt, weswegen sie sich schuldig fühlen müsste. Inzwischen ist sie mit jedem Tag stärker geworden und hat aus dieser Beziehung mehr gelernt, als sie je für möglich hielt. Nicht zuletzt hat sie begriffen, dass sie mit ihrem Mann zu viel durchgemacht hat, um die gleiche Katastrophe mit einem weiteren Mann noch einmal erleben zu müssen.

An dieser Stelle möchte ich aufzeigen, wie C. C. sich selbst programmieren kann, damit sie solche Träume nicht mehr zu fürchten braucht. Wenn sie es richtig macht, wird sie am Ende womöglich sogar Gefallen daran finden. Selbst wenn sie an den Erfolg dieses Rezeptes nicht recht glauben mag, hoffe ich, dass sie dennoch einen Versuch macht. Ich verspreche, sie wird angenehm überrascht sein. Ihr und jedem anderen mit ähnlich wiederkehrenden Träumen rate ich also, Folgendes zu tun:

Umgeben Sie sich vor dem Zubettgehen mit dem weißen Licht des Heiligen Geistes, jenem reinen, brennenden, funkelnden, warmen, schützenden weißen Strahl der Liebe Gottes, der Sie von Kopf bis Fuß wie ein hauchdünner Mantel aus göttlicher Energie sanft umhüllt. Schicken Sie dann mit eigenen Worten ein Gebet gen Himmel, das etwa Folgendes ausdrücken soll: »Lieber Gott, sollten mich jene schmerzvollen Träume in dieser Nacht wieder heimsuchen, so hilf mir bitte, sie in Geschichten von Kraft, Sieg und Stärke umzuwandeln.« Dann fügen Sie etwas Spezifischeres hinzu, wie beispielsweise im Fall von C. C.: »Wenn die schwarze Gestalt dieses Mal in der Türschwelle erscheint, lass mich ihr direkt ins Gesicht schauen und lass mich meine Furcht vor ihr überwinden und ein zärtliches, tolerantes Mitgefühl in mir entspringen. Ich will in ihr nichts anderes sehen als die verzweifelte Verkörperung meiner unaufgelösten Trauer und Schuld. Lass mich ganz direkt auf diesen traurigen, nicht heilen Teil meiner Person schauen und ihr mit ruhigen Worten bedeuten: ›Ich liebe dich und ich vergebe dir. Ich gebe dich frei und entlasse dich in die immerzu heilende Umarmung Gottes und seiner vollkommenen Liebe.‹«

Beten Sie allabendlich um ein solches Ende Ihrer Träume, lassen Sie das Ihren letzten Gedanken vor dem Einschlafen sein. Früher oder später wird sich der ersehnte Ausgang dann wirklich einstellen. Und es ist höchstwahrscheinlich, dass sich dann bei C. C. der zweite Teil des Traums, in dem sie sich wieder so unglücklich mit ihrem verstorbenen Mann verheiratet sieht, ohne eine andere Wahl zu haben, ganz auflöst – und damit zugleich jenes bedrückende Gefühl der Angst, das die Traumgestalt für sie verkörpert.

Falls er dennoch wiederkommt, kann C. C. mit Gottes Hilfe und über das Gebet auch in diesem Fall ein glückliches Ende programmieren. Welchen Ausgang wir uns auch immer für einen wiederkehrenden Traum wünschen, um beim Aufwachen lächeln zu können – wir müssen bloß so lange darum bitten, bis wir ihn bekommen. Vielleicht bittet C. C.s verstorbener Mann sie im Traum, sie möge ihn wieder heiraten, und sie sagt ihm daraufhin in ruhigem Ton, dass sie das nicht kann, und stellt ihm gleichzeitig ihren neuen idealen Partner vor, der all das verkörpert, was ihr Ex-Gatte nicht hatte. Vielleicht macht er ihr einen Antrag, woraufhin C. C. ihre Kinder um sich versammelt und mit den Worten ablehnt: »Nein, danke, ich liebe meine Kinder zu sehr, um sie in einem unglücklichen Haus aufwachsen zu sehen.« Vielleicht geht sie ihm im Flur entgegen, schön anzuschauen in ihrem Brautkleid, doch schluchzend vor Angst, und plötzlich löst er sich in Luft auf. Wie auch immer ihr Traum ausgeht: Es ist ihr Traum, sie bestimmt den Ausgang, und es gibt keine Regeln und Begrenzungen, solange der Traum für C. C. selbst glücklich ausgeht und ihr ein Gefühl von Zuversicht und Vertrauen schenkt. Geduld ist die oberste Maxime. Hören wir nicht auf zu bitten und zu beten, dann wird das »Umschreiben« am Ende gelingen. Wir brauchen bloß einen Abend mit Gott zu verbringen, um einen Albtraum in einen persönlichen Sieg zu kehren; der belastende Traum wird danach garantiert für immer verschwunden sein.

Einer meiner Klienten hat mir eine kleine, hilfreiche Ergänzung zu dieser »Umschreib-Technik« geliefert, die Sie einmal ausprobieren sollten, wenn Sie meinen, dass sie bei Ihnen funktioniert. »Ich habe eine Menge intensiver Träume, sehr farbenprächtig und schön. Weil sie einem Film gleichen, kann ich die Bilder immer anhalten, sie zurückspulen und das Ende verändern, sollte mir der Ausgang missfallen. Manchmal tritt sogar eine Art Ansager auf, der mir die Träume vorstellt, so als würde ein Spielfilm angekündigt.«

Mir gefällt die Idee vom Anhalten, Zurückspulen und Verändern des Traum-Endes, wenn einem der erste Ausgang nicht zusagt. Es ist ein Bild, das sich jeder, der schon einmal ein Videogerät bedient hat, leicht vorstellen kann. Und was den »Ansager« anbetrifft, der den Traum präsentiert: Dabei handelt es sich um den Geistführer des Träumenden.

Sollte Ihnen der Begriff »Geistführer« nicht geläufig sein –

es ist jemand, den wir aus dem Jenseits kennen und der sich bereit erklärt hat, uns in dieser Inkarnation zu begleiten. Unendlich sanft und ruhig hält er von seiner Heimstatt aus Wacht über uns und hilft uns dabei, die Ziele zu erreichen, die wir uns vor unserem Erdengang gesetzt haben. Unsere Geistseele kann sich während des Schlafs frei ausdrücken und ist mit unserem Geistführer aufs Innigste verbunden. Somit ist es keineswegs ungewöhnlich, wenn er in unseren Träumen hauptsächlich als eine Art Erzähler oder Zeremonienmeister in unmittelbarer Nähe der Handlung auftritt, ohne selbst daran teilzunehmen. Geistführer sind unsere großen Fürsprecher im Leben. Wir werden noch näher darauf eingehen, was sie uns im Schlaf geben können. An dieser Stelle genügt der Hinweis, dass wir es uns zur lieben Gewohnheit machen sollten, sie anzurufen, uns bei der Umprogrammierung unserer kathartischen Träume zu helfen, auf dass diese einen positiveren Ausgang nehmen und uns mehr Kraft und Stärke verleihen mögen. Sollten Sie übrigens nicht wissen, wie Ihr Geistführer heißt, dann erfinden Sie einfach einen Namen für ihn. Ich kam auf Francine, weil mir ihr richtiger Name, Ilena, nicht gefiel; und sie hat nie dagegen protestiert. Ihr Geistführer hat bestimmt auch nichts dagegen. Es ist ihm lieber, anerkannt zu sein – und sei es über einen Fantasienamen –, als vollständig ignoriert zu werden.

Das »Umschreiben« eines kathartischen Angsttraums ist eine der wirksamsten Techniken, die wir uns für unsere eigene mentale und emotionale Gesundheit zu Eigen machen sollten. Je besser wir sie beherrschen, desto klarer wird zudem die Kommunikation zwischen unserem Verstand und dem in unserem Unbewussten geborgenen göttlichen Geist. Es hat schon etwas für sich, beim Aufwachen aus einem jener kathartischen Träume, wie wir sie mit geringen Abweichungen fast alle einmal früher oder später durchleben, als Gewinner hervorzugehen. Mal sehen, ob das eine oder andere der nachfolgend beschriebenen Beispiele Ihnen irgendwie vertraut vorkommt.

Gängige Themen in kathartischen Träumen

»Zeitschleifen«

»Ich habe einen wiederkehrenden Traum, in dem ich mich in die Highschool-Zeit zurückversetzt sehe. (Ich bin 42 Jahre alt und träume das nun schon seit 15 Jahren.) Ich bin spät dran, aber es fährt kein Bus. Also mache ich mich zu Fuß auf den Weg. Je länger ich unterwegs bin, desto schwieriger wird das Vorwärtskommen. Meine Gelenke werden zunehmend unbeweglicher, und meine Muskeln ziehen sich schmerzvoll zusammen; ich schlurfe nur noch so dahin. Schließlich gebe ich auf und bleibe stehen … In ähnlichen Träumen lande ich am Ende in einem Büro, wo ich zu einem Schreibtisch geführt und zum Arbeiten aufgefordert werde, aber ich habe keinen blassen Schimmer davon, was ich eigentlich tun soll.« – *Tamara*

»Ich habe den folgenden Traum nun schon seit vielen Jahren. Ich bin im jetzigen Alter, sitze aber wieder in der Mittelstufe. Eigentlich sollte ich in der Oberstufe sein, doch ich wurde zurückgestuft, weil ich einmal sitzen geblieben bin.« – *M.*

»Ich träume wiederholt, dass ich immer noch auf der Highschool bin. (Ich bin 29 Jahre alt.) In diesem Traum bin ich mir meines Alters wohl bewusst und frustriert darüber, meinen Abschluss immer noch nicht in der Tasche zu haben. Alle meine ehemaligen Schulkameraden sind ebenfalls dort; es ist schön, sie zu sehen, aber sie sind alle noch 18, während ich fast 30 bin.« – *B.*

»Ich bin allein und lebe wieder in dem Armenviertel der

GÄNGIGE THEMEN IN KATHARTISCHEN TRÄUMEN 73

Stadt, wo ich vom 9. bis 18. Lebensjahr wohnte. Es ist immer ein warmer Tag im ausgehenden Frühling oder beginnenden Sommer. Doch um mich herum ist keine Menschenseele anzutreffen. Nie. Die Nachbarn sind allesamt weggezogen, und niemand ist mehr da. Ich gehe umher und frage mich, wo sie alle sind, und ich fühle mich so allein.« – A. C.

Diese Träume und alle ähnlichen, in denen wir uns in einer Situation aus der Vergangenheit gefangen wähnen, zeigen uns auf wunderbare Weise, wie gut unsere Geistseele den Lebensentwurf kennt, den wir im Jenseits verfasst haben, bevor wir in diese Existenz gingen. Unterschwellig beschleicht uns zuweilen die Angst, dass wir mit unserem Plan nicht Schritt halten und nicht alles erfüllen können, was wir uns vorgenommen haben; dass wir das anvisierte Leistungspotenzial nicht erreichen werden. Diese nagende Besorgnis wird im Allgemeinen in jenen Träumen freigesetzt, in denen wir uns verloren oder gestrandet bzw. in einem nicht adäquaten familiären Umfeld wiederfinden und uns ohnmächtig und unzulänglich fühlen. Sie treten am häufigsten dann auf, wenn wir die von uns getroffenen lebenswichtigen Entscheidungen hinterfragen, in Zeiten also, wo wir bei allem Erfolg, den wir womöglich im Alltag haben, die uralte Frage stellen »Ist das etwa alles gewesen?«

Kathartische Träume mit »Zeitschleifen« lassen sich gut umprogrammieren, indem wir den Traumgestalten etwa den Satz zurufen: »He, ich erinnere mich gerade: Da gehöre ich gar nicht hin!«, um uns dann frohen Mutes zum Ausgang zu bewegen und in den hellen, warmen Sonnenschein hinauszutreten. Doch bevor wir dies tun, sollten wir uns vor Augen führen, dass solche Träume immer auch die Mahnung beinhalten, Bilanz zu ziehen. Fragen wir uns also, wo wir gerade stehen und wo wir unserem Potenzial nach eigentlich stehen müssten, *besonders in spiritueller Hinsicht*. Welche Einzelheiten unser Lebensplan auch immer enthalten mag, fest steht, dass wir eine Vielzahl von Möglichkeiten vorgesehen haben, um uns der Unmenschlichkeit, Niedertracht und Negativität zu stellen und sie zu überwinden, anstatt uns davon verführen zu lassen oder uns geschlagen zu geben. Ich habe unzählige Male gesagt und geschrieben, dass wir es uns mit der Frage nach dem Sinn des Lebens hie und da etwas zu kompliziert machen. Lassen wir die verwirrende Wortflut zu diesem Thema einmal beiseite, reduziert sich alles auf eine einfache Formel: »Tue Gutes, lieber Gott, und wenn es dereinst so weit ist, dann schweige und gehe heim ins Reich des Herrn.« Ob Sie es glauben oder nicht: Sobald es Ihnen gelingt, Ihr Leben nach dieser Maxime auszurichten und in diesem Sinne Ihr Bestes zu geben, werden Sie »Zeitschleifen«-Träume ein für alle Mal los sein.

»Auf der Flucht vor etwas Bösem«

»In fast all meinen Träumen versuche ich, um Hilfe zu schreien oder vor jemandem wegzulaufen, der mir wehtun will. Gewöhnlich wache ich von meinem eigenen Schreien auf.« – *Mitchell*.

»Immer habe ich schreckliche Träume von jemandem, der mich verfolgt, oder ganz allgemein fürchterliche Angst vor etwas, was ich nicht erkennen kann.« – *V.S.*

»In einem wiederkehrenden Traum bin ich ein Kind, das einen dunklen Keller aufsucht, in dem sich lauter abschließbare Verschläge befinden. Jemand oder etwas bewegt sich hinter mir, verfolgt mich, und ich fürchte mich so sehr, dass ich sogar Angst habe, um Hilfe zu rufen.« – *Cora*

»Ich fuhr auf einer engen, schlecht befestigten Straße. Zu beiden Seiten breiteten sich Sümpfe aus, teils vom Eiswind überfroren, der heulend über die Landschaft hinwegfegte. Plötzlich verengte sich die Straße immer mehr und endete schließlich ganz. Ich versuchte rückwärts zu fahren, aber es war so dunkel, dass ich hinter mir nichts sehen konnte. Das Auto rutschte von der Straße ab. Ich versuchte verzweifelt, es zurück auf die Fahrbahn zu bringen, als mich das Wesen, vor dem ich weglief, an der Schulter packte. Das Gefühl, wie diese Hand nach mir griff, war so furchtbar, dass ich davon aufwachte.« – *T.*

Ich denke, dass fast jeder von uns irgendwann einmal von etwas Bösem und Bedrohlichem geträumt hat, dem wir verzweifelt zu entkommen suchen.

Sollten Sie zu jener Gruppe von Menschen gehören, die von solchen Träumen heimgesucht werden, weil Sie selbst oder eine Ihnen nahe stehende Person vielleicht Opfer eines Gewaltverbrechens wurden, dann bitte ich Sie inständig, sich niemals ohne die schützende Umhüllung mit dem weißen Licht des Heiligen Geistes schlafen zu legen. Gleichzeitig rate ich Ihnen dringend, einen qualifizierten Therapeuten aufzusuchen, um mit dessen Hilfe den posttraumatischen Stress aufzulösen, der so schwer auf Ihnen lastet. So effizient kathartische Träume auch sein mögen, indem sie unsere Ängste, Zweifel und Unsicherheiten an die Oberfläche bringen und uns eine Chance zur Konfrontation und Auseinandersetzung mit ihnen geben, so haben sie doch auch das Potenzial, immer wieder tiefe Wunden aufzureißen, wenn wir persönliche Tragödien wiederholt durchleben. Nur ein Experte auf dem Gebiet der Psychiatrie oder Psychologie kann hier langfristig Heilung verschaffen.

Für alle anderen von uns, die wir in den kathartischen Träumen von einer eher vagen, gesichtslosen und namenlosen Bedrohung verfolgt werden, bietet sich jedoch die Umprogrammierungstechnik geradezu an. Beten Sie darum, den Ausgang eines Traumes umschreiben zu dürfen, bitten Sie Ihren Geistführer um Hilfe bei der Umprogrammierung des Endes! Eines Nachts werden Sie dann den Mut finden, nicht mehr wegzulaufen, sondern sich umzudrehen und Ihrem Verfolger von Angesicht zu Angesicht gegenüberzutreten. In neun von zehn Fällen entpuppt sich das »Monster«, der »Dämon«, vor dem wir flüchten, als ein Ebenbild von *uns selbst* – irgendeine Form von Schuld, Unsicherheit, Schwäche in uns, ein Gefühl der spirituellen Entfremdung, der Reue oder des Verrats, eine Angewohnheit oder Sucht oder auch ein vermeintlicher Makel, von dem wir glauben, dass er uns zugrunde richten würde, sobald er uns einholt. Vielleicht merken auch Sie auf einmal, dass Sie sich selbst gegenüberstehen. Vielleicht sehen Sie Ihrer eigenen Vorstellung vom Teufel ins Auge, einem Monster oder einem Menschen, den Sie mit dem Bösen assoziieren, oder aber einer Gestalt, die ebenso schrecklich und absurd ist, wie Sie sich die Persönlichkeitsanteile ausmalen, vor denen Sie immer fortlaufen. Unser Unbewusstes spricht gerne in Bildern zu uns, und es ist oft leichter, mit unklaren Ängsten umzugehen, wenn wir ihnen ein Gesicht und eine Gestalt verleihen. Seien Sie gewiss: Das, wonach Sie sich umschauen, ist weniger entsetzlich, als Sie es sich vorstellen, solange Sie wegrennen. *Drehen Sie sich einfach um!*

Und wenn Sie es tun, dann bleiben Sie stehen, schauen Sie Ihrem Verfolger direkt in die Augen und sprechen Sie beherzt, egal ob Sie sich nun wirklich mutig fühlen oder nicht: »Durch die unendliche Liebe und Macht von Gottes Gnaden gebe ich dich frei und entlasse dich in das friedvolle, weiße Licht des Heiligen Geistes, jetzt und immerzu.«

Im Rahmen meiner Ausführungen über Symbole und Archetypen stelle ich im Kapitel 9 weitere gängige kathartische Träume vor. An dieser Stelle lassen Sie mich bloß in Erinnerung rufen, dass alle Arten von kathartischen Träumen, egal wie verstörend sie auch sein mögen, ein Segen sind. In Ihren Nachtgebeten sollten Sie deshalb nie darum bitten, davon verschont zu bleiben, denn Sie können von ihnen nur profitieren. Stattdessen beten Sie, dass – nachdem Sie all Ihre angestauten Emotionen ausgelebt haben – solche Träume so enden mögen, dass Ihr Wachbewusstsein in der Erkenntnis bestärkt wird, dass Sie für alle Ewigkeit ein auserwähltes Kind Gottes sind. Danken Sie Ihm für die Entwicklungschancen, Lehren und Einsichten, die Sie aus Ihren kathartischen Träumen beziehen. Denn auch wenn wir gelegentlich schmerzhafte Prozesse durchlaufen müssen, um uns weiterzuentwickeln – ohne Wachstum wäre es kein richtiges Leben.

Persönliche Anmerkungen

Für J.W., der mir Folgendes schrieb: »Ich träume immer wieder davon, von einem gigantischen Wesen mit riesig großen Händen ergriffen und fortgetragen zu werden. Ich kann nicht erkennen, was es ist, ich weiß nur, dass es im Vergleich zu mir ungeheuer groß ist, und das beunruhigt mich sehr. Können Sie mir bitte verraten, was es damit auf sich hat?«

Auf den ersten Blick sieht das wie ein normaler kathartischer Traum aus. Doch J.W., beachten Sie bitte, dass Sie sich vollkommen macht- und wehrlos fühlen, und passen Sie auf einen Mann auf, der Sie in Ihrem Leben in jeder Hinsicht zu dominieren sucht. Sie können versuchen, sich ihm gegenüber zu behaupten und Ihre Souveränität einzufordern, aber es ist eher unwahrscheinlich, dass er kooperieren wird. In diesem Fall müssen Sie sich so schnell wie möglich von ihm trennen.

S. S. schrieb: »Mein Vater starb am 18. Oktober 1988. Seither verfolgt mich ein Traum: Ich bin im Schlafzimmer, als mein Vater plötzlich mit gezücktem Messer hereinstürmt. Ich fürchte schon, dass er mich umbringen will, doch dann setzt er sich zu mir auf die Bettkante, richtet das Messer gegen sich selbst und schlitzt sich die Kehle auf.«

Ich verstehe Ihr Entsetzen angesichts dieser Bilder, S. S., aber sorgen Sie sich nicht, Ihr Vater ist keine erdgebundene Seele. Er ist weder in dieser Existenzebene gefangen, noch versucht er, Sie als eine Art Hilfeschrei mit grausamen Bildern zu quälen. Vielmehr ist der Traum *Ihr eigener* Hilferuf: Ihr Unbewusstes fleht Sie an, sich von dem Gedanken zu verabschieden, dass Sie seinen Tod irgendwie hätten verhindern können. Sie konnten es nicht. Garantiert nicht. Was das Messer angeht, es ist nur ein vom Unbewussten konstruiertes Bild, um Ihren ungelösten Schmerz zu beschreiben. Ich hoffe, Sie finden Frieden in dem Wissen, dass Ihr Vater eben diesen Ausstiegspunkt, lange bevor er hierher kam, plante und dass weder Sie noch irgendein anderer irgendwelchen Einfluss darauf hatte. Er führt ein glückliches und schaffensreiches Leben daheim in den jenseitigen Gefilden und besucht Sie häufig mit unendlicher Liebe.

Und schließlich ein Dankeschön an T. für ein perfektes Beispiel aus dem realen Leben, das verdeutlicht, was passiert, wenn wir uns den Ängsten in unseren kathartischen Träumen stellen, anstatt vor ihnen wegzurennen. In ihrem Traum wurde T. von einem wilden Drachen mit einem langen, rotschwarzen, gepanzerten Schwanz verfolgt. Nach einer Zeit unterbrach der Drache seine Jagd, um zu fressen, nahm aber dann erneut ihre Fährte auf, und die Hatz ging weiter: »Als ich weglaufen wollte, stürzte sich der Drache auf mich. Instinktiv zog ich die Knie hoch, um mich zu schützen, und irgendwie gelang es mir, dem Ungeheuer einen Schlag gegen den Unterkiefer zu versetzen, sodass sein Maul zuklappte und es einen Moment zurückwich. Ich stand da wie angewurzelt, hatte panische Angst. Fieberhaft überlegte ich, wie ich das nahe gelegene Tor erreichen könnte, bevor mich der Drache verschlang. Dann aber wurde mir die Hoffnungslosigkeit meiner Lage klar. Ich würde es nie schaffen! Ein langsamer, grausamer Tod wartete auf mich. Furcht und Verzweiflung beherrschten mich derart, dass ich spürte, wie ich aufzuwachen begann, doch ich sagte mir immer wieder: ›Stelle dich der Angst, schau ihr ins Gesicht.‹ Schließlich schaffte ich es, in dem Traum zu bleiben. In tausend Ängsten schwebend und pochenden Herzens sah ich den Drachen an. Zum ersten Mal bemerkte ich, wie schön er eigentlich war mit seinem rotschwarz leuchtenden, diamantförmig gemusterten Schuppenpanzer. Der Drache stand da und ließ mich seine Schönheit bewundern, ohne mir etwas anzutun. Und nach und nach wich die Furcht, und der Traum war zu Ende. Normalerweise breitet sich nach einem Angsttraum Beklemmung und Sorge in mir aus. Stattdessen bewegte mich nach diesem speziellen Traum mehrere Tage lang ein beruhigendes inneres Gefühl der Vollendung, so als hätte ich ein großes Examen bestanden.«

Sie haben Ihren Test bestanden, T.! Wir alle können nur von Ihnen lernen und hoffen, dass wir ihn, wenn es so weit ist, mit Seiner Hilfe ebenso mutig absolvieren werden.

5

Der Wunschtraum

So wie das Unbewusste Gefühle wie Angst, Schuld, Reue und Konfusion in unseren Träumen ausagiert, spiegelt es auch unsere Wünsche wider. Wunschträume sind genau das, was das Wort vermuten lässt: wunderbare Reflektionen dessen, was wir uns wünschen oder zumindest was wir meinen uns zu wünschen. Für gewöhnlich wachen wir dann mit einem Lächeln im Gesicht und einem gewissen Gefühl innerer Befriedigung auf, denn selbst wenn der Traum nur einige kurze Augenblicke lang währte, haben wir darin doch das große Los in der Lotterie gezogen.

Manche unserer Wunschträume sind so wörtlich zu verstehen, dass es uns schmunzeln lässt. Wir möchten gerne ein BMW-Cabrio haben und träumen, wie wir darin bei Sonnenuntergang am Strand entlangfahren. Wir hassen es, übergewichtig zu sein, und sehen uns im Traum gertenschlank. Wir sind Baseball-Fans und träumen von Grand Slam und Weltmeisterschaft. Wir studieren Jura und träumen davon, vor dem höchsten Gerichtshof einen Fall zu gewinnen. Es ist wohl unbestreitbar, dass Wunschträume fantastische Geschenke von unserem Unbewussten und von Gott sein können, denn wir müssen sie nicht zu Tode analysieren, sondern brauchen sie nur anzuschauen und unseren Spaß daran zu haben.

Andere hingegen sollten wir nicht so wörtlich nehmen, wie sie zunächst erscheinen; und es ist wichtig, zwischen beiden klar zu unterscheiden. Ein Traum von Frau D. erklärt uns warum:

»Ich träume ständig von einem Ex-Freund, in den ich mich einmal unsterblich verliebt hatte. Inzwischen bin ich glücklich verheiratet und verstehe diese nächtlichen Bilder insofern nicht. Danach will mein Ex mit mir eine Beziehung anfangen und ist sehr zärtlich zu mir – mehr als damals, als wir noch zusammen waren. Beim Aufwachen fühle ich mich regelrecht energetisiert, denn ich habe das Gefühl, dass er mich wirklich liebt und immer lieben wird. Es ist total verrückt. Ich liebe meinen Mann, aber allein über diesen Traum nachzudenken weckt solche Fantasien in mir. Hilfe!!!«

Dieser Traum bringt *nicht* Frau D.s Wunsch nach Wiederversöhnung mit ihrem Ex-Freund zum Ausdruck. Sie sollte also nicht mit dem Gedanken spielen, Kontakt zu ihm aufzunehmen, um herauszufinden, ob nicht vielleicht irgendetwas zwischen ihnen offen geblieben sei. Da ist nichts. Wie sie selbst zugibt, sieht sie ihn im Traum viel romantischer, als er in Wirklichkeit war. Nein, nicht er ist es, nach dem sie sich sehnt. Sie hat nur verständlicherweise sein Gesicht über das gestülpt, was sie sich *wirklich* wünscht: Romantik, Leidenschaft, Unbeschwertheit, Vorfreude, atemberaubende Lust und all die anderen einzigartigen Gefühlswallungen, die eine neue Beziehung, besonders wenn sie sich turbulent gestaltet, mit sich bringt – etwas, was im Zuge der Gewöhnung im alltäglichen Einerlei einer Partnerschaft so leicht verloren gehen kann. Wir müssen genau Acht geben, was – nicht wen – der eigene Wunschtraum zeigt. Mit etwas Mühe, Offenheit im Umgang miteinander und einer Umprogrammierung dahingehend, dass Frau D. beim nächsten Mal das Gesicht ihres Partners gegen das ihres Ex-Freundes austauscht, können ihre Wünsche nach mehr Romantik und Nähe in ihrem Alltagsleben genau dort wahr werden, wo sie wirklich lebt.

Die meisten Wunschträume spiegeln eher die Sehnsucht nach guten Gefühlen wider; die geträumten Akteure oder Gegenstände dienen lediglich zu deren Verkörperung. Und wenn die Bilder auch manchmal amüsant sein mögen, es sind die Gefühle, die fortdauern und uns so viel über uns selbst sagen können. Auf die Gefahr hin, einen Gemeinplatz zu beschreiben: Der Ausdruck unserer Wünsche im Traum ist ein guter Hinweis darauf, was uns in unserem Leben fehlt. Wir erhalten damit also eine großartige Hilfe, um jene Lücken zu schließen.

T. E. hatte folgenden Wunschtraum, den sie zwar auf ausgesprochen kreative, aber dennoch unzutreffende Weise interpretierte. Leider schenkte sie nämlich den trivialen Details viel zu viel und dem größeren emotionalen Gesamtzusammenhang viel zu wenig Aufmerksamkeit:

»Ich bin allein erziehende Mutter eines 20 Monate alten Mädchens. Die Kleine kann noch nicht sprechen. In meinem Traum stand sie neben mir und sagte auf einmal: ›39.‹ Ich fiel fast in Ohnmacht. Dann fuhr meine Tochter fort mit den Zahlen 40, 50 und 60. Als ich aufwachte, überlegte ich, ob mir vielleicht ein Engel die Botschaft gegeben hätte, in der Lotterie zu spielen. Ich wusste noch nicht einmal, wie man so etwas macht, rannte aber sofort aus dem Haus, um ein Los zu kaufen. Da es die Nummern 50 und 60 nicht gab, setzte ich auf 39, 40 und vier weitere Zahlen. Am nächsten Morgen schaute ich in der Zeitung nach und siehe da, 39 und 40 waren die Gewinnzahlen. Ich hatte nur drei Richtige und deshalb nicht mehr als ein Freilos gewonnen, doch seit der Zeit habe ich mich gefragt, was der Traum wirklich bedeutet haben könnte. Habe ich ihn etwa falsch interpretiert?«

Ja, T. E. hat den Traum in der Tat, wenn auch auf völlig harmlose Weise, fehlgedeutet. Ein Hinweis hätte die Entdeckung sein können, dass zwei der vier Zahlen, die ihr »gegeben« wurden, offenbar keine offiziellen Losnummern waren. (Auch ich habe vom Lotteriespielen nicht den blassesten Schimmer.) Und die Vorstellung, dass so erhabene Wesen in Gottes hierarchischen Strukturen wie Engel, die nie in menschlicher Form inkarnieren, regelmäßig Losnummern überprüfen und Tipps dazu herausgeben sollten, hat mich dann doch zum Schmunzeln gebracht.

In diesem Fall handelt es sich schlicht und einfach um einen Wunschtraum, der zeigt, wie gern T. E. ihre Tochter in dem Alter sehen möchte, in dem sie zu sprechen anfängt – etwas, das mehr wert ist als jeder Lotteriegewinn, finde ich. Hier haben die spezifischen Zahlen keinerlei Bedeutung. Sie hätte ebenso gut das Alphabet aufsagen oder »Alle meine Entchen« singen können. T. E. ist auf die ersten Worte ihrer Tochter gespannt, nicht mehr und nicht weniger, und ich kann es ihr nicht verdenken, es ist ja auch wirklich ein aufregendes Erlebnis. (Und nebenbei gesagt, T.E.: Wenn Ihre Tochter dann wirklich zu sprechen beginnt, widerstehen Sie der Versuchung, allzu viel *für* sie zu reden.)

Bedrückender und ernster ist die Situation, die H. M. schildert: »Fünf Nächte hintereinander habe ich immer wieder geträumt, dass meine verstorbene Schwiegermutter mir von einem Brief erzählte, der in meinem Haus versteckt sei und den ich unbedingt lesen müsse. Doch jedes Mal, wenn sie mir gerade erklären wollte, wo sich dieser Brief befindet, bin ich irgendwie aufgewacht. Ich habe das ganze Haus auf den Kopf gestellt, aber bisher nichts gefunden.«

Es gibt keinen Brief, das kann ich mit Sicherheit sagen, H. M. kann also die Suche danach einstellen. Es handelt sich um einen reinen Wunschtraum. Zwischen H. M. und ihrer verstorbenen Schwiegermutter gab es noch etwas Unerledigtes, und so war sie von dem Wunsch beseelt, noch einmal mit ihr sprechen und ihr all das sagen zu können, was zu ihren

Lebzeiten ungesagt geblieben war. Da die Verstorbene in ihrem Umfeld noch sehr präsent ist, kann H. M. ihr durchaus auch jetzt noch alles anvertrauen, was sie möchte. Sie braucht bloß vor dem Einschlafen um ein ungestörtes Gespräch mit ihr zu bitten. Dann kann ihr die Schwiegermutter sagen, was sie ihr in jenem imaginären Brief hätte mitteilen wollen, so er denn je existiert hätte. Die Frage nach dem Versteck erübrigt sich mithin von alleine.

Eine Klientin namens Nora schilderte mir einen scheinbar einfachen Wunschtraum, der mich persönlich ganz besonders anspricht. Erwähnen möchte ich, dass Nora und ihr Mann gerade eine ernsthafte Krise in ihrer Partnerschaft durchlebten, wobei gerade Nora sich unausgefüllt, übergangen und als selbstverständlich hingenommen fühlte. Sie träumte, dass sie mit dem Fahrrad durch einen sonnendurchfluteten Park fuhr, als ein Mann auf sie zutrat und ihr das Gefährt abnehmen wollte. Sie geriet mit ihm darüber in Streit. Und damit endet der Traum auch schon. Das Ganze erinnert mich an eine Begebenheit aus meiner ersten Ehe: Mein Mann und ich hatten eine größere Auseinandersetzung. Irgendwann rannte ich völlig frustriert aus dem Haus, sprang aufs Fahrrad und raste los. So heftig trat ich in die Pedale, dass ich irgendwann völlig außer Puste war – viel zu erschöpft, um mich noch länger aufzuregen.

Oberflächlich betrachtet, könnte man meinen, Noras Traum spräche von ihrem Wunsch, so frei und glücklich zu sein, wie sie sich in jenem kurzen, stillen Augenblick im Park fühlte, und dass sie dieses Gefühl festhalten wollte, als der Mann es ihr wegzunehmen versuchte. Dennoch wunderte es sie, warum sie ausgerechnet von einem Fahrrad träumte, wo sie doch seit Jahren auf keinem mehr gesessen hatte. Es dauerte nicht lange, bis wir ein paar einschlägige Kindheitserinnerungen ausgraben konnten. So hat sie als kleines Mädchen darauf bestanden, den etwa fünf Kilometer langen Weg zur Schule mit dem Fahrrad zurückzulegen, anstatt sich dorthin fahren zu lassen oder den Bus zu nehmen. Damit wollte sie sich beweisen, dass sie ganz allein überall hinkäme, wo sie hin wollte, ohne sich von anderen abhängig zu machen. Des Weiteren hatte sie gelegentlich mit ihrer Mutter ganz spontane Fahrradtouren unternommen, die ihr großen Spaß gemacht hatten. Sie saß bei diesen Ausflügen auf dem Gepäckträger, die Arme fest um Mutters Taille geschlungen und sicher an ihren Rücken gekuschelt, während sie radelten und radelten und radelten. Unter der Oberfläche des so harmlos wirkenden Traums kam Noras Sehnsucht nach Unabhängigkeit, Selbstständigkeit, Trost, Vertrauen, Nähe und Geborgenheit zutage.

Wunschträume sind nicht zuletzt darum so faszinierend, weil sie uns den Schlüssel zu unseren tieferen Sehnsüchten liefern. Wenn wir uns die Zeit nehmen, hinter die Fassade des vordergründigen »Wunsches« zu schauen, erfahren wir, welche »emotionalen und spirituellen Puzzlestücke« uns wirklich im Spiel des Lebens fehlen.

Das ist übrigens einer der Gründe, warum ich so vehement dafür plädiere, ein Traumtagebuch zu führen.

Traumtagebücher

Die Idee, Träume aufzuschreiben, ist weder einzigartig noch originell. Sie ist uralt, denn in Ägyptens Pyramiden wurden unzählige Papyrusrollen mit Traumberichten in hieroglyphischer Form entdeckt. Seither sind Tausende von Jahren vergangen, wie könnte ich mich da hinstellen und das Konzept des Traumtagebuches als etwas bahnbrechend Neues hinstellen? Wie dem auch sei, ich plädiere dafür, immer Papier und Bleistift auf dem Nachttischchen bereitzuhalten, sodass Sie die Schlüsselerlebnisse Ihrer Träume sofort niederschreiben können, wenn Sie in der Nacht für einen kurzen Moment aufwachen. Auf diese Weise können Sie Ihrem Gedächtnis am nächsten Morgen auf die Sprünge helfen.

Keinesfalls teile ich jedoch die Absicht vieler Traumbuchautoren, nur ja jedem ominösen, aufwühlenden oder prophetischen nächtlichen Bild nachzugehen, so als wären unsere glücklichen Träume und Wünsche weniger wichtig. Natürlich lernen wir in der Realität sehr viel mehr aus Schwierigkeiten als aus dem Schönen, das uns widerfährt. Doch jeder Traum hat uns etwas über uns selbst mitzuteilen, und ich persönlich interessiere mich ebenso sehr für die Wünsche, die mich bewegen, als auch für das, was mir Kummer und Sorge bereitet.

Noch ein Tipp am Rande: Wenn Sie aus Ihren Wunschträumen noch mehr über sich selbst erfahren möchten, als es durch das Aufschreiben der Träume und der entsprechenden Gedanken und Schlussfolgerungen möglich ist, so legen Sie Ihre Aufzeichnungen doch einmal für etwa sechs Monate weg. Wenn Sie sie dann nochmals durchsehen, werden Sie mit Überraschung feststellen, wie oft Sie gewisse Fortschritte gemacht haben. In anderen Fällen aber werden Sie sich erstaunt die Frage stellen: »*Was* habe ich mir da nur gewünscht?« Unsere Wünsche verändern sich in dem Maße, wie wir uns ändern. So kann das Wunschtraumtagebuch eine weitere faszinierende Möglichkeit sein, unsere Fortschritte in unserem emotionalen und spirituellen Wachstumsprozess zu messen.

Während ich diese Zeilen zu Papier bringe, höre ich viele von Ihnen sagen: »Die Sache mit dem Traumtagebuch ist ja eine großartige Idee, Sylvia, aber wie soll ich meine Träume aufschreiben, wenn ich mich nicht an sie erinnern kann?« Eine gute Frage, die auch eine gute, ausführliche Antwort verdient.

Sich an Träume erinnern

Lassen Sie sich nicht einreden, dass wir uns von Natur aus an unsere Träume erinnern und etwas mit uns nicht stimmen würde, wenn uns das schwer fällt. Wie das Deuten von Träumen ist auch das Erinnern daran eine erlernte Fähigkeit, eine Disziplin, die viel Geduld, Praxis und verlässliche Informationen erfordert. In Kapitel 1 habe ich erläutert, dass wir nur in der REM-Phase träumen, die Teil eines normalen 90-minütigen Schlafzyklus ausmacht. Je mehr Zeit also zwischen dem REM-Schlaf und dem Aufwachen liegt, desto schwieriger wird es, die Erlebnisse des Schlafens wieder einzufangen. Es gibt eine Möglichkeit, Ihre Traumzeit unter Kontrolle zu bringen; im weiteren Verlauf dieses Kapitels werden wir näher darauf eingehen. Im Moment genügt es zu wissen, dass nicht Sie allein Probleme damit haben, sich an die nächtlichen Bilder zu erinnern, dass sich der Zugang dazu aber erheblich verbessern lässt.

Die einzigen Utensilien, die Sie in Reichweite des Betts benötigen, sind Papier, Bleistift und ein Wecker (warum ein Wecker erforderlich ist, erkläre ich später).

Jetzt hoffe ich nur, dass Sie es noch nicht leid sind, wenn ich wieder eine Lanze für das Gebet breche und auch nie aufhören werde, es zu befürworten; aber entschuldigen werde ich mich dafür dennoch nicht. Der erste Schritt zur Schulung der Erinnerungsfähigkeit an Träume ist, Gott oder Ihren persönlichen Geistführer (es schadet nicht, wenn Sie sich einen erwählen) um Beistand zu bitten. Das mag allzu einfach klingen, um wahr zu sein, aber es gibt eben kein besseres Mittel auf der Welt als das Gebet. Ihre Worte sind Musik in Gottes Ohren. Wenn Sie eines meiner liebsten Nachtgebete darbringen möchten, verrate ich Ihnen hier, wie es lautet:

»Liebster Gott,
der Tag geht zu Ende, ein Tag, wie ich schon so viele erlebt habe und wie mir noch viele weitere in Deiner göttlichen Gnade und Deinem heiligen Licht vergönnt sein mögen.
Sobald Dein Mantel fällt und die Welt in nächtliches Dunkel hüllt, lass Frieden in mein Herz einziehen und alle Verzweiflung und Hoffnungslosigkeit der Freude weichen, wohl wissend, dass ich wieder einen Tag in Deinen Dienst gestellt und vollendet habe.
Ich rufe all die seligen Engel herbei, mir zur Seite zu stehen und mir einen ruhigen Schlaf und gute Träume zu bescheren. Mögen diese in meinem Bewusstsein verbleiben, wenn ich erwache, auf dass ich aus dem zeitlosen Wissen des ewigen Geistes, den Du mir bei meiner Erschaffung eingehaucht hast, schöpfen und wachsen kann. Amen.«

Sobald Sie Ihre bequeme Einschlafstellung gefunden haben, lassen Sie Geist und Körper zur Ruhe kommen. Ich will Ihnen an dieser Stelle nicht dazu raten, »Ihren Kopf leer zu machen« – auch wenn diese Empfehlung in Kreisen von Schlaf-, Hypnose- und Meditations-»Experten« noch so populär sein mag. Ich bin überzeugt davon, dass es nichts Geschäftigeres auf dieser Welt gibt als unser Gehirn, sobald wir versuchen, den »Leerlauf« einzulegen und die Funktion »blank machen« zu aktivieren. Lassen wir unseren Verstand lieber auf positive und produktive Weise für uns arbeiten, sodass sich Entspannung und Wohlgefühl im ganzen Körper einstellen.

Schließen Sie die Augen, nehmen Sie ein paar lange reinigende Atemzüge und lenken Sie Ihre ganze Aufmerksamkeit auf die Füße. Lassen Sie nun vor Ihrem geistigen Auge ein reines weißes Licht entstehen, das weiße Licht des Heiligen Geistes, wie es mit schützender Energie angereichert langsam einen Kreis um Sie schließt. Ein heiliger purpurner Strahl – Gottes

Hand – und ein funkelnder Streifen heilenden grünen Lichts verwirbeln sich mit dem weißen Schein, der Ihre Füße umhüllt, sie wärmt, reinigt und entspannt, sie durchdringt und alle Verspannungen aus jeder Sehne, jeder Muskelfaser löst. Der dreifarbene göttliche Strahl breitet sich aus, steigt an den Knöcheln, den Waden, den Oberschenkeln empor – wohltuend, beglückend, regenerierend, beschützend –, hinauf in den Beckenraum, die Wirbelsäule hoch, in jedes Organ einströmend – die Lunge, das Herz. Es reinigt Ihr Blut, sodass es rot und frei und voller Leben fließen kann; hinein in die Arme, die Handgelenke bis in jeden einzelnen Finger – entspannend, erleichternd, heilend –, dann in beide Schultern und hoch durch den Hals-Nacken-Bereich; das weiße, purpurne, grüne Licht entfaltet seinen ganzen Zauber und wandelt Anspannung in Wohlgefühl, Verkrampftheit in Gelassenheit um. Es fließt bis hinauf zum Scheitel, immer noch schützend und aufbauend, bis Sie vollkommen vom heiligen Strahl ummantelt sind, Ihr Körper göttlich entspannt ist und Ihr Kopf ganz und gar nicht leer, sondern gefüllt mit der stillen, friedvollen Freude darüber, gesund und vollkommen zu sein, ein Kind Gottes eben, das sicher in den starken Armen des Vaters in den Schlaf hinübergleitet.

Diese Visualisierungsübung nimmt nur wenige Minuten Zeit in Anspruch und ist ein wunderbarer Abschluss für den Tag. Sie bereitet den Körper auf eine gute Nachtruhe vor und signalisiert dem Unbewussten, dass wir auf Empfang gepolt und neugierig darauf sind, was es uns zu sagen hat.

Wachen Sie in der Nacht mit einem noch frischen Traumerlebnis auf, machen Sie es sich zur Gewohnheit, gleich nach Block und Bleistift zu greifen und schnell alle Höhepunkte und wichtigen Symbole oder Menschen, an die Sie sich erinnern, aufzuschreiben, um dem Gedächtnis anhand Ihrer Aufzeichnungen am nächsten Morgen auf die Sprünge helfen zu können.

Schlafen Sie die ganze Nacht durch, dann gewöhnen Sie sich an, die ersten zehn Wachminuten mit Block und Bleistift zu verbringen, egal ob Sie noch liegen bleiben können oder gleich aufstehen müssen. Schreiben Sie alles und jedes auf, an das Sie sich erinnern, beginnend mit sechs Schlüsselinformationen: die Menschen, die in Ihrem Traum vorkommen; das Umfeld oder die Schauplätze; die Handlung (auch wenn sie noch so chaotisch und hoffnungslos unlogisch erscheint); ob Sie in Farbe oder Schwarz-Weiß geträumt haben sowie generell alles, was Ihnen bei den Farben besonders aufgefallen ist; irgendwelche spezifischen Worte, die Sie wahrgenommen bzw. gehört haben; und schließlich noch, wie Sie sich während des Traumes gefühlt haben und was Sie jetzt, nachdem Sie wach sind, empfinden.

Wenn Sie dieses Buch zu Ende gelesen haben, werden Sie bestimmt genug Erkenntnisse haben, um Ihre jeweiligen Träume einer der fünf Kategorien zuordnen zu können, also dem prophetischen Traum, dem kathartischen Traum, dem Wunschtraum, dem Erkenntnis- oder Problemlösungstraum bzw. den Astralreisen. Es empfiehlt sich, für jede Kategorie einen separaten Hefter oder Ordner anzulegen, in den Sie Ihre Träume dann entsprechend einsortieren. Auf diese Weise merken Sie am ehesten, wenn die Verteilung zwischen den einzelnen Kategorien unausgewogen ist – beispielsweise wenn es viele kathartische Träume und Erkenntnisträume gibt, aber wenige oder so gut wie gar keine prophetischen Träume, Wunschträume oder Astralreisen. Diese Unausgewogenheiten lassen sich nicht als »richtig« oder »falsch« bewerten, sondern stellen lediglich einen zusätzlichen interessanten Anhaltspunkt über unser Innenleben dar.

Wenn Sie etwas über sich selbst erfahren möchten, sollten Sie Ihre Träume alle paar Wochen nochmals nachlesen, und zwar Kategorie für Kategorie. Selbst ohne fremde Hilfe oder

Beratung werden Sie dabei erkennen, wie deutlich sich manche Ihrer Träume weiterentwickelt haben. Und Sie können ablesen, welche persönlichen Fortschritte Sie in bestimmten emotionalen und spirituellen Bereichen gemacht – oder auch nicht gemacht – haben. Gleichzeitig werden Sie aus dem Abstand heraus sehr viel klarer erkennen, welche Hindernisse Ihnen bei der Entfaltung Ihrer Persönlichkeit im Wege stehen, als dies unmittelbar nach dem Traum möglich war.

Wenn es um das Erinnern von Träumen geht, bietet sich eine höchst effiziente Methode an, die bereits von den tief spirituell veranlagten Ureinwohnern Australiens praktiziert wurde. In der jahrtausendealten Kultur der Aborigines waren die Welt der Träume, die Welt der Natur und die Welt der Geister untrennbar und in heiliger Weise miteinander verwoben. Ja, die Erschaffung der Erde ist sogar unter der Bezeichnung »Traumzeit« in die Stammeslegende eingegangen.

Traumzeit

Ein Stammesältester der Aborigines führt aus: »Es heißt, wir seien seit 60000 Jahren hier auf Erden, aber wir sind schon viel länger hier – seit der Zeit, bevor die Zeit begann. Wir sind direkt aus der Traumzeit der großen Schöpfer-Ahnen gekommen.«

Die Traumzeit war der Anfang, jene »Zeit, bevor die Zeit begann«, als die großen geistigen Ahnen der Aborigines aus der Erde emporstiegen und über sie wandelten, ihr eine physische Gestalt und Gesetze gaben, um sich dann wieder in ihre unterirdischen Wohnstätten zu begeben und Teil der Erde selbst zu werden. Diese geistigen Ahnen waren teils menschlicher Natur, ähnelten aber auch Tieren und Pflanzen.

Die Regenbogenschlange war ein solcher Ahnengeist: eine

riesige Schlange, die an die Erdoberfläche kam, sich schlängelnd über sie hinwegbewegte und dabei mit ihrem langen, massiven, wendigen Körper Flüsse und Täler schuf. Dann gab es Bila, die Sonnenfrau, deren Feuer die Welt erhellte, bis sie von zwei echsenähnlichen Männern – Kudna und Muda – vernichtet wurde. Erschrocken über die plötzliche Dunkelheit, die sie verursacht hatten, warfen Kudna und Muda in alle Himmelsrichtungen Bumerangs, in der verzweifelten Hoffnung, das Licht damit einfangen und zurückholen zu können. Als Kudna seinen Bumerang in den östlichen Himmel warf, erschien ein leuchtender Feuerball und zog langsam seine Bahn am Firmament entlang, bis er schließlich hinter dem westlichen Horizont verschwand; Tag und Nacht waren entstanden. Wenn einmal eine Pflanze oder ein Tier eines der höchst wohlmeinenden, menschlichen Gesetze der Ahnengeister brach, wurde sie/es zur Strafe in Stein verwandelt, und diese Steine wurden die Berge auf der Erde.

Wenn auch meine eigene Vorstellung von der Erschaffung der Welt von der der Aborigines abweicht, so finde ich ihre Geschichten über die Traumzeit sowie ihre nimmer endende Reverenz an die Träume, die Natur und ihr geistiges Ahnentum faszinierend und inspirierend. Ich bin froh, dass ihre Weltanschauung fast 100 000 Jahre überdauern konnte, ohne je in Schriftform Niederschlag gefunden zu haben. Ich bin froh, dass ihre spirituelle Verbindung zu den Tieren und der Erde sie zu den Kulturen auf diesem Planeten erhebt, die der Umwelt am meisten Respekt und Achtung zollen. Ich bin froh, dass sie ihre Wanderungen durch ihre heiligen Landschaften, die während der Traumzeit vom Geist ihrer Ahnen erschaffen wurden, immer noch Traumreisen nennen, um sich auf diese Weise wieder mit der Ewigkeit – »der Zeit, bevor die Zeit begann« – zu verbinden.

Um stets aufs Neue in geistigen Übereinklang mit ihren Ahnen zu kommen, zelebrieren viele Stämme der Aborigines ein eigenes Traumzeit-Ritual, das ihnen von Kindheit an beigebracht wurde. Dazu programmieren sie ihre innere Uhr darauf, unmittelbar vor Sonnenaufgang aufzuwachen, um dann noch einmal kurz einzuschlafen, bevor es Zeit zum Aufstehen ist. Sie wissen, dass sie während dieses kurzen »zweiten Schlafes« höchstwahrscheinlich lebhafte Träume haben werden, an die sie sich leicht erinnern können. Diese »Traumzeit« ist nicht nur eine Hommage an die »große« Traumzeit, aus der sie hervorgegangen sind, sondern auch eine essenzielle Bereicherung für ihre eigene spirituelle Existenz.

Träume sind die Essenz für unser mentales, emotionales und spirituelles Überleben, und selbst wissenschaftliche Schlafforscher – ob sie nun mit der Kultur der Aborigines vertraut sind oder nicht – bestätigen direkt oder indirekt das Konzept der »Traumzeit«. Darum kann ich Ihnen nur empfehlen, dieses Ritual der persönlichen »Traumzeit« in Ihren Alltag mit einzuplanen. Sie werden staunen, wie viel zusätzliche Klarheit Sie dadurch in Verbindung mit Ihrem Traumtagebuch erlangen werden. Sie brauchen bloß Ihren Wecker fünfzehn Minuten früher als gewohnt zu stellen und die gewonnene Viertelstunde vor sich hinzudösen. Sie werden in einen REM-Schlaf ohne anschließende Nicht-REM-Phase eintauchen, in der die Erinnerungen an unsere Träume stark verblassen oder ganz verloren gehen. Nach etwa ein bis zwei Wochen Training weiß Ihr Unbewusstes, dass es mit jenen fünfzehn Minuten täglich rechnen kann, um klar zu kommunizieren. Wenn Sie Ihre »Traumzeit« zum integralen Bestandteil Ihres Schlafzyklus werden lassen, werden Sie sich nie mehr darüber beklagen, dass Sie sich nicht an Ihre Träume erinnern können.

Und dann gibt es noch jene anderen nächtlichen Reisen, die so oft als Träume verstanden werden, aber in Wirklichkeit viel mehr als das sind: Reisen, die mehr noch als jeder Traum die Macht, das unendliche Potenzial und die zeitlose Ewigkeit unseres Geistes bestätigen – Reisen, die wir alle ausnahmslos mehrmals in der Woche antreten, ob wir nun daran glauben oder nicht.

6

Wenn es mehr als Träume sind: Erkenntnis und Problemlösung während des Schlafs

Es ist uns allen schon passiert: Während des Einschlafens kreisen die Gedanken um ein Problem, am anderen Morgen wachen wir auf und haben die Lösung vor Augen. Oder aber wir wachen auf und wissen etwas, was wir am Vorabend beim Einschlafen nicht wussten oder gewusst haben konnten. Woher kommt diese neue Erkenntnis? Und wie können wir nur so mühelos ein Problem im Schlaf lösen, über das wir stunden-, tage- oder gar wochenlang gegrübelt haben? Warum funktioniert es tatsächlich, wenn wir dem Rat folgen, am besten einmal »darüber zu schlafen«?

Engstirnige Skeptiker und andere »Experten« warten mit einer Vielfalt von Erklärungen auf. Die »Erkenntnisse«, die wir im Schlaf zu bekommen meinen, seien in Wahrheit nichts anderes als eine Serie von Glückstreffern und/oder Zufällen. Oder – und diese Deutung zitiere ich besonders gern – wenn uns die Information oder Erkenntnis im Wachzustand begegnet, würden wir uns nur einbilden, davon geträumt zu haben. Wenn es um Problemlösungen geht, versichern uns diese gleichen Experten, dass wir die Antwort schon lange vorher kannten; wir seien nur im Schlaf entspannt genug gewesen, sodass sich die Konfusion entwirren und die Lösung klar zum Vorschein kommen konnte.

Wenn Ihnen solche Erklärungen plausibel erscheinen, dann herzlichen Glückwunsch! Wenn sie für mich persönlich

Sinn machen würden, wenn ich nicht mit absoluter Sicherheit wüsste, dass diese Welt und unser Unbewusstes nicht so willkürlich und leicht zu täuschen sind und wir allzeit Zugang zu größeren, bedeutenderen Quellen haben, würde ich keine weitere Minute Ihrer kostbaren Zeit mit diesem Kapitel oder diesem Buch insgesamt vergeuden. Da aber Logik für mich oberstes Gebot ist und ich mich der Verbreitung dessen verschworen habe, was ich einmal als wahr erkannt habe, kann ich nicht umhin, Ihnen meinen Standpunkt (den im Übrigen zahllose andere vor mir vertreten haben) darzulegen. Es bleibt Ihnen selbst überlassen abzuwägen, wohin Ihr gesunder Menschenverstand Sie mit Gottes Hilfe führen wird.

Wussten Sie eigentlich, dass Mozart viele seiner glorreichsten Kompositionen im Träumen zufielen? Oder dass Albert Einstein seine Relativitätstheorie im Traum entwickelte? Träume waren der Quell der Inspirationen für alle großen Erfinder, von Elias Howe, dem wir die Nähmaschine, bis Thomas Edison, dem wir die Glühbirne verdanken. Der brillante Chemiker und Physiker Dmitrij Mendelejew schrieb im 19. Jahrhundert in Stunden des Wachseins das Periodensystem nieder, nachdem es ihm in seiner Gänze im Traum vor Augen geführt worden war. Robert Louis Stevenson brütete tagelang über einer Kurzgeschichte, die einfach keine Gestalt annehmen wollte, bis sie sich im Traum in jenen Klassiker verwandelte, den wir alle kennen: »Dr. Jekyll und Mr. Hyde«. Und hätte Dr. Jonas Salk seine Träume ignoriert, hätte es den Impfstoff gegen Kinderlähmung wohl nie gegeben. Glückstreffer? Zufälle? Vom Verstand ersonnene Lösungen, die sich nur rein zufällig im entspannten Schlaf offenbarten? Wohl kaum!

Zum Glück fallen nicht nur außergewöhnlichen Menschen wie diesen Erkenntnisse und Antworten im Schlaf zu. In den zurückliegenden 30 bis 40 Jahren habe ich unzählige Geschichten gehört und aus erster Hand erfahren, wie wir »gewöhnlichen Menschen« auf wundersame Weise mit mehr Wissen aufgewacht sind, als wir vor dem Einschlafen besaßen. Meinem Verständnis von Logik folgend, muss etwas, das nicht von *innen* aus uns herausgekommen ist, von *außen* gekommen sein; und ein jeder von uns ist fähig – ob wir uns dessen nun bewusst sind oder nicht –, dieses Wissen wieder aufzunehmen und einzusetzen.

Informationen, Erkenntnisse und Lösungen zu unseren Problemen empfangen wir auf zweierlei Weise: auf dem Wege der Telepathie und über Astralreisen. Beides sind absolut segensreiche Geschenke Gottes und fallen uns in dem Augenblick, in dem unser lärmender, skeptischer und chronisch störender Verstand zur Ruhe kommt, ebenso natürlich zu wie der Atem.

Telepathie

»Letzte Nacht träumte ich, dass einer meiner Freunde Selbstmord begangen hatte und ich dem Begräbnis beiwohnte. Einige Stunden später wurde ich durch einen Anruf geweckt. Es war der Bruder jenes Freundes, der mir mitteilte, dass sich dieser tatsächlich umgebracht habe. Nie zuvor hatte er von Suizidgedanken gesprochen. Wie konnte ich so etwas schon vor dem Anruf gewusst haben?« – *Ellie*

»Jahrelang habe ich hin und wieder von einem früheren Freund geträumt, den ich seit der Highschool aus den Augen verloren hatte. In einem meiner Träume nahm ich an seiner Hochzeit teil. Ein paar Jahre später träumte ich, dass er und seine Frau einen kleinen Jungen bekommen hätten. Ein Jahr danach sah ich im Traum, wie er sich scheiden ließ und wieder nach mir suchte. Durch eine zufällige Begegnung mit seiner Schwester fand ich heraus, dass meine Träume in jedem einzelnen Fall sowohl zeitlich als auch inhaltlich zu hundert Prozent richtig gewesen waren.« – *T.R.*

»Vor zwei Nächten hatte ich einen lebhaften Traum über Terroristen, die sich in New Orleans versteckt hielten. Ich bat meine Geistführer und Engel, mir die Richtigkeit meines Traumes zu bestätigen, um sicherzugehen, dass es sich nicht bloß um eine Reaktion auf die angespannte, Furcht erregende allgemeine Lage handelte. Dabei erhielt ich jedes Mal weitere Hinweise auf New Orleans, und einige der mir gegebenen Zeichen manifestierten sich genau an der Stelle, die ich in meinen Gebeten benannt hatte. Weil diese Vision so klar und anhaltend ist, fürchte ich, Einsichten gewährt bekommen zu haben, die sich als hilfreich erweisen könnten. Ich habe jedoch bislang nichts unternommen und kann mir auch nicht vorstellen, dass die Behörden mich ernst nehmen würden. Wenn ich Ihnen schreibe, dann tue ich es in der Hoffnung, in Ihnen einen Menschen gefunden zu haben, der mich nicht gleich für verrückt hält und der mit dieser ›Information‹ richtig umzugehen weiß, wenn sie denn wirklich real sein sollte.« – *L. M.*

»Träume« wie diese sind exemplarisch für Telepathie, die schlicht und einfach eine direkte Weitergabe von Informationen, Wissen oder Gefühlen von einer Person oder Entität zu einer anderen beinhaltet, ohne dass einer unserer fünf »gewöhnlichen« Sinne – Sehen, Hören, Fühlen, Riechen oder Schmecken – mit ins Spiel kommt. Es ist ein momentaner, stiller Transfer von einem unbewussten »Sender« an einen anderen unbewussten »Empfänger«. Dieser Vorgang vollzieht sich unabhängig davon, ob die Beteiligten zum Zeitpunkt des Geschehens etwas davon wahrnehmen, sich darüber Gedanken machen oder nicht. Weil sich telepathische Informationen auf den Empfänger auswirken sollen und manchmal sogar eine Reaktion darauf erwartet wird, wird dabei üblicherweise früher oder später der Verstand eingeschaltet.

In Ellies »Traum« von ihrem Freund, der sich das Leben nahm, verabschiedete sich dessen Unbewusstes – in diesem Fall seine Geistseele, als er den Körper verließ – bei den ihm nahe stehenden Menschen (manche Selbstmörder gelangen effektiv ins Jenseits, auch wenn oft anderes behauptet wird). Im Schlaf war ihr Unterbewusstes voll empfänglich für seine Botschaft, und befreit vom Diktat ihrer fünf Sinne wusste sie plötzlich, »ohne zu wissen«, dass er gegangen war.

T. R. unterhielt eindeutig eine unbeabsichtigte telepathische Verbindung zu ihrem früheren Freund aufrecht, von dem sie sich lange zuvor getrennt hatte. Eines Tages wird sie herausfinden, ob er ihr absichtlich »eine Botschaft schickte« und ob er das gleiche telepathische »wachsame Auge« auf sie hatte. Aber wie dem auch sei, eigentlich spielt es keine Rolle. Es ist ihr gelungen, die Information zu empfangen und sie zudem später noch bestätigt zu bekommen. Das dürfte für den Anfang genügen...

Was L. M. anbetrifft, *denke* ich nicht nur, dass sie nicht verrückt ist, ich *weiß* es. Sie hat stichhaltige telepathische Informationen über Terroristen in New Orleans empfangen, und ich freue mich, dass sie so besonnen ist, darüber zu sprechen. Fakt ist, dass es überall in den Vereinigten Staaten, auch in New Orleans und New Jersey, kleinere terroristische Zellen gibt. Während sie und viele andere Menschen diese Art von telepathischen Botschaften empfangen, leisten unsere verschiedenen Geheim- und Nachrichtendienste, Ermittlungs- und Vollstreckungsbehörden hervorragende, zielgerichtete und kooperative Arbeit in ihren jeweiligen Bereichen. Ich kann L. M. mit gutem Gewissen ermutigen, alles Weitere vertrauensvoll in Gottes Hände zu legen und zu beobachten, wie sich die Dinge entfalten werden. Die ihr gegebenen Informationen werden auf alle Fälle Bestätigung finden.

L. M.s Erfahrung zeigt anschaulich, dass Telepathie nicht

auf eine Kommunikation zwischen zwei Personen oder von einem »Geist« zum anderen beschränkt ist. Sie kann von jeder Energiequelle (beispielsweise einer Stadt oder einem Land oder irgendeinem Gruppenbewusstsein) an jede andere Energiequelle (ob eine oder mehrere Personen, egal ob bekannt oder unbekannt) übermittelt werden.

Eine meiner Lieblingsgeschichten über Telepathie im Schlaf ist der gut dokumentierte und wohl bekannte Fall des Victor Samson, der als Nachrichtenredakteur beim *Boston Globe* arbeitete. Eines Abends feierte er nach der Arbeit so lange und ausgiebig in einer nahe gelegenen Bar, dass er den Entschluss fasste, wieder ins Büro zu gehen und dort zu schlafen, anstatt den weiten Weg nach Hause zurückzulegen.

Im Rausch auf der Bürocouch liegend, hatte Mr. Samson einen schrecklichen »Traum« über einen verheerenden Vulkanausbruch auf einer Insel, die in seinen nächtlichen Bildern »Pele« hieß. Geschmolzene Lava wälzte sich vom Gipfel des Berges hinab und zerstörte alle Dörfer, die der glutroten Masse im Wege standen, ebenso wie Tausende der dort wohnenden hilflosen Menschen. Tief erschüttert von dem, was er im Traum sah, griff er im Moment des Erwachens zum nächstbesten Stück Papier – in diesem Fall dem Berichtsbogen eines Reporters – und schrieb in allen Details auf, woran er sich erinnern konnte. Erschüttert und ziemlich verkatert beschloss er dann doch, sich nach Hause zu begeben, um noch ein paar Stunden Schlaf zu finden, bevor er wieder zurück an die Arbeit ging.

Der Herausgeber der Bostoner Zeitung kam zufällig am frühen Morgen des nächsten Tages an Mr. Samsons Schreibtisch vorbei, entdeckte den Berichtsbogen und las die erstaunliche Geschichte von der kleinen Insel und den vielen tausend Menschen, die durch einen heftigen Vulkanausbruch ums Leben kamen. Da er nicht die geringste Ahnung davon hatte, dass Mr. Samson diese Story in Wirklichkeit nur geträumt hatte, ließ er den Text sogleich in Druck gehen, um ihn alsbald auf telegrafischem Wege im ganzen Land zu verbreiten.

Erst als Mr. Samson später an jenem Tag im Büro eintraf, erfuhr der Herausgeber, dass die Geschichte, die er da in die Welt gesetzt hatte, nichts anderes als ein vom Alkohol induzierter Traum gewesen war. Es sollten mehrere Wochen vergehen, bis eine Schiffsflotte in den Bostoner Hafen einlief und die Nachricht mitbrachte, dass auf der indonesischen Insel Krakatau – von den Eingeborenen Pele genannt – ein Vulkan ausgebrochen sei und fast 40000 Menschen in den Tod gerissen habe, und zwar zu exakt derselben Stunde, als Mr. Samson davon geträumt hatte.

Das Ganze geschah im August des Jahres 1883, zu einer Zeit also, als die Nachrichten noch langsam über den Globus reisten. Ein Zufall? Ein Glückstreffer? Vermeintliche Erinnerungen nach Offenlegung der Fakten? Ich bitte Sie!

Bei Telepathie bewahrt sich vielfach der Glaube, dass manche von uns immer die Rolle des »Senders«, andere hingegen immer die des »Empfängers« spielen. Um es grob vereinfachend darzustellen: Wenn Sie zu jener Sorte Mensch gehören, die bloß an jemanden zu denken brauchen, damit dieser tatsächlich kurz darauf anruft, dann wären Sie eher ein »Sender«. Wenn Sie hingegen immer schon wissen, wer anruft, noch bevor Sie den Hörer abgenommen haben, gehören Sie eher zu den »Empfängern«. Ich persönlich denke aber nicht, dass wir uns in eine Schublade stecken und auf die eine oder andere Rolle festlegen lassen sollten. Wir sind aus dem Jenseits hierher gekommen, unser Geist ist mit hervorragenden Gaben bedacht, mit Weisheit, Erfahrung und ewigem Sein; unsere Fähigkeit, über die Geistseele telepathisch zu kommunizieren, von der wir ganz selbstverständlich in unserer jenseitigen Heimat Gebrauch machen, erstreckt sich sowohl auf das Senden als auch auf das Empfangen. Erst wenn unser Verstand ins Spiel kommt, machen wir aus einem unserer vertrautesten, hilfreichsten und uns von Gott in die Wiege gelegten Talente eine große, mystische, magische »paranormale« Sache.

Astralreisen

Kommen wir auf eine der am weitesten verbreiteten und hilfreichsten Gaben zu sprechen, die Gott uns Menschen verliehen hat, so gibt es wenige, die uns natürlicher zufallen oder die wir häufiger im Schlaf praktizieren als gerade Astralreisen. Dabei nimmt sich unser Geist eine Auszeit von der Begrenztheit unseres plumpen, der Schwerkraft unterworfenen Körpers, um an die Orte und zu den Personen unserer Wünsche zu reisen. Wie Telepathie sind auch Astralreisen kein dubioses esoterisches New-Age-Konzept, das nur weltfremde Spinner für möglich halten oder gar praktizieren. (Ich bin übrigens 66 Jahre alt und habe mich mein ganzes Leben lang mit Themen dieser Art beschäftigt. Da können Sie sich sicher vorstellen, wie satt ich es habe, wenn man immer von *»New Age«* spricht.) Per Astralreise sind wir vom Jenseits hierher gelangt, als unser Geist bei unserer Geburt in den von uns auserwählten Leib einzog, und per Astralreise werden wir wieder in unsere himmlische Heimat zurückkehren. Die Fähigkeit, Astralreisen zu unternehmen, ist uns in die Wiege gelegt, und im Schlaf unternehmen wir regelmäßig solche Exkursionen (im Mittel etwa zwei- bis dreimal pro Woche). Gerade sie bilden den Kern einiger unserer lebhaftesten und erinnerungswürdigsten »Träume«.

Pam schreibt beispielsweise: »Mein Vater und einer meiner

Brüder kamen bei einem Verkehrsunfall ums Leben. Ich sah den Unfall in einem sehr intensiven Traum genau zu der Zeit, als er sich tatsächlich ereignete. Mir war, als säße ich auf dem Rücksitz des Wagens und beobachtete von dort das entsetzliche Geschehen.«

Pams »Traum« war eigentlich gar kein Traum. Aufgrund ihrer damaligen und auch heute noch fortbestehenden spirituellen Verbindung zu den beiden reiste ihr Geist in dem Moment zu ihnen, als sie spürte, dass sie in Bedrängnis waren. Sie brauchte sich gar nicht vorzustellen, dass sie den Unfall aus der Perspektive vom Rücksitz des Autos miterlebt hatte. Sie war tatsächlich in ihrem Geistkörper dabei gewesen, und ich gehe jede Wette ein, dass ihr Vater und Bruder sie eines Tages besuchen und ihr erzählen werden, dass sie sie dort gesehen haben, sofern dies nicht schon geschehen ist. Und nebenbei, wenn ich sage »in dem *Moment*, als sie spürte, dass sie in Bedrängnis waren«, meine ich das ganz wörtlich. Astralreisen von einem Ort zum anderen lassen sich von einem Augenblick zum nächsten durchführen, egal, welche Distanz dazwischen liegt; kein Platz auf der Erde, im Jenseits oder sonstwo in Gottes unendlicher Schöpfung ist im Schlaf unerreichbar für uns.

Gern zitiere ich in diesem Zusammenhang die Geschichte einer Frau namens Martha, denn sie stellt eine Kombination von Erkenntnis- und Problemlösungstraum, Telepathie und Astralreise sowohl von hüben als auch von drüben dar:

»Ich war seit acht Monaten verwitwet und konnte auf eine wunderbare 42-jährige Ehe zurückblicken. Nichts auf der Welt ist mir wichtiger als der Ring, den mir mein verstorbener Mann anlässlich der Erneuerung unseres Treueschwurs am 40. Hochzeitstag überreichte. So war ich außer mir, als er plötzlich von seinem besonderen Platz auf der Kommode verschwunden war. Ich habe das ganze Haus auf den Kopf gestellt, um nach ihm zu suchen. Ich schaute die Taschen sämtlicher Kleidungsstücke durch und durchwühlte alle Handtaschen, die ich besaß. Ich stülpte den Müllsack und den Staubsaugerbeutel um, durchkämmte akribisch jeden Zentimeter meines Autos und des Kofferraums; ich beauftragte sogar den Installateur, in den Gullys und Waschbeckensiphons nachzuschauen. Es brach mir das Herz, als ich letztlich zu dem Schluss kam, dass er wohl für immer verloren sei. Und dann hatte ich wie aus dem Nichts innerhalb einer Woche vier verschiedene Träume, in denen ich aus den verrücktesten Gründen stets unter dem Bett landete. Unter anderem träumte ich, wie ich in einer Fernsehshow mitarbeitete und mir die Aufgabe zufiel, unter das Bett zu kriechen, um aufzupassen, dass der Stecker der Kamera auch fest in der Steckdose saß. Ich brauchte einige Tage, bis mir langsam dämmerte, dass mir diese Träume vielleicht etwas sagen wollten. Mein Bett ist zu niedrig, um weit darunter reichen zu können, also musste ich Freunde bitten, mir beim Wegschieben zu helfen. Und tatsächlich: Da lag mein Ring mitten auf dem hochflorigen Teppich unter dem Bett. Ich werde nie wissen, wie er dorthin gelangen konnte, und schon gar nicht, wie mir durch meine Träume beschieden wurde, wo ich nachschauen sollte.«

Dies ist wirklich eine höchst aufschlussreiche Geschichte, denn Martha hat eine ganze Reihe von relevanten Themen zu einer Erfahrung gebündelt. Zuerst einmal will ich klarstellen, dass ihr verstorbener Mann derjenige war, der den Ring unter das Bett geschafft hat. Er besucht sie des Öfteren – das heißt: Er reist astral zu ihr –, und um ihr kundzutun, dass er in ihrer Nähe weilt, bewegt er Dinge wie Autoschlüssel, die TV-Fernbedienung, Brieftaschen oder andere Gegenstände. So kommt es immer wieder vor, dass sich etwas auf einmal nicht mehr an dem Platz befindet, an dem Martha meinte, es deponiert zu haben. Bei näherem Hinsehen wird sie merken, dass der Ring nicht das erste Stück war, das sie »verloren« und später an einem recht unwahrscheinlichen Ort wiedergefunden hat. Für sie war er nur das Allerwichtigste. Hat ihr verstorbener Mann damit etwa nicht ihre ganze Aufmerksamkeit geweckt? Es geschah dann auf einer ihrer vielen nächtlichen Astralreisen zu ihm (das Treffen fand auf einem alten Holzsteg am See statt, just an der Stelle, wo er ihr einst seinen Heiratsantrag machte), die sie zunächst als Wunschträume missdeutete, dass er ihr telepathisch die Informationen lieferte, die sie brauchte, um den Ring wiederzufinden. Er wusste ja, wie sehr sie diesen Ring schätzte. Ein Glück, dass sie der Sache Beachtung schenkte und den Hinweis ernst nahm.

Nach der entsetzlichen Tragödie vom 11. September habe ich viele Briefe über Astralreisen-»Träume« erhalten, die alle in etwa den gleichen Tenor hatten. So schrieb mir eine Frau namens Teresa: »Ich träumte Folgendes in jener schrecklichen Nacht vom 11. September: Ich schien zu fliegen. Es sah ganz so aus, als ob es schneite, doch es war kein Schnee, es waren Aschepartikel, Staub und glühende Funken, die in einer dichten Wolke durcheinander wirbelten. Ringsum waren lauter Gebäude, und ein Gefühl größter Gefahr lag in der Luft. Die Menschen hatten Angst, und wie viele andere versuchte auch ich zu helfen. Ich kann nicht genau sagen, was wir eigentlich machten, ich weiß nur, dass wir halfen und es sehr schwierig war. Jemand bat mich, weitere Hilfskräfte zu holen. Ich muss wohl immer noch geflogen sein, als ich mich irgendwo hinwandte, um bestmöglichen Beistand zu bekommen. Als Nächstes erinnere ich mich daran, dass ich mit Hilfe zurückkam und dass es Jesus war, der mich begleitete. Das ist bei weitem das klarste Bild vom ganzen Traum, welches mir im Gedächtnis blieb. Wir konnten so vielen Menschen helfen! Nie im Leben habe ich etwas Ähnliches geträumt, ich werde die Bilder immer tief in meinem Herzen bewahren.«

Und eine Frau namens L. R. schrieb: »Als ich am 11. September zu Bett ging und die Augen schloss, kamen im gleichen Augenblick Gesichter auf mich zu, besonders das eines Mannes und einer Frau. Dann betrachtete ich die Szene aus etwas größerem Abstand und sah die Seelen vieler Menschen hinübergehen. Ich blickte zurück auf den Mann und die Frau, denn ich wollte allzu gerne wissen, um wen es sich handelte. Beide lächelten. Sie kamen näher auf mich zu, bis ich insbesondere sie sehr deutlich erkennen konnte. Im Hintergrund sah ich noch immer, wie die Geistseelen ins Jenseits hinüberwechselten. An den riesigen Rauchwolken, die sich vor mir auftürmten, erkannte ich, dass ich irgendwie zum Gelände des World Trade Center gekommen war. Eine Szene werde ich immer im Gedächtnis behalten: Während der Rauch aufstieg, wanderten die Geistseelen auf die andere Seite »hinüber«, genau so, wie Sie sie immer in Ihren Büchern dargestellt haben. Ich habe keine Ahnung, warum ich so etwas geträumt habe. Es fühlte sich für mich »nicht« wie ein Traum, sondern eher wie ein tatsächliches Ereignis an. Und ich kann sicher nicht im Kreise meiner Freunde davon erzählen, ohne Gefahr zu laufen, als Lügnerin oder Verrückte eingestuft zu werden. Doch mein Gefühl sagte mir, dass ich dennoch jemandem das Geschehene auf irgendeine Weise mitteilen sollte, in der Hoffnung, all jenen, die an dem schrecklichen, entsetzlichen Tag einen geliebten Menschen verloren haben, mit meinem ›Augenzeugenbericht‹ vom friedlichen Heimgang all der vielen Seelen wenigstens einen kleinen Trost zu spenden. Ich weiß, würden mir Fotos der Opfer vorgelegt, würde ich jene gute Frau sicher wiedererkennen, deren Gesicht und Lächeln mir so kristallklar in Erinnerung geblieben ist. Würde auch nur ein einziger Mensch durch mein Erlebnis getröstet werden, hätte die ganze Sache ihren Sinn erfüllt.«

Wie gesagt, stehen diese beiden Briefe und die darin enthaltenen Beschreibungen von Astralreisen im Schlaf stellvertretend für viele andere. Es ist eine klare und inspirierende Tatsache, dass seit jener schrecklichen Nacht Legionen von Geistwesen aus aller Welt und auch aus dem Jenseits ständig dabei sind, jedem Opfer, jedem trauernden Hinterbliebenen, den Feuerwehrleuten und Mitarbeitern der Polizei, allen freiwilligen Helfern, ja jedem Menschen auf dieser Erde beizustehen, dessen Herz noch Verwundungen vom gottlosen Bösen jener Ereignisse davonträgt und der Heilung bedarf. Glauben Sie mir, die nächtlichen Lüfte sind voll von besorgten Geistwesen, die sich überall dorthin astral bewegen, wo sie meinen, gebraucht zu werden. Und die meisten dieser mitfühlenden Weitgereisten wachen allmorgendlich auf und haben nur flüchtige Erinnerungen an ihre hoch emotionalen, geschäftigen »Träume«.

Die Wahrheit über Astralreisen

Menschen und Orte, die wir auf Astralreisen sehen können und effektiv auch sehen, kennen keine Grenzen. In der Regel begegnen wir noch lebenden und bereits verstorbenen Angehörigen aus dieser Existenz und aus früheren Leben ebenso wie lieben Freunden, mit denen wir noch keine Inkarnation teilen durften, denen wir aber in der jenseitigen Heimat nahe sind. Wir reisen regelmäßig um die Erde und besuchen die Orte, die wir lieb gewonnen haben, klopfen regelmäßig bei den Menschen an, die wir vermissen oder um die wir uns Sorgen machen, und wir wechseln regelmäßig hinüber ins Jenseits, jenem Ort der Orte, nach dem wir das größte Heimweh verspüren.

»Ich habe verschiedentlich geträumt, wie ich früheren Freunden begegnet bin, sowohl noch lebenden als auch bereits verstorbenen«, schreibt L. F. »In einem Traum ging es um eine Freundin aus dem College, von der ich gehört hatte, dass sie unheilbar an Brustkrebs erkrankt war. Ich konnte mir keinen eleganten Weg vorstellen, wie ich herausfinden könnte, was passiert war, deshalb betete ich darum, dass mir im Traum Zugang zu ihr gewährt würde. Und meine Gebete wurden erhört. Wir trafen uns auf einem Gelände, das dürr und felsig erschien. Sie schritt über eine Reihe von großen Felsbrocken, fast spielerisch, und wir fühlten uns einfach wohl miteinander, ohne viele Worte zu verlieren. Ich entnahm aus der Begegnung, dass sie zufrieden und glücklich war. Wollte sie mir vielleicht noch etwas anderes mitteilen? Sollte ich den Menschen, die ihr nahe standen, von diesem Traum erzählen oder ihn lieber für mich behalten?«

L. F. sollte diesen »Traum«, der in Wirklichkeit eine echte Astralerfahrung darstellte, auf alle Fälle den Menschen erzählen, die ihrer Freundin nahe standen, und dabei auch die Botschaft weitergeben, die ihre Freundin ihr zu geben versuchte, nämlich dass sie lebt und glücklich ist im sicheren, heiligen Frieden der himmlischen Heimat.

Und etwas Wunderbares aus L. F.s Begegnung sollte haften bleiben: Wenn Sie jemanden sehen möchten, sei es hier auf Erden oder im Jenseits, beten Sie darum, diesen Menschen im Schlaf zu treffen. Wenn Ihr Gebet nicht in der ersten oder zweiten und auch nicht in der fünften oder gar zehnten Nacht erhört wird, bitten Sie dennoch weiter. Wie könnten zwei Minuten Ihrer Zeit vor dem Zubettgehen besser genutzt werden? Vergessen Sie nicht: Der sicherste Weg, Ihre Wünsche erfüllt zu bekommen, ist, an deren Verwirklichung zu glauben und anschließend Gott darum zu bitten. Es gibt keinen Augenblick, da Er nicht zuhört und Ihnen Sein vollkommenes, unendliches Herz liebend öffnet.

Fakten über Astralreisen

Nun fragen Sie sich sicherlich, wie Sie einen Traum von einer Astralreise unterscheiden können. Die gute Nachricht dazu lautet: Ja, es gibt ein paar einfache Möglichkeiten, Astralreisen zu erkennen und Ihnen längeres Kopfzerbrechen von vorneherein zu ersparen.

Immer wenn Sie träumen zu fliegen, ohne ein Fluggerät zu benutzen, handelt es sich nicht um einen Traum, sondern um eine Astralreise. Mark schreibt beispielsweise: »Mein Leben lang habe ich Träume vom Fliegen gehabt. Jemand ist bei mir und übt eine Art lehrende Funktion aus. Ich möchte allzu gerne wissen, ob das ungewöhnlich ist.« Sherry sagt: »Mehrmals in der Woche träume ich, über der Erde zu schweben. Ich fliege aus eigener Kraft und schaue beispielsweise auf die Umgebung, in der ich aufgewachsen bin, hinunter. Ein andermal blicke ich durch das Fenster in die Wohnung, in der mein Mann und ich früher gewohnt haben.« Und Sam teilt mit: »Ich liebe die aufregenden Träume vom Fliegen, die ich immer wieder habe. Sie geben mir ein Gefühl von Freiheit, und es kommt mir dann immer fast so vor, als ob ich über irgendwelche besonderen Kräfte verfügen würde.«

Das sind nur ein paar aus Dutzenden von Briefen, die ich von Menschen erhielt, deren Astralreisen während des Schlafs mit der Erfahrung vom Fliegen einhergingen. Das ist etwas durchaus Normales. Wer also solche Erfahrungen macht, sollte nicht das Gefühl haben, es würde etwas mit ihm nicht stimmen oder er sei gar irgendwie verrückt. Und übrigens, Mark, dieser »Jemand«, der Sie auf all Ihren Astralreisen begleitet, ist Ihr Geistführer. Er achtet darauf, dass Sie das vollbringen, was Sie sich vorgenommen haben, während Sie Ihren Körper verlassen, um im Geiste zu reisen.

Allgemein sei gesagt: Im Schlaf unternehmen wir zwar alle gewohnheitsmäßig Astralreisen, aber wir machen nicht alle dabei die Erfahrung vom Fliegen. Ich kann ehrlich von mir behaupten, noch nie einen solchen »Traum« gehabt zu haben, obwohl ich nachts ein sehr aktives außerkörperliches Leben führe. Das bedeutet nun wieder nicht, dass die Astralreisen derjenigen, die nicht »fliegen«, besser oder schlechter seien. Es sagt vielmehr nur aus, dass sich solche Reisen in verschiedenen Formen manifestieren können.

Astralreise-»Träume« entfalten sich generell in einer logischen Abfolge von Ereignissen, so wie wir es bei unseren Erfahrungen am Tage feststellen, und nicht in einem planlosen Durcheinander von Bildern, Menschen und Orten. Hier lässt sich am besten die Geschichte einer meiner eigenen Astralreisen einflechten: Wie es so oft der Fall ist, passierte alles in dem Moment, als es für mich persönlich besonders wichtig war. Ich befand mich mit meinen Enkelkindern Angelia und Willy auf einer Kreuzfahrt nach Alaska. Bevor ich mit Lindsay zusammen an meinem zweiten Buch *Jenseits-Leben* zu arbeiten anfing, wollte ich im Kreise der Familie entspannen. Zweifellos begann das Werk schon in meinem Hinterkopf Gestalt anzunehmen. Dennoch gebührte der größte Teil meiner Aufmerksamkeit den Kindern, den fantastischen Ausblicken und meiner lebenslangen Abneigung gegen das Wandern. Das Letzte, was ich inmitten all dieser Schönheit und Nonstop-Aktivität mit den Kindern erwartete, war, die wohl verstörendste Nacht zu erleben, die mir je in meinem Leben widerfahren ist. Ich erinnere mich noch in allen qualvollen Einzelheiten daran.

Ich war einen Moment lang friedlich in unserer Schiffskabine eingedöst, als ich mich plötzlich an einem Ort befand, den ich nie zuvor gesehen oder mir vorgestellt hatte – eine große, graue, schwach erleuchtete Leere, auf der sich ein stilles Meer aus lauter Geistwesen wogte. Sie hielten ihre freudlosen Augen nach unten gerichtet. Keiner von ihnen schaute mich an. Es sah so aus, als wären sie entweder zu desillusioniert, um den Kopf zu heben, oder zu verloren und verwirrt, um sich überhaupt für etwas zu interessieren. Das Alter der Wesen war gemischt, Kinder waren ebenso dabei wie Greise, und die Atmosphäre war so voller Hoffnungslosigkeit, dass ich im wahrsten Sinne des Wortes kaum atmen konnte.

Ich hatte keine Ahnung, wo ich war, doch obwohl die bedauernswerten Wesen weder zu mir noch untereinander je ein einziges Wort gesprochen hatten, wusste ich »irgendwie« (was bei Astralreisen üblicherweise »telepathisch« bedeutet), wo der einzige Ausweg zu finden war. Fieberhaft begann ich, von einem der Wesen zum anderen zu rennen, jedem Einzelnen von ihnen den Arm um die Schultern zu legen und sie anzuflehen: »Du brauchst nur zu sagen, dass du Gott liebst. Bitte, sag es, du kannst hier herauskommen und in die himmlische Heimat zurückkehren, wenn du nur sagst, dass du Gott liebst.« Meine verzweifelte Stimme war das einzige Geräusch weit und breit. Ich weinte. Sie nicht. Sie hatten schon all ihre Tränen vergossen, bevor sie hierher gekommen waren.

Jenseits dieser schrecklichen Leere konnte ich einen scheinbar grenzenlos weiten Eingang erkennen, der in eine Dunkelheit hineinführte – die schwärzeste, kälteste, hässlichste, liebloseste, hoffnungsloseste, freudloseste und gottloseste Finsternis, die ich mir in meinen wildesten Fantasien vorstellen kann. Von großer Furcht überwältigt, wandte ich mich davon ab und versuchte noch panischer und verzweifelter als zuvor, diese tragischen Geistwesen um mich herum zu umarmen und inständigst zu bitten, ihrer Liebe zu Gott Ausdruck zu verleihen. Ich wusste, dass sie am Ende in jene scheußliche Dunkelheit gehen müssten, wenn sie weiterhin von Ihm abgewandt verharrten.

Ich wusste auch, was es mit dieser Dunkelheit auf sich hatte. Es war die linke Tür, durch die all diejenigen nach Beendigung ihres Erdendaseins gehen, die sich von Gott abgewandt und sich für das Böse entschieden haben, nur um sogleich die nächste Inkarnation anzutreten. Francine hatte mir davon berichtet, und ich habe mich mit diesem Phänomen den größten Teil meines Lebens auseinander gesetzt, aber definitiv hatte ich diesen Eingang nie zuvor gesehen oder am eigenen Leibe gespürt, welches Grauen von ihm ausgeht.

Doch nun war ich an einen Ort gereist, wo diese armen verlorenen Geistwesen in tiefster Verzweiflung still vor sich hin schlurften. So etwas hatte ich vorher weder gekannt noch mir in meiner kühnsten Vorstellung je ausgemalt. Die kurze Zeit meines Verweilens dort reichte, um mich noch tagelang in tiefe Depression zu stürzen. Gerne hätte ich mir die ganze Sache von der Seele geschrieben, wie ich es mit jedem noch so schrecklichen Albtraum hätte tun können; doch das hier war viel zu real und der Handlungsablauf zu logisch gewesen, um das Ganze so leicht verarbeiten zu können. In kalten Schweiß gebadet, wachte ich schluchzend auf. Sofort rief ich Lindsay herbei, um ihr zu berichten, dass etwas im Schlaf geschehen sei, das ich zwar selbst noch nicht genau zu deuten wisse, aber dennoch unbedingt in dem Buch *Jenseits-Leben* festhalten müsse.

Francine und umfangreiche Nachforschungen führten mich zu der Erkenntnis, dass ich wohl in eine Art Vorraum zur linken Tür gekommen war, auch »Entscheidungsraum« genannt, in den einige verzweifelte Geistwesen nach dem Tode gehen. Dort schwanken sie zwischen Gott und Gottlosigkeit – nicht Licht und nicht Dunkel, sondern grau und verloren, hin und her gerissen zwischen der linken Tür und dem Jenseits; sie können immer noch wählen, ob sie sich für oder gegen Gott entscheiden wollen. Darüber habe ich ausführlich in meinem

Buch *Jenseits-Leben* geschrieben, aber hier will ich es nur kurz im Zusammenhang mit den Astralreisen erläutern.

Astral besuchen wir das Jenseits mehrmals im Monat und machen dabei jedes Mal spannende Erfahrungen, die ganz anders als meine oben beschriebene sind. So schreibt beispielsweise M. R.: »Ich befand mich in einem wunderschönen, mit einem flockig-weichen Material in allen möglichen goldfarbenen Schattierungen gepolsterten Tunnel. Er schien eine eigene Lichtquelle zu haben, und ich wähnte mich vollkommen ummantelt von seiner Liebe. Beim Herauskommen hörte ich einen Gesang, den ich nie zuvor vernommen hatte. Es klang wie Hunderte und Aberhunderte von Menschen mit jeweils perfekter individueller Stimme – eine Musik so klar und funkelnd wie Kristall. Ich konnte einen Platz unterhalb der Bühne finden und die Freude erleben, diesem wundervollen Chor mit seinen Gott geweihten Gesängen zuhören zu dürfen. Was ich gerne wissen möchte: Wo bin ich gewesen und welchem Chor habe ich da zugehört?«

M. R. hat eine simple, logisch fortschreitende Reise in die jenseitige Heimat unternommen, um einem Konzert der Engel in einem eindrucksvoll schönen Gebäude zu lauschen, auch Chorhalle genannt. Es ist schon faszinierend, dass Engel niemals sprechen und nur über telepathische Gedanken mit uns und untereinander kommunizieren. Ihre Stimmen sind ausschließlich für die herrlichen Hymnen reserviert, die sie an den heiligsten Feiertagen Gott, ihrem Schöpfer, voller Freude darbringen. Während unseres Lebens im Jenseits ist uns allen die große Ehre zuteil, dem Engelchor in der Chorhalle zu lauschen, und unser Geist kann sich exakt daran erinnern, wann die Gesänge stattfinden. Wie klug von M. R., seine Astralreise so zu planen, dass er pünktlich zu diesem unvergleichlichen Ereignis im Jenseits eintraf. Ich weiß, dass ihm die musikalischen Gaben, mit denen er im jetzigen Leben ausgestattet ist, sehr viel bedeuten; diese Reise war eine zusätzliche Bestätigung und Inspiration, sich während seines Erdendaseins auch weiterhin auf seine gottgegebenen Talente zu konzentrieren.

Eine wichtige Vorsichtsmaßnahme bei Astralreisen ins Jenseits: Machen Sie sich keine Sorgen, wenn Sie sich nach einem auch noch so euphorischen Trip ins Paradies ein paar Tage lang leicht verwirrt oder melancholisch fühlen. Gwens Erfahrung ist nichts Ungewöhnliches. Nach einem Besuch in der jenseitigen Heimat während des Schlafs berichtete sie: »Ich erinnere mich, wie deprimiert und traurig ich mich fühlte. Mir war nach Weinen zumute. Ich erinnere mich auch genau, kleinlaut gerufen zu haben: ›Bitte verlasst mich nicht‹. Kaum hatte ich dies ausgesprochen, schlug ich die Augen auf und starrte die Wand meines Schlafzimmers an. Da begann ich zu weinen. Meine Depression hielt sich über Tage, und dieses Erlebnis geht mir immer noch im Kopf herum.«

Wir sind alle hierher gekommen, weil wir es wollten und uns mutig dazu entschlossen haben, weiter zu lernen und zu wachsen, damit unser Geist zur höchsten Vollkommenheit finden möge. Wir kamen aus der unbeschreiblichen Schönheit der himmlischen Heimat, wo wir im Kreise unserer liebsten Freunde, der Heiligen, der Engel und Gesalbten in der ständigen, greifbaren Gegenwärtigkeit Gottes und Seiner heiligen Liebe wohnen; und vom Beginn unserer Reise bis zum Augenblick unserer Rückkehr haben wir Heimweh nach dieser Dimension. Unsere astralen Besuche erinnern uns an all das, was uns am Ende unserer unbequemen, mühseligen Wanderung über Gottes Erdboden erwartet. Doch manchmal, besonders in schwierigen, qualvollen Zeiten, lassen uns diese Besuche unsere Angehörigen und Freunde im Jenseits noch mehr als sonst vermissen; dann wird der Unterschied zwischen dem Hier und Dort auf besonders bedrückende Weise eklatant. Wenn solche Depressionen auftreten, gehen Sie geduldig damit um, und rufen Sie sich immer wieder ins Gedächtnis, dass all Ihre Lieben an jenem heiligen Ort der Vollkommenheit auf Sie warten und Sie zudem regelmäßig hier auf Erden besuchen. Lassen Sie sich von Ihrem Glauben nicht abbringen, dass Ihr Hiersein einen Sinn hat und dass Sie selbst bewusst oder unbewusst beschlossen haben, Ihre Mission zu erfüllen, bevor Sie wieder nach Hause zurückkehren.

Zwar sind nicht alle Astralreisen während des Schlafens prophetisch, doch alle prophetischen »Träume« sind in Wirklichkeit Astralreisen. Erinnern Sie sich noch, wie ich im Kapitel 3 sagte, dass sich alle prophetischen Träume immer in Farbe präsentieren und in logischer Sequenz ablaufen? Das Gleiche gilt für Astralreisen, denn mit allen prophetischen Träumen geht immer auch eine astrale Reise zu einem ganz realen Gebäude im Jenseits einher – zu der so genannten Archivhalle oder »Akasha«. Hier sind die Lebensskripte sämtlicher Inkarnationen eines jeden Menschen archiviert. Wie ich in besagtem Kapitel bereits erwähnte, verfassen wir alle peinlichst detaillierte Lebenspläne, bevor wir uns zu einer weiteren Inkarnation hierher begeben. Dazu gehören auch die fünf Ausstiegspunkte, die wir selbst im Voraus festlegen – Stationen, an denen wir bereit sind, wieder nach Hause zurückzukehren. In prophetischen »Träumen« gehen wir tatsächlich in die Archivhalle und lesen in diesen Skripten nach. Es ist der wirklich *einzige Ort, wo solche Informationen physisch existieren*. Wenn in einem Ihrer prophetischen »Träume« ein Raum vorkommt, der größer ist, als Ihre Vorstellung erlaubt, wo reihenweise Gänge voll mit Regalen und Schriftrollen stehen und über den sich ein fantastischer Kuppelbau auf weißen Marmorsäulen wölbt, dann sind dies Erinnerungen an eine Reise zur Archivhalle.

Doch viel häufiger passiert es, dass wir die Einzelheiten der Astralreise selbst vergessen, weil wir viel zu sehr damit beschäftigt sind, in den Aufzeichnungen zu lesen. Manchmal scheinen wir willkürlich und sinnlos einzelne Dokumente herauszugreifen, die wir lesen möchten, wie es ein Mann namens Greg kürzlich in einem Brief beschrieb: »Ich habe mehrfach von Menschen geträumt, die ich tatsächlich gekannt habe. Dabei erlangte ich Kenntnis von ihrem Tod, nur um am darauf folgenden Tag herauszufinden, dass sie gestorben waren. Immer wieder ist dies geschehen. Aber jedes Mal ist es zu spät gewesen, sie zu warnen. Warum habe ich denn solche Träume überhaupt?«

Das ist eine gute Frage, Greg, doch um es nochmals ins Gedächtnis zu rufen: Informationen, die wir brauchen, um jemanden rechtzeitig zu warnen, werden uns nur dann gegeben, wenn wir bei einem Ereignis, das der Betreffende so für sich geplant hat, auch tatsächlich eingreifen sollen. Was Ihnen durch die Astralreise im Schlaf klar gezeigt wurde, ist der bequeme und einfache Zugang zu den Lebensplänen in der Archivhalle. Versuchen Sie in Ihr Gebet vor dem Einschlafen die Bitte einzuschließen, dass Gott Sie rechtzeitig zu den Skripten solcher Menschen führen möge, denen Sie helfen können. So ersparen Sie sich die Sinnlosigkeit, Dinge zu wissen, die sich sowieso nicht ändern lassen.

»Wie unterscheidet man einen Traum, der eine Vorwarnung ist, von einem, in dem unser Unbewusstes nur etwas aufzuarbeiten versucht? Ich habe häufig Träume, in denen alles sehr logisch vonstatten geht und ausgesprochen wirklichkeitsgetreu aussieht; sie spielen sich in Farbe ab und umkreisen in der Regel Gesundheitsprobleme meiner Freunde, von denen diese allerdings keine Ahnung haben. Muss ich sie nun warnen und sie drängen, zum Arzt zu gehen, oder mache ich mir nur Sorgen um sie?« – *W. M.*

Auf jeden Fall, W. M., raten Sie jenen Freunden mit gesundheitlichen Problemen, von denen Sie »träumen«, ernsthaft zu einer Untersuchung und machen Sie sie mit allen Einzelheiten bekannt, die in Ihren »Träumen« vorkommen. Sie sind astral gereist, um in der Archivhalle in ihren Lebensplänen zu lesen, weil Sie sich Sorgen um sie machten. Die Warnung ist der logische Fortlauf der Handlung und trägt dem Tatbestand Rechnung, dass die »Träume« in lebhaften Farben waren. (Nirgends gibt es übrigens leuchtendere und prächtigere Farben als im Jenseits; wenn Sie also von Farben träumen, die zu intensiv und atemberaubend erscheinen, um hier auf Erden zu existieren, dann können Sie mit Sicherheit davon ausgehen, dass Sie nichts Unechtes gesehen haben, sondern vielmehr eine Reise in die himmlischen Gefilde unternommen haben.) Sollten Ihre Freunde Ihren Ratschlag für einen Arztbesuch in den Wind schlagen, ist das deren Entscheidung. Zumindest haben Sie die Information, die Ihnen aus einer höchst verlässlichen Quelle zufiel, in guter, liebevoller Absicht weitergereicht. Der Rest ist Sache Ihrer Freunde.

Alle Träume, in denen wir nicht nur selbst vorkommen, sondern uns effektiv beobachten können, sind keine Träume, sondern astrale Erfahrungen. Per definitionem sind Astralreisen Zeiten, in denen der Geist »außerhalb des Körpers« weilt. Wir haben alle schon von Menschen gehört oder gelesen, die unter Narkose oder in sonstigen Zuständen der Bewusstlosigkeit von einem erhöhten Blickwinkel aus auf ihren eigenen Körper geschaut haben und alles beobachten, hören und sich daran erinnern konnten, was um sie herum geschah. Genau das Gleiche passiert hin und wieder auf einer Astralreise während des Schlafens. Vergessen wir nie, dass unser Geist ein lebendiges, sehendes, denkendes, hörendes und fühlendes Wesen ist, das zwar aus all den offensichtlich praktischen Gründen in diesem Körper wohnt, aber nicht darin gefangen ist. Auf seinen Exkursionen kann er dem Reiz des Neuen mitunter nicht widerstehen und hält sich als Beobachter in der

Nähe des Körpers auf, von dem er sich vorübergehend abgekoppelt hat. Unglücklicherweise bleibt uns das nicht immer als angenehme Erfahrung im Gedächtnis haften.

»Im Traum sah ich mich selbst schlafend, das Gesicht zur Tür gewandt. Es war, als schwebte ich oberhalb meines Körpers, und ich konnte alles sehen. Ich hörte, wie es an der Schlafzimmertür klopfte. Es war der Tod. Er hatte kein Gesicht, nur Dunkelheit. Er trug einen schwarzen Umhang und hielt ein Buch unter dem Arm. Ich wusste, es war der Tod, und ich wusste auch, dass ich ihn fortschicken musste. Ich erinnere mich, wie ich es mit der Angst zu tun bekam. Ich befahl ihm immer wieder, im Namen Gottes von mir zu weichen, und schließlich ging er. Auf einmal saß ich hellwach vor Schreck senkrecht im Bett und sagte nur den einen Satz vor mich hin: ›Weiche von mir, im Namen Gottes!‹ Ich war schweißgebadet und völlig verängstigt. Ich weiß, dass der Tod eigentlich nichts ist, wovor man sich fürchten müsste. Ich vermute, dass ich mich deshalb immer noch frage, was das Ganze zu bedeuten hatte.« – D. W.

Wie im Kapitel über kathartische Träume bereits erläutert, ist es durchaus normal, unsere dunklen oder verwirrenden Persönlichkeitsanteile im Traum physische Gestalt annehmen zu lassen, sodass unser Verstand besser damit umgehen kann. Der obige Traum ist ein treffliches Beispiel hierfür. Genau betrachtet, passieren hier einige Dinge gleichzeitig. Zum einen kann der Organismus – oder, um es präziser zu formulieren, der Verstand mit seiner vielschichtigen Wahrnehmung des Geschehens – einen Schock davontragen, wenn wir uns selbst auf einmal von außen her betrachten. Wir unternehmen, wie schon gesagt, mehrere Astralreisen pro Woche, doch wir erinnern uns nicht an alle nächtlichen Ausflüge, und sicherlich halten wir dabei auch nicht immer inne, um beim Abheben auf unseren Körper zu schauen. Was Wunder, dass unser Verstand alarmiert reagiert, wenn er zum ersten Mal blitzartig die Trennung der Geistseele vom physischen Körper wahrnimmt. Gut möglich, dass der Schreckensschrei uns durch Mark und Bein geht und in der allgemeinen Panik unzählige ähnlich grauenvolle Gestalten freigesetzt werden – so auch das dunkle, gesichtslose Bild des Todes, wie es bei D.W. der Fall war.

Zum anderen sollten wir nicht vergessen, dass unser Geist die Erinnerungen eines jeden Moments aus allen früheren Lebensspannen im Diesseits und Jenseits in sich trägt. Und weil wir zumeist schon viele, viele Leben auf Erden verbracht haben, sind wir auch schon viele, viele Male »gestorben«. Kommt es zu dem irdischen Geschehen, das wir »Tod« nennen, weiß unser Geist, dass wir einfach nur in unsere jenseitige Heimat reisen, aus der wir einst kamen, und dass wir unseren Körper für immer und ewig zurücklassen. Ich kann Ihnen versichern, dass unser Geist den »Tod« kein bisschen traurig oder schrecklich findet, denn er ist sich vollends klar darüber, dass es sich nur um einen sehr vertrauten Übergang in ein immer da gewesenes und immer währendes Leben handelt. Es ist nur unser Verstand, der diesem endlichen, erdgebundenen Vehikel namens »Körper« so sehr verhaftet ist und den Tod darum als etwas so Furcht Erregendes hinstellt. Als D.W. ihren Geist getrennt von ihrem Körper erlebte, stellte ihre Geistseele in aller Ruhe die Verbindung zum Tod her. Dies aber stürzte den Verstand sofort in Panik. Wie sie selbst sagte, weiß sie, dass der Tod an sich nichts Furcht Erregendes *sein müsste*. Aber es gibt so vieles, was eigentlich nicht sein müsste und dennoch geschieht, wenn wir uns wie sie völlig unvorbereitet in einer Situation wiederfinden. Auffällig ist, dass sich die Angst einflößende Gestalt, die sie Tod nannte, durch das Anrufen Gottes verjagen ließ. Dies ist ein klares Zeichen dafür, dass es sich dabei effektiv um nichts anderes handelt als die Verkörperung ihrer bewussten Furcht, sie müsse wohl im Sterben liegen, wo sie sich doch von ihrem Körper gelöst hatte.

Von einer weiteren faszinierenden Astralreise, in der sich der »Träumer« außerhalb seines eigenen Körpers gesehen hat, berichtet G. H.: »Ich sah mich als Ägypter, schattenhaft, mit dem typischen Kopfschmuck, bei dem vorne der Kopf einer Schlange herausragt. Eine Stimme sprach: ›Du bist der Ägypter namens Oberon und du wirst wieder geboren.‹ Wie kann ich das verstehen? Ich hoffe nicht, dass ich im wörtlichen Sinne reinkarnieren werde. Ich möchte nicht mehr hierher zurück.«

G. H. braucht sich überhaupt keine Sorgen zu machen, weil er definitiv letztmalig auf Erden ist. Es wird für ihn keine weiteren Reinkarnationen geben. Er sah sich selbst in einer Inkarnation vor Tausenden von Jahren, die offen gesagt für ihn nicht unbedingt eine der glücklichsten war. Wenn ich behaupte, dass wir im Schlaf astral in jeden beliebigen Ort reisen können, so gilt dies definitiv auch für die Vergangenheit, wie wir im nächsten Kapitel noch ausführlicher darstellen werden. Das, was wir »Zeit« nennen, ist eine rein irdische Erfindung. Jenseits der Erde und auch und vor allem in den geistigen Gefilden des Jenseits gibt es weder »Zeit« noch »Vergangenheit« oder »Gegenwart«. Das Konzept, dass sich etwas vor Tausenden von Jahren ereignet haben könnte, ist gänzlich unbekannt. Alles ist *jetzt*, so schwer es uns auch fallen mag, diese Vorstellung vom Verstand her nachzuvollziehen. G. H. sollte diesen Blick auf sich selbst als Oberon im alten Ägypten nicht als eine Reise in ein weiteres Leben deuten. Es war schlicht und einfach eine Momentaufnahme aus eben dem Leben, das er immer gelebt hat und immerzu leben wird, in einer seiner vielen Phasen und Gestalten.

Ein weiterer Aspekt der Astralreisen, der uns – wenn wir nicht vorbereitet sind – in Verwirrung und Furcht stürzen kann, wird in folgendem Traum von Shannon beschrieben: »Ich hatte den Eindruck, als wachte ich über meinem Bett schwebend auf. Dabei sah ich alles im Raum, so wie er normalerweise aussieht – auch mich selbst, wie ich schlafend dalag. Was mich aus der Fassung brachte, war, dass mir urplötzlich ein starker Wind um die Ohren pfiff. Ich spürte regelrecht, wie mir das Haar aus dem Gesicht geblasen wurde. Es machte mir solche Angst, dass ich Gott um Beistand bat. Mit einem Mal legte sich der Wind, und es wurde still. Der Traum war zu Ende, und ich wachte in genau der Lage auf, wie ich mich gesehen hatte. Offensichtlich war es ein Albtraum, weil ich solche Angst gehabt hatte, aber was bedeutet er nur?«

Natürlich war es kein Albtraum, es war überhaupt kein Traum. Shannon erlebte ganz einfach eine Astralreise *mittlerer Geschwindigkeit*. Unserem Geist ist das zwar bestens vertraut, aber wenn die damit verbundenen Wahrnehmungen im Schlaf langsam in unser Bewusstsein sickern, kann durchaus ein Gefühl von Panik entstehen.

Es gibt in der Tat drei Geschwindigkeiten von Astralreisen, sobald sich der Geist vom Körper gelöst hat. Die erste Geschwindigkeit ist uns am vertrautesten und am wenigsten irritierend – unser Geist bewegt sich im gleichen Tempo wie unser Körper, wenn wir gehen. Die mittlere Geschwindigkeit ist so schnell, dass die Illusion entsteht, wir würden still stehen, während alles andere auf uns zukommt und an uns vorbeifliegt. (Was Shannon das Haar aus dem Gesicht geweht hatte, war also kein brausender Sturm gewesen, sondern der Fahrtwind, der ihr bei diesem mittleren Tempo entgegenblies.) Bei überdurchschnittlicher Geschwindigkeit schließlich kann unser Geist unglaubliche Distanzen überbrücken und schneller reisen, als es sich unser endlicher Verstand vorstellen kann. Das kann so weit gehen, dass wir uns zwar an das Ziel erinnern und an alles, was wir dort unternommen haben, aber keinen blassen Schimmer davon haben, wie wir dorthin und wieder zurück gelangt sind.

Alicia beschreibt eine solche überdurchschnittlich schnelle Astralreise wie folgt: »Ich flog über einen Planeten, aus dessen vulkanischer, von Gas speienden Geysiren übersäten Landschaft zackenförmige Felsen herausragten. Ich flog durch diese speerförmige Spitzen hindurch, obwohl ich kein Gefühl einer spezifischen Richtung oder eines Ziels hatte – ich suchte nach nichts Bestimmtem, wollte an keinen besonderen Ort gelangen. Während des Traums hatte ich zu keiner Zeit ausgeprägte Emotionen wie Angst oder Besorgnis, die man womöglich empfindet, wenn man sich auf unbekanntem Terrain bewegt. Ich hatte nicht den Eindruck, Teil des Planeten zu sein. Ich war definitiv fremd dort, was mich aber nicht störte; ich schaute ihn mir nur an, weil er sich zum Anschauen vor mir ausbreitete. Hat das Ganze einen tieferen Sinn?«

Aus vielerlei Gründen scheint mir das Ganze in der Tat bedeutsam, obwohl Alicia womöglich an ganz andere Dinge dachte, als sie ihre Frage stellte. Interessant ist in diesem Zusammenhang nämlich, dass hier das Phänomen der überdurchschnittlich schnellen Astralreisen besonders gut veranschaulicht wird, weil Alicia – ohne es zu wissen – eine Reise zum Planeten Merkur unternommen hat. Es wird Ihnen nicht entgangen sein, dass sie die Strecke dorthin und zurück entweder nicht erwähnenswert fand oder sich einfach nicht daran erinnerte. Noch bedeutsamer ist die Erfahrung allerdings deswegen, weil sie wunderschön zum Ausdruck bringt, was für ein neugieriges, mutiges, abenteuerlustiges und grenzenloses Wesen unser Geist ist, ganz egal welche physischen und mentalen Beschränkungen wir uns für unsere irdische Existenz auferlegt haben.

Zuschriften wie die von Alicia werfen eine weitere faszinierende Besonderheit von Astralreisen auf, die ich mit Erleichterung zur Kenntnis nahm, als ich zum ersten Mal darüber las, und die ich später effektiv mit eigenen Augen zu sehen bekam.

Die silberne Schnur

Es gibt eine sehr reale, silbrig schimmernde Schnur, die gelegentlich während einer Astralreise sichtbar wird. Sie verbindet unsere Geistentität mit unserem Körper und nährt uns mit Gottes himmlischer Liebe, genauso sicher wie uns die Nabelschnur mit allem Lebenswichtigen versorgt, bis wir den Mutterleib verlassen. Die silberne Schnur ist bei Frauen am Brustbein angedockt und bei Männern etwas oberhalb und zwischen den Augen – dort, wo sich das »dritte Auge« befindet. Seit Tausenden von Jahren weiß man von ihrer Existenz, und in unzähligen Schriften wird darauf Bezug genommen. Wenn Sie sich in der Bibel auskennen, sind Sie bestimmt mit Kohelet 12:6-7 vertraut, wo es auszugsweise heißt: »ja, ehe die silberne Schnur zerreißt... und der Geist zu Gott zurückkehrt, der ihn gegeben hat.« Bis wir »sterben« und ins Jenseits zurückkehren, kann die unendlich lange silberne Schnur nicht reißen. Wie weit sich unser Geist auch von unserem Körper entfernen mag, wir werden stets zurückgezogen an den Ausgangsort, mal sanft und mal mit einem solchen Ruck, dass wir wach gerüttelt werden und eine Art »Knall« zu hören meinen, dessen Quelle wir nicht entdecken können.

Wie gesagt, war ich ausgesprochen erleichtert, als ich von der Existenz dieser silbernen Schnur erfuhr. Dass dies so ist, hat einen einfachen, etwas peinlichen Grund: Ich mag nämlich Astralreisen nicht besonders. Ich empfinde sie weniger schlimm, wenn ich schlafe und wenig bzw. gar keine Kenntnis davon habe. Aber im Wachzustand oder während der Meditation fühle ich mich dabei zu sehr außer Kontrolle, selbst wenn ich ganz genau weiß, dass wir uns nicht einfach so davonmachen können und dann Schwierigkeiten haben, zu unserem Körper zurückzufinden. Als ich zum ersten Mal von der silbernen Schnur hörte und darüber nachlas, hielt ich das Ganze für eine nette Idee, widmete der Sache aber irgendwie nicht besonders viel Aufmerksamkeit. Eines Tages aber sah ich mich während einer tantrischen Meditation nicht nur von der Decke auf meinen Körper hinabschauen, sondern entdeckte zudem auch meine eigene silberne Schnur, die sich glitzernd vom Solarplexus meines Körpers bis zu der ätherischen Substanz hinzog, zu der ich geworden war. Es war fantastisch, diese zu sehen, und wenn ich gezielte Astralreisen auch nie zu meinem Hobby machen würde, habe ich doch mit eigenen Augen das »Sicherheitsnetz« gesehen, das Gott uns gegeben hat, um die Bindung zwischen Physis und Geist aufrechtzuerhalten.

Über die silberne Schnur hat Sylvan Muldoon, ein brillanter Experte auf dem Gebiet der Astralreisen, in den Zwanziger- bis Vierzigerjahren des letzten Jahrhunderts umfassende Studien durchgeführt. In seinen Büchern hat er unzählige außerkörperliche Reisen dokumentiert, die er bereits mit zwölf Jahren erstmals erlebt hatte. Nach seinen Augenzeugenberichten kann man von einer unterschiedlichen Dicke der Schnur ausgehen, je nachdem, wie nahe der Geist dem Körper ist, von dem er sich vorübergehend entfernt hat. Wenn wir uns ganz in seiner Nähe aufhalten, sagen wir einmal im Bereich von vier bis fünf Metern, entspricht ihr Durchmesser in etwa dem eines Silberdollars; ihre funkelnde Aura lässt sie zudem noch dicker erscheinen. Befinden wir uns allerdings sehr weit weg vom Körper – auf der anderen Seite des Globus, im Jenseits oder jenseits der Sterne –, dann dehnt sich die Schnur, ohne das geringste Risiko zu reißen, so sehr, dass sie nicht dicker als ein Faden ist.

Es kann vorkommen, dass wir während einer unserer Astralreisen unsere eigene silberne Schnur oder die eines anderen Geistwesens zu sehen bekommen, ohne uns darüber im Klaren zu sein. Genau das passierte Peter, der mir Folgendes schrieb: »Letzte Nacht wachte ich mitten im Schlaf auf und sah die Konturen einer männlichen Gestalt in meinem Zimmer stehen. Oben aus seinem Kopf sah ich ein schimmerndes, weiß-goldenes Seil erstrahlen, das durch die Zimmerdecke hindurchführte. Ich betrachtete das Wesen staunend und voller Neugier. Dann war es auf einmal verschwunden. Ich knipste das Licht an und dachte: ›Was ist denn das gewesen? Habe ich etwa geträumt?‹ Alles schien so real. In dem Moment hörte ich eine Stimme sagen: ›Ich bin aus Indien.‹ Das war's. Nichts mehr. Ehrlich gesagt, ich habe schon so manches Bizarre in meinem Leben geträumt. Aber das hier werde ich so bald nicht vergessen.«

Peter hat Besuch von seinem Geistführer bekommen, einem Inder namens Bahrat, und darüber hinaus wurde ihm die Gnade zuteil, dessen silberne Schnur zu sehen.

Es könnte der Einwand vorgebracht werden, dass Sylvan Muldoon und ich als Experten auf diesem Gebiet um das Phänomen der silbernen Schnur wussten und darum während unserer Astralerfahrungen mit unserem subliminalen Auge Ausschau danach hielten. Doch auch Peter sah sie, ohne den geringsten Anhaltspunkt dafür zu haben, dass es so etwas überhaupt geben könne. Wenn Sie also weder auf Sylvan Muldoon noch auf mich vertrauen, dann glauben Sie vielleicht Peters Worten eher.

Wenngleich Astralreisen vollkommen sicher sind, weil der Verstand nicht involviert ist und die Geistseele genau weiß, was sie tut, empfehle ich dennoch, tagsüber nicht damit zu spielen, ohne sich an die Richtlinien zu halten, die ich in meinen früheren Büchern, wie *Die Geisterwelt ist nicht ver-*

schlossen, im Einzelnen beschrieben habe. In der Astralforschung kursiert eine Geschichte über einen Mann, der ohne entsprechende Ausbildung astral zum Mond reisen wollte, stattdessen aber völlig unkontrolliert durch den Weltraum sauste. Als er darüber in Panik geriet, riss ihn seine silberne Schnur so abrupt in seinen Körper zurück, dass er sich noch Tage danach sterbenskrank fühlte.

Fernwahrnehmung

Eine nahe Verwandte von Telepathie und Astralreisen ist die Fernwahrnehmung. Hierbei haben wir es mit einer Fähigkeit zu tun, die so alt ist wie die Menschheit selbst. Erst in den Dreißigerjahren des zwanzigsten Jahrhunderts wurde der Name »Remote Viewing«, also Fernwahrnehmung, eingeführt und als eigene Forschungsrichtung etabliert. In den Siebzigerjahren begannen CIA und verschiedene Militärbereiche der US-Regierung ihre Nutzungsmöglichkeiten zur nachrichten- und geheimdienstlichen Aufklärung sowie zu Verteidigungszwecken zu untersuchen. 1995 wurde das Programm aufgegeben und ein offizieller Bericht veröffentlicht, wonach Fernwahrnehmung für die Regierung der Vereinigten Staaten von Amerika keinerlei Wert habe. Wäre die Verlautbarung tatsächlich richtig, objektiv und unparteiisch, dann würde ich mich doch sehr wundern, warum man 25 Jahre lang an einer Sache forschte, nur um sie dann als nutzlos hinzustellen. Würden Sie – selbst wenn Sie sich mit etwas bloß gelegentlich befassen und es nicht einmal ernsthaft untersuchen – wohl 25 Jahre brauchen, um festzustellen, dass es nichts bringt? Ich jedenfalls nicht. Das verleitet mich zu der Annahme, dass sich die US-Regierung am Ende nicht durchringen konnte, etwas zu billigen, das auch nur vage an paranormale Phänomene erinnert. Und so müssen wir wohl oder übel auf dem Gebiet der Fernwahrnehmung ohne den Segen des offiziellen Amerikas auskommen.

Fernwahrnehmung ist die Fähigkeit, Einzelheiten über einen spezifischen Gegenstand oder Ort, von dem man zeitlich, räumlich oder durch andere physische Barrieren getrennt ist, wahrzunehmen und zu beschreiben. Anders als bei der Telepathie gibt es hier keinen echten »Sender«, in dessen Gedanken wir uns einklinken können. Die Informationen bekommen wir in Form von Bildern, nicht Worten. Fernwahrnehmung unterscheidet sich von Astralreisen darin, dass unser Unbewusstes diese »fernen« Orte oder Dinge erkundet, ohne je den Körper zu verlassen. Dennoch schaffen wir es mit etwas Übung, in einer Stadt am anderen Ende der Welt, in der wir noch nie gewesen sind, eine Straße »entlangzugehen« und das dort vorherrschende Wetter genau zu beschreiben; dennoch können wir uns auf die Küche eines uns nahe stehenden Menschen »einstimmen« und genaue Einzelheiten registrieren wie das Geschirr, das sich in der Spüle befindet, oder die exakte Anordnung aller einschlägigen Gegenstände auf der Arbeitsfläche; dennoch können wir die Gäste und ihre Sitzordnung bei einem Staatsbankett im Weißen Haus während der Lincoln-Regierung »in Augenschein nehmen«.

Das Schlüsselelement bei der echten Fernwahrnehmung ist die Gegenbestätigung. Ohne eine solche Validation bewegen wir uns auf dem Terrain der Vermutungen, der logischen Folgerungen oder der lebhaften Fantasie. Wenn ich behaupte, per Fernwahrnehmung in die Küche eines Freundes zu schauen, und zwei Teller und drei Kaffeetassen in der Spüle zu sehen glaube, ihn dann anrufe und mir sagen lassen muss, dass sich keine Teller und nur eine Kaffeetasse in der Spüle befinden, dann ist mein Experiment fehlgeschlagen. Wenn ich mich in atemberaubende Details über ein Lincoln-

Staatsbankett im Weißen Haus ergehe und alles bis hin zu der Kleidung der einzelnen Teilnehmer beschreibe, die historischen Dokumente jedoch völlig andere Gästelisten oder Sitzordnungen bestätigen, mache ich nur »viel Lärm um nichts«. Wenn ich aber beispielsweise Ihr Büro scanne, ohne dass Sie mir telepathisch irgendeine Information dazu liefern, und ich Ihnen dann sage, dass auf Ihrem Schreibtisch eine umgekippte Schachtel Büroklammern liegt und daneben ein Foto aufgestellt ist, das Ihre Kinder zeigt, die allesamt in Rot gekleidet sind; dass außerdem auf Ihrer grünen Schreibunterlage ein Styropor-Behälter mit einem angebissenen Thunfisch-Sandwich samt Gurkenscheiben liegen geblieben ist – und wenn Sie mir die Richtigkeit dieser Beschreibung bestätigen, dann ist es in der Tat ein Fall von erfolgreicher Fernwahrnehmung. Deshalb fühlen sich Forscherseelen wie ich auch so sehr zu diesem speziellen Fachgebiet hingezogen – entweder es bestätigt sich oder es gilt nicht. Hier gibt es keine Grauzone, kein »knapp daneben«.

Und das ist auch der Grund, warum ich viel davon halte, Fernwahrnehmung immer wieder in der Praxis anzuwenden, denn wir schärfen damit die Exaktheit des Erinnerns und Verstehens unserer Träume. Wohlgemerkt, manche Träume sind mit Fernwahrnehmung verquickt. Alicias Traum über ihre Expedition zum Planeten Merkur hätte man als Fernwahrnehmung missdeuten können, wenn nicht ein so klarer Eindruck vom Fliegen mit im Spiel gewesen wäre, was ihn deshalb zur Astralreise machte. Doch offen gesagt, wenn es sich um Reisen im Schlaf handelt, ist es vielleicht gar nicht so wichtig oder interessant, unsere wertvolle Zeit mit der Zuordnung zur Telepathie, Astralreise oder Fernwahrnehmung zu vergeuden. Solche Unterscheidungen bringen uns letzten Endes nicht wirklich weiter.

Als eine Art Mentalgymnastik ist Fernwahrnehmung jedoch eine faszinierende und sogar entspannende Möglichkeit, das Zusammenspiel zwischen Bewusstem und Unbewusstem zu optimieren und die Kommunikationsfähigkeit zwischen beiden zu verbessern. Die eigentliche Fernwahrnehmung geschieht aus dem Unbewussten heraus. Aber damit sie wirksam wird, muss der Verstand auf das entsprechende Kommando hin seine übliche »Geräuschkulisse« ausblenden und den Weg freigeben, damit das Unbewusste ein klares »Signal« von dem Gegenstand oder Ort, auf den es sich konzentriert, erhalten kann. Und während das Unbewusste seine Arbeit tut, muss der Verstand die dabei gewonnenen Botschaften aufnehmen und sie entweder verbal, schriftlich oder in Form von Zeichnungen so exakt wiedergeben, dass die Informationen weder beeinträchtigt noch korrigiert werden. Ingo Swann war ein namhafter Forscher und führender Experte auf dem Gebiet der Fernwahrnehmung in den Sechziger- und Siebzigerjahren des zwanzigsten Jahrhunderts. Er schrieb, dass die Entwicklung dieser Kunst »die Parameter unserer Wahrnehmung erweitern kann«. Und er hat Recht mit seiner Behauptung, obwohl ich für die Welt des Schlafs gerne folgenden Zusatz machen möchte: »...und das Bewusste und Unbewusste in uns zur gegenseitigen Kooperation anleitet, damit wir aus unseren Träumen und sonstigen Schlafreisen maximalen Gewinn ziehen können.«

Fernwahrnehmung ist etwas, das man nach Belieben jeden Tag praktizieren kann, selbst wenn man nur ein paar Augenblicke übrig hat, in denen wir den Verstand ohne größeres Risiko abschalten können. Während des Duschens oder bei der ersten Tasse Kaffee am Morgen oder in einer ruhigen Minute zwischen zwei Besprechungen bieten sich gute Gelegenheiten dazu. Beim Autofahren, bei einer Operation oder beim Ausprobieren einer neuen Kreissäge hingegen sollte man sie lieber nicht praktizieren, denn das wäre dumm und gefährlich. Wann immer der Verstand ins Spiel gebracht wird, kann ich nur zu Verantwortlichkeit mahnen.

Wo Sie sich auch gerade befinden, ich möchte Sie dazu einladen, ein paar tiefe rhythmische Atemzüge zu nehmen und mit jedem Ausatmen alle Negativität und Selbstzweifel loszulassen. Sollten Sie gerade sitzen, legen Sie die Hände auf die Oberschenkel, Innenflächen nach oben gerichtet und bereit zu empfangen. Wenn Sie stehen, nehmen Sie sich einen Moment, um die Hände einfach nach vorne auszustrecken mit nach oben gerichteten Innenflächen, als kurze Geste der Bestätigung, dass Sie offen und willens sind, Empfänger zu sein. Lassen Sie ein Gefühl des stillen Friedens in sich einziehen – sanft, tief und prächtig wie ein samtener Schleier, der den Lärm, das Chaos und alle Geräusche um Sie herum ausblendet und das Gotteszentrum in Ihrem Inneren mit wohltuender Stille erfüllt. Schließen Sie die Augen und spüren Sie, wie wohlige, befreiende Entspannung langsam die Füße, Fesseln, Waden, Knie und Oberschenkel durchdringt und den ganzen Bauch- und Brustraum des Körpers erfüllt. Dieses göttliche Wohlgefühl oder Gotteszentrum wandert nun in die Schultern, die Ober- und Unterarme, die Hände und bis in die Fingerspitzen hinunter, dann hoch durch den Hals, umspielt die Mund-, Nasen- und Augenpartie, die Stirn. Mit jedem Einatmen vertieft sich die Entspannung, und mit jedem Ausatmen löst sich aller Stress, und jegliche Angst wird von Ihnen genommen. Danken Sie Gott für diesen wunderbaren Augenblick des Seelenfriedens, für diese Zeit – wie kurz sie auch immer sein mag –, die Sie sich ganz allein für sich in der unendlichen, vollkommenen Liebe Seiner Umarmung genommen haben.

Und wenn Sie jetzt im Geiste einen Zielort auswählen, den Sie erkunden möchten, dann bleiben Sie dabei in diesem außergewöhnlichen Entspannungszustand, lesen Sie nicht, überlegen Sie nicht groß, lassen Sie sich nicht in Ihrer Ruhe stören. Bitte suchen Sie sich kein Zimmer in Ihrem Haus aus, denn hier könnten bewusste Erinnerungen störend wirken, und wählen Sie auch keinen Ort, den Sie hinterher nicht überprüfen können. Machen Sie es sich zunächst einfach und ziehen Sie etwas Ihnen Vertrautes heran – das Auto eines Freundes beispielsweise, der sich gerade auf dem Weg zur Arbeit befindet.

Senden Sie Ihren Geist nun aus und lenken ihn wie einen Silberpfeil aus gleißendem Licht durch die Luft geradewegs zu ihrem Ziel hin, bis sich eine direkte und starke Verbindung etabliert. Beginnen Sie mit einer Panoramaaufnahme und nehmen Sie das Auto sozusagen per »Weitwinkelobjektiv« ins Visier. Sehen Sie, wie es den Weg, die Straße oder die Autobahn entlangfährt. Nun stellen Sie sich selbst Fragen. Ignorieren Sie, was Sie zu wissen meinen, und nehmen Sie nur die ersten Eindrücke auf, die Ihr Unbewusstes empfängt. Fährt das Auto in der Sonne oder im Schatten? Gibt es andere Verkehrsteilnehmer in der Nähe? Wenn ja, sind es viele oder wenige? Welche Farbe hat das davor oder dahinter fahrende Auto? Ist das Auto Ihres Freundes sauber oder schmutzig? Hat es irgendwelche Dellen oder Kratzer? Welche Fenster sind geöffnet und welche sind zu? Notieren Sie sich beim langsamen »Heranzoomen« jedes noch so kleine Detail vom Auto und seiner Umgebung, und begeben Sie sich dann mit dem gleichen Silberpfeil des Lichtes, das Ihren Geist mit dem Auto verbindet, durch das Beifahrerfenster ins Innere des Autos. Nehmen Sie auch dort alles in Augenschein, indem Sie sich ähnliche Fragen stellen wie oben beschrieben.

Fernwahrnehmung unterscheidet sich auch insofern von Telepathie, als unsere Sinne dabei eine besonders relevante und wichtige Rolle spielen. Achten Sie also auch auf andere Sinneseindrücke, wenn Sie sich im Auto umzusehen und zu fragen beginnen, wie schnell es fährt, ob der Aschenbecher offen oder zu ist, ob die Sonnenblenden heruntergeklappt sind oder nicht, ob Ihr Freund gerade telefoniert, ob es einen Becherhalter gibt und wenn ja, mit oder ohne Getränk, welche besonderen Dinge auf den Sitzen und auf dem Boden liegen, wie die Innentemperatur eingestellt ist, ob auf der hinteren Ablage etwas liegt oder am Rückfenster herunterbaumelt und wenn ja, um was es sich dabei handelt. Welcher Geruch fällt Ihnen auf? Riechen Sie Leder oder Kaffee oder vielleicht einen Fast-Food-Snack? Hat jemand im Auto geraucht? Wurde irgendein Deodorant benutzt, das noch in der Luft hängt, oder nehmen Sie womöglich noch den unverkennbaren Geruch wahr, den der unlängst gemachte Abstecher zur Autowaschstraße hinterlassen hat? Und auch unser Gehör ist gefordert: Läuft das Radio? Wenn ja, werden Nachrichten oder Musik oder eine Talkshow gesendet? Wenn nicht, hört Ihr Freund womöglich eine Kassette oder eine CD? Falls er telefoniert, dann versuchen Sie, eines seiner Worte oder auch einen Satz aufzuschnappen, und halten Sie auf jeden Fall fest, in welcher Hand er das Telefon hält oder ob er eine Freisprechanlage benutzt. Wenn Sie durch die Windschutzscheibe nach draußen blicken, dann merken Sie sich die Straßenhinweisschilder auf der Strecke oder die Abbiegungen, die Ihr Freund nimmt – rein alles, wonach Sie Ihren Freund später am Telefon fragen können. Sollten Sie Papier und Bleistift zur Hand haben, machen Sie sich während der Fahrt Notizen oder Skizzen – je mehr Details, desto besser.

Dies ist eine ganz einfache Übung, die Sie nach eigenem Ermessen zeitlich begrenzen können. Bei allem, was Sie tun, lassen Sie den Mut nicht sinken, wenn die Genauigkeit Ihrer Angaben zunächst zu wünschen übrig lässt. Ein oder zwei »Treffer« sind schon eine Leistung und ein guter Ausgangspunkt für Ihre weitere Arbeit. Fernwahrnehmung ist in der

Tat eine Fertigkeit, die mit zunehmender Praxis immer besser wird. Selbst wenn nichts Konkretes dabei herauskommen sollte, so wird zumindest die Aufmerksamkeit, die Sie der Verbindung zwischen Ihrem Unbewussten und dem bewussten Denken sowie der Klarheit der Kommunikation zwischen beiden widmen, garantiert dazu beitragen, dass Sie Ihre Träume besser in das Alltagsleben integrieren können. Das allein ist schon auf jeden Fall ein erstrebenswertes Ziel. Mir aber ist besonders daran gelegen, dass Sie diese Kunst beherrschen lernen, um all der Ihnen nahe stehenden Menschen hüben und drüben willen, denen Sie Besuche abstatten oder die Sie im Schlaf besuchen können – Menschen, die sich im realen Leben nichts sehnlicher wünschen, als von Ihnen respektiert und geschätzt zu werden. Besuche wie diese sind so wirklich und überzeugend, dass ich ihnen ein eigenständiges Kapitel widmen will.

7

Astralbesuche: Das Wunder des Wiedersehens im Schlaf

Jetzt wissen wir, dass es im Schlaf keine Grenzen gibt in Bezug auf das, was wir über uns selbst, unsere Welt und sogar die Zukunft erfahren können; keine Einschränkungen für unser Reisen hin zu fernen Gestaden des Universums oder vertrauten Ufern im Jenseits. Aber meine eigenen Erlebnisse und die unglaubliche Zahl von »Traum-Briefen«, die ich mittlerweile erhalten habe, sind mir Beweis genug, dass es nur wenige Dinge gibt, die wir mehr lieben als jene Zusammenkünfte, die uns in solch herrlichen Stunden beschert werden, in denen unser Verstand zur Ruhe kommt und unser lebendiger, unbewusster Geist in Aktion tritt, um Kontakt mit jenen anderen Geistwesen, Orten und Zeiten aufzunehmen, nach denen er sich so sehr sehnt. Skeptiker nennen dies Wunschdenken. Meine innere Stimme – und bestimmt auch die Ihrige – sagt etwas anderes. Das soll nicht heißen, dass jeder Traum über einen lieben Verstorbenen zwangsläufig ein Astralbesuch sein muss. Wenn Sie dieses Kapitel zu Ende gelesen haben, werden Sie den Unterschied kennen.

Bevor wir beginnen, möchte ich etwas klarstellen: Viele von uns wachen mit Erinnerungen an Zeiten auf, die wir mit Menschen verbracht haben, welche von uns gegangen sind und die wir schrecklich vermissen. Viele andere erleben das nicht. Der Unterschied aber, so bin ich überzeugt, liegt nicht in der Existenz solcher Wiedersehen, sondern nur in der Fähigkeit, sich daran zu erinnern. Es steht außer Zweifel, dass wir für Besuche aus der geistigen Welt am empfänglichsten sind, wenn wir schlafen. Und ohne Ausnahme statten wir alle mehrmals in der Woche solche Besuche ab oder empfangen sie. Gehören Sie also zu jenen Menschen, die beim Aufwachen nicht wissen, dass während des Schlafs ein liebendes Geistwesen bei ihnen weilte, so fühlen Sie sich beim Lesen dieses Kapitels bitte nicht ausgeklammert. Es soll Ihnen helfen zu verstehen, warum Sie an so manchem Morgen die Augen öffneten und sich grundlos ein bisschen mehr geliebt wussten und innerlich ruhiger als gewöhnlich waren.

Besuche und Botschaften von geliebten Menschen

»Mein Cousin Jim kam im Juni 1970 in Kambodscha ums Leben. Wir standen uns sehr nahe«, schreibt Bobby. »Obwohl inzwischen so viele Jahre vergangen sind, träume ich plötzlich häufig in angenehmer und äußerst realistischer Weise von ihm. Für gewöhnlich schlendern wir an den Flüssen oder Stränden von Los Angeles entlang und unterhalten uns. Das Ganze hat nichts Trauriges an sich. Als 55-Jähriger bin ich relativ gesund, doch manchmal denke ich, dass meine Zeit hier auf Erden abgelaufen ist und Jim mich in diesen Träumen an die Vorstellung gewöhnen will, hinüberzugehen. Ich frage mich, ob es normal ist, dass ein Freund oder Verwandter so viele Jahre nach seinem Tod auf einmal auftaucht.«

Die Antwort lautet Ja, es ist völlig normal, und dafür gibt es eine gute Erklärung, die für viele Leser hilfreich sein dürfte. Deshalb möchte ich Bobby für die Mitteilung seiner Erfahrung danken. Seine »Träume« zeugen in Wirklichkeit von echten Begegnungen auf der geistigen Ebene. In diesem Fall finden sie immer in der Nähe des Wassers statt, das beide lieben.

Wie wir wissen, gibt es im Jenseits, wohin Jim unmittelbar nach seinem Tod ging, keine Zeit, sondern nur ein vollkommenes Bewusstsein und Verständnis der Ewigkeit. Und in diesem Kontext verrinnen »so viele Jahre« im Nu. Wie viele andere Opfer eines traumatischen Tods, begann auch für Jim sofort nach Ankunft in seiner jenseitigen Heimat ein so genannter Orientierungsprozess, der den Geist tröstet und ihm hilft, den Schock des plötzlichen Verlassens der Erde besser zu verkraften. Ich habe dies ausführlich in meinem Buch *Jenseits-Leben* beschrieben, sodass ich mich an dieser Stelle nicht wiederholen und weitschweifige Diskurse halten möchte. An dieser Stelle genügt es zu sagen, dass er glücklich und gesund ist, wie Bobby ja selbst gesehen hat. Was nun seine Bestrebungen anbelangt, Bobby an die Vorstellung von seinem bevorstehenden Tod zu gewöhnen, so ist ihm in der Tat daran gelegen, ihm die Angst davor zu nehmen. *Nach Jims Zeitrechnung*, die sich an der Ewigkeit orientiert, wird er nämlich sehr bald gehen. Nach unseren irdischen Maßstäben gemessen, liegt Bobby jedoch genau richtig mit seinem Gefühl, gesund zu sein und noch viele, viele Jahre lang hier bleiben zu wollen.

S. G. berichtete mir von folgendem Astralbesuch: »Ich träumte, dass mich mein verstorbener Mann besuchte und mit mir sprach. Inzwischen ist er schon seit über zehn Jahren tot, aber seiner Schilderung zufolge habe er die ganze Zeit über im Koma gelegen. Er sah sehr gut und glücklich aus und hat mich umarmt.«

Hier haben wir wieder jemanden, der aus dem Orientierungsprozess kam. Er beschreibt es so, als habe er im Koma gelegen. Zweifellos hat sich S. G. schon seit zehn Jahren seine Besuche gewünscht – eine unendlich lange Zeit für sie, für ihren verstorbenen Mann hingegen nicht mehr als ein kurzer Augenblick. Die Orientierungsphase ist mit viel Schlaf, Ruhe und Entspannung verbunden und der ganz normale Weg für

Neuankömmlinge im Jenseits, um sich daheim wieder zurechtzufinden. Meine Geistführerin Francine meint, dieser Prozess sei in etwa so, als würde man einem Tiefseetaucher helfen, die Caissonkrankheit zu überwinden, nachdem er zu schnell aufgetaucht ist. Wenn Sie also jemanden verloren und Angst haben, nie mehr einen Besuch abgestattet zu bekommen, weil sein Tod schon zu lange her ist, dann üben Sie sich in Geduld. In der geistigen Welt gibt es so etwas wie »so lange her« nicht. Früher oder später wird der Betreffende kommen. Wir müssen nur offen dafür sein, ihn zu empfangen.

J. schickte mir folgende spannende Geschichte: »1992 starb ein mir sehr nahe stehender Freund, genau gesagt, mein Ex-Verlobter. Ronnie war damals erst 25 Jahre alt. Kurz nachdem mein drittes Kind geboren wurde, besuchte er mich zum ersten Mal; das war im Januar oder Februar 2000. Über all die Jahre hinweg hatte ich immer wieder an Ronnie gedacht, doch nie so intensiv wie von dieser Zeit an. Plötzlich schien er allgegenwärtig. Er fehlte mir sehr und beherrschte mein ganzes Denken und Tun. Dann erhielt ich eines Nachts im Schlaf einen ›Besuch‹ von ihm. Ich befand mich im ersten Stock eines alten Hauses. Ich spürte so ein Kribbeln im Magen, und als ich aus dem Fenster schaute, sah ich, wie er mit dem Motorrad angefahren kam. Ich rannte vors Haus, weil ich nicht glauben konnte, dass er es wirklich war. Er hielt mich an den Händen und sagte mir, ich solle nicht länger nach ihm rufen – ihm ginge es gut und er habe mich nie verlassen. ›Hör auf, mich zu vermissen. Ich komme wieder. Wir werden wieder zusammen sein.‹ Ich fragte ihn, wie das wohl möglich sein könne. Er aber wiederholte nur seine Beteuerung, dass er zurückkommen und wir zusammen sein würden. Dann entschwebte er. Als ich aufwachte, war ich über alle Maßen verwirrt. Seit jenem Traum aber spüre ich seine Gegenwart nicht mehr. Ich vermisse die Erinnerung an ihn, aber *ihn* selbst vermisse ich nicht mehr. Ich habe aufgehört, um ihn zu trauern. Zu gern würde ich wissen, was er mir sagen wollte. Er sagte, dass er wiederkommen würde, aber als welche Person? Wie soll ich ihn erkennen, wenn er mir in anderer Gestalt gegenübertritt?«

Ich denke, J. weiß es: Ronnie ist bereits wieder da. Der Grund, warum J. ihn nicht vermisst bzw. nicht mehr trauert, liegt darin, dass sie jetzt allzeit bei ihm ist, nicht nur spirituell, sondern auch physisch. Ronnie ist ihr Sohn, ihr drittes Kind, und dies wollte er ihr in dem Traum zu verstehen geben. Obwohl wir Erwachsenen im Schlaf viele Astralreisen unternehmen, wirken wir im Vergleich zu Babys, die soeben aus dem Jenseits gekommen sind, ziemlich unerfahren. Der Körper, den sie plötzlich bewohnen sollen, erscheint ihnen recht langweilig und unangenehm; deshalb verbringen sie in den ersten Jahren ihrer Existenz auf Erden mehr Zeit außerhalb von ihm als in ihm. Es sollte J. eigentlich nicht überraschen, dass ihr der Geist ihres Kindes – Ronnie also – als Erwachsener erschienen ist. Schließlich wollte er sichergehen, dass J. ihn auch erkennen würde. Zum anderen dürfen wir nicht vergessen, dass in einem winzig kleinen Baby-Körper ein Geist wohnt, der der Sprache noch nicht mächtig ist, so ewig, uralt, erfahren und »reif« (ein ziemlich relativer Begriff, nicht wahr?) wir auch sein mögen. Wenn J. ihren Sohn aufwachsen sieht, wird sie einige von Ronnies subtilen Eigenarten in ihm wiedererkennen. Sie wird auch den ausgeprägten Beschützergeist ihres Sohnes ihr gegenüber registrieren – kurzum: Er ist ganz der alte Ronnie. Ich möchte J. nur warnend ins Gedächtnis rufen, dass ihr Sohn seine eigene Identität entfalten will, auch wenn Ronnies Geist in einem Körper wohnt. Zu versuchen, in ihm Ronnie wieder auferstehen zu lassen, würde also bedeuten, ihm einen schlechten Dienst zu erweisen. Wie viele meiner Leser wissen, ist meine über alles geliebte Großmutter Ada zu mir in Form meiner Enkelin Angelia zurückgekehrt. Ein und derselbe Geist, doch zwei verschiedene Menschen mit zwei eigenständigen Lebensplänen, mit ihren eigenen Lebenszielen und -themen, die jeweils auf ihre einzigartige Weise mit mir in Beziehung treten. Worte können nicht zum Ausdruck bringen, wie sehr ich beide schätze, jede von ihnen in ihrer eigenen, unverwechselbaren Art. J. sollte sich an Ronnies Dasein erfreuen, doch weder ihren Sohn noch sich selbst beschneiden, indem sie ihn unterschwellig darin bestärkt, das Double jenes Mannes zu werden, an den er keinerlei bewusste Erinnerung hat.

L. S. hatte ein ähnliches, aber viel komplizierteres astrales Erlebnis: »Ich befand mich im dritten Schwangerschaftsmonat, als ich davon träumte, dass zwei Gestalten mein Baby ergriffen und mitnahmen. Es schien, als würden die drei sich auf einem Lichtstrahl von mir wegbewegen. Ich konnte nichts tun, als das Geschehen zu beobachten, und fühlte mich so unendlich hilflos. Erschüttert wachte ich auf. Dieser Traum verfolgt mich bis zum heutigen Tag. Ungefähr eine Woche nachdem ich das geträumt hatte, fragten mich meine Arbeitskolleginnen, ob mit mir alles in Ordnung sei. Ich sagte ihnen, es gehe mir gut; dass ich schwanger sei, würde ich kaum merken. Kurz danach setzten Blutungen bei mir ein und ich ging zum Arzt. Bei der Ultraschalluntersuchung stellte sich heraus, dass mein Baby etwa zu dem Zeitpunkt meines Traumes gestorben war. Ich war untröstlich. Sylvia, Sie haben einmal bei der Montel-Williams-Show gesagt, dass manche Fehlgeborene nochmals zurückzukommen versuchen. Ich war so froh, das zu hören! Ungefähr ein Jahr nachdem ich im Traum den Abgang gesehen hatte, wurde mein Sohn Daniel geboren. Wohnt die gleiche Geistseele in ihm? Und warum musste ich zusehen, wie mir mein Kind weggenommen wurde? Es war ein so schrecklicher Anblick!«

Ich kann L. S. versichern – ja, *verspechen* –, dass Daniel vom gleichen Geist beseelt ist, der ein Jahr zuvor heimgegangen ist. Das trifft nicht für alle Fehlgeburten zu, aber bei L. S. ist es mit absoluter Sicherheit der Fall. Sie muss verstehen, was sie eigentlich in ihrem »Traum« gesehen hat. Es war nicht so, dass man ihr bei ihrer ersten Schwangerschaft gegen ihren Willen ein gesundes, blühendes Kind »entrissen« hätte. Es wäre – ohne dass irgendjemand Schuld daran war – wegen zahlreicher physiologischer Probleme niemals lebensfähig gewesen. Darum wählte die Geistseele den frühzeitigen Ausstieg noch während der Schwangerschaft. Was L. S. gesehen hat, waren seine beiden Engel, die darauf warteten, ihn liebevoll nach Hause zu begleiten, nachdem der Fötus im Uterus gestorben war. Für Daniel ist das keine traurige Erinnerung. Wenn er zu sprechen beginnt, soll L. S. ihn unbedingt fragen, ob er sich an seine Engel erinnert. Ich bin überzeugt, er wird Ja sagen.

Eine andere Briefschreiberin, ebenfalls mit dem Namen L., berichtete von einer Erfahrung, unter der viele Menschen leiden. Ihnen allen mögen die folgenden Ausführungen zum Trost gereichen: »Meine Mutter hat sich im August 2001 selbst eine Schusswunde zugefügt und ist an den Folgen der Verletzung gestorben. Über 17 Jahre lang hatte sie unter einer chronischen Krankheit gelitten. Sie hatte ständig Schmerzen, die auch medikamentös nicht in den Griff zu bekommen waren. Viele Dinge, die ihr früher Freude bereitet hatten, konnte sie einfach nicht mehr machen, und sie hasste es, immer auf andere Menschen angewiesen zu sein, um außer Haus gehen zu können. Aus Verbitterung war sie ziemlich schwierig im Umgang geworden. Zwei Monate nach ihrem Tod hatte ich einen lebhaften Traum: Ich war mit ihr zusammen in einem großen Kaufhaus. Den langen Gängen nach zu urteilen, war es eine Art Baumarkt. Meine Tante und mein

Onkel waren auch mit dabei. Meine Mutter ging so schnell durch die Gänge, dass wir mit ihrem Tempo kaum Schritt halten konnten. Sie lachte und scherzte in einem fort und wirkte absolut gelöst.

Plötzlich entschied meine Mutter, dass sie nun genug vom Einkaufen habe, und schritt durch eine große, sich automatisch öffnende Glastür ins Freie. Ich konnte sie kaum einholen und schrie hinter ihr her, doch bitte anzuhalten und auf mich zu warten. Während ich rannte, um ihr durch die Tür zu folgen, bemerkte ich auf einmal, dass meine Tante und mein Onkel einen Kollaps erlitten hatten. Ich war hin und her gerissen zwischen dem Drang, meiner Mutter zu folgen, und dem verzweifelten Versuch, Tante und Onkel vor dem Fallen zu bewahren. Ich war wütend auf sie, weil sie mich um die Chance brachten, meiner Mutter zu folgen. Als ich aus diesem Chaos aufschaute, sah ich meine Mutter auf der anderen Seite der Glastür stehen; sie lächelte mir zu, winkte und wandte sich zum Gehen.

Ich hoffe, dass mir meine Mutter auf diese Weise zu verstehen geben wollte, dass sie trotz ihres Selbstmords den Weg in die jenseitigen Gefilde fand und nun endlich von allen Qualen befreit ist. Noch bin ich mir nicht sicher, ob ich das Ganze als reines ›Wunschdenken‹ abtun soll oder mich mit dem Gedanken trösten darf, dass meine Mutter mir die Botschaft schicken wollte, sie sei jetzt glücklich und wisse, dass ich ihr verziehen habe.«

Eines sollten wir zum Thema Selbstmord klarstellen: Diese Art des Todes ist *garantiert nie* in unsere Lebenspläne als möglicher Ausstiegspunkt eingeflossen. Das heißt, er ist *auf keinen Fall* Teil des Vertrages, den wir vor Betreten dieser Erde mit Gott geschlossen haben. Ich bete, dass allein der Gedanke daran bei jedem von uns sämtliche Alarmglocken schrillen lassen möge. Wer doch darüber nachdenkt, sollte sich dringend an einen qualifizierten Fachmann wenden – einen Arzt, Berater, Therapeuten oder anderen professionellen Helfer –, der ihm hilft, die Orientierung wiederzugewinnen und aus der Depression, die immer mit Selbstmordgedanken einhergeht, herauszukommen. Wer aus Rache, Selbstmitleid, Feigheit, Faulheit oder Selbstsucht Hand an sich legt, gelangt in jenes Reich des Schreckens, das sich im Vorhof zur linken Tür befindet und das ich weiter vorne beschrieben habe. Er muss sofort den nächsten Erdenzyklus antreten, ohne auch nur einen flüchtigen Blick in den göttlichen Frieden des Jenseits werfen zu können.

Es gibt aber auch Freitode, wie im Fall von L.s Mutter, die auf geistige Verwirrung (und L. wird besser wissen als jeder andere, wie sehr der nimmer endende, erfolglose Kampf ihrer Mutter gegen ihre Krankheit ihr geistig zu schaffen machte), gravierende Störungen im chemischen Haushalt und einige andere Ursachen zurückzuführen sind, die sich der Kontrolle des Einzelnen entziehen. Diesen Geistseelen ist der liebevolle Empfang Gottes im Jenseits ebenso sicher wie jedem anderen von uns auch.

Zu L.s Frage, ob hier Wunschdenken vorlag, bitte ich zu beachten, wie absolut logisch und folgerichtig die Abfolge der Ereignisse in ihrem »Traum« war. Das deutet darauf hin, dass es sich hier um eine echte Astralerfahrung handelt, die die Mutter sorgfältig geplant hat. Tante und Onkel lud sie mit dazu ein, um dem Ganzen mehr Gewicht zu verleihen. Wie wunderbar, dass L. nicht nur ihre Mutter lachend und glücklich, unbeschwert und schmerzfrei erleben durfte, sondern dass diese auch einen so herrlichen Ort für das Zusammentreffen ausgesucht hatte. Zum einen werden Baumärkte meistens von körperlich fitten Menschen besucht. Wer unter heftigen chronischen Schmerzen leidet, wird wohl kaum Freude daran haben. Und dann ist die Tatsache nicht zu leugnen, dass – wie in Kapitel 9 zu lesen – ein Haus oder Gebäude sehr oft unseren Körper symbolisiert; mithin ist ein »Baumarkt« mit Botschaften von Stärke, Gesundheit und physischem wie emotionalem Wohlbefinden erfüllt, also mit allem, was L.s Mutter im Jenseits genießt.

Ich weiß, wie frustrierend es für L. war, Tante und Onkel beistehen zu müssen, anstatt ihrer Mutter zu folgen. Aber wie hätte die Mutter ihr besser sagen können, dass es für sie noch nicht an der Zeit sei, ihr zu folgen. Ihr geht es gut, sie ist glücklich, sie ist nicht mehr auf L.s Hilfe angewiesen. Dies versicherte sie ihr mit ihrem letzten Lächeln und Winken, als L. zurückblieb, um sich auf irdische Probleme zu konzentrieren – auf das also, was ihre Aufgabe war. Hier auf Erden wird sie gebraucht. Ihre Mutter weiß jetzt, dass L. ihr vergeben hat, wenngleich sie daran auch vorher nicht einen Augenblick gezweifelt hatte.

E. S. hatte ebenfalls eine sehr anrührende Astralerfahrung, wie sie wohl viele von uns schon erlebt haben. Wenn ich hier auf ihren Brief eingehe, werden damit vielleicht auch manche Ihrer Fragen beantwortet: »Vor fünf Jahren traf ich mich mit einem Jungen, dessen Bruder Tony ein Jahr zuvor bei einem Autounfall ums Leben gekommen war. Die ganze Familie sprach unentwegt von dem Verstorbenen. Oft habe ich mir im Stillen gewünscht, ihm doch begegnet zu sein. Und dann hatte ich eines Nachts einen Traum, der mich bis heute verfolgt. In der Dunkelheit, von der ich umgeben war, öffnete sich ein Stück von mir entfernt eine Art Eingang, dem ein herrlich strahlendes Licht entströmte. Es war so, als stünde ich vor einem Tunnel, obwohl ich zu dem Zeitpunkt bewusst keinen wirklichen Tunnel sah. Tony stand genau vor dem Eingang, umrahmt von dem herrlichen Licht, sodass ich nur seine Silhouette erkennen konnte; und doch wusste ich mit absoluter Sicherheit, dass er es war. Er reichte mir die Hand, die Handfläche nach oben gekehrt, und redete mich mit meinem Namen an. Es war, als hätte er mir direkt ins Ohr gesprochen, denn in diesem Moment wachte ich auf. Bis heute glaube ich, dass Tony es wirklich war, der mich besucht hat. Dennoch kann ich mir nicht vorstellen, warum er ausgerechnet mich auserkoren haben soll.«

Tony hat E. S. in der Tat kontaktiert, und seine Wahl ist goldrichtig gewesen. Er wusste, dass sie ihn willkommen heißen würde, und auch, dass sie offen für einen solchen Besuch war. Vor allem aber war ihm bewusst, dass sie im Gegensatz zu seinen Angehörigen und Freunden nicht allzu sehr durch Trauer blockiert war, um seine Gegenwart zu bemerken. Wenn sie es nicht schon getan hat, so sollte E. S. jenen, die ihn so schrecklich vermissen, besonders seiner Mutter, von dem Besuch erzählen. Tony möchte sie alle wissen lassen, dass er lebt und es ihm daheim im Jenseits gut geht. Er hat sich genau die richtige Person ausgesucht, um diese Botschaft mit gebührender Achtung und Glaubwürdigkeit zu übermitteln.

Generell gilt, dass Kummer, Schuld, Zorn, Angst und andere übermächtige Emotionen, die mit dem »Tod« eines geliebten Menschen einhergehen, unsere Fähigkeit beeinträchtigen können, die Botschaften von Geistwesen klar zu empfangen. Fast immer reduzieren sich solche Besuche auf nichts mehr und nichts weniger als die sensationelle Erkenntnis, dass der Verstorbene gar nicht tot ist, sondern im Jenseits aufblüht und über uns wacht. Unsere Trauer, so verständlich und normal sie auch sein mag, betäubt unsere Sinne, sodass selbst die Menschen aus dieser unserer Sphäre Schwierigkeiten haben, uns zu erreichen. Stellen Sie sich also vor, wie schwer es dann erst ein Geistwesen hat, zu uns durchzudringen, solange unser Schmerz anhält.

Weil jeder Verlust mit widersprüchlichen Emotionen einhergeht, vermischen sich manchmal Astralbesuche mit anderen Traumarten. Wenn wir nicht verstehen, was da eigentlich passiert, kann dies äußerst verwirrend und aufwühlend sein.

Astralbesuche in Träumen

Einen ganz realen Astralbesuch in einen parallel ablaufenden Traum einzuweben, klingt komplizierter, als es in Wirklichkeit ist. Es ist nichts anderes, als wenn wir ein real läutendes Telefon oder ein anderes irdisches Geräusch in unsere Träume einbeziehen, und so etwas hat wohl jeder von uns schon einmal erlebt. Einmal habe ich im Schlaf sogar auf das Läuten des Telefons hin den Hörer abgenommen und im Traum eine lebhafte Unterhaltung geführt. Das Verwischen von Realität und Traumwelt ist vollkommen normal; und genau das passiert, wenn Astralbesuche und Träume miteinander gemischt werden.

»Mein Mann starb vor anderthalb Jahren bei einem Autounfall«, schreibt L. Y. »Seit dieser Zeit habe ich zwei wiederkehrende, aufwühlende Träume, und ich hoffe, dass Sie mir bei der Deutung helfen können. In dem einen stehe ich mit irgendwelchen Leuten ins Gespräch vertieft da, als mich von hinten jemand berührt. Es ist mein verstorbener Mann. Er legt seine Arme um mich, aber es erschreckt mich, und reflexartig stoße ich ihn zurück. Dann erst merke ich, wer er ist, und rufe nach ihm, er möge doch zurückkommen, doch er geht weg, ohne sich ein einziges Mal umzudrehen.

In dem zweiten Traum sitzt mein Mann inmitten einer Gruppe von Freunden. Ich versuche, mich durch die Menge zu ihm vorzukämpfen, doch als ich endlich dort ankomme, ist er gegangen. Die ganze Runde geht lachend auseinander und redet davon, wie gut er aussieht und wie glücklich er ist. Nur ich stehe da und rufe seinen Namen.

In beiden Träumen sehe ich ihn entweder nur von hinten oder höre bloß seine Stimme. Sein Gesicht sehe ich nie. Ich hoffe, eines Tages mit ihm sprechen zu können. Er ist so plötzlich von mir gegangen. Eines Morgens ging er wie immer aus dem Haus und kam nie mehr zurück.«

Ich hätte Ihnen keine besseren Beispiele von Astralbesuchen in Kombination mit kathartischen Träumen liefern können, wenn ich sie selbst geschrieben hätte. Tatsächlich geschieht hier Folgendes: L. Y.s verstorbener Mann besucht sie im Schlaf, und sie kann ihn deutlich sehen. Das ist sensationell und etwas, was nicht jeder von sich sagen kann. Gratulation also. Warum diese Begegnungen jedoch nicht glücklich verlaufen, liegt daran, dass L. Y. immer noch unter dem Schock des jähen Verlustes steht und sich erst mit dem tragischen, logisch nicht nachvollziehbaren Umstand abfinden muss, an einem ganz gewöhnlichen Tag wie immer morgens neben ihrem Mann aufgewacht zu sein und am selben Abend als Witwe dazustehen. Wie kann sie da noch nachempfinden, was »gewöhnlich« ist und was nicht? Und wenn wir die Szenarien beider Träume aus emotionaler Sicht betrachten, spiegeln sie genau die Umstände jenes letzten Morgens sowie die damit einhergehenden Gefühle wider: Er ging fort und kam nie mehr zurück, sie war machtlos und konnte nichts dagegen tun. Wenn man völlig unvorbereitet einen nahe stehenden Menschen verliert, ohne sich darauf einstellen zu können, ist es nur allzu verständlich und Teil des natürlichen Trauerprozesses, wenn man ihn in kathartische Träume einwebt und damit zum Ausdruck bringt, wie verlassen man sich fühlt.

L. Y. wird auch in Zukunft Besuch von ihrem Mann erhalten – wenn sie schläft und wacht, zu allen Tages- und Nachtzeiten. Irgendwann schließlich werden Schock und Depression weichen, auch wenn dies womöglich länger dauert, als sie es sich vielleicht wünschen würde. Dann wird sie herausfinden, dass sich der kathartische Teil seiner nächtlichen Besuche auflöst. Sie wird ihn auf sich zugehen sehen und ihn in den Armen halten, und beim Aufwachen wird sie wissen, dass sie beisammen waren. Unterdessen sollte sie mit ihm reden, ihm sagen, was sie bewegt und wie sehr sie ihn vermisst, wie sehr sie ihn liebt und gegebenenfalls auch wie böse sie auf ihn ist, dass er sie verlassen hat. Er hört und versteht sie, und dadurch wird sie sich weniger getrennt von ihm erleben, sodass im Laufe der Zeit noch viele wunderbare Wiedersehen mit ihm stattfinden können.

Mary hatte ein ähnliches Erlebnis. »Mein Mann ist nun schon seit zwei Jahren in der jenseitigen Heimat. Ich rede immer mit ihm und bitte ihn, in meinen Träumen zu mir zu kommen. Nur selten tut er das, aber wenn es geschieht, scheint er nie davon Notiz zu nehmen, dass ich da bin. Ich bin so traurig darüber, dass wir bei diesen seltenen Besuchen nicht miteinander sprechen können. Gibt es dafür einen Grund? Ich möchte gerne wissen, ob er glücklich ist, und ich habe ihm so viel zu sagen.«

Es muss schon ein faszinierendes Erlebnis für Mary sein, ihren Mann im Schlaf zu sehen. Allein dass er kommt, wenn sie darum bittet, egal wie selten, beweist ihr, dass er sie hört. Sie kann ihm alles sagen, was sie möchte. Er wird ihr zuhören, und in dem Maße, wie ihre Heilung voranschreitet, wird sie dies auch aus seinem Munde hören. Inzwischen möge Mary Trost finden in der Gewissheit, dass er zu ihr kommt und sie ihn sehen kann. Dass er sie nicht beachtet, ist eine natürliche Folge der kathartischen Träume, die sich während des Trauerprozesses einstellen, auch wenn sie es als Ablehnung oder Zurückweisung empfinden mag. Wie für L.Y. gilt auch für Mary: Je mehr sie die Realität verinnerlicht, dass ihr Mann gar nicht weggegangen, sondern noch immer da ist, desto erfreulicher werden die Zusammenkünfte sein.

Eine Erfahrung von D.L. befasst sich mit einem ähnlichen Thema, jedoch in leicht abgewandelter Form: »Meine Eltern sind beide gestorben. Ich habe seither sehr lebhafte Träume. Was mich beunruhigt: Wenn ich von meiner Mutter träume, lacht und spricht sie nie. Mein Vater hingegen bringt mich immer zum Lachen und ist voller Leben. Ich weiß nicht, warum meine Mutter in meiner Gegenwart oder auch generell nicht glücklich ist. Sie sprach immer davon, wie sehr sie sich darauf freuen würde, in den Himmel zu kommen. Warum ist sie nicht glücklich?«

O doch, D. L., sie ist es! Die Traurigkeit, die Sie in ihr sehen, ist in Wahrheit Ihre eigene und nicht ihre. Sie rührt von Ihrer ganz persönlichen Angst her, Ihre Mutter könne womöglich in der jenseitigen Heimat nicht das Glück gefunden haben, das ihr zu Lebzeiten so oft außer Reichweite erschien. Auch Sie arbeiten die Besuche Ihrer Eltern in kathartische Träume ein, die die ungelösten und ziemlich komplizierten, lebenslangen Probleme in Ihrer Beziehung zu Ihrer Mutter einerseits und den unkomplizierten, lockeren Umgang mit Ihrem Vater andererseits spiegeln. Ich weiß, dass es immer leichter gesagt als getan ist, doch ich hoffe, dass Sie Ihrer Mutter und damit im Grunde sich selbst den Dienst erweisen, den zwischen Ihnen schwelenden Konflikt endlich hinter sich zu lassen. In Anbetracht Ihrer unterschiedlichen Persönlichkeiten, aber auch der Ähnlichkeiten zwischen Ihnen beiden, die den Umgang miteinander manchmal sogar noch mehr erschweren, ist er unvermeidbar gewesen. Lassen Sie los, Ihre Mutter hat es längst getan. Und wenn Sie es tun, wenn Sie sich selbst und ihr verziehen haben und schauen, was unter dem Strich bleibt, dann werden Sie erkennen, wie stark die Liebe zueinander gewesen ist, die sich hinter all dem wechselseitigen Starrsinn verbarg. Und Sie werden angenehm überrascht sein zu entdecken, dass die Besuche Ihrer Mutter auf einmal ebenso glücklich und locker verlaufen wie die Ihres heiß geliebten Vaters.

Sicher fragen Sie sich nun alle, wie man denn verlässlich wissen kann, ob es sich bei Begegnungen mit lieben Verstorbenen, die unglücklich oder unzufrieden, abweisend oder voller Groll erscheinen, tatsächlich um einen Astralbesuch oder eben doch nur um kathartische Träume handelt, die nichts über deren tatsächliche Gefühlslage aussagen. Die Antwort ist einfach, und um sie nachzuvollziehen, muss man nicht medial begabt sein, sondern nur logisch denken können. Fakt ist – und das sollten Sie immer im Gedächtnis bewahren –, alle negativen Emotionen sind menschlich und irdisch. Wir kommen hierher, um sie zu erleben, uns ihnen zu stellen und unser Bestes zu ihrer Überwindung zu geben. Aber *sie existieren in der spirituellen Welt nicht*. Das Jenseits ist Wonne und Glückseligkeit, vollkommene Liebe und die unmittelbare Gegenwärtigkeit Gottes, der Engel, des Messias, unserer Seelenverwandten und unzähliger erhabener Gleichgesinnter, die wir immer gekannt haben und immer kennen werden durch alle uns von Gott geschenkte Zeit und Ewigkeit hindurch. Unglück gibt es nicht im Jenseits und kann folglich auch nicht von dort zur Erde übermittelt werden. Wann immer ein Geistwesen Sie besucht und Ihnen etwas Geringeres als allumfassende, bedingungslose Liebe, Freude und Frieden darbietet, handelt es sich lediglich um ein Porträt Ihres eigenen ungelösten emotionalen Leids. Wie bei allen kathartischen Träumen können Sie solche Informationen heranziehen, um zu klären, woher der Schmerz kommt und was Sie dagegen tun können. Niemand wird glücklicher darüber sein als jene lieben Geistwesen, die auch jetzt, während Sie dieses Buch lesen, wieder bei Ihnen sind. So lange es auch dauern mag, sie warten mit der gleichen reinen ergebenen Liebe darauf, dass Sie sie dereinst im Schlaf sehen und ihren Blick erwidern werden.

Zu gut, um wahr zu sein

Für mich ist es faszinierend, aber auch ein wenig traurig, wie ungern wir guten Neuigkeiten Glauben schenken. Egal wie offensichtlich oder einfach etwas ist, wann immer etwas Gutes geschieht, scheinen wir auf Skepsis programmiert zu sein und sofort zu überlegen: Was ist der Haken an der Sache? Oder: Das habe ich mir wohl nur eingebildet. Wenn also die beste Nachricht aller Zeiten kommt und wir entdecken, dass ein geliebter »Verstorbener« gar nicht »tot«, sondern effektiv noch da ist, uns liebt und über uns wacht, dann scheinen wir alles andere zu glauben, *bloß nicht* die Wahrheit. Diese folgende Frage habe ich in meinem Leben sicher schon millionenfach gestellt, dennoch will ich sie auch hier noch einmal wiederholen: Wenn wir akzeptieren, dass der Geist den Tod des Körpers überlebt, warum akzeptieren wir dann nicht, dass er mit uns interagieren kann? Der Geist ist mächtig genug, den Tod zu überwinden; und da soll es ihm an Macht fehlen, uns verbal zu begrüßen? Macht das Sinn für Sie? Nein? Für mich auch nicht. Wenn wir an die Existenz der geistigen Welt glauben, was ist dann so schlimm daran, solche Begegnungen für möglich zu halten?

Ich höre förmlich, wie Sie mir entgegenhalten, dass auch Sie schon auf so manches leere Geschwätz hereingefallen sind und dass manche Dinge zwischen Himmel und Erden schlichtweg zu gut sind, um wahr zu sein. Da liegen Sie nicht falsch. Glücklicherweise trifft »zu gut, um wahr zu sein« nicht auf die spirituelle Welt zu. Wie kann ich mir da so sicher sein? Nun, seit etwa 66 Jahren habe ich mit eigenen Augen und Ohren unzählige Beweise dafür gehört und gesehen. Hinzu kommt, was ich im Laufe meiner 50-jährigen Arbeit als Medium von Klienten, Freunden und Fernsehzuschauern erfahren habe.

Dennoch geht es nicht darum, dass Sie sich von mir oder den von mir zitierten Quellen überzeugen lassen müssten. Rufen Sie sich vielmehr etwas ins Gedächtnis, was Sie längst wissen, sofern Sie auch nur im mindesten spirituell ausgerichtet sind – etwas, das Sie allein in diesem Buch immer und immer wieder bestätigt gefunden haben: Wenn ein Geistwesen die Erde mit all ihren grausamen Ungereimtheiten und Unzulänglichkeiten verlässt, transzendiert es damit gleichzeitig unsere Unsinnigkeit, Negativität und Gesetze sowie alle physikalischen und sonstigen Begrenzungen. Das heißt: Klingt etwas auf Erden zu gut, um wahr zu sein, mag das zutreffen. In der spirituellen Welt des Jenseits aber, woher die Geistwesen zu uns zu Besuch kommen, gilt das einfach nicht.

»Kurz nachdem mein Vater gestorben war«, schreibt G. B., »hatte ich einen sehr lebhaften Traum, in dem er an meinem Bett stand. Zärtlich streichelte er meine rechte Wange, und sogleich wachte ich auf. Ich konnte seine Anwesenheit spüren und fühle noch die Berührung im Gesicht. Ist er wirklich da gewesen und hat seine Hand nach mir ausgestreckt, oder war das alles nur ein Traum? Seit 18 Jahren frage ich mich das. Über eine Antwort würde ich mich riesig freuen.«

Verstehen Sie jetzt, was ich meine? G. B. hat sich 18 Jahre lang über diesen einfachen und schönen Besuch ihres Vaters gewundert und wollte nicht so recht daran glauben, anstatt froh darüber zu sein und Kraft aus der Tatsache zu schöpfen, wie lebendig und real er offenbar ist. Sie sagt ja selbst, dass sie auch nach dem Aufwachen noch seine Berührung auf ihrem Gesicht spürte. Es freut mich, dass G. B. danach fragte, denn »dumme« Fragen gibt es nicht, besonders nicht zu diesem Thema. Ich kritisiere ihr Zögern ganz und gar nicht. Dutzende von Briefen ähnlicher Art sind bei mir eingegangen, sie steht mit ihren Zweifeln gewiss nicht alleine da.

Beispielsweise habe ich hier einen Brief von K., den ich erst mehrmals studieren musste, weil ich glaubte, etwas überlesen zu haben: »Ich habe von meinem Vater geträumt, nachdem dieser am 6. Dezember 2001 verstorben war. Er hatte einen Herzanfall, ich fuhr ihn in die Klinik, aber jede Hilfe kam zu spät. Im Traum erzählte ich ihm, wie traurig ich darüber sei und dass ich mich irgendwie schuldig fühle. Er aber beteuerte, dass alles in Ordnung sei. Ich weiß wirklich nicht, was das bedeutet.«

Selbst auf die Gefahr, dass es überheblich klingen mag: Welchen Aspekt von »alles in Ordnung« verstehen Sie nicht, K.? Ihr Vater ist glücklich und wohlauf und wollte Ihnen versichern, dass es für Sie keinen Grund gibt, traurig zu sein. Sie haben genau das getan, was Sie hätten tun sollen, als Sie ihn zum Krankenhaus fuhren. An die Adresse von K. und alle anderen gerichtet (auch an meine eigene, denn ich vergesse es selbst gelegentlich in meinen Unterredungen mit meiner Geistführerin Francine), sage ich: Anders als wir Erdenbürger meinen Geistwesen ausnahmslos immer, was sie sagen. Nicht mehr und nicht weniger. So viel Unkompliziertheit mag uns verwirren, weil wir nicht daran gewohnt sind. Aber ist es nicht eine erfrischende Pause von all dem großen Rätselraten, das wir im zwischenmenschlichen Austausch sonst immer praktizieren?

Louise erhielt eine ähnlich einfache Botschaft von ihrem Großvater, obwohl ich verstehen kann, warum sie ihr womöglich ein bisschen abrupt erschien. »Im August 1999 verstarb mein Großvater«, sagte sie. »Wir standen uns sehr nahe, und noch in der Nacht nach seinem Tod hatte ich einen äußerst lebhaften Traum. Ich ging über den Flur des Krankenhauses, in dem er gelegen hatte. Als ich zu seinem Zimmer kam, sah ich ihn neben seinem Bett stehen. Er war gerade dabei, sich die Schläuche herauszuziehen, die ihm das Atmen erleichtern sollten. Da schaute er mich an und sagte: ›Ich werde mir keine Sorgen mehr um dich machen.‹ Es fühlte sich so real an.«

Es war real, und hoffentlich hat Louise nicht daraus entnommen, dass ihr Großvater mit seinem »Tod« die Fürsorge für sie einstellen wollte. Sie wusste, wie sehr er darunter gelitten hatte, dass sie in seinen letzten Tagen seinetwegen so traurig gewesen war. Er hatte den Gedanken gehasst, dass sie ihn später vermissen würde. Aber da unser Geist gottlob in dem Moment, in dem er das Jenseits erreicht, wieder in den Genuss aller Weisheit, des gesamten Wissens und Bewusstseins der Ewigkeit gelangt, die wir hier auf Erden aus den Augen verlieren, plagt er sich nicht länger mit Sorgen um die Hinterbliebenen herum. Er weiß schließlich, dass es keinen Grund zur Beunruhigung gibt. Nach der Zeitvorstellung des Jenseits werden wir bald alle wieder beisammen und fortan immerzu glücklich sein. Wenn Sie die absolute Gewissheit der geistigen Welt in sich trügen, wie lange würden *Sie* sich denn sorgen, so frage ich Sie? Als der Großvater Louise zu verstehen gab, dass er sich keine Sorgen mehr um sie machen würde, teilte er ihr mit, dass er sicher und heil »zu Hause« angekommen sei und fortan von dort aus über sie wachen werde.

A. V. berichtet von einer anderen Erfahrung im Zusammenhang mit einem Besuch aus der geistigen Welt, wie er nicht sehr häufig geschieht. Sie war offensichtlich darüber beunruhigt, wie jeder andere es auch gewesen wäre, dem das Wissen um die Hintergründe der Geschehnisse gefehlt hätte. »Ich träume immer wieder von meiner Großmutter mütterlicherseits. Diese Begegnungen sind nicht immer angenehm. Sie spielen sich gewöhnlich in einer dunklen Umgebung ab, und meine Oma scheint mich zu ignorieren. Vor 21 Jahren starb sie sowohl im Traum als auch in der Wirklichkeit. Im Traum gab sie mir zu verstehen, dass sie für eine weitere Lebensspanne zurückkommen würde, obwohl ich mich nicht daran erinnere, dass wir auch nur ein Wort miteinander gesprochen hätten. Ich verstehe nicht, warum ich von ihr nicht mehr so unbeschwert und glücklich träumen kann wie früher.«

Ich kann A. V. den Grund verraten, aber eigentlich hat die Großmutter es selbst schon getan. Ihr Geist ist stark wie das Band, das sie mit ihrer Enkelin verbindet, und so besuchte sie sie von dem Ort aus, an dem sie jetzt weilt: dem Mutterleib, wo sie auf ihre Geburt wartet. Deshalb war es ringsum immer so dunkel. Sie ignorierte ihre Enkelin auch nicht, wie es den Anschein hatte. Sobald der Geist in den Fötus einzieht, um sich auf die Geburt vorzubereiten, beginnt der wohl schwierigste Übergangsprozess, den der Mensch je durchwandert – die Geburt ist viel belastender als der Tod. Jeder, der schon einmal beide Übergänge im Rahmen einer Rückführung erlebt hat, weiß aus erster Hand, wie wahr dies ist. A. V.s Großmutter bewies große Entschlossenheit, als sie so kurz vor ihrer Wiedergeburt aus dem Mutterleib zu ihr kam. Und die Enkelin kann ihrer Familie nun berichten, dass ihre Großmutter offiziell wieder auf der Erde ist – vorausgesetzt, sie ist für solche Informationen empfänglich.

Ein lieber verstorbener Freund von mir, der an Aids starb, sagte oft im Spaß und immer im richtigen Augenblick, um mich zum Lachen zu bringen: »Wenn ich all das triviale Drumherum einmal weglasse, dann stelle ich fest, dass sich letztlich alles nur um *mich* dreht.« Seien wir ehrlich: Astralbesuche von geliebten Menschen begeistern uns, sie sind erquickend und tröstlich, ein wahres Geschenk Gottes. Aber die Besuche, die wir selbst unternehmen, sind ein ebenso faszinierendes Geschenk Gottes. Vielleicht liegt das nur daran, dass sie uns eines vor Augen führen: Nicht nur der Geist anderer kann den vergänglichen Körper transzendieren, auch unser eigener ist dazu imstande. Wir sind alle gleich stark, gleich talentiert und gewiss gleich gesegnet, ebenso fähig zu berühren, wie berührt zu werden, ebenso fähig zu sehen, wie gesehen zu werden; und wir brauchen, um es salopp auszudrücken, nur den kleinen Finger krumm zu machen, um Zeit, Raum und die physischen Grenzen zu bezwingen – wahrscheinlich mit dramatischeren Resultaten, als uns bewusst ist.

In die Vergangenheit reisen

Solange sie sich erinnern kann, hatte Lily wiederkehrende Träume von einem großen, lang gestreckten Landhaus im viktorianischen Stil mit einer überdachten Veranda, Gaubenfenstern und einer massiven Eingangstür mit schweren, schwarzen Eisenbeschlägen. Sie kannte jeden Zentimeter im Inneren dieses Hauses, vom offiziellen Speiseraum bis hin zur engen Hintertreppe, die zu den Gemächern der Dienerschaft führte und zu jenem kleinen hellen Schlafzimmer mit üppigen Fensterbehängen aus Spitzen, das ihr eigenes war. Eigentlich passierte nichts Besonderes in dem Haus, sie hatte nur das Gefühl, darin glücklich zu sein und dorthin zu gehören. Und auch wenn sie den älteren Mann, seine Frau und den Jungen, die oft mit ihr dort zusammen waren, nicht erkannte, empfand sie sie als ihre Familie. Sie redete oft davon, dass sie dieses Haus eines Tages einmal im »wirklichen Leben« finden würde. Sie war überzeugt, dass es existierte. Sie war sicher, dass es irgendwo in England auf dem Land stünde, nördlich von London. Und sie war fest entschlossen, in diese Gegend zu fahren, wenn sie je in die Nähe kommen sollte.

Lilys Mann Walter reiste mit ihr nach England – sein Geschenk zur silbernen Hochzeit. Weder glaubte noch zweifelte er daran, dass dieses Haus wirklich existierte, welches sie während ihrer gesamten Ehe und schon lange davor in ihren Träumen gesehen hatte; ihm ging es einfach darum, ihre Neugier zu befriedigen. Auch auf die Gefahr hin, dass sie sich geirrt haben könnte, verbrachten sie eine wunderschöne Zeit damit, London und Umgebung zu erkunden.

Am vierten Morgen ihrer Reise mieteten sie sich ein Auto und machten sich auf in Richtung Norden aufs Land. Lange Zeit konnte Lily an der Landschaft nichts besonders Vertrautes entdecken, und ihr Ausflug schien schön, aber erfolglos zu enden. Doch auf einmal begann sie, Walter erst zaghaft, dann immer bestimmter den Weg zu weisen. Ihre Gewissheit wuchs, als sie sich einem in sanft geschwungenen Bergen eingebetteten Dorf näherten. Lilys Herz schlug höher, als sie merkte, dass sie den Weg, der um diese reizende kleine Stadt herumführte, kannte. Sie lotste Walter die kurvenreiche Straße entlang, bis sie schließlich zu einer Allee kamen.

Plötzlich rief sie: »Halt an! Da ist es!« Ihre Augen füllten sich mit Tränen, als sie eine kopfsteingepflasterte Zufahrt zu dem Haus erblickte, in dem sie im Schlaf so viele glückliche Stunden verbracht hatte. Aus ihren Beschreibungen erkannte auch Walter es wieder. Er war sichtlich beeindruckt von der Genauigkeit ihrer Schilderungen.

Lily war hin und her gerissen zwischen ihrer Neugier und der Scheu, die heutigen Besitzer des so mystisch erscheinenden Hauses zu stören, insbesondere da sie dachte, dass man sie für gänzlich verrückt halten würde. Aber der Drang war so groß, dass sie sich schließlich unter Walters gutem Zureden den Weg zu der massiven, hölzernen Eingangstür mit den schweren, schwarzen Eisenbeschlägen hinaufführen ließ. Zögernd, nervös und aufgeregt klingelte sie.

Eine attraktive, gut gekleidete Frau von Anfang 50 stand in der Tür. Lily atmete tief durch und versuchte, unter den irrationalsten aller Umstände eine rationale Form der Vorstellung für sich und Walter zu finden. Es erwies sich als nicht nötig. Die Frau an der Tür warf einen Blick auf Lily und stieß einen schrillen Schrei aus: »Um Gottes willen, es ist der Geist!«

Lily selbst hat mir die Geschichte vor vielen Jahren erzählt, und ich gestehe, dass ich sie mochte, aber anfangs nicht hundert Prozent daran glaubte. (Ich muss gestehen, was Skepsis anbelangt, bin ich kaum zu überbieten.) Aber dann verspürte ich während eines Besuchs in meiner Heimatstadt Kansas City den plötzlichen Wunsch, zu dem Haus zu fahren, in dem ich aufgewachsen bin – ein Haus, über das ich viele nostalgische Träume gehabt hatte. Und da geschah mir genau das Gleiche wie Lily. Nicht nur, dass die Besitzerin in mir sofort ihren »Geist« erkannte, sie wusste auch, welches der vielen Schlafzimmer meines gewesen war, weil sie mich darin des Nachts so oft lachen gehört hatte.

Nach umfangreichen Nachforschungen und der Arbeit mit vielen weiteren Klienten weiß ich inzwischen, dass solche Erfahrungen nicht annähernd so selten sind, wie ich immer gedacht hatte – bei all den vielen Astralreisen, die wir im Schlaf unternehmen, kommt es immer wieder vor, dass uns andere sehen und hören. So sind wir letztlich dafür verantwortlich, wenn sie auf einmal anfangen, an Geister zu glauben. Dass wir noch leben, bedeutet nicht, dass unser Geist nicht ebenso wie jeder liebe Verstorbene von unseren unfreiwilligen »Gastgebern« und »Gastgeberinnen« gesehen werden kann.

Der größte Unterschied zwischen Lilys und meiner Erfahrung liegt darin, dass ich des Nachts eine Astralreise zu einem Haus unternahm, in dem ich von 1936 an gelebt hatte, während Lilys Aufenthalt im Jahre 1712 begann. Sie hatte tatsächlich mit den Eltern und dem jüngeren Bruder dort gewohnt, die sie so oft in ihren »Träumen« gesehen hatte.

Ich bin fest davon überzeugt, dass wir während des Schlafs Astralreisen nicht nur an jeden beliebigen Ort der Erde, ins

Jenseits oder das All unternehmen, sondern auch in vergangene Leben eintauchen können. So schwer es uns auch fällt, dies zu begreifen: Das Konzept der Zeit ist nun einmal außerhalb unserer aktuellen Existenzsphäre völlig unbekannt. In der geistigen Welt, in die uns unsere Astralreisen führen, ist ein Leben, das wir – nur um ein Beispiel zu nennen – im Jahre 1450 gelebt haben, ebenso aktuell, präsent und »jetzig« wie unser heutiges.

Wenn ein »Traum« – vor allem ein wiederkehrender – uns überaus real erscheint; wenn er uns verfolgt und uns die darin vorkommenden Bilder auf unerklärliche Weise vertraut vorkommen; wenn er in keine der beschriebenen Traumkategorien zu passen scheint, dann stehen die Chancen gut, dass wir uns in eine andere Ära dieses unseres ewig währenden Lebens begeben haben.

»Solange ich denken kann, auch schon als kleines Kind, habe ich immer wieder davon geträumt, dass mich etwas in einem weißen Haus den Gang entlangjagt. Was immer mir da auf den Fersen ist, es kann mich nicht erwischen. Aber ich habe große Angst. Dann stehe ich auf einmal am Küchenfenster und schaue hinaus auf einen üppig grün bewachsenen Hügel. Ich suche die Wiese nach Stellen ab, an denen die blanke Erde zutage tritt, denn ich weiß, dass dort irgendjemand begraben liegt. Dann gibt es in meinem Traum auch noch einen schrecklich dunklen Keller. Ich kauere mich darin zusammen, irgendwo in der Nähe des unteren Treppenabsatzes. Eine Stimme sagt mir, dass man mich selbst im Dunkeln finden wird, und vor lauter Angst erstirbt mein Schreien zu einem heiseren Krächzen. Ich werde immer dadurch aus dem Traum gerissen, dass mich mein Mann weckt und mir sagt, ich würde im Schlaf so schreckliche Geräusche von mir geben. Hoffentlich können Sie mir sagen, warum ich seit so vielen Jahren immer wieder von diesem Traum heimgesucht werde.« – *Carla*

Dies ist ein beinahe klassisches Beispiel für eine Astralreise in ein früheres Leben. Es spielt in der Mitte des 19. Jahrhunderts im pazifischen Nordwesten der USA. Anders als die an anderer Stelle beschriebenen Träume, in denen wir von irgendwelchen unerkannten »Monstern« verfolgt werden, ist der »Unhold«, der Carla auf den Fersen ist, absolut real – es war ihr Vater, Franklin, der selbst in seinen seltenen nüchternen Momenten eine hinterlistige Schlange war und zu entsetzlichen Übergriffen neigte. Carlas Mutter trieb er mit seinen Attacken in den Tod. Ihre Leiche ist es, die da auf dem Hügel hinter dem Haus begraben liegt. Carla war ein Einzelkind (sie war ein Junge und hieß James) und lebte in ständiger Panik vor der Brutalität dieses Mannes. Gleichzeitig plagten sie Schuldgefühle, weil sie nicht in der Lage war, ihre Mutter vor den mörderischen Ausbrüchen des Vaters zu beschützen. Eben diese Mischung aus Angst und Schuldgefühlen, die damals nicht aufgelöst werden konnten, bilden die Ursache für Carlas schreckliche »Träume«: Des Nachts nämlich kehrt sie immer wieder in jenes Leben zurück und durchlebt die realen Szenen stets aufs Neue, um die Erinnerungen loslassen und endlich ihren Frieden finden zu können. Auch heute noch neigt Carla dazu, sich Schuldgefühle einzureden, wo es gar nicht nötig wäre. Sie sollte erkennen, dass auch dies ein altes Muster aus längst vergangenen Zeiten ist, das es loszulassen gilt.

»Als Kind hatte ich zwei wiederkehrende Träume. In einem war ich ein Junge und ich rannte um mein Leben eine abschüssige, zu beiden Seiten von Häusern gesäumte, kopfsteingepflasterte Straße entlang. Ich hatte schwarzes Haar und trug teure Kleidung – eine schwarze Knickerbockerhose, eine schwarze Krawatte und ein weißes Hemd, glänzende schwarze Schuhe und weiße Strümpfe. Ich hatte das Gefühl, als wäre eine ganze Gruppe von Menschen hinter mir her. Ich bekam sie nie zu Gesicht, aber ich wusste, dass ich in Gefahr war, und spürte, dass sich mein Leben dem Ende entgegenneigte. In dem zweiten Traum war ich Indianerin. Ich war schwanger und lief vor irgendjemandem weg. Auf einmal traf mich ein Pfeil in den Bauch. Ich stürzte und presste mir die Hände gegen die Wunde. Und dann fand ich mich auf einmal wieder unverletzt und wohlbehalten in meinem jetzigen Leben wieder.« – *Lucy*

Lucys erste Astralreise führte sie nach Deutschland zu einem Leben im 18. Jahrhundert. Der Junge hatte versehentlich den Tod eines kleinen Kindes verursacht. Es gelang ihm nicht, dem Mob, der ihm auf den Fersen war, zu entkommen. Er wurde zu Tode gelyncht. Die zweite Szene spielt in einem Leben Mitte des 19. Jahrhunderts, das Lucy als Indianerin vom Stamme der Cherokee führte. Sollte sie in ihrem jetzigen Leben Probleme im Bauchbereich haben oder sich über alle Maßen erschrecken, wenn ihr jemand überraschend in den Weg tritt – und sei es nur, um auf einer Geburtstagsparty »Überraschung!« zu rufen –, dann sind auch dies Überbleibsel einer längst vergangenen Zeit, die keinerlei Bezug mehr zu ihrem jetzigen Leben haben.

»Als Kind hatte ich einen beunruhigenden wiederkehrenden Traum. Er spielte in einem luxuriös wirkenden Haus, und für mich fühlte es sich so an, als würde ich dort hingehören. Ich war eine Frau, trug ein weißes Nachthemd aus fließendem Stoff, durchquerte das geräumige Foyer, stieg eine lange, geschwungene Treppe ins zweite Stockwerk hinauf und gelangte so in eine offene, von einem Geländer umrandete Galerie. Von hier gingen viele Türen ab, so auch eine Flügeltür, die auf einen kleinen Balkon führte. Eine der Türen ging auf, und zwei Frauen traten heraus. An eine kann ich mich nicht mehr so recht erinnern, aber die andere war leger gekleidet und hatte langes, schwarzes Haar. Ich spürte, dass ich sie kannte, und es war nichts Ungewöhnliches, sie hier anzutreffen. Auf einmal wurde die dunkelhaarige Frau fürchterlich wütend auf mich und griff mich ohne jede Vorwarnung an. In dem folgenden Handgemenge drückte sie mich durch die Flügeltüren nach draußen auf den Balkon. Ich stürzte über das Geländer. Doch noch im Fallen verließ ich meinen Körper und sah zu, wie ich auf dem Boden aufschlug.« *Bryon*

Hierbei handelt es sich um eine Astralreise in ein früheres Leben, das sich in Louisiana abspielte. Die dunkelhaarige Frau war Bryons Schwester, die krankhaft eifersüchtig auf sie war. Mit dabei war ihre beste Freundin, die sich einen Spaß daraus machte, Zwietracht zwischen Bryon und ihrer Schwester zu säen, indem sie Lügen über sie verbreitete. An jenem speziellen Abend hatte die Freundin der Schwester eingeflüstert, dass Bryon ihr ihren Geliebten ausspannen wollte. Und als diese nach oben kam, warf sie sich in blinder Wut auf sie, stürzte sie vom Balkon und brachte sie um. Bryon verließ noch im Fallen ihren Körper, weil sie die Szene nur während einer Astralreise neu durchlebte und den Ausgang folglich schon kannte. So brauchte sie den Aufprall nicht noch einmal zu spüren. Die Höhenangst und das Misstrauen gegen andere, die sie in diesem Leben verspürt, sind Folgeerscheinungen aus eben jenem längst vergangenen Leben.

»Mein Traum spielt irgendwo im Bibel-Gürtel (Anm. d. Ü.: christlich-fundamentalistische Südstaaten-Konföderation) der Vereinigten Staaten. Ich bin etwa vier oder fünf Jahre alt. Es ist heiß und schwül draußen, und ich fahre mit dem Dreirad auf dem Balkon im zweiten Stock unseres Hauses hin und her. Unten vor dem Haus steht ein Baum, und ich sehe, wie mein Vater einen Schwarzen hängt. Ich bin mir bewusst, dass meine Mutter nicht in der Nähe ist; sie spielt irgendwo im Haus Klavier. Ich habe das Gefühl, meinem Vater sehr verbunden gewesen zu sein; und mitzuerleben, zu welcher Tat er da fähig ist, bricht mir schier das Herz.« – *M. H.*

M. H.s Vater war in jenem Leben Sheriff im Norden des US-Bundesstaats Mississippi, und ihre Mutter war eine schwache, unterwürfige Person, die sich mit Vorliebe zurückzog, wenn ihr irgendetwas »unangenehm« erschien. Später im selben Leben wurde M. H. Anwältin. Sie widmete sich der Verteidigung von Minderheiten und Armen, und auf astralem Wege kehrt sie gelegentlich zu jener Szene zurück, nicht nur um das alte Schreckenstrauma erneut zu durchleben, sondern um sich daran zu erinnern, woher sie das in ihrem gegenwärtigen Leben besonders ausgeprägte Mitgefühl und das beharrliche Eintreten für Gerechtigkeit bezieht.

»Mein Traum hat große Ähnlichkeit mit dem Film *Sophies Entscheidung*. Ich will außer Landes fliehen, doch ein Funktionär hält mich an und sagt mir, dass ich wählen müsse, welches meiner beiden Kinder ich mitnehmen wolle. Ich flehe, weine, bitte, doch der Funktionär lässt sich nicht erweichen. Wieder herrscht er mich an, dass ich mich endlich entscheiden solle, und die ganze Zeit geht ein grausames, böses Lächeln über sein Gesicht. Es ist ihm anzusehen, wie sehr es ihm gefällt, mich zu quälen. Schließlich zwingt er mich, meine Wahl zu treffen. Ich beschließe, die Kleinere meiner beiden Töchter zurückzulassen, und als sie sie abführen, weine ich hemmungslos. Schreiend und schluchzend wache ich auf.« – *H. H.*

Dies war ein Besuch in einem früheren Leben in Russland zu Zeiten der grausamen ethnischen Säuberung des Stalin-Regimes. H. H. musste damals tatsächlich diese unmögliche Entscheidung treffen. In diesem Leben hatte sie immer Angst, dass es sich bei ihrer Furcht, ein Kind zu verlieren, um eine böse Vorahnung handeln könne. Stattdessen aber geht das Gefühl auf eine uralte Erinnerung zurück. Sie kann ihre

Angst jetzt loslassen, weil sie sich noch auf etwas bezieht, das ihr in der Vergangenheit geschehen ist.

»Einige Jahre lang plagten mich wiederkehrende Albträume von einer Vergewaltigung. Mein Peiniger war stets ein anderer, und auch die Situationen selbst waren unterschiedlich, doch immer lief es auf den gleichen, scheußlichen Akt hinaus. Abends hatte ich regelrecht Angst vor dem Einschlafen, weil ich nicht wieder so schrecklich träumen wollte. Wie jede andere Frau fürchte auch ich mich davor, je Opfer einer Vergewaltigung zu werden, aber bis die Träume anfingen, war diese Furcht eher latent. Ich bin jetzt 21 Jahre alt, und seit etwa einem Jahr habe ich keinen solchen Traum mehr gehabt. Warum habe ich bloß immer wieder so schreckliche Dinge geträumt, und wie kann ich mich davor schützen, dass die Albträume eines Tages zurückkommen werden?« – *Catherine*

Catherine ist in der Tat Opfer einer Vergewaltigung gewesen, und zwar in einem Leben in England zu Beginn des 20. Jahrhunderts. Eine Gruppe jugendlicher Schlägertypen überfiel sie eines Nachts, als sie auf dem Heimweg von einem Besuch bei ihrer Tante war. Zwei der Männer vergewaltigten sie, die anderen schauten zu. Sie hatte solche Angst und fühlte sich so schrecklich gedemütigt, dass sie keinem Menschen je etwas davon erzählte. Und obwohl ihr Leben für immer zerstört war, hat keiner der widerlichen Übeltäter je Konsequenzen für seine Tat zu spüren bekommen. Die Albträume werden Catherine künftig nicht mehr heimsuchen. Sie traten nur deshalb so intensiv auf, weil die Vergewaltigung um ihr 20. Lebensjahr herum stattgefunden hatte. Da sie im gegenwärtigen Leben dieses Alter überschritten hat, konnte ihre Geistseele die Erinnerungen als solche erkennen und ein für alle Male hinter sich lassen.

»Ich habe häufig einen wiederkehrenden Traum, in dem ich vergiftet werde. Meine Mutter geht aus und lässt mich in der Obhut einer gemeinen Frau, die ich hasse. Sie spielt den

Engel, solange meine Mutter da ist, aber sobald ich alleine mit ihr bin, ist sie eine echte Hexe. Ich habe solche Angst vor ihr, dass ich mich nicht traue, mit meiner Mutter darüber zu reden. Ich sehe das Gesicht der Frau ganz deutlich vor mir. Sie zwingt mich, eine Tablette zu schlucken. Sie sagt, es seien bloß Vitamine. Ich nehme sie und wache erst wieder auf, als meine Mutter kommt, um mich abzuholen. Sie erfährt also nie, was geschehen ist. Jetzt habe ich Angst, wenn irgendeiner auch nur in die Nähe meines Essens oder meines Trinkglases kommt. Was hat das zu bedeuten?« – J.

Sowohl die Frau als auch die Szene, zu der J. immer wieder zurückkehrt, sind real und stammen aus einem Leben, das er im 18. Jahrhundert in Belgien verbracht hat. Die schwer gestörte Frau war seine Gouvernante, und sie setzte ihn routinemäßig unter Schlaftabletten, um ihn ruhig zu stellen, solange sie mit ihm zusammen war. Eigentlich hasste sie Kinder, aber sich bei naiven, vertrauensseligen Eltern als Gouvernante zu verdingen, war für sie die lukrativste Art, Geld zu verdienen. J. braucht sich in seinem derzeitigen Leben keine Gedanken zu machen, dass ihm jemand etwas unter sein Essen oder in sein Glas mischen könnte. Es handelt sich hier um ein altes Relikt von Furcht und nicht um eine aktuelle oder künftige Bedrohung.

»Ich träume oft davon, wie ich am Strand stehe und weiß, dass eine riesige Flutwelle aufs Land kommt. Ich versuche, die anderen Menschen ringsum zu warnen, aber keiner hört auf mich, und am Ende werden alle von der Welle fortgerissen. Auch ich werde von den Wassermassen ergriffen, aber ich ertrinke nicht. Vielmehr versuche ich, die anderen zu retten. Menschen, Tiere, Häuser – alles Mögliche scheint in den Fluten zu treiben. Manche Menschen verschwinden, aber ich weiß nicht, ob sie wirklich ertrunken sind, denn ich wache immer auf, bevor ich es ergründen kann.« – S. W.

S. W. durchlebt noch einmal das Ende ihres bislang so idyllischen Lebens auf Atlantis. Immer noch trägt sie das Trauma in sich, beim Untergang dieses grandiosen Kontinents umgekommen zu sein. Es würde sich für sie nur vorteilhaft auswirken, einen erfahrenen Rückführungstherapeuten aufzusuchen. Sie dürfte überrascht sein, an wie viele Einzelheiten aus dem Leben auf Atlantis sie sich noch erinnert, denn in ihrem Gedächtnis ist sehr viel mehr gespeichert als nur die Erdbeben und Flutwellen, die das Ende heraufbeschworen haben.

»Ich bin 16 Jahre alt und hatte vor kurzem einen Traum, der mich zwar ziemlich verunsichert, aber mir dennoch gut gefallen hat. Ich träumte, dass ich nach Indien reiste. Warum ausgerechnet Indien, kann ich nicht sagen. Meine Mutter, mein Vater und meine Schwester waren auch dabei, wenngleich ich ihre Anwesenheit nur gefühlsmäßig erfassen konnte. Dann gab es da noch einen Jungen. Sie sagten mir, dass er mein Bruder sei, den ich zuvor noch nie gesehen hatte. Im wirklichen Leben habe ich gar keinen Bruder. Wie dem auch sei – er war der Einzige, den ich klar erkennen konnte. Die anderen waren nur schemenhaft wahrzunehmen. Sie sagten mir, wenn ich wissen wolle, wie ich als kleiner Junge aussah, dann bräuchte ich bloß ihn anzuschauen. Ich war total verwirrt. Der Traum will mir einfach nicht aus dem Kopf gehen; aber wenn ich daran denke, kommen mir die Tränen.« – *Joshua*

Du hast Recht, Joshua, dies ist in der Tat ein guter »Traum«, denn du bist darin zu einem sehr glücklichen Leben zurückgekehrt, das du um 1780 in Indien verbracht hast. Dein Geistführer (er heißt übrigens Simon) hat dich begleitet, denn er wollte dir zeigen, wie du damals als Kind ausgesehen hast (darum hast du nur den Jungen klar und deutlich erkennen können), und dir zudem den Beweis dafür liefern, dass du in deiner immer währenden Existenz bereits viele Lebensspannen (genau gesagt 42) auf Erden hinter dich gebracht hast. Ich hoffe, dass du eines Tages tatsächlich nach Indien reisen wirst. Bestimmt wird dir dort so manches auf eigentümliche Weise vertraut vorkommen.

Für all jene, die die oben beschriebenen Astralreisen in frühere Leben unternommen haben; für all die vielen anderen, die mir entsprechende Berichte zugesandt haben, sowie für all jene Leser, die sich im Schlaf immer wieder in zurückliegende Inkarnationen begeben, will ich erklären, wie und vor allem warum dies geschieht.

In anderen Büchern, insbesondere in *Past Lives, Future Healing*, habe ich bereits ausführlich über das Phänomen des so genannten Zellgedächtnisses berichtet. Dieses Thema ist eines meiner persönlichen Steckenpferde, und auch mein Verleger ist davon fasziniert. Dennoch würde er mich steinigen, wollte ich es hier noch einmal in aller Ausführlichkeit abhandeln. Darum nur ganz kurz: Sämtliche Erinnerungen an alle Inkarnationen auf Erden und alle Aufenthalte im Jenseits sind in unserem Geist gespeichert. In dem Augenblick, in dem wir in einen neuen menschlichen Körper hineingeboren werden, setzt das vertraute Gefühl von Körperlichkeit ein, und die Erinnerungen des Geistes, die auf der »Festplatte« des Unbewussten sicher gespeichert sind, strömen in jede einzelne Zelle ein. Dank einer natürlichen Affinität sind diese mehr als aufnahmefähig für die Informationsflut, die da über sie hereinbricht. »Als ich das letzte Mal in einem Körper wohnte«, so mag sich der Geist sagen, »traf mich ein Pfeil in den Magen. Jetzt, da ich wieder in einem Körper bin, muss mir darum der Bauch wehtun.« Oder: »Wenn ich in einem Körper bin, werde ich im Alter von 20 Jahren vergewaltigt. Ich muss ganz besonders auf mich Acht geben, bis ich dieses Alter hinter mir habe. Erst dann darf ich mich sicher fühlen.« Oder: »Als ich damals in Indien in einem Körper wohnte, hat mir das gut gefallen. Jetzt, da ich wieder in einem Körper stecke, erinnere ich mich immer wieder gern an dieses Land.«

Die während des Schlafens abgerufenen Informationen aus dem Zellgedächtnis können sowohl positiv als auch negativ sein, mächtig sind sie allemal, da sie sich jeder bewussten Beeinflussung entziehen. Gleichzeitig sind sie überaus hilfreich, führen uns doch Astralreisen in eine glückliche Vergangenheit und unsere eigene Unsterblichkeit vor Augen. Sie erinnern uns daran, wie flüchtig jedes aktuelle Unglück doch eigentlich ist. Und Astralreisen zu alten traumatischen Erlebnissen mögen noch so verstörend sein, sie erfüllen denselben Zweck wie kathartische Träume: Dadurch, dass sie alte Empfindungen von Schmerz, Angst und Verwirrung noch einmal ins Rampenlicht des Bewusstseins rücken, führen sie uns deren Ursache unmittelbar vor Augen, sodass wir sie ein für alle Male sowohl bewusst als auch unbewusst loslassen können.

Ich rate Ihnen, Ihr Nachtgebet von heute an um folgenden Passus zu erweitern, wobei es unerheblich ist, ob Sie nun meine Formulierungen wörtlich übernehmen oder es mit Ihren eigenen Worten sagen:

»Vater im Himmel, sollte ich vor dem Aufwachen in eine Zeit oder an einen Ort einer Vergangenheit reisen, so hilf mir bitte, etwaige Momente des Leids und der Angst mit den Augen eines Beobachters sehen zu können, ohne sie noch einmal durchleben zu müssen. So werde ich jegliche Negativität, die ich aus einer früheren Inkarnation mit hierher gebracht habe, verstehen und in das weiße Licht des Heiligen Geistes entlassen können, auf dass sie in Deinem göttlichen, vollkommenen Frieden für immer aufgelöst werde. Und so, wie ich jene vergangene Negativität loslassen werde, so will ich auch die Freuden, die Weisheit, die Liebe und die Gabe meiner früheren Lebensspannen annehmen, damit ich morgen mit einem gewachsenen Selbstbewusstsein und Selbstrespekt erwache und in der Gewissheit bestärkt bin, dass mein Geist auf alle Ewigkeit unter deinem Segen steht.«

So einfach ist das! Beten und bitten Sie, dass Sie im Schlaf das Negative aus all Ihren früheren Inkarnationen loslassen und das Positive daraus annehmen mögen. Versuchen Sie es, auch wenn Sie skeptisch sind. Wenn es sein muss, versuchen Sie es, um mir zu beweisen, dass ich Unrecht habe. Und dann schreiben Sie mir, welche Erfahrungen Sie gemacht haben. Versprechen Sie mir nur, ehrlich zu berichten, ob sich irgendein Schmerz, eine Angst oder Konfusion dabei gelöst hat. Ich verspreche Ihnen im Gegenzug, dass ich Ihnen nicht vorhalten werde: »Na bitte, ich habe es ja gleich gesagt!«

Besuche im Jenseits

Es besteht kein Zweifel daran, dass wir während unseres Erdendaseins oft vor Heimweh nach dem Jenseits und unseren lieben Verstorbenen schier vergehen und uns mühselig über diesen staubigen Pfad schleppen, auf den wir uns aus freien Stücken begeben haben. Wie bereits an anderer Stelle beschrieben, unternehmen wir, um uns Linderung zu verschaffen, etwa zwei- bis dreimal pro Woche eine Astralreise dorthin. Sollten Sie persönlich keine bewussten Erinnerungen an diese häufigen Ausflüge haben, so bedeutet das keineswegs, dass Sie sie nicht unternehmen. Ihr Unbewusstes erinnert sich *immer* daran. Es könnte lediglich bedeuten, dass Sie unterwegs Dinge erfahren, die Ihnen zu dem Zeitpunkt noch nicht ins Bewusstsein dringen sollten. Auch könnte es heißen, dass andere, dringlichere Träume oder Botschaften der Erinnerung im Wege stehen. Oder aber Sie erinnern sich sehr wohl an die Reise, wissen jedoch nicht, wo Sie eigentlich gewesen sind.

»Ich stehe vor einem Gebäude mit vielen Fenstern. Es ist

riesig und sieht aus wie eine Art Bibliothek. Menschen gehen ein und aus, aber sie sprechen nicht. Ich fühle mich ausgesprochen wohl hier, aber ich habe keine Ahnung, wo ich bin und warum ich hier bin.« – *Ted*

Ted war im Jenseits. Er stand vor der Archivhalle, in der all unsere Lebenspläne aufbewahrt werden. Bei dem Gebäude handelt es sich also tatsächlich um so etwas wie eine Bibliothek. Wie für viele andere auch, ist dies einer von Teds Lieblingsorten, und er sollte unbedingt anfangen, seine Träume aufzuschreiben – es würde mich sehr überraschen, wenn diese nicht einiges an prophetischem Inhalt zu bieten hätten.

»In meinem Traum stehe ich auf einer kopfsteingepflasterten Gasse. Terrakotta ist die alles beherrschende Farbe ringsum, die Gebäude hinter mir wirken wie Adobe-Bauwerke, aus Lehmziegeln gebaut. Eine Seite der Gasse ist von einer Mauer begrenzt. Ich schaue darüber und entdecke einen kleinen Teich mit einer Insel in der Mitte. Darauf steht eine Schaukel. Ich schaue mich um, und da steht ein dunkelhäutiger Mann mit schwarzem Haar. Er trägt ein weißes Hemd und schwarze Hosen. Er hat den Blick von mir abgewandt. Ich habe das Gefühl, ich müsste etwas sagen. Schließlich strecke ich zögernd die Hand aus und sage: ›Hallo, ich bin Dawn.‹ Er ergreift meine Hand, und dann weiß ich auf einmal nichts mehr. Das Einzige, was ich wahrnehme, sind lauter hell aufzuckende Lichter – so wie sie etwa entstehen, wenn man sich mit dem Finger leicht auf die geschlossenen Augenlider klopft. Ich höre mich nervös kichern und sagen: ›Ich bin irgendwie nervös.‹ Als Antwort vernehme ich: ›Das brauchst du nicht zu sein. Es ist alles in Ordnung.‹ Am Ende finde ich mich in meinem alten Kinderzimmer wieder. Ich habe mein Tagebuch vor mir und schreib das Wort ›Ihea‹ hinein.« – *Dawn*

Dawns Reise ins Jenseits diente schlichtweg dem Zweck, sich mit ihrem Geistführer zu treffen. Er war der Mann, dem sie dort begegnet ist. Zwar kannten sich die beiden selbstverständlich schon, aber nur allzu häufig befällt uns während unseres Aufenthalts auf Erden eine Amnesie im Hinblick auf alles, was unsere jenseitige Heimat betrifft. (Wäre dies nicht so, würden wir samt und sonders versuchen, auf schnellstem Wege wieder dorthin zurückzugelangen.) Dawns Geistführer übermittelte ihr auf telepathischem Wege seinen Namen. Sie verstand »Ihea«; in Wirklichkeit aber heißt er »Isaiah«. In einer seiner Inkarnationen lebte er in Israel und war dort ein großer Gelehrter und Lehrer.

»Während eines Mittagsschläfchens sprang auf einmal mein innig geliebter, aber längst verstorbener Hund aufs Bett neben mich. Ich streichelte ihn und stellte zu meiner Freude fest, dass sein Körper greifbar war. Ich merkte, dass sich der Raum, in dem ich lag, momentan verändert hatte. Er sah irgendwie schöner aus. Statt der Vorhänge gab es Rollos, und der Blick aus dem Fenster war wunderschön.« – S. M.

Jedes Tier, das einmal hier auf Erden weilte – und das gilt natürlich auch für all unsere Haustiere –, geht nach seinem Tod unmittelbar ins Jenseits ein. S. M. unternahm eine Astralreise dorthin, um ihren Hund zu besuchen. Besonders gut gefällt mir an ihrem Bericht, dass er uns noch einmal vor Augen führt, dass wir in unserer geistigen Form nicht als Seifenblasen durch den Raum schweben. Wir nehmen vielmehr absolut greifbare Gestalt an, wie S.M. spüren konnte, als sie ihren Hund streichelte. Ich will auch an dieser Stelle noch einmal betonen: Gäbe es im Jenseits keine Tiere, so wäre es nicht das Paradies. Dann bräuchte man mir bloß zu verraten, wo diese Geschöpfe wären, und ich würde stattdessen dorthin gehen.

»Ich träumte, dass ich an einem Zaun entlangrannte, auf dessen anderer Seite sich ein Hügel befand. Ich wusste, dass ich jemandem entgegenlief, der mir besonders am Herzen lag; und dieser Jemand kam den Hang hinab auf mich zu. Wir erreichten gleichzeitig die Lücke im Zaun und umarmten uns so stürmisch, als hätten wir uns jahrelang nicht gesehen. Das Komische an der Sache ist, dass ich den Mann – er war nicht sehr groß und trug einen Vollbart – überhaupt nicht kenne. Und doch schienen wir einander überaus vertraut zu sein und uns über alles zu lieben. Noch nie habe ich einen Traum gehabt, in dem ich so begeistert, verliebt, ja euphorisch gewesen wäre. Die Gefühle, die ich empfunden habe, sind mit Worten kaum zu beschreiben, und trotzdem war mir das Ganze auf sonderbare Weise vertraut.« – *Jana*

Jana beschreibt, wie sie im Jenseits ihrem Seelenpartner begegnet ist. (Diejenigen, die mich kennen, höre ich hier an dieser Stelle förmlich aufstöhnen.) Jeder von uns hat einen – und nur diesen einen einzigen – Seelenpartner, einen seelischen Zwilling, den Gott zur gleichen Zeit wie uns selbst erschaffen hat. Dieser Seelenpartner ist nicht »unsere bessere Hälfte«. Glücklicherweise nämlich ist jeder von uns für sich allein vollkommen. Die Chancen, dass unser Seelenpartner zur gleichen Zeit wie wir selbst inkarniert, liegen bei etwa eins zu zwei oder gar drei Millionen. Die überwiegende Mehrzahl unserer Seelenpartner weilt in den jenseitigen Gefilden, wo sie es sich gut gehen lassen, auf uns warten und sich über einen unserer gelegentlichen Besuche freuen.

Danke, Jana, dass Sie für uns Ihre Begeisterung, Liebe und Euphorie in Worte gefasst haben – Gefühle, die sich schwer beschreiben lassen, uns aber dennoch auf eigentümliche Weise vertraut vorkommen.

Genauso ist es in der Heimat, aus der wir alle stammen.

Genau in diese Heimat werden wir eines Tages zurückkehren.

Und genau in diese Heimat reist unser Geist, während wir schlafen, um sich stets aufs Neue der von Gott verheißenen Ewigkeit zu vergewissern.

8

Astralkatalepsie: Vorübergehende Lähmung und laute Geräusche im Schlaf

»Etwas ist mehrmals geschehen, das mir regelrecht Angst macht, und ich hoffe, Sie können mir helfen. Ich bin gerade eingeschlafen, wache dann aber halb auf und habe das Gefühl, nicht mehr atmen, mich nicht mehr bewegen, meine Augen nicht öffnen zu können, und ich habe den Eindruck, als würde ich von irgendeiner Kraft in mein Bett zurückgestoßen. Ich will Hilfe herbeirufen, doch es kommt kein Ton aus mir heraus. Nach einer Zeit weicht der Druck, und ich fühle mich wieder einigermaßen normal, bin aber zu ängstlich, nochmals einzuschlafen. Was hat das zu bedeuten?« – *Greg*

»Mehr als einmal habe ich geträumt, dass es stockfinster war, und ich spürte, wie jemand auf meiner Bettkante saß; jäh erkannte ich, dass ich gelähmt war. Ich konnte mich nicht mehr bewegen oder gar die Augen öffnen, und etwas befand sich auf mir, das mich im Bett festgeklemmt hielt.« – *T. L.*

»Manchmal schlafe ich tief und fest und werde von ohrenbetäubendem Lärm aufgeweckt, den ich nicht genau beschreiben kann. Es ist schlicht ein absolut nervtötender Krach – so, als sei mein Gehirn auf jeden einzelnen Radiosender und alle Schallwellen im Äther gleichzeitig eingestellt. Ich bin dann immer wie gelähmt; und dann gerate ich auf einmal in einen Zustand der Schwerelosigkeit und verlasse ungewollt meinen Körper.« – *M. H.*

»Solange ich mich erinnern kann, habe ich immer wieder

den gleichen Traum gehabt. Darin kann ich mich vom Hals an abwärts überhaupt nicht und den Kopf nur ganz wenig bewegen. Es passiert weiter nichts, es ist bloß alles rabenschwarz ringsum, und ich weiß, dass da eine starke Wesenheit, irgendeine Kraft, fast auf mir sitzt und mich niederdrückt. Mein Verstand sagt mir, dass ich nie mehr aufwachen werde, wenn ich diesen Traum nicht aus eigener Kraft abschüttle.« – *K. C.*

»Während eines Albtraumes fühle ich mich immer wie gelähmt, und wenn ich dann wach werde, brauche ich eine Weile, bis ich mich wieder bewegen kann.« – *W. S.*

Diese und ähnliche Geschichten habe ich nun schon seit über 30 Jahren von meinen Klienten gehört und gelesen. Und weil es sich hier um ein so allgemein verbreitetes und unheimliches Phänomen handelt, denke ich, dass ihm ein eigenständiges Kapitel gewidmet werden sollte. Die von den Rat Suchenden aufgeworfenen Fragen bewegen sich von »Kann ich daran sterben?« über »Handelt es sich hier um eine böse Macht, die mich da nach unten drückt?« und »Bis jetzt ist die Lähmung immer nach ein paar Minuten verschwunden, was aber, wenn dies beim nächsten Mal nicht der Fall ist?« und »Passiert das auch anderen Menschen?« bis hin zur einstimmigen Quintessenz: »Was ist die Ursache dafür? Hat das einen Namen?«

Was ist Astralkatalepsie?

Der Astralreisenforscher Sylvan Muldoon hat den Begriff »Astralkatalepsie« etwa um 1930 geprägt. Ein schlichterer, aber weniger präziser Name dafür ist »Schlafparalyse« oder »Schlaflähmung«, was zwar genau ins Schwarze trifft, aber der Tatsache nicht Rechnung trägt, dass diese Erfahrung – ob es eher konservativ ausgerichteten Schlafforschern nun passt oder nicht – *immer* mit Astralreisen assoziiert ist. Natürlich können Astralreisen auch gemacht werden, ohne dass es dabei zur Astralkatalepsie kommt; aber Astralkatalepsie ohne Astralreise ist unmöglich.

Sylvan Muldoon war 12 Jahre alt, als er erstmals im Schlaf eine Astralreise bewusst erlebte. Mitten in der Nacht wachte er auf und merkte, dass er sich nicht bewegen und weder sehen noch hören konnte; zudem spürte er eine Art massiven Drucks auf seinem Kopf lasten. Als die Sinneswahrnehmung zurückkehrte und die vorübergehende Lähmung nachließ, gewahrte er, dass er über seinem Bett schwebte und auf sich selbst herabschaute, wie er tief schlafend im Bett lag. Er konnte sogar seinen Geistkörper erkennen, der aus horizontaler Lage senkrecht aufgerichtet und damit vollständig aus seinem Körper herausgetreten war. Dann schwebte er durch sein Haus, passierte ohne jeden Widerstand zu spüren Türen und Wände und versuchte sogar, seine Eltern aufzuwecken, weil er solche Angst hatte. Aber statt zuzugreifen, fuhren seine geistigen Hände durch sie hindurch. Und seine Eltern schliefen weiter, ohne zu spüren, dass er sie berührt hatte. Als er dann wieder zu seinem schlafenden Körper zurückkehrte, neigte er sich aus der senkrechten Position wieder in die Horizontale und spürte die gleichen Lähmungserscheinungen und optischen wie akustischen Sinnesbeeinträchtigungen, die er schon eingangs erlebt hatte. Dann kehrte er ruckartig in seinen Körper zurück und wachte vor Schreck auf. Er konnte sich an alles und jedes, was er gerade erlebt hatte, erinnern. Von dieser Nacht an schrieb er im Laufe der Zeit die Erlebnisse aus Hunderten von Astralreisen nieder, die er sich ins Gedächtnis zurückrufen konnte. Aber wie es auch uns passiert, sind auch ihm nach dem Aufwachen viele seiner nächtlichen Ausflüge nur bruchstückhaft und unvollständig im Gedächtnis geblieben.

Sylvan Muldoon war bestimmt nicht allein mit seinem lebenslangen Interesse an Astralkatalepsie. Überall auf der Welt war dieses Phänomen über Jahrhunderte oder gar Jahrtausende hindurch in vielen Kulturen präsent, sodass eine farbenprächtige Folklore darum entstanden ist. Im Mittelalter stellten die Europäer die Theorie auf, dass Schlafparalysen durch Hexen verursacht würden, die unwissende Schläfer entführten und auf dem Besenstiel zu fernen, mystischen Orten brachten. Bei den Japanern ist Astralkatalepsie als *kanashibari* bekannt. Dabei schleicht ein Riesenteufel während der Nacht in die Schlafzimmer im ganzen Land und drückt die schlafenden Menschen mit dem Fuß auf ihre Betten nieder. In Neufundland kursiert die Sage von der alten Hag, einer hässlichen, abscheulichen Hexe, die sich gewöhnlich auf die Brust der Schlafenden setzt und ihre knorrigen, klauenhaften Hände um deren Hals legt, so als wolle sie sie strangulieren. Die Chinesen sprechen von *gui ya*, das auf der Brust der Menschen auf und ab springt. Und glühende UFO-Anhänger auf der ganzen Welt sind zu dem Schluss gekommen, dass Astralkatalepsie durch Außerirdische verursacht werde, die Erdenbürger im Schlaf entführen, wenn sie am verletzlichsten sind, um Untersuchungen und Experimente mit ihnen durchzuführen.

Egal, welche Kultur und welche Erklärung dahinter stehen, der Schläfer macht immer und überall die gleiche Erfahrung, und die ist in der Tat erschreckend. Wenn Sie schon mal eine Astralkatalepsie durchlebt haben, könnte das eine oder andere der folgenden Symptome damit verbunden gewesen sein:

- Lähmung
- ein Gefühl, von einer unsichtbaren bösen Wesenheit niedergedrückt oder niedergestreckt zu werden
- laute Geräusche wie Dröhnen bzw. Brummen bis hin zu wildem, chaotischem Lärm

- eine durchdringende, überwältigende Schwingung
- der Eindruck, dass etwas oder jemand Bedrohliches auf dem Bett sitzt oder die Bettdecke bewegt
- Kurzatmigkeit, gewöhnlich durch plötzlichen Druck auf der Brust herbeigeführt
- das Auftauchen von unerklärlichen Lichtern
- das Gefühl, von einem lüsternen, drohenden, unsichtbaren Phantom berührt zu werden.

Kommt Ihnen das eine oder andere von dieser Liste wie ein vertrautes Stück aus Ihrem Schlafrepertoire vor, darf ich Ihnen versichern, dass Sie damit nicht allein auf der Welt stehen. Sie sind weder verrückt, noch befinden Sie sich in Gefahr, wie real sich diese Eindrücke auch immer anfühlen mögen.

Ich werde Ihnen genau sagen, was da passiert. Und wenn in meinen Erklärungen auch keine Hexen, kleine Gespenster oder UFOs vorkommen, so entsprechen sie doch der Wahrheit und stimmen logisch mit dem überein, was wir bereits wissen. Aus spiritueller Sicht betrachtet, ist eine solche Erfahrung eigentlich äußerst positiv, auch wenn sie momentan als unangenehm empfunden wird.

Die Ursache der Astralkatalepsie

Wie wir wissen, begibt sich unser Geist, während wir schlafen, mehrmals in der Woche auf Erholungsreise vom Körper, um in der ganzen Welt, im Universum und im Jenseits Besuche abzustatten und Neues zu entdecken. Wir wissen auch, wie natürlich, erfrischend und nährend solche Astraltrips für unsere Geistseele sind. Und wir wissen, dass sich Astralreisen im Schlaf positiv auf unser gesamtes Wohlbefinden auswirken können und zudem auch als Wink Gottes darauf zu verstehen

DIE URSACHE DER ASTRALKATALEPSIE?

sind, dass sich unser Geist mit oder ohne diesen physischen Körper, in dem wir während unseres Erdendaseins Wohnung bezogen haben, entfalten kann.

Andererseits wissen wir jedoch, dass uns selbst die kleinste Störung aus dem Schlaf reißen kann. Wenn unser Verstand solchermaßen aufgeschreckt wird, können wir leicht aus der Fassung geraten und überaus ängstlich reagieren. In jenen seltenen Momenten, wo wir den Geist dabei »erwischen«, wie er den Körper gerade verlässt oder in ihn zurückkehrt, geraten wir in Panik. Wir meinen, im Sterben zu liegen, und glauben, unser materieller Körper könne nicht richtig funktionieren, wo doch der Geist halb in ihm und halb außerhalb von ihm ist. Stellen wir uns also die Lähmung, die Unfähigkeit zu atmen oder zu schreien und all die anderen Ausdrucksformen der Astralkatalepsie als eine Art temporären mentalen und neurologischen »Kurzschluss« vor. Er ist eine Reaktion auf die Wahrnehmung, dass die Geistseele gerade kommt oder geht, was vom physischen Körper instinktiv als »Tod« interpretiert wird.

Erinnern wir uns auch, dass die geistige Welt, mit der wir während unserer Astralreise in Verbindung treten, in einer anderen Dimension liegt als die Erde. Sie hat eine viel höhere Schwingungsfrequenz; Schwerkraft und andere irdische Gesetzmäßigkeiten sind dort irrelevant. Dass sich in solchen Momenten, wo unser Geist die Dimensionen wechselt, zuweilen Krach und Lärm oder auch ein jähes beklemmendes Gefühl von Schwere und Druck einstellen, ist überhaupt nicht erstaunlich, insbesondere wenn wir dabei aus dem Halbschlaf gerissen werden. Verstehen Sie mich bitte nicht falsch, es wirkt zwar erschreckend, wenn es passiert, aber kühl und logisch betrachtet, sind diese Phänomene alles andere als überraschend.

Was tun bei Astralkatalepsie?

Gerne würde ich Ihnen in Aussicht stellen, dass Sie, sofern Sie meine Empfehlungen befolgen, nie mehr eine Astralkatalepsie durchleben werden, aber ich möchte keine Versprechen machen, die ich hinterher nicht halten kann. Ich kann Ihnen lediglich zusichern, dass meine Ausführungen der Wahrheit entsprechen und es zwar ein Furcht erregendes Phänomen ist, es jedoch weder dauerhaft noch lebensbedrohend ist. Und ich kann Ihnen versprechen, dass die nachfolgenden Empfehlungen zumindest helfen.

Wenn Sie vor dem Einschlafen mit Gott sprechen – und ich hoffe, dass Sie das allabendlich tun –, bitte ich Sie zunächst einmal, sich wie immer mit dem reinen, schützenden weißen Licht des Heiligen Geistes zu umgeben und dieses göttliche Licht mit intensivem, heilendem Grün zu verwirbeln. Fügen Sie dann Ihrem Gebet entweder folgende Worte oder eine entsprechende eigene Formulierung hinzu: »Lieber Vater, sollte mein Geist in dieser Nacht während des Schlafens auf Reisen gehen, lass ihn bitte meinen Körper erhaben, sanft und mühelos verlassen und auf ebensolche Weise wieder in ihn einziehen, ohne dass mein schreckhafter Verstand es wahrnimmt oder davon in irgendeiner Weise gestört wird.« Wiederholen Sie diese Worte so lange, bis Sie ruhig und zuversichtlich in den Schlaf hinübergleiten. Vertrauen Sie auf Gott. Er wird Sie schon beim ersten Mal hören; ja, er kennt Ihr Anliegen schon, noch bevor Sie es in Worte gekleidet haben.

Und wenn es doch wieder einmal zu einer Astralkatalepsie kommt (Gott hört uns immer zu, was man aber von unserem Verstand nicht immer sagen kann), dann beten Sie aufs Neue. Bitten Sie Gott, Ihren Geistführer und Ihre Engel um Schutz, und bleiben Sie im Gebet, bis das Ganze überstanden ist – und das ist garantiert irgendwann der Fall. Dies dient mehreren Zwecken. Es geht weniger darum, Gott, Ihren Geistführer und die Engel herbeizurufen, als Sie selbst daran zu erinnern, dass *diese bereits da sind*. Zum anderen hilft es Ihnen, richtig wach zu werden, sodass Sie wieder bei klarem Bewusstsein sind. Dies mildert die Empfindungen und Geräusche und setzt der Astralkatalepsie ein Ende. Und wieder einmal erfahren Sie, dass Ihr Geist sicher in den Körper zurückkehrt und Sie allzeit wohlbehütet in Gottes liebenden Armen ruhen – allzeit und immerdar.

9

Archetypen:
Die Symbole in unseren Träumen

Lassen Sie mich gleich zu Beginn etwas sagen: Hoffentlich lesen Sie dieses Kapitel nicht in der Erwartung, dass ich Ihnen hier nun *die* wahre, einzig gültige Bedeutung der in unseren Träumen erscheinenden symbolischen Wesenheiten und Objekte verraten werde. Bereits im Kapitel über kathartische Träume habe ich erwähnt, dass unser Geist in all seinen bewussten und unbewussten Ausprägungen und unser Körper in seiner ganzen Vielschichtigkeit und mit all seinen Erfahrungen viel zu komplex und einzigartig sind, um das, was in unseren Träumen passiert, *für jeden Einzelnen von uns* auf vereinfachende, eindimensionale Definitionen zu reduzieren.

Das heißt nicht, dass man nicht einige allgemein gültige Regeln aufstellen könnte, besonders da eine Vielzahl gleicher Bilder und Symbole uns allen wohl vertraut ist. Ich bitte nur darum, im weiteren Verlauf meiner Ausführungen nie außer Acht zu lassen, dass Ihre Träume etwas höchst Individuelles und ausgesprochen Persönliches sind; sie gehören Ihnen ganz allein. So gilt es, bei der Betrachtung der verschiedenen Deutungsmöglichkeiten flexibel zu sein und immer zunächst nach etwas Ausschau zu halten, was auf eine derzeitige Situation in Ihrem Leben passen oder eine Erklärung dafür sein könnte. Vergessen Sie auch nicht, dass Traumdeutung eine Kunst ist, keine Wissenschaft. Es gibt nichts Richtiges oder Falsches. Es zählt nur das, was in Ihrem Inneren auf Resonanz stößt.

Wenn es um das Verstehen von Träumen und der darin enthaltenen Bilder geht, dann vergessen Sie bitte nie den ersten Schritt: nämlich zu entscheiden, in welche Kategorie der zu deutende Traum fällt. Handelte es sich um einen prophetischen oder einen kathartischen Traum? Um einen Wunschtraum oder einen Traum, der Ihnen Erkenntnisse lieferte oder ein Problem löste? Oder war es etwa ein Astralerlebnis? Haben Sie vielleicht eine lang vermisste Person wiedergesehen oder einen Ort Ihrer Sehnsucht besucht? Legen Sie sich auf eine Kategorie fest, so rücken Sie damit die Symbolik in einen schärferen, bedeutungsträchtigeren Fokus. Wenn Sie nämlich den Sinn und Zweck eines Traumes begriffen haben, können Sie ihn gewissermaßen zurückspulen und überlegen, was die darin enthaltenen Bilder aus diesem Blickwinkel heraus versinnbildlichen könnten. Erinnern wir uns an die Geschichte jener Frau, die immer von Pfirsichen träumte, ohne dass sie verstand, warum, bis wir die Tatsache aufdeckten, dass sie diese Früchte mit dem Tod ihrer Mutter verband. Wenn diese Frau von Anfang an gewusst hätte, dass all ihre Träume kathartischer Natur waren, hätte sie sich fragen können, von welchen ungelösten Problemen sie sich zu befreien suchte. Dies hätte sie womöglich zu ihrer Trauer über den Verlust ihrer Mutter geführt und so die Verbindung zwischen ihrem tragischen Tod und den Pfirsichen, nach denen sie damals so gierig verlangt hatte, offenbart.

Um Ihnen allerdings eine Vorstellung davon zu geben, wie komplex manche allgemein bekannten Symbole sein können, möchte ich Sie bitten, Papier und Bleistift zur Hand zu nehmen und fünf Dinge aufzuzeichnen (machen Sie sich keine Sorgen, wenn Sie keine große künstlerische Begabung besitzen – ich kann auch nicht gut malen, aber für unsere Zwecke spielt das überhaupt keine Rolle): Haus, Sonne, Wasser, Baum und Schlange.

Unterbrechen Sie die Lektüre nun an dieser Stelle, und lesen Sie bitte auch nicht weiter, bis Sie mit dem Zeichnen fertig sind.

Werfen Sie einen Blick auf Ihr fertig gestelltes Werk, und lassen Sie uns nun gemeinsam ergründen, wie viel Ihre Zeichnungen über Sie und Ihr Leben aussagen.

Das Haus repräsentiert Sie selbst. Haben Sie eine oder gar mehrere Türen vorgesehen, um einen leichten und einladenden Zugang dazu zu ermöglichen, oder fehlen die Türen ganz, sodass andere Menschen ferngehalten werden und Sie für sich allein bleiben? Gibt es einen Weg, der zum Haus führt und Ihr Zuhause für andere bequem erreichbar macht? Haben Sie Fenster vorgesehen, um Offenheit zu signalisieren und Ein- und Ausblick zu gewähren? Oder gibt es keine Fenster, so als wollten Sie niemandem die Chance geben, bei Ihnen hineinzuschauen, und als seien Sie selbst nicht an Ihrer Umgebung interessiert? Gibt es einen Kamin, um Wärme zu erzeugen? Haben Sie Fensterläden oder andere dekorative Elemente eingezeichnet, die von Stolz und Interesse am Erscheinungsbild zeugen? Haben Sie ein großes, weiträumiges Haus, oder ist es eher klein und unauffällig ausgefallen?

Die Sonne repräsentiert Ihren Vater. Ist sie in der Nähe des Hauses (also zu Ihnen) oder weit weg? Nimmt sie auf Ihrer Zeichnung eine prominente Position ein oder wirkt sie eher unscheinbar? Hat sie Strahlen, sodass sie wie eine Licht- und Wärmequelle aussieht? Wenn ja, sind diese Strahlen lang und üppig oder sind sie kurz und begrenzt in ihrer Licht- und Wärmeabgabe? Oder haben Sie Ihre Sonne etwa als einen einfachen, dürftigen Kreis ganz ohne Licht- und Wärmestrahlen gezeichnet?

Das Wasser repräsentiert Ihre Mutter. Haben Sie das Wasser nahe zum Haus oder in der Ferne angeordnet? Ist das

Wasser vom Haus her leicht erreichbar, oder haben Sie beide Dinge völlig voneinander getrennt gemalt? Ist das Wasser eingefasst wie ein Teich? Oder ist es etwas Expansives, Wogendes, Lebendiges wie ein See oder ein Fluss? Haben Sie ihm einen Platz im Vordergrund gegeben, oder liegt es mehr im Hintergrund? Wirkt es markant oder im Verhältnis zu allen anderen Objekten auf Ihrer Zeichnung eher nichts sagend?

Der Baum ist Ihr Intellekt – er spiegelt nicht Ihren IQ wider, sondern die gesamte Beziehung zwischen Ihnen und Ihrem Verstand. Wie groß ist der von Ihnen gezeichnete Baum im Verhältnis zum Haus? Steht er nahe am Haus oder weit entfernt davon? Hat der Baum viele Zweige oder nur einige? Sieht er gesund und stark aus, oder wirkt er eher kränklich und ausgedörrt, so als würde es ihm an Wasser und Nahrung fehlen? Ist er in der Lage, dem Haus Schatten und Schutz zu spenden, oder wirkt er isoliert und völlig irrelevant?

Und schießlich die Schlange, sie ist Ihre Sexualität. Wie wichtig oder belanglos ist die Schlange im Verhältnis zu den anderen Objekten Ihrer Zeichnung? Ist eine Nähe zum Baum (Ihrem Intellekt) erkennbar, oder sind die beiden ganz voneinander getrennt? Wie nahe kommt die Schlange dem Haus, und wie ist ihr Größenverhältnis dazu? Vermittelt sie den Eindruck, das Haus zu beherrschen, oder steht sie in eher realistischen Proportionen dazu? Sieht die Schlange gesund aus, oder wirkt sie so, als sollte man sie dringend zum Tierarzt bringen?

Nun, da Sie Ihre Zeichnung und die darin enthaltene Symbolik entschlüsselt haben, müssen Sie entscheiden, ob die dort dargestellten Beziehungen zwischen den Objekten auch in irgendeiner Weise der Realität Ihres Alltags entsprechen. Und noch einmal: Bitte verallgemeinern Sie nicht zu sehr – weder bei den fünf Objekten, die Sie gezeichnet haben, noch bei den

Traumarchetypen, die wir im Folgenden erörtern werden. Nicht jeder Traum über Wasser hat zwangsläufig mit Ihrer Mutter zu tun; Sie können von Bäumen träumen, ohne dass das etwas mit Ihrem Intellekt zu tun hat; und im Laufe der Zeit sind mir mehr als genug Träume über vergangene Leben untergekommen, um definitiv sagen zu können, dass manche Häuser eben tatsächlich Häuser repräsentieren. Wenn Sie im realen Leben Angst vor Schlangen haben und eines Nachts von einem Albtraum hochschrecken, in dem eben so ein Tier vorkommt, brauchen Sie daraus nicht gleich die Schlussfolgerung zu ziehen, dass Sie Angst vor Ihrer Sexualität haben. Und wenn in Ihren Träumen die Sonne scheint, hat das nicht unbedingt immer etwas mit Ihrem Vater zu tun. Die Übung sollte vielmehr zeigen, wie bereitwillig unser Verstand jede Symbolik aufgreift und wie wichtig eine Auseinandersetzung mit den Symbolen oder Archetypen unserer Träume sein kann.

Träume von Häusern

Wie ich gerade sagte, stellen manche Häuser in Träumen tatsächlich auch Häuser dar – beispielsweise ein Haus aus einem früheren Leben oder eines aus unserer Kindheit oder eines, in dem wir gerne leben möchten. Wenn Sie aber Schwierigkeiten haben, einen Traum zu deuten, in dem ein Haus eine wichtige Rolle spielt, sollten Sie in Erwägung ziehen, dass das Haus in dem Traum Sie selbst repräsentieren könnte.

Hierbei gibt es verschiedene Deutungsvarianten, die allesamt äußerst wertvolle Einsichten zu einer Reihe von bewussten oder unbewussten Problemen geben können. Zum Beispiel:

»Ich habe einen häufig wiederkehrenden Traum«, schreibt P. A. »Ich träume, dass das Obergeschoss unseres Hauses ganz anders ist als in Wirklichkeit. In den nächtlichen Bildern erreicht man das Obergeschoss über eine lange, gerade Treppe. Oben angekommen, öffnet sich zur Linken ein langer Gang, von dem nach beiden Seiten hin mindestens acht oder zehn Türen zu diversen Schlaf- und Badezimmern abgehen. Im ersten Raum gegenüber der Treppe befindet sich das Gästezimmer. Ich gehe nur nach oben, um dieses eine Zimmer für unsere Besucher herzurichten. Keiner der anderen Räume ist bewohnbar. Sie sind weder tapeziert noch gestrichen noch möbliert. Ich wandere hindurch und denke bei mir, dass es doch schön wäre, sie irgendwann einmal fertig zu stellen, doch ich tue nie etwas, weil es dort überall spukt, sodass ich ohnehin nie jemanden dort unterbringen würde. Ich denke nicht, dass ich die Geister je gesehen habe, doch ich weiß eben, dass sie dort hausen. Im Gästezimmer selbst spukt es nicht, aber ich habe es meist nicht rechtzeitig fertig, wenn meine Gäste ankommen, sodass sie mir am Ende immer helfen müssen.«

Eine der interessanten Möglichkeiten, Träume von zwei- oder mehrgeschossigen Häusern zu deuten, ist, dass sie auf eventuelle gesundheitliche Probleme hinweisen könnten. Dabei korreliert der Ort der potenziellen Störung im Körper mit dem Ort der Störung im Haus. Die oberen Bereiche können den Körper von der Taille aufwärts repräsentieren, während Erdgeschoss und darunter liegende Zonen den Körper von der Taille abwärts darstellen. In ihrem Wiederholungstraum spürt P. A. ständig, dass etwas mit dem Obergeschoss ihres Hauses nicht in Ordnung ist. Es müssten dort Arbeiten durchgeführt werden, doch sie lässt diese wegen unsichtbarer Geister anstehen. Mit anderen Worten, sie hat ein ungutes Gefühl über das, was »oben« passiert, obwohl es keine konkreten Anzeichen dafür gibt, was genau nicht stimmt. Wenn ich P. A. wäre, würde ich mich einmal gründlich untersuchen lassen, und zwar speziell den Brust-, Lungen- und Herzkammerbereich. Ich möchte sie weder beunruhigen, noch will ich sagen, dass sie ernste gesundheitliche Probleme hat. Sie macht sich bloß unterbewusst Sorgen um ihre Gesundheit im oberen Teil des Körpers und sollte darum etwas unternehmen. Sobald ihr Arzt sie gründlich untersucht hat und ihr entweder die Mitteilung macht, dass alles in bester Ordnung ist, oder entsprechende weitere Maßnahmen abgesprochen und eingeleitet sind, wird der beklemmende Traum aufhören.

Ähnlich können Träume von einem Haus mit Rohrleitungsproblemen, besonders im Erdgeschoss, auf eine Darmstörung hinweisen; Heizungs- oder Lüftungsprobleme können für Anfälligkeiten im Bereich des Kreislaufs stehen; ein undichtes oder defektes Dach könnte auf künftige Kopfschmerzen, Nebenhöhleninfekte oder gar psychische Störungen, speziell Depressionen, hinweisen. Nochmals: Solche Träume bedeuten nicht notwendigerweise, dass Sie tatsächlich irgendwelche gesundheitlichen Probleme haben. Womöglich spüren Sie nur, dass etwas im Bereich des Hauses/Körpers »aus der Ordnung« geraten ist. Es empfiehlt sich, solchen Sorgen nachzugehen, und sei es nur mit dem Ziel, diese Bilder ein für alle Male aus dem Sinn zu bannen und sich wieder neuen Träumen zuzuwenden.

Ebenso häufig können Träume von einem Haus auch Anhaltspunkte dafür liefern, was im tiefsten Inneren der Seele und unseres Herzens vorgeht. Sie bringen unsere Ängste und Freuden, Veränderungen und Sehnsüchte ans Licht, sodass wir sie bis ins Kleinste durchleuchten und erforschen können.

Amys wiederkehrender Traum ist dafür ein fantastisches Beispiel: »Ich träume immer wieder von großen *alten* Häusern mit morschen Dielenfußböden; wahrscheinlich sind sie dreigeschossig, und in der Mitte des Gebäudes befindet sich ein Lichthof, in den man aus den oberen Stockwerken von

Balkonen mit umlaufendem Geländer aus hinabschauen kann. Nirgends ist eine Treppe zu sehen. Ich beobachte die Leute auf den unteren Stockwerken und genieße meine Aussichtsposition. Ich gehe nie in das unterste Geschoss hinunter.«

Es gibt mehrere interessante und widersprüchliche Gefühle, die Amy beschäftigen und so gut in den Träumen zum Ausdruck kommen. Einerseits fühlt sie sich einsam und ist traurig darüber. Und sie weiß nicht, was sie dagegen tun soll – man beachte, dass die Häuser nicht luxuriös und gut erhalten sind, sondern morsche Dielenfußböden haben und es keine Treppe gibt, also jeglicher Verbindungsweg zu den Leuten im unteren Bereich des Gebäudes fehlt. Andererseits ist Amy nicht selbstbewusst und sicher genug, als dass sie den Menschen dort wirklich begegnen möchte; deshalb fühlt sie sich auch auf ihrem Aussichtspodest so geborgen und wohl. Mit anderen Worten, es handelt sich hier um einen kathartischen Traum. Um ihn aufzulösen, bietet sich die Übung an, die ich in dem entsprechenden Kapitel vorgestellt habe: Amy soll beten und sich dahingehend programmieren, beim nächsten Mal und überhaupt immer, wenn der Traum wiederkehrt, eine wunderschöne, stabile Wendeltreppe vor sich entstehen zu lassen, über die sie sicher und gefahrlos von ihrem Aussichtspunkt auf dem morschen Balkon im dritten Geschoss direkt hinunter zu den Menschen im Lichthof im Erdgeschoss gelangen kann. Während sie die Treppe hinabschreitet, sollen die Menschen nicht nur zu ihr aufschauen und sie liebevoll anlächeln, sondern diejenigen von ihnen, die ihr besonders ans Herz gewachsen sind, sollen ihr entgegengehen, ihr die Hand reichen und sie in die Menge zurückbegleiten. Es soll sich wie ein richtiges Willkommensfest anfühlen. Je mehr Selbstsicherheit und Zugehörigkeitsgefühle sie sich für ihren Traum erbittet, desto zuversichtlicher wird sie im realen

Leben werden; so wird mit der Zeit die Überzeugung weichen, sie sei nur dann sicher, wenn sie allein ist.

Einen anderen häufig vorkommenden kathartischen Traum, in dem ein Haus im Mittelpunkt steht, beschreibt Nancy: »Solange ich denken kann, träume ich immer wieder von einem Haus. Die Umstände, unter denen ich es betrete, sind jedes Mal anders, doch im Haus selbst mache ich immer die gleiche Erfahrung. Irgendwann nämlich bemerke ich, dass dies wieder das gleiche Haus ist, welches mir aus meinen Träumen so bekannt ist und etwas Böses ausstrahlt. Und wie ich dann so durch die Räume wandere, habe ich das beklemmende Gefühl, es nicht verlassen zu können, ohne dieser bösen Wesenheit gegenüberzutreten. Mal spüre ich sie, wenn ich oben bin, und mal begleitet sie mich durchs Erdgeschoss. Es scheint mir, dass sie regelrecht zu mir spricht und mir nicht nur mit physischer Vernichtung droht, sondern mich einverleiben will. Sie würde sich meiner vollständig bemächtigen, knurrt sie mich an.«

Nancy durchlebt hier einen klassischen inneren Kampf, den viele Menschen mit ähnlichen Träumen aus eigener Erfahrung kennen. Lassen Sie mich zunächst einmal betonen, dass es nichts und niemanden gibt, das/der uns je »einverleiben«, »vereinnahmen« oder sich unserer »bemächtigen« könnte. Wenn Sie derlei Befürchtungen hegen sollten, kann ich Ihnen versichern, dass Sie vor etwas Angst haben, was im wahrsten Sinne des Wortes unmöglich ist. Wer auch nur einigermaßen bei klarem Verstand ist, der weiß, dass unser Leben hier auf Erden erfüllt sein sollte von Ehrlichkeit, Integrität, Freundlichkeit, Mitgefühl, Fleiß, Großzügigkeit und in Gott zentrierter, urteilsfreier Toleranz. Wenn wir ganz ehrlich sind, erscheint es uns dennoch manchmal leichter, profitabler und unterhaltsamer, der Versuchung nachzugeben, all diese Werte über Bord zu werfen und uns auch keine Mühe mehr zu geben, wie so viele Menschen ringsum es ohnehin längst zu tun scheinen. Das ist der Kampf, den wir alle, die wir aus dem Jenseits hierher gekommen sind, zu bestehen haben: Es geht nicht darum, Negativität zu vermeiden – dies wäre schlichtweg unmöglich –, sondern darum, sich ihr zu stellen und sie zu überwinden. Weil dies aber schwierig ist, haben wir gelegentlich größte Lust, alles hinzuschmeißen und den Kampf aufzugeben. Gott sei Dank gelingt es den allermeisten von uns, sich zusammenzureißen und sich dennoch zu stellen. Genau dieser Kampf nämlich ist der eigentliche Sinn unseres Daseins, und genau darum geht es in Nancys Traum: Das Gute konfrontiert das Böse. Schauplatz ist ein Haus, das sie selbst symbolisiert, die Überwindung der Furcht, dass das Böse sie auffressen könnte. Aber beachten Sie, dass es dies am Ende niemals tut, weil es dazu gar nicht in der Lage ist.

Daneben gibt es auch herrlich aufregende Träume von Häusern, und ich wünsche Ihnen möglichst viele davon. Ein einschlägiges Beispiel kommt von T. H.: »Viele Jahre lang habe ich von einem Haus geträumt. Es ist riesengroß und ziemlich renovierungsbedürftig, steckt aber voller Überraschungen. Immer wieder entdecke ich neue Räume oder ganze Bereiche des Hauses, von denen ich keine Ahnung hatte. Im wirklichen Leben habe ich selbst ein Haus, das mir gefällt, und ich habe keinerlei Interesse, mir eine andere Bleibe zu suchen.«

In diesem ziemlich häufig vorkommenden Traum liegt es auf der Hand, dass das Haus uns selbst repräsentiert. Stellt er sich ein, brauchen wir also nicht gleich an Umzugskartons zu denken. Träume von weitläufigen Häusern deuten darauf hin, dass wir uns unseres unbegrenzten Potenzials bewusst werden. (Ärgern Sie sich jetzt bloß nicht, wenn Sie immer von kleinen, voll gestopften Häusern träumen. Das ist nämlich für gewöhnlich ein Hinweis auf kathartische Träume dergestalt, dass wir uns eingeengt und klaustrophobisch fühlen, so als seien wir unserem Leben und uns selbst entwachsen – unseren Ansichten und bisherigen Verhaltens- oder Gedankenmustern. Spiegeln unsere Träume diese unterbewusste Erkenntnis wider, folgt fast immer eine Periode von großem emotionalem und spirituellem Wachstum.) Häuser, die »renovierungsbedürftig« sind, bedeuten nichts anderes, als dass wir mitten im Entwicklungsprozess stehen. Und welcher Mensch würde sich schon je »fertig und vollkommen« fühlen? Was all die Überraschungen, die neu entdeckten Räume und die unerforschten Bereiche des Hauses anbelangt: Hier handelt es sich definitiv um Botschaften aus dem Unbewussten, sich auf Überraschungen im Leben, neue Interessen und Ziele, bevorstehende Unternehmungen und unerwartete Möglichkeiten gefasst zu machen. Vielleicht entdecken wir auch bislang völlig unerforschte Teile unseres Selbst, von deren Existenz wir nie etwas ahnten.

Spielt ein Haus in Ihren Träumen eine signifikante Rolle, so steht mit ziemlicher Sicherheit fest, dass es sich um eine Astralreise zu einem Haus aus diesem oder einem vergangenen Leben handelt; oder aber es symbolisiert Sie selbst und Ihre Empfindungen über die physischen, mentalen, emotionalen und spirituellen Probleme, auf die Ihr Unbewusstes Ihren Verstand aufmerksam machen will. Eine genaue Zuordnung ist nicht immer ganz einfach. Aber als Maßstab dient: Wenn das Haus einfach nur Schauplatz des Geschehens ist und die Handlung in einer gewissen sequenziellen Abfolge stattfindet, so haben Sie eine Astralreise in die Vergangenheit angetreten, um sich noch einmal mit schönen oder weniger schönen Erinnerungen zu konfrontieren. Wenn das Haus hingegen die »Starrolle« zu spielen scheint oder selbst der eigentliche Gegenstand des Traumes ist, sollten Sie sich fragen, was es mitsamt seinem Inhalt Ihnen über Ihre Persönlichkeit sagen will.

Träume von Autos

Autos kommen ebenso häufig in Träumen vor wie Häuser, und sie haben ebenso vielfältige Bedeutung. Es kann sich um Erinnerungen aus vergangenen Inkarnationen oder aus frühen Phasen des aktuellen Lebens handeln. Weil der primäre Zweck eines Autos der ist, uns von Punkt A nach Punkt B zu bringen, lassen Träume vom Autofahren darauf schließen, dass wir uns in einer Übergangsphase des Lebens befinden. Und weil ein Auto das Vehikel ist, in dem unser Körper reist, und unser Körper wiederum das Vehikel, in dem unser Geist reist, ist es nichts Ungewöhnliches, dass unser Unbewusstes Autos, ebenso wie Häuser, als Symbole heranzieht, um *uns selbst* darzustellen.

»In meinem Traum befand ich mich auf dem Vordersitz des Autos. Mein Mann saß hinten. Ich saß verkehrt herum, sodass ich ihm direkt zugewandt war, und ich war angeschnallt. Dann fuhren wir los, und ich sagte ihm, er müsse mir meine Augen ersetzen, solange ich so umgedreht dasäße. Ich löste meinen Sicherheitsgurt, wohl wissend, dass dies gefährlich war, und versuchte mich umzudrehen. Der Hund war immer im Weg, und ich konnte nichts sehen, außer in kurzen Augenblicken. Dann wachte ich auf.« – *M. C.*

Sehen Sie jetzt, was ich meine? Wie oft schon haben wir das Gefühl gehabt, unser Leben verlaufe genau wie in diesem kathartischen Traum von M. C.: Wir versuchen, einen Schritt nach vorne zu machen, und die uns nahe Stehenden sitzen nicht nur untätig herum, ohne uns zu helfen, sondern sie sind uns auch noch im Weg, sodass wir uns unseren Weg um sie herum bahnen müssen. Träume wie dieser hier kommen besonders oft bei Menschen mit übergroßem Verantwortungsgefühl vor, denen auf einmal dämmert, dass sie sich so viel aufgeladen haben und nun nicht mehr von der Stelle kommen. Darum mein Rat an M. C. – ein Rat, den ich unzähligen Klienten mit ähnlichen Träumen vom Autofahren bereits mit auf den Weg gegeben habe: Programmieren Sie Ihren Traum dahingehend um, dass von Anfang an ein anderer am Steuer sitzt, jemand, dem Sie vertrauen. So können Sie die Autofahrt entspannt genießen und erkennen, dass manchmal auch andere Menschen gerne die Verantwortung übernehmen.

Wir verbringen so viel Zeit im Auto, dass es nicht überrascht, wie häufig sie in kathartischen Träumen auftauchen, um unsere Ängste zu symbolisieren. Die folgenden beiden Briefe sind repräsentativ für dutzend andere, die ich in den vergangenen Monaten zum gleichen Thema erhalten habe:

G. M. schreibt mir: »Einmal träumte ich davon, in meinem Auto unterwegs zu sein. Ich hatte einen Dreijährigen mit im Wagen. Wir kamen von der Straße ab und gerieten in eine Riesenschneewehe, aus der wir nicht mehr herauskamen. In einem anderen Traum wurde mein Kind von einem Auto überfahren, aber nicht verletzt. In meinem jüngsten Traum passierte das Gleiche wieder, doch diesmal war es tot.«

V. N. schreibt: »Ich träumte, wie ich aus dem Haus ging und das Baby auf den Rücksitz meines Autos setzte. Ungefähr auf halber Strecke zu meinem Ziel (was auch immer das gewesen sein mag) drehte ich mich um, um nach dem Kind zu sehen; aber es war nicht mehr da. Genau in dem Moment tauchte mein Vater in seinem Auto auf, und ich bat ihn um Hilfe. Ich weiß nicht, was daraufhin geschah. Als Nächstes stellte ich fest, dass mein Auto den Geist aufgegeben hatte; nur wenn ich an einer Kurbel drehte, konnte ich es dazu bewegen, jeweils ein paar Meter weiterzurollen. Ich war mir sicher, dass mein Baby inzwischen wieder zu Hause war. Die einzige Möglichkeit, zu ihm zu gelangen, war, den Wagen Meter um Meter auf diese mühsame Weise voranzubringen.«

Zunächst will ich G. M. und V. N. dahingehend beruhigen, dass ihre Träume keinerlei prophetischen Charakter haben. Solche Träume sind, wie wir wissen, eindeutig das Ergebnis von Astralreisen und folgen in ihrem Handlungsablauf immer einer gewissen Grundlogik. Im Gegensatz dazu haben kathartische Träume stets etwas Absurdes an sich – wie beispielsweise ein Kind, das von einem Auto überfahren, aber nicht verletzt wird, oder ein Auto, das man plötzlich nur per Handkurbel betreiben kann, um ein Baby wiederzufinden, das vom Rücksitz verschwunden ist und auf magische Weise in das Haus gelangte, aus dem man es ursprünglich mitgenommen hat. So sollten Deutungsversuche wie generell bei dieser Art von Träumen zunächst von der Tatsache der Katharsis ausgehen und die vorkommenden Bilder rückwärts aufgerollt werden, um herauszufinden, was der Träumende lösen bzw. loslassen will. Alle verantwortungsbewussten, liebenden Eltern werden mir beipflichten, dass es in diesen beiden und so vielen anderen, ähnlich gelagerten Fällen um eine Angst geht, die wir alle schon einmal gespürt haben, ob wir es nun zum Ausdruck bringen oder nicht – die Angst nämlich, dass unserem Kind etwas zustoßen und wir daran schuld sein könnten. (Es ist offensichtlich: Wer im Traum am Steuer sitzt, hat das Kommando, ist verantwortlich und muss für mögliche Fehler und Versäumnisse geradestehen.)

Etwas, das ich mir im Zusammenhang mit meinen eigenen Kindern und Enkeln tausende Male selbst habe ins Gedächtnis rufen müssen, ist, dass wir immer nur versuchen können, unser Bestes zu geben. Für Eltern gibt es auf dieser Erde nichts Wichtigeres und Vorrangigeres als das mentale, emotionale und physische Wohlergehen ihrer Kinder. Auch wenn wir ein Leben lang nach dieser Prämisse handeln, statt nur davon zu reden, werden wir irgendwann einsehen müssen, dass wir noch so präsent, wachsam und aufopfernd sein können –

es wird doch kein Tag vergehen, an dem wir uns um unsere Kinder nicht wenigstens ein bisschen Sorgen machen. So beängstigend diese spezielle Art von kathartischem Traum auch sein mag, relativieren wir ihre Bedeutung, begreifen wir, dass sie quasi mit zum Berufsrisiko der Elternschaft gehört, und erkennen wir darin keine Warnung, sondern schlicht die unterbewusste Furcht davor, eine Form von Liebe und Verbundenheit zu verlieren, wie es sie sonst auf Erden nicht gibt.

Hier nun ein wiederkehrender Traum von Teresa, der ebenfalls nur allzu leicht missgedeutet werden könnte: »Ich fahre mit einem großen, schwer manövrierbaren Auto auf einer gefährlichen Bergstraße entlang. Ein fürchterliches Unwetter kommt auf. Ich höre, wie der Regen auf das Dach des Wagens prasselt. Die Strecke vor mir kann ich kaum einsehen. Meine drei Kinder sitzen auf dem Rücksitz. Sie weinen vor Angst und kauern sich eng aneinander. Ich verspreche ihnen unentwegt, dass alles gut werden wird, obwohl ich selbst nicht so recht daran glaube. (Eigenartigerweise habe ich im wirklichen Leben nur ein Kind, aber im Traum sind es drei. Es müssen eigene sein, denn ich liebe sie so, dass ich für sie mein Leben geben würde.) Auf dem Weg vor mir sehe ich weder Lichter noch irgendetwas anderes, das auf eine Form von Hilfe hinweisen würde, und ich fürchte mich sehr. Doch ich weiß, dass ich weiterfahren muss, weil wir am Ende dieser Reise in Sicherheit sein werden. Wir überqueren eine alte Brücke kurz unterhalb des Berggipfels, und just als sie unter dem Gewicht des Autos zusammenzubrechen droht und ich erkenne, dass wir nicht mehr zu retten sind, wache ich schreiend und am ganzen Körper zitternd auf.«

Das ist eine Astralreise in ein höchst reales früheres Leben, das Teresa im Appalachen-Gebirge der USA Ende des 18. Jahrhunderts führte. Sie befand sich mit ihren drei Kindern auf der Flucht zum Haus ihrer Eltern in Pennsylvania, nachdem ihr psychisch total gestörter Mann versucht hatte, sie umzubringen, weil er sie für »besessen« hielt. Das große Auto war in Wirklichkeit ein Fuhrwerk mit einer notdürftig darüber geschlagenen Plane. Dass Teresa in dem Moment aufwacht, wo die Brücke einzustürzen beginnt, erspart es ihr, den eigenen Tod und den Tod ihrer Kinder noch einmal durchleben zu müssen. Erkennt sie, dass der Traum bloß auf Erinnerungen an ein längst vergangenes Leben gründet und keinerlei Relevanz für ihre jetzige Existenz hat, außer dass er ihr den glorreichen Beweis ihrer Unsterblichkeit liefert, dann kann sie den damals erfahrenen Schmerz und die Schuldgefühle endgültig loslassen. Der Traum wird dann nie wieder auftauchen.

Dann erhielt ich noch folgenden originellen Brief von Claire: »Dieser Traum kommt mehrmals im Monat. Drei Personen treten auf: Mein Vater, meine Tante und ich. Es herrscht eine von heiterer Gelassenheit und Liebe geprägte Atmosphäre. Wir sitzen immer im Auto, fahren in keine bestimmte Richtung, sind einfach zusammen unterwegs und betrachten die herrliche Landschaft und die gelegentlich auftauchenden Städte. Im realen Leben kenne ich die Orte nicht, die wir da bereisen, aber im Traum ist mir alles so sehr vertraut. Ich habe keinerlei Vorstellung davon, wo wir uns befinden oder wohin wir in diesen Träumen fahren, aber es interessiert mich auch nicht. Ich denke gar nicht darüber nach.«

Tatsache ist, dass wir uns des Nachts mit uns nahe stehenden Menschen treffen, um mit ihnen gemeinsam Astralreisen zu unternehmen. Claire hat dazu das Symbol des Autos gewählt, statt sich den Empfindungen des Fliegens hinzugeben, was viele Astralreisende tun. Besonders wenn wir unter größerem Stress stehen als sonst und uns nach Entspannung, Geborgenheit und heiterer Gelassenheit sehnen, holen wir uns dies, während wir schlafen, und zwar in Gesellschaft eben jener Menschen, die uns das Gewünschte geben können. So genießt es Claire, gemeinsam mit ihrem Vater und ihrer Tante nachts ins Jenseits zu reisen – denn genau dorthin führen ihre Besuche, wie an der wunderschönen Landschaft und der bemerkenswerten Vertrautheit erkennbar ist, selbst wenn Claire den Ort aus dem Wachbewusstsein heraus nicht zu kennen scheint. Ich habe einen lieben Freund namens Bernie, doch wir sind meist so beschäftigt, dass uns nicht oft Gelegenheit zur persönlichen Begegnung bleibt. Gelegentlich fragen wir uns scherzhaft, wie oft wir das Versäumte wohl des Nachts nachholen, indem wir spontan und ohne groß zu planen mehrmals pro Monat gemeinsame Streifzüge durch astrale Gefilde unternehmen.

Wenn Sie sich also morgens beim Aufwachen erinnern, dass Sie wieder einmal im Auto unterwegs gewesen sind, dann sind Sie wohl astral in die Vergangenheit oder zu Angehörigen und Freunden gereist, mit denen Sie gern zusammen sein wollten. Womöglich hat Ihr Unbewusstes die Autofahrt aber auch als vertrautes Symbol für Sie selbst benutzt, um auf Probleme aufmerksam zu machen, die Sie womöglich stärker belasten, als Sie geahnt haben.

Träume von Unwettern, Überflutungen und Tornados

Manchmal wollen uns die Archetypen in unseren Träumen genau das sagen, was sie konkret darstellen, und Unwetter, Überflutungen und Wirbelstürme sind gute Beispiele hierfür, sofern es sich bei den Traumbildern nicht um Erinnerungen an ein früheres Leben handelt. Sie weisen auf emotionale Turbulenzen, Hilflosigkeit, Ohnmacht und Überforderung, Furcht vor Unvorhergesehenem und ein generelles Gefühl des Kontrollverlusts hin. Verständlich also, dass sich diese Symbole nach den Schreckensereignissen vom 11. September in unseren Träumen vermehrt zeigen – dem Tag, an dem jeder gesunde, mitfühlende, gottesfürchtige Mensch auf dieser Welt diese und noch ganz andere Emotionen zu spüren bekam.

»Ich hatte einen schrecklichen Traum«, berichtet J. A. »Ein Tsunami bedroht die Küste. Alle versuchten, sich per Flugzeug in Sicherheit zu bringen, aber ich konnte nicht wegkommen. Immer wieder ging ich in mein Haus zurück, um Sachen zu holen, die ich vergessen hatte. Ich träumte das kurz nach den Anschlägen vom 11. September.«

Marilyn schreibt: »Ich träume ständig davon, wie ich entweder einer Flut oder einer anderen größeren Katastrophe zu entkommen suche. Meist versuche ich, meine Haustiere für den Transport einzufangen oder irgendwelche persönlichen Dinge zusammenzusuchen. Diese Träume verfolgen mich seit Jahren, doch nach dem 11. September sind sie noch viel schlimmer geworden.«

Lassen Sie mich nochmals darauf hinweisen, dass der 11. September eine von Menschenhand ausgelöste Tragödie war. Gott ist nicht der Verursacher gewesen. Aber wie so oft in der Zeit danach zu hören war, empfanden viele die Ereignisse als echten Tiefschlag. Sie lösten ähnliche Gefühle aus, wie sie bei Naturkatastrophen entstehen, die wir in unseren kathartischen Träumen verarbeiten. Die Prüfungen des Lebens sind ohnehin hart genug, wenn wir an ihrer Verursachung beteiligt sind. Doch es gibt Weniges, was uns so verletzt, wie von einem Tiefschlag getroffen zu werden, den wir weder vorhersehen konnten noch verdient haben und gegen den wir uns ganz offensichtlich nicht wehren können.

Im Traum von D. G. ist eine Botschaft enthalten: »Zu Beginn meines Traumes halte ich mich mit meinen zwei besten Freunden in einer geräumigen Garage auf. Außen braut sich ein Sturm zusammen. Plötzlich bemerken wir, dass ein Tornado auf uns zukommt. Während meine Freunde Unterschlupf unter diversen Möbelstücken suchen, versuche ich, das Garagentor zu schließen. Doch ich bin zu spät dran, und der Tornado fegt mich fort. Wie er mich in die Luft trägt und ich auf meine Freunde hinunterblicke, schreie ich und bete zu Gott um Schutz. Ein paar Minuten später jedoch setzt mich der Tornado beinahe weich und sanft auf der Erde ab. Am Boden zusammengekauert weine ich vor Erleichterung. Da merke ich auf einmal, dass jemand oder etwas hinter mir ist. Ich drehe mich um und sehe, dass sich der Tornado in einen großen schwarzen Mann verwandelt hat. Er streckt seine Hand aus und legt sie mir wohlwollend auf die Schulter. Dann sagt er: ›Dein Glaube wird belohnt werden.‹ Damit endet der Traum.«

Was mir an diesem kathartischen Traum so gut gefällt, ist die klare Aussage, dass Glaube und Gebet uns retten können, selbst wenn das Leben so über alle Maßen chaotisch verläuft wie während des Tornados, der D. G. wegfegte. Der eine mag dies bereits hier auf Erden erfahren, andere gewinnen diese Einsicht erst im Jenseits. Was D. G. sicher nicht wusste, doch irgendwie spürte: Der »große schwarze Mann« ist eine ziemlich gut aussehende Erscheinung mit leuchtend braunen Augen, hört auf den Namen Conroe und ist sein Geistführer. Das behagliche Gefühl, das von ihm ausging, sowie sein Versprechen, der Glaube werde belohnt werden, sind Beweis genug. In seinem Traum verwandelt D. G. einen schrecklichen Tornado in einen seiner größten Beschützer. Sein Unbewusstes hat da sehr klug gehandelt. Den darin enthaltenen Hinweis zur »Programmierung« sollten auch wir uns zu Herzen nehmen: Schreiben wir etwaige Träume von Unwettern, Überflutungen, Wirbelstürmen und anderen Naturkatastrophen so um, dass sie sich am Ende in eine konkrete Ausdrucksform von Liebe, Schutz und Geborgenheit verwandeln, so werden wir stets aufs Neue daran erinnert, dass wir wirklich und wahrhaftig unsterblich sind.

Träume von Tieren

Jetzt kommen wir zu einer Traumsymbolik, die so exakt und spezifisch ist wie kaum etwas sonst. Im Kapitel über Wunschträume habe ich erwähnt, dass unsere emotionalen Reaktionen auf die in unseren nächtlichen Bildern vorkommenden Archetypen weitaus mehr zum Verständnis unserer Träume beitragen als irgendwelche Definitionen von Jung oder Freud oder aus Traumdeutungsbüchern. Auch meine eigenen Interpretationen bilden hier keine Ausnahme. Ein klassisches Beispiel: Tauben gelten als Zeichen von Frieden und Reinheit – etwa Seelenfrieden, eine Vorstellung oder Person, mit der wir uns arrangiert haben oder arrangieren möchten, das unbefleckte Bild von reinen weißen Flügeln und so weiter. Haben Sie aber nun schreckliche Angst vor Vögeln, dann dürften Tauben in Ihren Träumen keine Gedanken an Frieden und Reinheit bei Ihnen auslösen. Sie werden vielmehr mit Schweißperlen auf der Stirn und pochendem Herzen aufwachen.

Trotzdem denke ich, dass ich Ihnen einige neue Perspektiven zur Tiersymbolik eröffnen kann, sodass Sie Traumbilder besser einzuordnen lernen, die Sie bisher womöglich als so verwirrend erlebten, dass Ihnen manch schöner Bezug verborgen blieb.

Träume von Totems

»Solange ich mich erinnern kann, habe ich immer wieder von einem Bär geträumt, der mir nachjagt. Es passiert nie sehr viel anderes, als dass ich weglaufe und im Zurückschauen dieses große Tier direkt hinter mir sehe.« – *Gary*

Ob Sie es glauben oder nicht, Gary, Sie rennen vor einer

wunderschönen Kreatur weg, die Sie sich selbst ausgewählt haben, damit sie in diesem Erdendasein über Sie wachen und Sie beschützen soll. Der Bär »verfolgt« Sie nicht, er läuft hinter Ihnen her, um in Ihrer Nähe zu sein und Sie nicht aus den Augen zu verlieren. Sie selbst haben ihn darum gebeten. Wenn er das nächste Mal hinter Ihnen herläuft, bleiben Sie stehen, drehen Sie sich um und schauen Sie ihn an. Sie haben mein Wort: Er wird Ihnen nichts tun. Er wird Sie höchstens in die Arme schließen.

Wenn wir im Jenseits sind und uns auf unser Herkommen vorbereiten, suchen wir uns einen Kreis von Beschützern aus, die uns helfen sollen, die rauen Klippen unserer irdischen Reise zu umschiffen, und die uns wieder sicher und heil zurückbringen sollen. Hierzu zählen unser Geistführer, unsere Schutzengel und auch das Tier unserer Wahl. Tiere nämlich sind reine Geistwesen in Gottes hochheiliger Schöpfung. Dieses in Geistform existierende, für uns oft aber erst im Schlaf – also im Bereich des Unbewussten – sichtbar werdende Tier ist unser Totem. Aller Wahrscheinlichkeit nach gibt es auch in Ihrem Leben ein bestimmtes Tier, an dem Sie aus unerfindlichen Gründen besonders interessiert sind oder zu dem Sie sich unerklärlicherweise hingezogen fühlen. Sie können sicher sein, dass es sich dabei um Ihr Totem handelt. Jetzt in diesem Augenblick ist es bei Ihnen. Es lässt Sie nie aus den Augen, wacht über Sie und schenkt Ihnen eben jene faszinierende, schlichte, bedingungslose Liebe, wie sie für Tiere im Diesseits wie im Jenseits so charakteristisch ist. Wenn Sie Ihr persönliches Totem kennen lernen möchten, sollten Sie nicht den logischen Pfad beschreiten oder sich an gängigen Klischees bzw. daran orientieren, welches Haustier Sie gern halten würden. Mein Totem ist ein Elefant, mein Freund Bernie hat ein Nashorn zur Seite und einer meiner Ex-Ehemänner einen Panther. Alle drei sind nicht unbedingt als Haustiere geeignet, aber ich muss gestehen: Wenn ich einen Elefanten zu Gesicht bekomme, ist es nicht leicht, mich wieder von ihm loszueisen.

A. B. wird mir sicher beipflichten. »Ich bin 31 und Mutter von drei Söhnen«, sagt sie. »Mein ganzes Leben lang habe ich von Walen geträumt. Ich lebe am Meer, und in meinen Träumen schwimme ich inmitten von lauter Walen. Sie kommen so nahe heran, dass ich sie anfassen kann, aber ich habe keine Angst vor diesen schönen und faszinierenden Kreaturen. Warum träume ich nur immer wieder von Walen?«

Ich könnte einen ganzen Abschnitt über Wale als Inbegriff für Freiheit, Anmut und Grazie schreiben. Und in so manchem Traum bedeuten sie bei manchen Menschen genau dies. Aber im Fall von A. B. ist das anders. Sie hat ihr Leben lang von Walen geträumt, weil der Wal ihr Totem ist. Während sie schläft, erinnert sich ihr Geist an diese Tatsache und nutzt jede Gelegenheit, ihren über alles geliebten Beschützer zu besuchen.

C. K. hingegen schreibt von regelmäßigem, physisch greifbarem Kontakt zu ihrem Totem, ohne zu verstehen, was es mit ihrem Traum auf sich hat: »Im Halbschlaf habe ich oft das Gefühl, dass eine Katze neben mir liegt. Manchmal spüre ich richtig, wie sie auf mir herumklettert und sich an mich gedrückt zum Schlafen einkuschelt. Das Unheimliche daran ist: Ich kann die Umrisse der Katze klar erkennen, obwohl sie doch gleichzeitig unsichtbar ist.«

Eine bessere Beschreibung einer Katze in geistiger Gestalt könnte man nicht liefern. Zudem werden wir daran erinnert, dass Geistwesen tatsächlich eine Form und Gestalt haben und nur deshalb »unsichtbar« sind, weil sie in einer anderen Dimension mit einer höheren Schwingungsebene als auf Erden leben.

Auch hier sehen wir wieder, dass es eine Vielfalt von »herkömmlichen« Deutungen für Katzen in Träumen gibt; ausschlaggebend ist immer die subjektive Erfahrung des Träumers. Für viele symbolisieren Katzen etwas Geheimnisvolles oder auch Anmut, Unabhängigkeit, Intelligenz und uralte Weisheit. Manche assoziieren mit den Tieren Verrat, Furcht, Hinterlist, Arroganz und Ablehnung. All diese Bedeutungen können richtig sein, müssen aber nicht unbedingt *für Sie persönlich* zutreffen. Letzlich kommt es nur darauf an, was Sie aus Ihren individuellen Träumen herauslesen und erfahren.

Kommen wir zu J. S., der mir schrieb: »Eines Nachts träumte ich davon, wie ich als Adler hoch oben auf den Mauern einer Burg thronte. Wenige Sekunden später flog der Adler, von dem ich wusste, dass ich es war, über das weite Land und verschwand im Wald. Was bedeutet das?«

Wann immer wir uns so eng mit einem Tier identifizieren, dass sich die Grenzen zwischen ihm und uns verwischen, lässt das darauf schließen, dass wir eine Begegnung mit unserem Totem erlebt haben. J. S. kann froh sein, einen Adler als Totem zu haben. Üblicherweise stehen Träume von Adlern wie generell von den meisten Vögeln allerdings für eine Sehnsucht nach Freiheit und Unabhängigkeit oder auch für die Flucht vor etwas, das uns eingrenzt oder beschränkt. Vorausgesetzt natürlich, man hat keine Angst vor Vögeln. Aber ich habe ja bereits oft genug betont, dass immer das ausschlaggebend ist, was diese Archetypen *für uns ganz persönlich* bedeuten.

Nicht alle Tiere in unseren Träumen sind solche Totems. Wie gerne würde ich Ihnen Unterscheidungskriterien zur Hand geben, mit denen Sie hundert Prozent sicher sein können, worum es sich jeweils handelt, aber die gibt es einfach nicht. Ich kann Ihnen nur raten, diese Möglichkeit in Betracht zu ziehen und nachzuspüren, ob sich Ihre Deutung tief in Ihrem Inneren wahr anfühlt und in Ihrem Geist auf Resonanz stößt, der die ganze Wahrheit kennt.

Selbst wenn Tiere nicht immer Totems sind, sind sie in unseren Träumen doch nützliche Boten, um Dinge darzustellen, die unser Verstand entweder zu umgehen sucht oder noch gar nicht bemerkt hat.

»Ich träume häufig, dass ich eine oder mehrere Katzen mit auf die Reise nehme und dann Angst habe, sie würden aus dem Auto springen oder ich könnte sie irgendwie verlieren. Eine davon halte ich sogar in einer Reißverschlusstasche versteckt, und es ist jemand da, der sie hütet. Die Angst, dass sie weglaufen könnte, ist riesig, und ich wache mit dem Gefühl auf, sie sei mir irgendwie doch abhanden gekommen. Es ist mein Fehler, und es hätte bestimmt irgendetwas gegeben, wie ich es hätte verhindern können.« – *Barbara*

In diesem wiederkehrenden Traum stehen die Katzen stellvertretend für Menschen, die Barbara nahe stehen. Ihr Unbewusstes will ihr auf diese Weise empfehlen, sich mit ihren Verlustängsten und dem Gefühl auseinander zu setzen, dass ihre einzige Aufgabe darin bestünde, andere davon abzuhalten, sie zu verlassen. Sie soll begreifen, dass sie nur solche Beziehungen aufrechterhalten kann, die auf Gemeinsamkeit und Gegenseitigkeit basieren, und dass das allzu beharrliche Festhalten an einem Menschen das beste Mittel ist, ihn in die Flucht zu schlagen. So alt diese Weisheit auch sein mag, sie gilt auch heute noch: Lieben wir etwas, so müssen wir es erst loslassen. Wenn es dann freiwillig zu uns zurückkommt, wird es für immer bei uns bleiben! Bedenken Sie, Barbara, früher oder später wendet sich jede Geisel, auch wenn man sie noch so sehr umsorgt und »liebt«, in Groll gegen den, der sie einst gefangen genommen hat.

S. J. berichtet von einem kathartischen Traum, in dem die häufig auftretenden Archetypen von Ratten und Mäusen klug in Szene gesetzt sind: »Ich war in einem großen Haus zusammen mit all meinen lieben Freunden. Wir genossen das Beisammensein, aber wir warteten auf die Musikanten, um tanzen zu können. Urplötzlich tauchten wie aus dem Nichts riesig große, ekelhafte Ratten mit schrecklich scharfen Zähnen auf. Sie jagen hinter mir her. Ich aber fürchte mich nicht vor ihnen. Ich finde sie eigentlich ganz originell. Trotzdem renne ich fort, weil sie mir auf den Fersen sind. Da plötzlich falle ich über eine lange Rutsche hinunter in ein tieferes Geschoss des Hauses. Hier sehe ich mich von kleinen, niedlichen Mäusen umgeben, die sich in einer Art Starre befinden, so als ob sie auf etwas warteten. Da ist ein Orchester. Bei meinem Eintreffen fängt es zu spielen an, und im selben Moment kommen die Mäuse in Bewegung. Die Ratten sind immer noch hinter mir her. Um ihnen zu entkommen, flüchte ich auf diverse Plattformen, die sich wie ein Paternoster nach oben und unten bewegen und durch die Decke hindurchzufahren scheinen.«

Ratten und Mäuse in einem Traum deuten häufig auf das ungute Gefühl hin, von etwas oder jemandem übermannt zu werden. Auch bei S. J. ist das so, doch mit der interessanten Wendung, dass die Kreaturen in diesem Fall ganz klar ihre Gunst gewonnen haben. Die Mäuse bezeichnet sie als »niedlich«, und sogar die großen, ekelhaften Ratten findet sie »originell« und überhaupt nicht zum Fürchten. S. J. hat das große Glück, eine ganz wunderbare Familie und einen gut funktionierenden Freundeskreis zu haben; kein Wunder, dass die Menschen in ihrem Umfeld ihre Gunst gewinnen. Dass sie manchmal das Gefühl hat, etwas mehr Zeit für sich selbst zu brauchen, richtet sich nicht gegen sie und schmälert nicht ihre Liebe für sie. Es ist nur ein Signal, dass sie sich einen großen Dienst erweisen würde, endlich auf einfühlsame Weise vernünftige Grenzen zu setzen, um sich einen eigenen, ganz persönlichen Freiraum zu schaffen. Dann dürfte sie nicht mehr den Eindruck haben, der Ansturm von geliebten Menschen würde »aus dem Nichts« auftauchen, und sie wird diese nicht mehr als so abhängig von ihr erleben, dass die Musik angeht und Bewegung in die Truppe kommt, sobald sie auf den Plan tritt.

Um eine andere, sehr weit verbreitete Angst von Eltern zu veranschaulichen, greifen sowohl E. M. als auch ihr Mann in ihren kathartischen Träumen zu den archetypischen Bildern von Wölfen und Kojoten: »In meinen Träumen sah ich meinen Mann und mich zusammen mit unserem fünfjährigen Sohn im Liegestuhl am Fuß eines Berges liegen. Urplötzlich erschien ein Rudel Wölfe. Sie taten weder meinem Mann noch mir etwas, packten jedoch unseren Sohn, schleuderten ihn hin und her und schleppten ihn schließlich davon. Ich weiß nicht einmal, ob ich überhaupt aufstand. Am nächsten Morgen saßen mein Mann und ich beim Frühstück, und er berichtete mir, wie schrecklich er letzte Nacht geträumt habe. Er sei zusammen mit unserem Fünfjährigen auf Kojotenjagd gegangen. Um einen besseren Überblick zu bekommen, sei er auf einen Baum gestiegen und habe den Jungen unten gelassen. Plötzlich sei lautes Trampeln zu hören gewesen, und wie aus dem Nichts sei ein großer Wolf erschienen. Er habe sich auf unser Kind gestürzt, ohne dass mein Mann von seinem Hochsitz aus etwas dagegen hätte unternehmen können.«

Wölfe und Kojoten in Träumen repräsentieren im Allgemeinen Heimlichtuerei sowie das Gefühl, von etwas Kaltem, Gefühllosem und Räuberischem verfolgt zu werden. Sie sind eine Warnung für drohende Gefahren, sowohl im Hinblick auf unsere physische als auch auf unsere emotionale Gesundheit. Im Falle von E. M. und ihrem Mann sind diese kathartischen Träume eine Reaktion darauf, dass ihr Sohn bald in die Schule kommen und dort vielerlei Fremdeinflüssen ausgesetzt sein wird, nachdem sie jahrelang die alleinige Kontrolle über sein Umfeld ausgeübt hatten. Die Hilflosigkeit, die beide Eltern im Traum gespürt haben, ist Ausdruck der eigenen Ohnmacht gegenüber dem Unvermeidlichen. Und es ist kein Zufall, dass die Gefühle in beiden Fällen von den Archetypen der Wölfe und Kojoten veranschaulicht werden, denn sie vermitteln den Eindruck, dass man »ihren Sohn den Wölfen vorwirft«, wobei die »Wölfe« in diesem Fall wohlgemerkt für die neuen Einflüsse stehen. Bei sich nahe stehenden Menschen ist es nichts Ungewöhnliches, auf telepathischem Wege Bilder auszutauschen, besonders während des Schlafs. Derjenige von den beiden, dem das Wolfssymbol zuerst in den Sinn kam, übermittelte es in diesem Fall an den anderen weiter. So kam es, dass sie in jener Nacht den gleichen unbewussten »Film« angesehen haben.

In Träumen gibt es fast so viele Tierarchetypen, wie es Tiere auf der Welt gibt. Vergessen Sie bei den oben genannten »klassischen« Deutungen und den nachfolgenden Hinweisen zur allgemeinen Symbolik bitte nicht, Ihre ganz persönliche und für Sie umso richtigere Definition mit einfließen zu lassen. Viele meiner Klienten führen in ihren Traumtagebüchern Listen von Archetypen – nicht nur von Tieren, sondern in jeglicher Hinsicht. Neben jedem Begriff gibt es zwei Spalten mit Bedeutungen unter der Überschrift »klassisch« oder »persönlich«. Sie sind sehr gut damit gefahren und würden mir sicher beipflichten, wenn ich Ihnen empfehle, es ihnen gleichzutun.

Frösche können ein Gefühl anzeigen, zu vielen Menschen oder zu vielen Ansprüchen und Erwartungen ausgesetzt zu sein. Häufig sind sie auch Zeichen dafür, auf jemanden eifersüchtig oder das Objekt von fremder Eifersucht zu sein.

Füchse deuten auf die Versuchung hin, etwas mit Schläue oder List anzugehen. Manchmal stehen sie auch für die Befürchtung, dass jemand aus dem direkten Umfeld durchtrieben oder gemein statt offen und direkt agieren könnte, sodass man glaubt, »sich den Rücken freihalten« zu müssen.

Vögel können neben der bereits erwähnten Sehnsucht nach Freiheit und dem Fehlen von Beschränkungen auch ein Zeichen dafür sein, dass gute Nachrichten ins Haus stehen.

Eulen können auf eine Sehnsucht nach tieferer spiritueller Weisheit deuten. Weil sie so gute Augen haben, können sie uns auch warnen, dass jemand in der Nähe ist, der uns – eher in emotionaler als physischer Hinsicht – übel will.

Pferde sind herrliche Sinnbilder für Stärke und die Sehnsucht nach jemandem, mit dem man gemeinsam seine Last tragen möchte. Sie sind auch klassische Symbole für die Notwendigkeit, eine neue Stufe der Weisheit zu erklimmen, oder für das Gefühl, diese bereits erreicht zu haben.

Elefanten symbolisieren ebenfalls außerordentliche physische Kraft sowie Zähigkeit und glühende Loyalität.

Obwohl der *Esel* in den USA das Maskottchen der demokratischen Partei ist, hat er in Träumen nichts mit Politik zu tun. Im klassischen Sinne stehen die Tiere entweder für sinnlosen Starrsinn oder die Angst, sich in einer bestimmten Situation wie ein »Esel« benommen zu haben.

Als Nächstes kommt eine Kategorie von Träumen, die wir wahrscheinlich alle schon irgendwann einmal gehabt haben und die uns rückblickend schaudern lassen, weil wir womöglich denken: Irgendetwas ist mit mir nicht ganz in Ordnung.

Träume von Nacktheit und anderen öffentlichen Peinlichkeiten

Die gute Nachricht lautet: Es sind immer kathartische Träume, wenn wir uns selbst in der Öffentlichkeit nackt sehen oder irgendeinen anderen peinlichen Auftritt haben. Zum Glück handelt es sich weder um Wunschträume oder – schlimmer noch – um prophetische Visionen. Solche nächtlichen Bilder sind alltäglich, und mir ist bisher noch niemand begegnet, der sie gerne hat – ich selbst bin da nicht ausgenommen.

Nachfolgend eine kleine Auswahl aus unzähligen Träumen, die mir meine Klienten und Leser zu diesem Thema mitgeteilt haben:

»Ich träume wiederholt davon, keine Toilette finden zu können.« – *V. O.*

»Ich träume immer wieder, wie ich in einem Hotel auf der Suche nach einem Zimmer bin. Mal schickt man mich in die falsche Richtung, mal streikt der Aufzug oder ich bleibe darin stecken oder er bringt mich auf eine falsche Etage. Immer ist ein Badezimmer mit im Spiel. Manchmal will ich mich in einer Umkleidekabine duschen, habe aber mein Shampoo vergessen oder es weggegeben; und jemand ist da, vor dessen Blicken ich mich nicht schützen kann. Dann habe ich jedes Mal ein Problem mit dem Waschtisch, der entweder ›in Bau‹ ist, als Loch im Fußboden gähnt oder von der Wand abgenommen wurde. Letzte Nacht war ich auf dem Dach des Hotels und versuchte, durch das Badezimmerfenster ins Zimmer zu klettern, weil ich offenbar den Schlüssel vergessen hatte.« – *M. W.*

»Mein ganzes Leben lang verfolgt mich der Traum, dass ich im Badezimmer bin und auf der Toilette sitze. Auf einmal schaut ein Mann zur Tür herein – die Tür wurde entweder geöffnet oder ausgehängt. Ich schreie und weine, aber er lacht mich nur aus und will einfach nicht gehen.« – *B. B.*

»Im realen Leben erwarte ich gerade mein erstes Baby – es wird ein Junge. Ich träume immer wieder davon, dass ich ihn stille und plötzlich merke, dass keine Milch mehr kommt. Dann wird mir bewusst, dass ich für alle Welt zu sehen auf einer Bank in einem öffentlichen Park sitze. Die Leute schauen mir zu, und obwohl ich sie kenne, macht es mich nervös und ist mir äußerst peinlich.« – *Tanja*

»In meinem wiederkehrenden Traum werde ich von einem Erdbeben wach. Es macht mir so viel Angst, dass ich aus dem Bett springe, zur Haustür hinauslaufe und mehrere Häuserblocks weit renne. Nun stehe ich da mitten auf der Straße und bin vollkommen nackt. Von allen Ecken und Enden kommen Menschen aus ihren Häusern und Wohnungen – ruhig, normal und so gekleidet, als würden sie zur Arbeit gehen. Sie gaffen mich an, als sei ich geisteskrank. Ich schäme mich fürchterlich, und aus den Blicken der Passanten entnehme ich, dass niemand außer mir das Erdbeben gespürt hat. Das lässt meinen Auftritt noch unschicklicher erscheinen, als ich ihn ohnehin schon empfinde.« – *Denise*

Kathartische Träume wie diese sind nicht gerade dazu angetan, uns morgens frohgemut aus dem Bett hüpfen zu lassen. Weil sie aber so gängig und weit verbreitet sind, brauchen wir sie nicht als Zeichen zu werten, dass wir insgeheim pervers seien und uns schleunigst in einer psychiatrischen Klinik durchchecken lassen sollten.

Sie haben wahrscheinlich schon gehört oder gelesen, dass solche Träume auf eine Furcht vor Entblößung schließen lassen, und größtenteils trifft das auch zu. Trotzdem sollten wir es nicht bei dieser oberflächlichen Deutung belassen. Sie können auch auf ein Gefühl hinweisen, unvorbereitet oder allzu verletzlich zu sein und über unzulängliche innere Verteidigungsmechanismen zu verfügen, mit denen man sich selbst schützen könnte. Dann gibt es da noch die Angst, sich vor anderen lächerlich zu machen oder sich eine Blöße zu geben und auf einmal »mit heruntergelassenen Hosen« dazustehen, also ohne die Fassade, die man sich »für die Öffentlichkeit« aufgebaut hat. »Furcht vor Entblößung« umfasst auch die Tatsache, dass jeder von uns wohl irgendein Geheimnis hat – etwas, das wir über uns nur ungern preisgeben würden aus der meist richtigen Einstellung heraus, dass es niemanden etwas angeht. Würden die intimsten Details aus unserem Leben in die Öffentlichkeit getragen, so erscheint es uns, dann verlören wir alle Würde, Achtung und Glaubwürdigkeit, die wir uns so hart erarbeitet haben.

Zum Glück handelt es sich auch hier um kathartische Träume, die sich zur Umprogammierung auf ein neues Ende geradezu anbieten. Sobald Sie sich auf diese Weise von Ihrer Furcht befreit haben, werden Sie in der Gewissheit aufwachen, das Gefühl der Kontrolle, das sich Ihnen entzogen hatte, wieder zurückgewonnen zu haben. Wenn demnächst wieder einmal nächtliche Bilder auf die eine oder andere Weise »Furcht vor Entblößung« signalisieren sollten, dann bitten Sie in Ihren Abendgebeten darum, am Höhepunkt der Peinlichkeit Ihren Blick in die Runde schweifen zu lassen, um festzustellen, dass all die anderen, die Ihnen in den früheren Versionen Ihrer Träume als Beobachter gegenüberstanden, jetzt genau das Gleiche tun wie Sie. Wenn Ihnen andere auf der Toilette zuschauen, lassen Sie sie eintreten und sich zu Ihnen gesellen und die WCs links und rechts von Ihnen benutzen. Und wenn Sie auf einer öffentlichen Parkbank sitzen und Ihr Baby stillen, dann werden Sie eine aus einem Heer von Frauen, die so weit das Auge reicht auf anderen Parkbänken sitzen und ebenfalls stillen. Sehen Sie sich nackt mitten auf der Straße stehen, dann suggerieren Sie sich, dass all die Passanten, die Sie anstarren, auch nackt sind. Sie werden angenehm überrascht sein, wie gut es sich anfühlt, wenn man sich auch im Traum dagegen wehrt, sich nackt oder unanständig fühlen zu müssen.

Träume von Zahn- oder Haarausfall

»Immer und immer wieder habe ich den gleichen Traum. Er beginnt damit, dass ich mir die Zähne mit Zahnseide reinige, dann werden sie langsam locker und fallen einer nach dem anderen aus. Innerhalb von Sekunden habe ich sie alle verloren.« – F. R.

»In vielen Träumen habe ich das Gefühl, dass mir die Zähne ausfallen. Manchmal halte ich sie am Ende zerbröselt und zu Staub zerkrümelt in meiner Hand.« – L. C.

»Ich träume immer wieder, dass mir die Zähne ausfallen und ich in Panik gerate, aber alle anderen sind zu sehr mit sich selbst beschäftigt, um es zu merken.« – M. Q.

»Ich habe häufig Träume, worin mir die Zähne ausfallen. Während ich rede, zerbröckeln sie und fallen mir in die Hand. Es tut nicht weh, die Zähne fallen einfach nur aus.« – W. B.

»In meinem Traum wache ich morgens auf und fühle mich großartig. Als ich mich aufsetze und auf mein Kopfkissen schaue, sehe ich, dass mir alle Haare ausgefallen sind.« – S. O.

»In meinem Traum bin ich beim Duschen, um mich wie allmorgendlich für die Arbeit fertig zu machen. Als ich aus der Duschkabine heraustrete und in den Spiegel schaue, sehe ich auf einmal, dass ich völlig kahl bin. Ich sehe in der Duschwanne nach, weil ich denke, dass mir die Haare vielleicht beim Waschen ausgefallen seien, aber nichts ist zu sehen. Ich gerate in Panik und beginne zu weinen. Dann wache ich auf.« – J. F.

Nach ganz und gar unwissenschaftlicher Auswertung meiner in dreißigjähriger Praxis gesammelten Fälle würde ich sagen, dass diejenigen, die im Traum Zähne oder Haare verlieren, zu etwa 95 Prozent Frauen sind. Ich weiß nicht recht, warum das so ist; trotzdem will ich gestützt auf das, was diese Träume gewöhnlich aussagen, einige ganz und gar unwissenschaftliche Thesen dazu aufstellen.

In der Mehrzahl der Fälle bedeutet ein Traum über Zahnausfall, dass wir bedauern, etwas Bestimmtes oder zu viel gesagt zu haben. Es könnte sein, dass Frauen solche Träume häufiger haben als Männer, weil wir in der Regel mehr reden; und Gott allein weiß, dass wir uns an alles erinnern, was wir in unserem Leben je gesagt und uns haben sagen lassen, besonders wenn es verletzend war. In dieser Hinsicht könnten wir uns eine Menge von den Männern abgucken, die – um es höflich zu sagen – ein eher »selektives Gedächtnis« haben. Zitiert man sie wörtlich, behaupten sie schon nach ein oder zwei Tagen oft im Brustton der Überzeugung: »Ich habe so etwas nie gesagt.« (Ich denke, dass beide Geschlechter mehr Erfolg im Umgang miteinander hätten, wenn sie einen guten Mittelweg zwischen den beiden Extremen fänden, sich an jedes einzelne oder gar kein Wort zu erinnern. Aber das wird wohl nie eintreten.)

Doch neben dem Bedauern, dass man etwas gesagt hat, können Träume über Zahnausfall auch einfache Eitelkeiten ansprechen wie die Furcht vor dem Altern. Manchmal hat es auch ganz banal mit Zahnpflege zu tun, etwa wenn wir wissen, dass der letzte Zahnarztbesuch allzu lange her ist und wir Angst haben, als Preis für unsere Nachlässigkeit womöglich alle Zähne zu verlieren. Unser Unbewusstes kann auch ein bevorstehendes Zahnproblem signalisieren, das wir bewusst noch nicht wahrgenommen haben.

Nur Sie allein wissen, welche dieser Deutungen höchstwahrscheinlich bei einem solchen kathartischen Traum zutreffen. Zum Glück lässt sich in jedem Fall eine Auflösung bewirken, wenn Sie diese nächtlichen Bilder ein für alle Mal loswerden wollen. Ist es pure Eitelkeit, dann glauben Sie einer 66-Jährigen, dass es dank der Fortschritte der Zahnmedizin heutzutage sehr wohl möglich ist, mit 60 Jahren ein hübscheres Gebiss zu haben als mit 20. Die finanzielle Investition und auch der vorübergehende Verzicht auf feste Nahrung lohnen sich auf jeden Fall. Wenn Sie wegen jahrelanger Nachlässigkeit Angst vor Zahnausfall haben, schieben Sie den Zahnarztbesuch nicht länger auf. Andernfalls müssten Sie auch in Zukunft Träume dieser Art ertragen. Und wenn Sie bedauern, etwas gesagt zu haben: *Entschuldigen Sie sich*, und sei es nur aus dem egoistischen Grunde heraus, diese Träume für immer zu verbannen. Eine notwendige, aber nicht ausgesprochene Entschuldigung fügt uns selbst mehr Schaden zu als der Person, der wir sie schulden. Dass dies so ist, zeigt sich schon allein an der Tatsache, dass uns unser schlechtes Gewissen so unerfreuliche, hässliche Träume schicken und uns unsere wohlverdiente Nachtruhe rauben kann.

Bei Träumen mit Haarausfall sieht es ganz anders aus. Hier liegt meistens eine Furcht vor Entblößung oder Peinlichkeit zu Grunde. Es können auch augenfällige Eitelkeiten und die Furcht vor dem Altern dahinterstecken, bei Männern auch Ängste über den Verlust ihrer Stärke und Männlichkeit. Zu Ihrer Beruhigung sei verraten, dass der schönste, stärkste und tapferste Mann, den ich kenne, zufällig völlig glatzköpfig ist. Also bitte ich Sie, liebe Männer – und sicher stimmen die meisten Frauen mit mir überein: Machen Sie sich keine Sorgen, wenn Ihnen die Haare ausgehen!

Vor kurzem war eine Klientin bei mir, die gerade in einer schweren Ehekrise steckte. Auch sie träumte von Haarausfall. Sie hatte sich jahrelang von ihrem Mann missachtet und kontrolliert gefühlt, und so teilte sie ihm mit, dass sie sein Verhalten nicht länger hinnehmen und ihn verlassen würde, wenn sich die Dinge zwischen ihnen nicht dramatisch ändern würden. Sie hatte einen hervorragenden Therapeuten und hat an ihrem Selbstvertrauen gearbeitet, und so ließen ihre Worte bei ihrem Mann keine Zweifel daran aufkommen, wie ernst sie es meinte. Während dieses teilweise sehr schwierigen Entwicklungsprozesses hatte sie einen Traum. Darin wich ihr Haaransatz um mehrere Zentimeter, sodass von der Kopfmitte bis zur Stirn hin bloß noch ein weicher, feiner, bleicher Flaum wuchs. Die Klientin war Schauspielerin und hatte ein festes Engagement in einer beliebten Fernsehserie. Sie lebte also quasi von ihrem Aussehen. Als sie über den Traum nachdachte, erstaunte es sie, dass sie über ihre fürchterliche Frisur kein bisschen entsetzt war. Sie fand sie vielmehr interessant. Warum sie sich so wohl mit ihr fühlte und sie sogar lustig fand, darauf konnte sie sich keinen Reim machen. Als sie mir mehr von dem bleichen Flaum erzählte, kam der Grund aber schließlich doch heraus. Irgendwann nämlich sagte sie: »Er war so weich wie das Haar eines Neugeborenen.« Wir waren uns beide einig darin, dass sich jemand, der hart daran arbeitet, innerlich zu wachsen, sich zu verändern und seine Selbsterkenntnis zu erweitern, kein schöneres Zeichen wünschen könnte, dass sich die Anstrengung gelohnt hat, als in den Spiegel zu schauen und Anzeichen eines Neugeborenen darin zu entdecken.

Träume von Schminke, Masken und gesichtslosen Fremden

»Ich habe wiederkehrende Träume, in denen ich ständig bemüht bin, Leute zu unterhalten, die keine Gesichter haben.«
– *Janice*
»Ich sehe immer Masken auf den Gesichtern der Menschen in meinen Träumen, ähnlich wie Karnevalsmasken oder die Maske aus dem *Phantom der Oper*. Sie sind meist zum Fürchten. Einen Monat lang waren diese Bilder sehr intensiv,

und ich sah sie überall: im Einkaufszentrum, am Strand, dort wo Massen zusammenkommen. Dann wurden diese Träume seltener, aber jetzt sind sie wieder da, doch bei weitem nicht so intensiv.« – *Kara*

»Ich habe ständig fast zwanghafte Träume vom Schminken – wie ich Make-up auftrage, einkaufe, mit Freundinnen teile, darüber spreche usw. Es mag banal klingen, aber da es so oft passiert, beunruhigt es mich doch ein bisschen.« – *Alexandra*

Diese ziemlich häufig vorkommenden Variationen eines Symbols sind insofern spannend, als sie oft zwei Seiten einer Medaille ansprechen, wobei Medaille hier für »Identität« steht. Wenn wir den Eindruck haben, dass das Gesicht, welches wir in der Öffentlichkeit zur Schau tragen, grundverschieden von der Person ist, die wir »wirklich« sind, ist die Annahme berechtigt, dass alle anderen ringsum das Gleiche tun. Dann nehmen wir die Welt als ein Meer von Masken wahr, die ihre wahre Identität verschleiern. Fühlen wir uns gesichtslos und wenig beachtet, warum sollten wir nicht denselben Mangel an Identität auf jeden, dem wir begegnen, projizieren? Der Wunsch nach Aufmerksamkeit könnte sich wohl kaum klarer manifestieren als mit einem Traum, in dem man ein Publikum von gesichtslosen Menschen zu unterhalten sucht. Beim Schminken handelt es sich um einen weiteren Ausdruck des Ichs (für den ich persönlich Gott tagtäglich dankbar bin), ebenso wie bei Masken, Gesichtslosigkeit oder ähnlichen Bildern, bei denen es darum geht, unsere wahren, stets mit Masken behafteten Personas zu kaschieren.

Eine weitere häufige Ursache von Träumen dieser speziellen Archetyp-Kategorie ist die Angst, unserem eigenen Urteil nicht trauen zu können, wenn es um die Menschen geht, die wir in unser Leben treten lassen. In unseren nächtlichen Bildern erscheint dann niemand so, wie er ist. Mithin können wir nicht sagen, wer unser Gegenüber ist oder gar die betreffenden Personen auseinander halten. Wurden wir von jemandem hintergangen, in den wir viel Vertrauen investiert hatten, oder gibt es in unserem Umfeld jemanden, dem wir trotz entsprechender Warnungen unserer inneren Stimme unser Vertrauen schenken möchten, können solche Träume uns auf Persönlichkeitsfacetten hinweisen, an denen wir noch arbeiten sollten. Ich hoffe, Sie nehmen es mir nicht übel, wenn ich einen Besuch beim professionellen Berater oder Therapeuten empfehle, falls Hilfe bei so wichtigen Themen wie Identität, Selbstbewusstsein, Vertrauen und Menschenkenntnis gebraucht wird. Ich kooperiere mit zahlreichen Kollegen aus der Zunft für Psychohygiene und weiß den Wert von qualifizierten Psychologen und Psychiatern zu schätzen. Auch ich selbst habe mich in Krisenzeiten an einige hervorragende Therapeuten gewandt und weiß aus erster Hand, wie viel eine solche Therapie bringen kann.

Achten Sie auf die Häufigkeit solcher Träume und inwieweit sie Ihr reales Leben berühren. Wenn Sie das Gefühl haben, dass sie zu oft auftreten oder allzu »wirklich« erscheinen, dann sehen Sie sich nach einem guten, renommierten Berater um. Eine Welt voller Masken, Verkleidungen und gesichtslosen Gestalten kann hin und wieder ein interessantes Traumziel sein, doch auf Dauer einrichten sollten Sie sich dort auf keinen Fall.

Und nun eine besondere Botschaft an eine Frau, die von ihrem Freund berichtete, der in seinen wiederkehrenden Träumen das Gesicht seiner Ex-Freundin unter seinem eigenen entdeckte: Nehmen Sie seine Furcht nicht auf die leichte Schulter, dass er Ihnen, wie Sie es formulieren, »am Ende dasselbe antun könnte, was seine Ex ihm angetan hat«. Er hält mehr an seinen Gefühlen von Schuld, Schmerz und Wut fest, als es gut für Sie beide ist. Machen Sie Ihr weiteres Zusammensein mit ihm davon abhängig, dass er sich sofort in Therapie begibt.

Weitere Archetypen und Deutungsmöglichkeiten

Nicht alle gebräuchlichen Traumsymbole fallen in die gängigen Kategorien, über die wir bereits gesprochen haben. Das will jedoch nicht heißen, dass sie nicht ebenso häufig vorkommen und ebenso verwirrend sein können. Ich möchte diese Übersicht nicht als Lexikon der Traumarchetypen verstanden wissen; sie soll lediglich als *Wegweiser* dienen – nicht mehr und nicht weniger.

Sich bewegende Hände in einem Traum deuten gewöhnlich auf Sorgen im Hinblick auf Arbeit und berufliche Karriere hin.

Ruhende Hände deuten für gewöhnlich auf Themen im Zusammenhang mit Arbeitslosigkeit, Langeweile, Stagnation oder Depression aus Unfähigkeit, die Dinge zum Abschluss zu bringen.

Ein auf Sie selbst gerichteter Pfeil im Traum deutet für gewöhnlich darauf hin, dass jemand auf dem Weg zu Ihnen ist.

Ein von Ihnen abgehender Pfeil im Traum deutet für gewöhnlich darauf hin, dass jemand weggeht.

Gepäck in nächtlichen Bildern deutet für gewöhnlich Reisen im realen Leben an – manchmal geht es dabei um ganz konkrete Exkursionen, zuweilen aber auch um bevorstehende Ausflüge ins Reich der Emotionen.

Ein Pinienbaum, der eine zentrale Stellung im Traum einnimmt, repräsentiert für gewöhnlich eine besonders starke Person, die in Ihrem Leben eine wichtige Rolle spielt oder bald spielen wird.

Bücher in nächtlichen Bildern stehen gewöhnlich für Bildung, Lernen und Weisheit, können aber auch auf Hemmungen, Selbstzweifel und Selbstkritik hinweisen.

Der Mond im Traum deutet für gewöhnlich auf eine besonders starke Anbindung an die Kraft der weiblichen, emotionalen Seite eines Menschen und an die übersinnlichen, intuitiven Persönlichkeitsaspekte.

Mülleimer in einem Traum deuten für gewöhnlich auf exzessive Schwatzhaftigkeit hin; entweder man ergeht sich zu häufig darin, oder man hat Angst, Zielscheibe von Klatsch und Tratsch zu sein.

Glocken im Traum sind für gewöhnlich mit einem Freudenfest oder einem Sieg verbunden; oft geht es dabei um einen Sieg des Geistes über ein moralisches Dilemma.

Ein Berg in einem Traum betrifft für gewöhnlich einen physischen oder emotionalen Kampf oder die Genugtuung, bei einer Auseinandersetzung triumphiert zu haben.

Eine angezündete Kerze als Traumbild symbolisiert in der Regel eine Verbindung zum eigenen Glauben und zur Spiritualität.

Eine Rose im Traum steht gewöhnlich für Liebe, Wertschätzung und das Gefühl, in physischer oder emotionaler Hinsicht aufzublühen.

Ein Kreuz im Traum repräsentiert das Offensichtliche – eine starke Bindung an den eigenen Glauben –, aber auch eine intensive Auseinandersetzung und Hinterfragung der eigenen Dogmen; es drückt auch das Bedürfnis nach Schutz oder den Wunsch zu beschützen aus.

Ein Kreis im Traum repräsentiert für gewöhnlich ein Gefühl der Vollendung sowie ein wachsendes persönliches Interesse an der Entfaltung der eigenen übersinnlichen Gaben.

Ein Schlüssel im Traum repräsentiert für gewöhnlich eine neue Chance oder eine bevorstehende Veränderung in Beruf oder Alltag.

Eine offene Tür im Traum signalisiert neue Möglichkeiten.

Eine geschlossene Tür symbolisiert häufig ein Gefühl von Ablehnung, Isolation oder Einsamkeit, ebenso oft aber auch ein Gefühl von Sicherheit und Geborgenheit – je nachdem ob man sie von innen oder von außen betrachtet.

Treppen im Traum symbolisieren für gewöhnlich eine Herausforderung oder ein Streben nach einer neuen Entwicklungsstufe; manchmal aber auch ein Gefühl der Sinnlosigkeit, wenn man steigt und steigt und steigt, ohne dass ein Fortschritt oder Ziel ersichtlich wird. Oft deutet das Traumbild der Treppe auf die Notwendigkeit eines Arbeitsplatz-, Orts- oder Partnerwechsels hin.

Eintrittskarten im Traum zeigen für gewöhnlich ein Gefühl an, zu etwas bislang Unerreichbarem oder Verschlossenem Zutritt erlangen zu können.

Ihre Unterschrift im Traum deutet für gewöhnlich auf Versprechen, Verpflichtungen oder Geschäftsabschlüsse hin, die man entweder gerade eingegangen ist oder demnächst eingehen will. Wirkt die Schrift beherzt und kräftig, zeugt das von Optimismus. Ist sie undeutlich, zittrig oder sieht sie so aus, als sei die Tinte ausgegangen, sollte man sich die Sache womöglich noch einmal anders überlegen.

Sonnenblumen im Traum lassen für gewöhnlich auf ein Interesse bzw. eine besondere Affinität zur Geschichte der Indianer schließen; oft ist einem gar nicht bewusst, wie gern man sich näher mit diesem Thema befassen möchte.

Ein Schwert im Traum bedeutet für gewöhnlich ein Interesse an der Weltgeschichte.

Ein Dreieck im Traum steht gewöhnlich für ein Interesse an der Metaphysik.

Ein blaues Kreuz im Traum deutet für gewöhnlich auf die Präsenz eines spirituellen Führers oder die Möglichkeit hin, selbst zu einer solchen Leitfigur zu werden.

Ein gelbes Kreuz im Traum deutet für gewöhnlich auf die Präsenz eines Philosophen oder die Möglichkeit hin, selbst einer zu werden.

Eine Wanderung oder Bergtour im Traum symbolisiert für gewöhnlich eine Phase der Desorientiertheit und Einsamkeit; manchmal stehen solche Traumbilder auch für ein Gefühl von Unordentlichkeit oder einen Entscheidungsfindungsprozess.

Eine alte Frau im Traum repräsentiert für gewöhnlich Sicherheit oder eine Sehnsucht nach emotionaler Reife und Weisheit.

Ein alter Mann im Traum repräsentiert für gewöhnlich eine Sehnsucht nach intellektuellem Wachstum und Wissen.

Heroische Träume sind für gewöhnlich unbewusste Kompensationen für ein allgemeines Gefühl der Unterlegenheit, Unbeholfenheit oder Minderwertigkeit.

Sex im Traum deutet für gewöhnlich auf ein Bedürfnis nach emotionaler Nähe sowie den übergroßen Wunsch nach Anerkennung und Bestätigung durch andere hin; manchmal stehen solche Bilder auch für ein Unbehagen, tabuisierte emotionale Angelegenheiten anzusprechen.

Blumen in Träumen sagen, im Gegensatz zum altmodischen Aberglauben, nicht den Tod eines Familienmitglieds voraus. Zugegeben, wenn wir von Blumen träumen, ist es so gut wie sicher, dass früher oder später irgendein Mitglied der Familie mal sterben wird. Aber egal, wovon wir träumen – irgendein Familienmitglied wird *früher oder später* immer sterben. In Wirklichkeit deuten Blumen für gewöhnlich auf Vitalität, auf eine wieder erwachte Freude am Leben oder die Entgegennahme bzw. Erweisung von Achtungsbezeugungen hin.

Schwangerschaft in Träumen hat für gewöhnlich überhaupt nichts mit einer biologischen Schwangerschaft zu tun. Vielmehr zeigt sie die bevorstehende Geburt eines neuen Aspekts in einem Menschen an – eines zuvor verborgenen oder unzugänglichen Persönlichkeitsanteils, der ans Licht der Welt kommen will. Die häufige Angst bei Schwangerschaftsträumen, dass die Umwelt das »Baby« ablehnt, weist in der Regel auf eine Unsicherheit hin, dass dieses »neue Ich« von Angehörigen und Freunden nicht akzeptiert wird und sich diese den anstehenden Veränderungen widersetzen könnten.

Der Teufel in Träumen zeigt für gewöhnlich ein unbegründetes, zu Unrecht einprogrammiertes Gefühl der Unzulänglichkeit und Wertlosigkeit.

Der Tod in Träumen signalisiert für gewöhnlich das Sterben einer alten Haltung, Gewohnheit, Struktur oder Situation, die unbrauchbar geworden ist und ausgedient hat, eines alten Glaubenssystems oder Ansatzes. Der Weg für eine wichtige »Neugeburt« wird auf diese Weise frei gemacht. Niemand sollte sich vor Träumen über den eigenen Tod fürchten, denn sie bedeuten *niemals* den *physischen* Tod einer Person.

Wie ich bereits erwähnt habe, empfehle ich Ihnen, in Ihrem Traumtagebuch eine eigene Liste mit Archetypen und deren Bedeutung anzulegen, denn niemand kann es für Sie und Ihre Zwecke besser machen als Sie selbst. Ich weiß, wie frustrierend es sein kann, die Definition eines Traumsymbols zu lesen und dann zu erkennen, dass sie beim besten Willen nicht zutrifft. Doch sehen Sie es einmal von dieser Seite: Gäbe es nur eine einzige, in Granit gemeißelte Bedeutung für sämtliche Traum-Archetypen, würde das heißen, dass wir alle, die wir träumen, mentale, emotionale und spirituelle Ebenbilder eines jeden anderen wären. Dann wären alle Geheimnisse in unseren Träumen schon vor Tausenden und Abertausenden von Jahren, als die Menschheit sie zum ersten Mal zu interpretieren begann, entschleiert worden. Ich bin nicht sicher, welche der beiden Vorstellungen schrecklicher ist, aber ich bin ewig dankbar dafür, dass das keiner von uns je ergründen muss.

10

Die Akteure in unseren Träumen: Von Angehörigen bis zu seltsam vertrauten Fremden

Nichts bereichert und verwirrt uns in unseren Träumen mehr als die Besetzung der großen Tragödien, vereinzelten Komödien, historischen Dramen und Reiseberichte, die unser Unbewusstes für uns im Schlaf inszeniert. Die merkwürdigsten Gestalten versammeln sich da auf der Bühne – manche sind uns bekannt, manche nicht, bei einigen sind wir uns nicht sicher, sie tauchen auf und verschwinden wieder, mal aus durchaus nahe liegenden Gründen und ein andermal ohne jedes ersichtliche Motiv. Beim Aufwachen sind wir uns ziemlich sicher, dass eine der Gestalten, der wir in der Nacht zuvor begegnet sind, uns etwas hatte sagen wollen – wenn wir doch nur wüssten, was es war.

Das Mysterium und die Faszination wird durch die Tatsache verstärkt, dass die Menschen, die wir im Schlaf herbeirufen, die wir aufsuchen, mit denen wir zusammentreffen und die wir uns vorstellen, wegen uns und auf unseren ausdrücklichen Wunsch hin gekommen sind. Wenn sie uns mal als sie selbst, ein andermal als Archetypen erscheinen, geht es nicht darum, wer sie sind, sondern was sie für *uns* verkörpern.

Angehörige mit Botschaften

»Meine verstorbene Großmutter besuchte mich aus dem Nirgendwo«, schreibt R. F. »Sie nahm mich beim Arm, um die Wichtigkeit dessen zu unterstreichen, was sie mir telepathisch sagen wollte. Ich solle mich an Sylvia Browne wenden und sie wegen ›ihm‹ befragen. Zu Lebzeiten hat meine Abuelita (Anm.d. Ü.: Spanisch für Oma) immer Spanisch gesprochen, doch telepathisch redete sie mit mir in perfektem, akzentfreiem Englisch. Ich hatte den Eindruck, dass es sich bei dem ›Er‹, von dem sie sprach, um den Freund handelte, mit dem ich kürzlich Schluss gemacht hatte. Ich bin jedoch offen für andere Ideen, wen sie gemeint haben könnte.«

Hier haben wir ein wunderbares Beispiel dafür, welch schweres Geschütz im Schlaf aufgefahren wird, um uns deutlich zu machen, was wir bewusst nur ungern akzeptieren. R. F. weiß ganz genau, dass der von ihrer Großmutter erwähnte »Er« ihr Exfreund ist. Sie weiß auch, dass er ihr emotional und möglicherweise auch physisch gefährlich werden könnte und dass er nicht vorhat, sie auf Dauer in Ruhe zu lassen. Und vor allen Dingen weiß sie eines: Allein wird sie wohl kaum die Willensstärke aufbringen, ihm zu widerstehen, wenn er ihr weiter nachstellt und alle Register zieht, um sie zu manipulieren. Schließlich kennt er ihre Schwächen und weiß sie gegen sie auszuspielen. Und so wollte sich R. F. nicht auf ihr etwas umwölktes Urteilsvermögen verlassen (wer von uns würde diesen Zustand der inneren Unklarheit nicht aus eigener Erfahrung kennen?!) und rief deshalb die Großmutter herbei, ihre Abuelita, die Person ihres Vertrauens – eine Frau, der sie immer schon am Herzen gelegen hat, deren Weisheit, Stärke und Liebe ihr so oft Kraft gegeben hat und die sich von etwas so Trivialem wie dem »Tod« nie vom Kommen abhalten ließe.

Wenn wir im Schlaf Botschaften empfangen, handelt es sich größtenteils nicht um Träume. Auch R. F.s Erfahrung gehörte nicht dahin, sondern war eine Astralbegegnung zwischen ihr und ihrer Großmutter, und ihr Austausch war ebenso real wie all die vielen Gespräche mit »lebenden« Familienmitgliedern und Freunden, die sie über ihren Exfreund geführt hatte. Der Vorteil hierbei war, dass ihre Abuelita mit der kurzen, simplen, telepathisch übermittelten Botschaft über »ihn« ganze Bände sprechen konnte.

Und nebenbei bemerkt, R. F.: Ich weiß, es erstaunt Sie bestimmt nicht zu hören, dass ich die Position Ihrer Großmutter tausendprozentig unterstütze. Halten Sie sich fern von diesem Mann. Sie haben alles zu verlieren und nichts zu gewinnen, wenn Sie sich ihm wieder zuwenden.

Wenn eine Frau namens A. B. je daran gezweifelt haben sollte, dass Angehörige immer ein wachsames Auge auf uns halten, ob sie nun »heimgegangen« sind oder nicht, wurde sie auf einer kurzen Astralreise zu einem Friedhof eines Besseren belehrt: »Ich träumte, dass ich mit meinem Vater zu dem Friedhof fuhr, auf dem mein verstorbener Onkel begraben liegt. Plötzlich trat uns dieser leibhaftig gegenüber und warnte uns, etwas sei mit dem Auto nicht in Ordnung. Als wir ein paar Tage später beim Abendessen zusammensaßen, erzählte ich meinem Vater von meinem Traum und auch, wie real er mir vorgekommen war. Obwohl er solchen Dingen ziemlich skeptisch gegenübersteht, entschloss er sich dennoch, den Wagen sicherheitshalber zur Inspektion in die Werkstatt zu bringen. Ich weiß nicht, wer von uns beiden überraschter gewesen ist, als sich herausstellte, dass das Bremssystem des Wagens schwere Mängel aufwies.«

Ein kurzer Hinweis zu Friedhöfen: Wahrscheinlich haben Sie schon tausendmal von mir gehört, dass Ihre lieben Verstorbenen nicht dort liegen. Ich kann Ihnen gar nicht sagen, wie oft mir Geistwesen erzählt haben, dass sie mit ihren trauernden Hinterbliebenen zusammen zum Friedhof und anschließend wieder nach Hause gefahren sind. Nur wenn es uns selbst tröstet, ist ihnen daran gelegen, dass wir ihre Gräber besuchen. Gehen Sie also bitte nicht von der falschen Vorstellung aus, dass A.B.s astrale Begegnung mit ihrem Onkel auf dem Friedhof stattfand, nur weil er dort lag. Es geschah auf dem Friedhof, weil *sie* dort war und ihn astral an dem Ort besuchen wollte, wo sie sich ihm im realen Leben besonders nah fühlte.

Hadern Sie nun aber nicht gleich mit Ihren lieben Verstorbenen, nur weil Ihnen diese noch nie mit Warnungen zu Autoproblemen und ähnlichen Alltagsdingen dienlich gewesen sind. Sie versuchen es öfter, als wir glauben – ob wir nun wachen oder schlafen. Aber wenn sie uns wieder einmal eine ihrer Botschaften schicken, ignorieren wir dies entweder, oder aber wir klopfen uns selbst auf die Schulter und loben uns ob unseres »sechsten Sinns«, der uns vor dieser oder jener Problematik warnte. Es stimmt in der Tat, dass wir gelegentlich intuitiv spüren, wenn etwas nicht stimmt. Ein andermal aber kommt der Hinweis von jemandem, den wir verloren glaubten und der uns im Schlaf begegnet, um unserem Unbewussten Informationen zuzuspielen, die unserem lärmenden, überlasteten Verstand im Wachzustand nicht zugänglich sind. Ein Lob an A. B., dass sie die Warnung hörte und sich daran erinnerte, und natürlich an ihren Vater, der ihr trotz seiner generellen Skepsis Beachtung schenkte.

K.C. wählte für die Astralbegegnung mit einer lieben Verstorbenen ebenfalls einen Ort, an dem sie diese mit Sicherheit antreffen würde. »Drei oder vier Monate nachdem meine Großmutter gestorben war, hatte ich einen Traum, in dem sie sich aus ihrem Sarg erhob und mich anschaute. Ich beteuerte ihr immer wieder, wie sehr ich sie liebe, aber sie sah mich nur amüsiert mit großen Augen an. Mir war, als wolle sie mich fragen, warum ich ihr das ausgerechnet jetzt so dringend sagen müsse, wo wir doch noch eine Ewigkeit Zeit hätten. Ich erinnere mich auch daran, dass sie weder Brille noch Hörgerät trug.«

Erstens: Zweifeln Sie nicht am Humor unserer lieben Verstorbenen, wenn es um den Ort geht, an dem wir uns verabreden. Diese Astralerfahrung ereignete sich ziemlich bald, nachdem K.C.s Großmutter heimgegangen war. Deswegen assoziierte K.C. sie mit einem Sarg, denn dies war der letzte Ort, an dem sie sie gesehen hatte. Mit der Zeit werden die Erinnerungen an den Tod ihrer Oma verblassen und von klareren Bildern aus ihrem Leben überlagert, sodass die beiden hunderte von viel schöneren und inspirierenderen Plätzen für ihre Zusammenkünfte finden werden.

Zweitens: Bei einer Astralbegegnung während des Schlafs bedeuten Formulierungen wie »mir war, als wolle sie mir sagen/ mich fragen« in neun von zehn Fällen »mir wurde die telepathische Botschaft gegeben, dass...« Es ist durchaus nichts Unübliches, nach dem Aufwachen auf eine Astralbegegnung mit dem Gefühl zurückzublicken, man habe sich mit einem Verstorbenen unterhalten. Da es aber eben *nur* ein Eindruck ist, verwerfen wir den Gedanken sogleich wieder, weil wir sicher sind, dass keine konkreten Worte gewechselt wurden. Unser Verstand ist so süchtig nach verbaler Kommunikation, dass wir der eloquenten Effizienz der Telepathie zwischen zwei geistigen Wesen kaum ausreichend Beachtung schenken. K.C. war nicht bloß so, als hätte ihre Großmutter sie fragen wollen, warum sie ihr ihre Liebe ausgerechnet jetzt so dringend beteuern wollte. Sie teilte ihr vielmehr genau das auf telepathischem Wege mit. K.C.s Beteuerungen waren als eine Art Abschiedsgruß gedacht, und ihre Großmutter erinnerte sie daran, dass es keinen Grund zum Abschied gebe, weil das Sterben ihrer Beziehung kein Ende setzen würde.

Drittens: Sollte K. C. vor diesem Erlebnis Zweifel daran gehegt haben, dass ihre Großmutter wohlbehalten im Jenseits eingegangen ist, so dürfte das Fehlen von Brille und Hörgeräten diese zerstreut haben. Krankheit und Gebrechlichkeit sind irdische Unzulänglichkeiten. Im Jenseits gibt es solche Dinge nicht, dort befinden wir uns alle im gottgewollten Zustand des vollkommenen Heilseins.

Pam erhielt eine wunderschöne, kristallklare Botschaft, für deren Richtigkeit sie aus Hunderten von Kilometern Entfernung Bestätigung erhielt und die sie sich nun schon seit über dreißig Jahren in ihrem Gedächtnis bewahrt hat: »Mein Vater starb 1966, als ich 15 und meine Schwester fast 18 war. 1971 habe ich eines Nachts geträumt, dass mein Vater wieder mit uns allen zusammen in meinem Elternhaus wäre. Wir waren alle so glücklich, aber er konnte nicht bleiben. Er wolle uns nur wissen lassen, dass er seine künftigen Enkelkinder bereits kenne, so sagte er. Meine Schwester lebte in einem anderen Bundesstaat als ich. Wir hatten eine Weile nicht miteinander gesprochen, aber als wir am nächsten Tag telefonierten, stellten wir fest, dass wir beide zu exakt derselben Zeit den gleichen Traum gehabt hatten. Ein Jahr später wiederholte sich das Ganze – wieder hatten wir in ein und derselben Nacht den gleichen Traum. Wie konnte unser Vater uns bloß gleichzeitig an verschiedenen Orten besuchen? Und warum hat er uns seitdem nicht mehr besucht? Unsere Mutter starb 1990, und sie ist bisher keiner von uns beiden erschienen. Geht es ihr gut? Wenn ja, warum zeigt sie sich uns nicht?«

Auch hier erweist sich wieder einmal, wie schwierig es ist, über »den Tellerrand« der irdischen Gesetze der Physik hinauszuschauen und uns die geistige Welt vorzustellen, in der diese keine Anwendung finden. Ist es nicht normal, dass Pam sich wundert, wie ihr Vater sie und ihre Schwester gleichzeitig besuchen konnte, obwohl die beiden doch in zwei verschiedenen Bundesstaaten leben? Und dennoch hat sie, ohne es zu merken, ihre Frage selbst beantwortet, als sie sagte, sie seien alle in ihrem Elternhaus zusammen gewesen. Sie und ihre Schwester hatten nicht den gleichen »Traum«, sondern die gleiche Astralbegegnung erlebt. Sie »flogen« von ihren jeweiligen irdischen Wohnorten herbei, um ihren Vater an eben jenem Ort zu treffen, den sie alle in bester Erinnerung hatten. Wenn Sie mein Buch *Jenseitsleben* gelesen haben, wissen Sie, dass Geistwesen tatsächlich an zwei Plätzen gleichzeitig weilen können. Aber da die Zusammenkunft in diesem Fall im ehemaligen Familiendomizil erfolgte, brauchte keiner von ihnen – weder der Vater noch Pam und ihre Schwester – von dieser Fähigkeit Gebrauch zu machen.

Pam sagt, ihr Vater wolle sie »nur wissen lassen, dass er seine künftigen Enkelkinder bereits kenne«. Die Botschaft, dass er lebt, es ihm gut gehe und er sich freue, bald über seine Enkelkinder wachen zu können, ist weder neu noch besonders interessant. Seit 50 Jahren gebe ich Botschaften von Geistwesen an meine Klienten weiter, doch auch heute noch bin ich immer wieder fasziniert von der Nonchalance oder gar Enttäuschung, mit denen solche Nachrichten aufgenommen werden. Da meldet sich ein Mensch, den alle für tot halten, mit den Worten: »Ich bin nicht gestorben! Mir geht es gut, und ich bin hier bei dir!« Und wenn ich diese Botschaft dann weitergebe, erwidert so mancher Klient darauf ärgerlich: »Was denn?! Ist das etwa alles, was er zu sagen hat? Dass er hier ist?«

Der Tenor ihrer Reaktion lautet oft unisono: »Die Sache mit dem ewigen Leben ist ja gut und schön. Aber kannst du mir nicht irgendetwas Interessanteres verraten? Die Lottozahlen etwa oder warum du das gute Porzellan Tante Dorothy und nicht mir vermacht hast.« Dennoch heißt die Nachricht, die uns unsere lieben Verstorbenen am dringendsten überbringen wollen, in 99 Prozent aller Fälle: *Es gibt keinen Tod.*

Oberflächlich betrachtet eine ziemlich schlichte Botschaft. Bei genauerem Hinsehen aber kann ich mir kaum eine sensationellere vorstellen.

Doch kehren wir zu Pams Fragen zurück – ich will noch einmal betonen, wie berechtigt sie sind, auch wenn ich an dieser Stelle nicht umhin konnte, meinem berufsbedingten Frust Luft zu machen. Selbst wenn Pam sich dessen nicht bewusst ist: Ihr Vater ist noch da. Sie besucht ihn auch weiterhin von Zeit zu Zeit im Schlaf, nur erinnert sie sich an diese Zusammenkünfte nicht so lebhaft wie an die früheren Begegnungen. Wie ich weiß, treten bei ihr zu Hause hin und wieder Probleme mit der Elektrik auf – er verursacht sie, um die Aufmerksamkeit seiner Tochter auf sich zu lenken. Und meines Wissens hat sie beim Autofahren gelegentlich das Gefühl, jemand säße auf dem Rücksitz hinter ihr; doch immer, wenn sie dann in den Rückspiegel schaut, ist niemand zu sehen. Pam sollte mit ihrem Vater reden und ihm sagen, wie sehr sie ihn liebt und ihn vermisst. Und sie sollte ihm in ihrem Nachtgebet Vorschläge für Treffpunkte machen. Früher oder später wird sie ihn dann wiedersehen und sich beim Aufwachen auch daran erinnern.

Was ihre Mutter anbelangt, ist Geduld gefragt. Es geht ihr gut, doch sie befindet sich noch in der Orientierungsphase. Bis Ende 2002 wird Pam sie während einer nächtlichen Begegnung klar und deutlich wiedersehen. In Erwartung dessen sollte Pam schon heute mit ihr zu sprechen beginnen, ihr im Detail schildern, was sie ihr in dieser langen Zeit alles hat sagen wollen, und sie wissen lassen, wie sehr sie sich danach sehnt, bei ihr zu sein. Die Mutter wird ihre Worte vernehmen, und wenn sie sich später treffen, wird sie ihr dies auch bestätigen.

Nach einem Astralbesuch, den sie zunächst für einen Traum hielt, ist Lynn ratlos: »Meine Schwester starb im Herbst 2000.

Nicht lange nach ihrem Tod fing ich an, mich für ihren Mann zu interessieren, zu dem ich mich zu ihren Lebzeiten nie sonderlich hingezogen fühlte. Im Mai des darauf folgenden Jahres ließen wir uns auf eine Wochenendbeziehung ein. Und kürzlich träumte ich dann von ihr. Sie war bei mir zu Hause. Ich wachte auf und sah sie neben mir im Bett liegen, so wie damals, als wir noch Kinder waren. Ich wanderte im Zimmer auf und ab und grübelte, warum sie wohl hier sei. Einerseits war mir klar, dass sie tot ist, andererseits aber erschien es mir völlig normal, mit ihr zusammen zu sein. Ihr Mann betrat den Raum, ganz wie zu ihren Lebzeiten. Wie ich sie so zusammen sah, dachte ich bei mir: Ja, das ist in Ordnung, sie sind Mann und Frau, sie gehören zusammen. Als wir beiden Frauen wieder alleine waren, sagte ich: ›Wir müssen über etwas reden.‹ Sie antwortete: ›Nicht jetzt. Wir sprechen später darüber.‹ Ich nickte, und an dieser Stelle endete der Traum.«

Die Schwester findet es in Ordnung, dass Lynn nach ihrem Tod eine Beziehung mit ihrem Mann eingegangen ist. Lynns Schuldgefühle sind unnötig und entspringen lediglich ihrer Interpretation, dass ihre Schwester das Gespräch darüber nur deswegen aufschieben wollte, weil sie etwas dagegen hätte. In Wahrheit aber hat Lynns Schwester vollstes Verständnis. Und sie weiß, dass auf Lynn einige der Probleme zukommen werden, die sie selbst mit ihrem Mann hatte. Lynn hätte diesbezügliche Vorwarnungen jedoch leicht als Missbilligung deuten können, und deshalb zog sie es vor, lieber gar nichts zu sagen. Sehen wir uns einmal den äußeren Rahmen und die Dynamik dieser Astralerfahrung genauer an: Lynn und ihre Schwester teilen ein Zimmer und ein Bett, genau wie in Kindertagen, während der Ehemann nur ein kurzes Gastspiel gibt. Mit anderen Worten, die Geschwisterrolle ist viel wichtiger als die jeweilige Beziehung der beiden zu diesem Mann. Und in dem Augenblick, als sie alle drei wieder in einem Raum zusammen sind, zögert Lynn auch nicht, die Ehe ihrer Schwester zu respektieren, genau wie sie es halten würde, wenn ihre Schwester noch am Leben wäre. Interessant ist auch der Hinweis, dass Lynns Schwester im Jenseits ja uneingeschränkten Zugang zu den Lebensplänen von Lynn und ihrem Mann hat. Sie wusste also, dass sie ein Paar werden würden, noch bevor die beiden den Schritt vollzogen hatten. Sie kennt die Gründe, aus denen diese Beziehung zustande kommen sollte, und sie weiß auch, was weiter geschieht. Beim nächsten Zusammentreffen mit ihrer Schwester sollte Lynn keine Zeit mit Schuldgefühlen vergeuden. Die beiden haben bestimmt weitaus interessantere Dinge zu bereden!

Kim hat eine wunderschöne Astralreise ins Jenseits gemacht, um ein Ereignis zu erleben, das sie sicherlich nie vergessen wird: »Ich träumte, dass ich mit einem Kind im Arm in einer hochheiligen Kirche stand. Da auf einmal ertönte eine sonore, mächtige Stimme. Sie sprach: ›Ich taufe deinen Sohn auf den Namen Daniel.‹ Währenddessen flogen zwei Engel ohne Flügel um uns herum.«

Wie Sie aus meinen früheren Büchern wissen, gehört die Identität unserer Eltern zu den vielen, vielen Details, die wir in unserem Lebensentwurf notieren, wenn wir uns auf eine neue Inkarnation vorbereiten. Wir wählen sie, und sie wählen uns. Es gibt keine Zufälle, auch wenn es Eltern oder Kinder geben mag, die sich scheinbar kein Mensch bei klarem Verstand willentlich aussuchen würde. Kim wurde die außergewöhnliche Ehre zuteil, einer kirchlichen Einsegnung im Jenseits beiwohnen zu dürfen, jener letzten Vorbereitung ihres Kindes für seine spätere Reise zur Erde, noch bevor Kim es empfangen hatte. Die »sonore, mächtige Stimme« war die ihres Geistführers Timothy, und die beiden Engel, die der Zeremonie beiwohnten, hatte sich das Kind als Beschützer für das bevorstehende Leben ausgesucht.

Und dann ist da noch der Name Daniel. In diesem Zusammenhang möchte ich herausstellen, dass wir nicht nur während unseres Daseins hier auf Erden unsere Gestalt, Persönlichkeit und typischen physischen Merkmale haben. Wenn wir in unserer eigentlichen Heimat im Jenseits weilen, sind wir mindestens ebenso handlungsfähig, konkret und individuell verschieden wie hier. Attribute wie Größe und Gewicht, Augen- und Haarfarbe, Statur und Namen sind genauso, wie Gott sie uns vor Ewigkeiten im Augenblick unserer Erschaffung mitgegeben hat. Im Jenseits heißt die Person, die Kim auf die Welt bringen wird, Daniel. Und genauso wird sie auch hier auf Erden heißen. Bestimmt werden Kim und alle anderen, die das Kind aufwachsen sehen, überrascht sein, wie verblüffend schnell es nach seiner Ankunft hier auf Erden auf diesen Namen zu reagieren scheint.

»Als mein Sohn fünf Jahre alt war«, schreibt J. D., »hatte er einen Traum, in dem Gott und die Engel ihm eine Botschaft gaben, die er an mich weiterleiten sollte. Leider kann er sich nicht erinnern, wie sie lautete! Können Sie mir helfen?« Ich könnte schon, aber im vorliegenden Fall habe ich den Eindruck, dass J. D. bereits selbst herausgefunden hat, wie die Botschaft lautete: nämlich dass sein Sohn zwar ein reiches, aktives und unabhängiges Leben führen wird, dieses eine Mal aber ausschließlich für J. D. auf die Erde gekommen ist. Die beiden haben nicht weniger als vier zurückliegende Leben miteinander verbracht, zwei davon als Brüder, in einem war sein Sohn sein Vater und im anderen waren sie Kriegskameraden, und J. D.s Sohn rettete ihm das Leben. Es gab da ein paar ganz bestimmte Dinge, die J. D. noch lernen musste, und so schlossen sie im Jenseits den Pakt, dass J. D.s Sohn ihm in einer weiteren Inkarnation als Lehrer zur Seite stehen würde. Niemand auf der Welt kennt J. D. besser als sein Sohn. Das bedeutet, er wird J. D.s Grenzen mehr als jeder andere ausloten. Wenn das geschieht, sollte J. D. bei all seiner Frustration daran denken, seinem Sohn zu danken. Sein Sohn lebt, um ein Versprechen zu halten, das er ihm lange vor seiner Geburt gegeben hat.

Manchmal reduziert sich eine Botschaft, die ein Angehöriger übermittelt, auf »Ich weiß, dass du verunsichert bist, und ich bin hier, um dir zu helfen.« Nancys Traum veranschaulicht dies auf besonders plastische Weise: »Ich war in einem großen Holzhaus in den Bergen. Die zum Abgrund weisende Gebäudefront war komplett verglast, sodass man vom Haus aus direkt in die Tiefe schauen konnte. Viele Menschen scharten sich um mich, vielleicht 30 oder 40. Plötzlich hörte ich eine Stimme, und ich wusste, es war Gott selbst. Ich wusste, dass alle anderen sie auch gehört hatten, denn sie weinten so wie ich. Er befahl uns hinauszugehen, und wir taten, wie er uns geheißen hatte. Dabei liefen uns die Tränen immerfort übers Gesicht. Ich war so glücklich, ihn zu hören. Ich erinnere mich, wie ich dachte: Er hat uns also doch nicht vergessen! Im Hinausgehen sah ich, wie meine verstorbene Großmutter auf mich zukam. Ich fiel ihr in die Arme und weinte. Sie aber versicherte mir, dass alles in Ordnung sei. Ich solle bloß genau hinhören. Dann fing Gott erneut zu sprechen an und bedeutete uns, über den Rand des Abgrunds zu schauen. Als wir dies taten, sah ich auf den darunter liegenden Felsvorsprüngen mehrere Menschen stehen. Wie ich sie mir ansah, sagte Gott zu mir: ›Das sind die Menschen, denen ich Weisheit und Erkenntnis gebe, sodass du von ihnen lernen kannst. Höre auf sie. Sie wissen und verstehen.‹ Als Nächstes sah ich mehrere tiefblaue Tornados vom Himmel herabstürzen. Sie trafen jeden Einzelnen dieser Auserwählten in die Brust. Und Gott sprach, ›Ich gebe ihnen jetzt das Wissen, das du suchst.‹ Die ganze Zeit über weinte ich. Meine Großmutter stand neben mir und hielt meine Hand. Dann wurde der

Traum wirr und schließlich völlig unsinnig. Gott erteilte allerhand platte Heilsbotschaften, fast wie in einem dubiosen Selbsterfahrungsseminar. Als ich aufwachte, weinte ich wie ein kleines Kind.«

Dies ist ein herrliches Beispiel, wie ein Angehöriger in einem kathartischen Traum astral erscheint und dazu noch ein krasser Archetyp ins Spiel gebracht wird. Der Archetyp ist der Berg als Schauplatz des Traumes. Hier erscheint er in seiner klassischen Bedeutung, wie im vorhergehenden Kapitel dargestellt: Er repräsentiert einen Kampf – in unserem Fall den inneren Kampf, den Nancy zu Beginn des Traumes ausfechten musste, als sie das Gefühl hatte, Gott könne sie vielleicht vergessen haben. Wir wissen, dass es sich hier um einen kathartischen Traum handeln muss, weil so viele Absurditäten darin vorkommen, die in der Vorstellung kulminieren, Gott selbst würde eine Gruppe von Menschen um sich versammeln, um ihnen »platte Heilsbotschaften, fast wie in einem dubiosen Selbsterfahrungsseminar«, mit auf den Weg zu geben. Wenn es wirklich seine Stimme ist, die wir hören, würde uns nie ein Adjektiv wie »platt« einfallen.

Welche Rolle spielte nun Nancys verstorbene Großmutter in diesem kathartischen Traum? Sie trat offenbar nur zum Trost und zur Unterstützung ihrer Enkelin auf, legte die Arme schützend um sie, als sie weinte, und hielt ihr von da an die ganze Zeit die Hand. Immer wieder versicherte sie ihr, dass alles in Ordnung sei, und als Gott sprach, hieß sie ihre Enkelin, gut zuzuhören. Auf den ersten Blick mag das wie ein rein rhetorischer Rat klingen, denn wenn Gott seine Stimme erhebt, um uns etwas zu sagen, braucht man uns wohl kaum darauf hinzuweisen, Ihm unsere Aufmerksamkeit zu schenken. Im vorliegenden Fall aber war Nancy in ihren eigenen Prozess verstrickt und sollte deswegen genauer hinhören, was der Gott zu sagen hatte, den sie sich da zurechtfantasiert hatte –

ein Gott, der fähig ist, eines Seiner Kinder zu vergessen; ein Gott, der eine Schar von Auserwählten um sich versammelt, um ihnen Weisheiten zu vermitteln, von denen er andere bewusst ausgrenzt; und schließlich ein Gott, der – wie sie selbst sagt – »platte Heilsbotschaften« verkündet.

Es ist schon grandios, wie Nancys Großmutter ihre Enkelin durch den Traum geleitet hat, und ihr Beispiel mag auch Ihnen zur Inspiration dienen, wenn Sie wieder einmal mit Gott hadern oder sich von Ihm getrennt fühlen: Stellen Sie sich eine Situation vor, in der Gott genauso auftritt, wie Sie Ihn sich gerade vorstellen, und spielen Sie das Ganze bis zu seinem logischen (oder besser: unlogischen) Ende durch. Als Nancy aufhörte, einem vergesslichen, elitären Wesen, das platte Heilsbotschaften verkündet, zu lauschen, hatte mit Sicherheit das Gegenteil von ihm – also der allwissende, allliebende Gott, zu dem sie zurückgefunden hatte – obsiegt. Ihr Glaube wurde somit stärker denn je.

Beunruhigende Träume über verstorbene Angehörige

Es wäre schön, wenn wir darauf bauen könnten, nach nächtlichen Zusammenkünften mit lieben Verstorbenen morgens aus dem Bett zu springen und uns großartig und wie neu geboren zu fühlen. Aber das Leben und wir Menschen selbst sind viel zu kompliziert, als dass wir so etwas von vornherein erwarten könnten. Von der unangenehmen Variante der Träume über verstorbene Angehörige können wir jedoch die vielleicht größte Lektion überhaupt lernen: dass wir unsere emotionalen Angelegenheiten hier auf Erden unbedingt bestmöglich regeln und es uns gut überlegen sollten, ob wir irgendjemandem ein Leid jedwelcher Art zufügen. Schließlich können wir überhaupt nicht abschätzen, wie tief die Wunden sein werden, die wir da schlagen, oder wie lange es dauern wird, bis sie wieder verheilen.

»Als ich noch ein Kind war, träumte ich, dass mich mein Vater mit in den Park nahm und mich dort aussetzte. Ich schrie vor Verzweiflung und rannte ihm nach, doch er lief einfach weg. Als ich an der Stelle ankam, wo ich ihn vermutet hatte, stand ich vor einem Dschungel voller wilder Tiere, in den kein Hineinkommen war.« – *J. H.*

Ein geradezu klassisches Beispiel, finden Sie nicht? Das war kein bloßer Traum, den J. H. da hatte, es war eine in seinem Zellgedächtnis gespeicherte Erinnerung an eine Begebenheit, die sich in einem seiner früheren Leben in Nigeria Mitte des 17. Jahrhunderts tatsächlich so abgespielt hat. J. H. war damals mit einer ernsten Behinderung zur Welt gekommen. Sein Vater empfand es als Schande, einen missgebildeten Sohn zu haben. Als J. H. sechs Jahre alt war, brachte er ihn darum in den Dschungel und überließ ihn dort sich selbst. Er hatte keine Chance zu überleben. Als er Jahrhunderte später wieder in einem Körper wohnte, assoziierte J. H. »Vater« immer noch mit »ausgesetzt« und »Dschungel«. Über seine Träume versuchte er, sich von jenem blanken Entsetzen zu befreien, das ein egoistischer Mann durch inhumane Grausamkeit in ihm genährt hatte. J. H. und allen anderen, die je einen solchen Traum gehabt haben, empfehle ich, allabendlich vor dem Schlafengehen das Gebet aus Kapitel 7 zu sprechen – entweder mit meinen Worten oder entsprechenden eigenen Formulierungen, denn Sie sollen nicht einen Augenblick lang weiter mit der Last dieses Schmerzes leben müssen. Hier habe ich eine geringfügig geänderte Version des Gebetes, das meines Erachtens immer hilft: »Gott Vater, bitte hilf mir, alle Negativität, die ich aus einer anderen Lebensspanne in diese hineingetragen habe, im weißen Licht des Heiligen Geistes zu zerstreuen, auf dass sie für immer in Deinem göttlichen und vollkommenen Frieden aufgelöst werde. Und in dem Maße, wie ich mich von jener Negativität aus der Vergangenheit befreie, lass mich die Freuden, die Weisheit, die Liebe und die Gaben aus anderen Leben aufnehmen, auf dass ich morgen mit einem neuen Gefühl von Zuversicht und Selbstachtung und einem bleibenden Bewusstsein von der Ewigkeit erwachen möge, mit der Du meinen Geist gesegnet hast.«

Natürlich ist nicht jede Grausamkeit vorsätzlich oder böswillig. Manchmal stehen Selbstsucht oder Einsamkeit oder eine Kombination aus beiden dahinter. »Nach dem Tod unseres Vaters träumte meine älteste Schwester immer wieder das Gleiche. Die beiden hatten ein schwieriges Verhältnis zueinander. Vater liebte uns, aber er schien in meiner Schwester – auf rein geistiger Ebene – mehr die Frau als die Tochter zu sehen. (Es gab keinerlei körperliche Übergriffe oder gar sexuellen Missbrauch.) Er war 79, als er starb, und meine Schwester war damals 41. Seit seinem Tod hatte sie lebhafte, verstörende Träume von ihm, bis sie kürzlich sein Foto abhängte und weglegte. Warum musste es immer so unangenehm sein, wenn Vater ihr im Schlaf erschien?« – *Kay*

Es sei vorweggeschickt, wie sehr es mich immer berührt, wenn sich jemand wegen eines anderen Menschen an mich wendet. Ihre Schwester kann froh sein, dass sie Sie hat, Kay.

Kays Vater hat ihre Schwester nicht im Schlaf besucht. Sie hatte vielmehr wiederholt kathartische Träume von ihm, in denen sie ihr Verhältnis zu ihm immer wieder aufleben ließ in der Hoffnung, dass es irgendwie zu einem guten Ende geführt werden könnte. Einmal nur wollte sie das Gefühl haben, ihrer Kindheit nicht beraubt worden zu sein, wo ihr doch bereits in so jungen Jahren die emotionale Reife einer Frau abverlangt wurde. Ich weiß, dass sie den Unmut über ihren Vater hundertmal in der »schwierigen Beziehung« zum Ausdruck gebracht hat, und auch, dass er sein Fehlverhalten nicht einsehen wollte und sie benutzte, um seine Bedürftigkeit zu stillen. Er brachte sie in eine unmögliche Lage, indem er ihre natürliche Zuneigung zu ihm ausnutzte und sie in eine klassische Hass-Liebe hineindrängte. Weil er jeden Versuch der emotionalen Annäherung blockierte, konnte sie zeit seines Lebens nicht zu ihm vordringen. Ich bin froh, dass das Abhängen des Bildes geholfen hat. Noch mehr würde es ihr helfen, wenn sie einige Monate in Therapie gehen würde, um die restlichen Ängste auszuräumen, die sie im Schlaf loszulassen versucht.

Und dann gibt es zwar gut gemeinte, aber unangebrachte Handlungen mit grausamen und möglicherweise lang andauernden Folgen. »Ich bin seit kurzem auf der Highschool«, schreibt Laurie. »Mein Vater ist gestorben. Nach unserem Umzug aus dem Mittleren Westen leben meine Mutter und ich jetzt im Südwesten der USA. Da ich schreckliche Albträume hatte, die sich stets um den Tod von Familienmitgliedern drehten, schickte mich meine Mutter zu einem Therapeuten. Er verschrieb mir Schlaftabletten, damit die Träume aufhören. Aber es half nicht. In der letzten Zeit habe ich wiederholt von meinem Freund geträumt, mit dem ich vor unserem Umzug Schluss gemacht hatte. Der Gedanke lässt mich nicht los, dass zwischen uns noch etwas offen geblieben ist, das ich unbedingt klären muss. Ich habe das Gefühl, es ginge dabei um Leben und Tod. Ich weiß aber nicht, worum es sich handelt. Können Sie mir helfen?«

Lauries Mutter hat sicherlich richtig gehandelt, ihre Tochter zu einem Therapeuten zu schicken. Es liegen mir zu wenig Informationen vor, und ich will nicht im Nebel stochern, aber ich habe dennoch das Gefühl, dass sie sich – vielleicht über einen Schulberater – einen anderen Therapeuten suchen sollte, der sie richtig einzuschätzen vermag und ihr nicht gleich Schlaftabletten verschreibt, die die lebenswichtige Entwicklung gesunder Traumzyklen unterbinden. Und obwohl ich selbst *niemals* Medikamente verschreibe, weil ich dazu weder qualifiziert noch berechtigt bin, meine ich, Laurie sollte mit ihrem neuen Therapeuten oder Hausarzt über die Möglichkeit der Einnahme von Antidepressiva sprechen, um ihr den Weg durch diese schwierige Phase zu erleichtern. Ihre Träume von sterbenden Angehörigen und dem Freund, von dem sie sich getrennt hat, spiegeln wider, wie schrecklich allein und einsam sie sich fühlt. Sie träumt von ihrem Exfreund nicht, weil da noch etwas zwischen ihnen steht, sondern weil er ihr vertraut ist. Als sie noch mit ihm zusammen war, fühlte sie sich nicht so allein. Sie hat keine Sehnsucht nach ihm, sie sehnt sich nach dem Gefühl der Zugehörigkeit. Der richtige Therapeut könnte hier eine Menge bewirken. Laurie sollte daran denken, dass sie keine Verantwortung für die augenblickliche Situation trägt. Darum braucht sie sie auch jetzt nicht ganz allein in Ordnung zu bringen. Viel Glück, Laurie. Ich schließe dich in meine Gebete ein.

Menschen als Archetypen in unseren Träumen

Lauries Träume von ihrem Exfreund veranschaulichen einen sehr gängigen Mechanismus, den unser Unbewusstes einsetzt, um uns eine Botschaft zu übermitteln: Es zeigt uns im Traum ein vertrautes Gesicht, um ein emotionales Problem, das uns beschäftigt, symbolhaft darzustellen. Zu unterscheiden, wann es nun in einem solchen Traum um die Person selbst und wann um die mit ihr assoziierten Gefühle geht, ist alles andere als einfach. Liebend gern würde ich Ihnen hierzu eine allgemein gültige Faustregel nennen, aber es gibt keine, und ich will Sie nicht mit falschen Behauptungen in die Irre führen. Ich kann Ihnen nur raten, bei der Interpretation zumindest die Möglichkeit in Erwägung zu ziehen, dass die Handlungsabfolge oder Botschaft nicht wörtlich zu nehmen sein könnte. Wenn Sie einen Schritt zurücktreten und so einen weiteren Blickwinkel gewinnen, können Sie viel mehr über sich selbst lernen. Hören Sie nicht bei der Frage auf: »Wer war diese Person?« Fragen Sie sich auch: »Was verkörpert diese Person für mich?« Sehen Sie dann, wohin die Antworten Sie führen.

Nehmen wir beispielsweise folgenden Traum von M.E.: »Letztes Jahr verließ ich Jamaika, um auf Barbados zur Schule zu gehen. Im gleichen Monat starb meine Großmutter in New York. Ich machte mir große Vorwürfe, weil ich sie vor ihrem Tod nicht noch einmal besucht hatte. Nicht lange nach ihrem Heimgang hatte ich einen äußerst aufwühlenden Traum. Ich fand mich in einer Art schwarzen Wolke wieder, die aus dem Nichts gekommen war. Da sah ich meine Großmutter den Weg zu meinem Elternhaus in Jamaika entlangkommen. Ich schrie ihren Namen, um ihre Aufmerksamkeit zu erlangen. Sie drehte sich um und schaute mich ausdruckslos an. Ich wollte ihr so gerne sagen, wie sehr ich sie liebe, doch sie wandte sich schnell ab und setzte ihren Weg fort. Immer und immer wieder rief ich ihren Namen, doch sie ging einfach weiter und entfernte sich zusehends. Ich spürte einen stechenden Schmerz, fast wie eine Art Elektroschock, als sie mir da mit solch offenbarem Zorn die kalte Schulter zeigte.«

Hoffentlich ist Ihnen klar, dass es sich hier definitiv nicht um einen Astralbesuch von M. E.s Großmutter handelt. Wir haben es vielmehr mit einem kathartischen Traum zu tun, in dem M. E. ihre Großmutter als Symbol für ihre Schuldgefühle und ihren Kummer benutzt. M. E. ärgert sich über sich selbst, weil sie so sehr mit ihrem eigenen Leben beschäftigt war, dass sie die Großmutter vor ihrem Tod nicht noch einmal besuchte und sich von ihr nicht verabschiedete. Das sollte sie natürlich nicht tun. Jedem von uns hätte das Gleiche passieren können. Außerdem bedurfte es keines Abschieds, weil ihre Großmutter immer in ihrer Nähe weilt und ausgesprochen stolz auf sie ist. Da ihr dies nicht bewusst war, ließ sie im Traum ihre Oma den Groll ausagieren, den sie auf sich selbst hatte, um auf diese Weise die Ablehnung zu spüren, die sie verdient zu haben glaubte.

Es ist eine unverrückbare Tatsache, dass keiner im Jenseits auch nur fähig ist, je böse oder verärgert mit uns zu sein. Wenn es überhaupt eine allgemein gültige Faustregel zur Beurteilung der Frage gibt, ob es in einem Traum um die Person selbst geht oder darum, was sie für uns symbolisieren mag, dann ist es diese: Erscheint sie uns zornig, aufgewühlt oder unglücklich oder trägt sie eine sonstige negative Emotion zur Schau, dann ist sie uns nicht wirklich erschienen. Solcher Akteure bedienen wir uns in unseren Träumen nur, um unsere eigenen Emotionen zu veranschaulichen und Themen aufzuzeigen, an denen wir tagsüber arbeiten sollten.

Nicht alle Menschen, die eine symbolhafte Rolle in unseren Träumen spielen, kommen aus dem Jenseits. Der folgende Brief von Linda bestätigt das: »Ich träumte kürzlich, dass Sylvia Browne mit mir über mein Liebesleben sprach. Ein paar Hintergrundinformationen dazu: Vor kurzem habe ich einen ehemaligen Freund wiedergetroffen, den ich auch heute noch für die Liebe meines Lebens halte. Er ruft mich nicht oft an, doch letzte Woche meldete er sich wieder einmal bei mir, und ich habe mich seither zweimal mit ihm verabredet. In besagtem Traum aber erklärt mir Sylvia, dass er böse sei und ich mich besser von ihm fern halten solle. Es gibt einen anderen Mann, mit dem ich gelegentlich ausgehe, und sie sagte, ich solle mich lieber auf ihn konzentrieren und die kurze Zeit genießen, die uns zusammen bliebe. Danach könnte ich mein Leben in gewohnter Weise fortsetzen und die

Sache mit meinem ehemaligen Freund endgültig ad acta legen. Ich denke, die Frage ist: Könnte sich Sylvia wirklich in einem solchen Traum an mich gewandt haben und soll ich den Ratschlag befolgen, den sie mir darin gegeben hat? Ich liebe meinen Exfreund so sehr, dass ich mich vor zwei Jahren in Therapie begab, weil ich nach der Trennung mit Selbstmordgedanken gespielt hatte. Heute geht es mir besser, ich bin froh zu leben, kann mich aber des Eindrucks nicht erwehren, dass wir füreinander bestimmt sind und eines Tages wieder zusammenfinden werden.«

Es ist durchaus richtig, dass ich gelegentlich Menschen im Schlaf einen Astralbesuch abstatte. In diesem Fall aber fand keine solche Begegnung statt. Es sei also klargestellt, dass ich nie behauptet habe, ihr alter Freund sei nicht der ultimative Mann für sie und sie solle die Beziehung zu ihm ad acta legen. Auch dass ihr Verhältnis zu dem anderen Mann nur von kurzer Dauer sein und ohne reale Folgen bleiben würde, habe ich ihr nie gesagt. *Linda* hat es sich *selbst* gesagt. Ich diente ihr lediglich als Übermittlerin einer Botschaft, die sie ohnehin schon kennt; wahrscheinlich weil sie mit meiner Arbeitsweise hinreichend vertraut und von meiner medialen Begabung überzeugt ist. Sie weiß, dass ich niemals irgendwelche Unwahrheiten erzählen würde, nur damit sich jemand ein paar Minuten lang besser fühlt. Ihr früherer Freund ist nicht böse. Aber er ist auch nicht fähig, ihr das glückliche, stabile, sichere Leben zu bieten, das sie verdient. Er hat sich nie zu ihr bekannt und wird es auch in Zukunft nicht tun. Wenn die beiden eines Tages wirklich zusammenfinden und zusammenleben sollten, würde sie sich unglücklich fühlen, davon bin ich überzeugt. Und im Unterbewussten weiß sie es auch. Der andere Mann, den sie kennen gelernt hat, ist ebenfalls nichts für sie. Auch das hat sie schon klar erkannt, sonst hätte sie mich in ihrem Traum nicht betonen lassen, dass diese Beziehung bloß etwas Vorübergehendes sei. Ein anderer wird kommen, der wunderbar zu ihr passt. Aber dies kann nur dann geschehen, wenn sie sich emotional voll auf ihn einlässt und nicht einen Teil ihres Herzens dem reserviert, der in ihrem Leben nur eine einzige Aufgabe zu erfüllen hat: sie zu lehren, wegzugehen, wenn sie etwas Geringeres als das Beste bekommt.

T. S. teilte mir folgende Erfahrung mit: »Im August 2001 zogen wir von New Mexiko nach Arizona. Ich war unsicher, ob ich weiter als Grundstücksmaklerin arbeiten sollte. Dieser Gedanke ging mir eines Abends vor dem Schlafengehen sehr im Kopf herum, und dann hatte ich einen erstaunlich lebhaften Traum. Sylvia kam zu mir in einem blauen wehenden Kleid. Sie hatte schulterlanges Haar. Sie setzte sich mir gegenüber an den Tisch und sagte: ›Natürlich sollten Sie als Immobilienmaklerin weiterarbeiten. Sie werden großen Erfolg haben und sehr glücklich in dem Metier sein. Deswegen stehen Ihnen alle Türen offen!‹ Es war so real, dass ich beim Aufwachen schon darauf gefasst war, Sylvia in meinem Haus anzutreffen. Ich hatte keine Gelegenheit zu fragen, ob sie tatsächlich da gewesen ist, als ich ein paar Wochen später an einem ihrer Seminare teilnahm. Aber ich brauchte es auch eigentlich nicht – sie hat mir die Antwort bereits gegeben.«

Ich würde die Lorbeeren gern entgegennehmen, T. S., und ich fühle mich so geehrt, dass Sie wie so viele andere mir über Jahre hinweg eine derart spezielle Rolle in Ihren Träumen zugedacht haben. Doch um der Wahrheit die Ehre zu geben: Ich bin nicht die Heldin dieser Geschichte. Sie selbst sind es. Sie tragen die intuitive Gewissheit in sich, die richtige Berufswahl getroffen zu haben, und ich war nur ein Symbol dafür, dass Sie mit Ihrem Lebensplan im Einklang stehen. Dem habe ich nichts hinzuzufügen – außer einem Applaus für Sie.

Es ist keine falsche Bescheidenheit meinerseits, wenn ich immer wieder so beharrlich darauf bestehe, in solchen Träumen nur Archetyp und nicht Botin zu sein. Ich möchte nur sichergehen, dass Sie sich selbst und Gott die Anerkennung dafür zollen, wenn Ihr eigener feinfühliger Instinkt und Ihre bewussten Kräfte so perfekt funktionieren wie in den beschriebenen Fällen.

Am Rande sei noch ein Brief von Jenna erwähnt: »Ich träumte, bei Sylvia zu Hause zu sein. Ich war in ihrem Schlafzimmer, sah ihr Bett und einen Großbildfernseher. Ihre Enkelin war auch dort, etwa acht bis zehn Jahre alt, mit schulterlangem, schwarzem Haar. In dem, was ich für das Wohnzimmer hielt, traf ich einen ziemlich alten Mann an – womöglich Sylvias Vater. Seltsam war nur, dass er einfach nur in seinem Sessel saß und mich nicht wahrzunehmen schien. Auch Sylvia nahm von meiner Anwesenheit keine Notiz, doch das war in Ordnung. Schließlich wollte ich nicht aufdringlich sein, denn irgendwie spürte ich, dass ich in ihre Privatsphäre eingedrungen war.«

Ich arbeite häufig in meinem Schlafzimmer, es macht also Sinn, dass Jenna mich in ihrem Traum dorthin platzierte. Ich habe wirklich einen Fernseher mit Großbildschirm. Meine Enkelin ist acht Jahre alt und hat schulterlanges, schwarzes Haar. Ich kenne den Sessel genau, in dem Jenna meinen Vater sitzen sah. Er starb vor einigen Jahren, aber wenn er mich besucht, ist das immer noch sein Lieblingssessel. Was das »Eindringen in meine Privatsphäre« anbelangt, heiße ich jeden willkommen, mich astral zu besuchen, wann immer er möchte, solange er von Liebe getragen ist und sich auf möglichst leisen Sohlen bewegt.

Die »Fremden« in unseren Träumen

Nicht jeder Fremde, der in unseren Träumen und astralen Erlebnissen im Schlaf auftaucht, ist auch wirklich ein Fremder. Schicken Sie diese »Fremden« nicht allzu schnell fort, nur weil Sie ihr Gesicht nicht erkannt haben oder meinen, niemanden zu kennen, der so aussieht. Wie bei so vielen Dingen im Zusammenhang mit unseren Schlafreisen gilt auch hier, dass wir uns auf die Essenz der Person konzentrieren sollten, nicht auf die physischen Merkmale. Und wenn uns die Essenz merkwürdig vertraut erscheint oder uns an jemanden erinnert, der vielleicht eine wichtige Nachricht für uns haben könnte, sollten wir uns so lange auf die Person konzentrieren, bis uns unser Herz verrät, wer der Fremde wirklich ist.

Vor einigen Jahren hatte L. T. den Besuch eines »Fremden«, der ihr eine Botschaft überbringen wollte; wenn sie doch nur herausfinden könnte, was in aller Welt er ihr zu sagen hatte. »Acht Monate nachdem mein Vater gestorben war, hatte ich im Schlaf eine Erfahrung, die mir viel zu real erschien, als dass ich sie für einen Traum hätte halten können. Ich war gerade eingeschlafen und träumte, als der Strom meiner nächtlichen Bilder abriss und alles in Nebel oder Rauch gehüllt war, so als befände ich mich im Inneren einer Wolke. Aus dieser weißen nebelhaften Wolke kam aus der Ferne ein schwarzer Punkt auf mich zu, nicht größer als eine Bleistiftspitze. In einer Art Gleitflug kam er extrem schnell auf mich zu. Wie sich der ›schwarze Punkt‹ näherte, wurde mehr und mehr deutlich, dass es sich um das Gesicht eines Mannes handelte (der Körper fehlte), das da direkt auf mich zusteuerte. Ich erkannte es nicht. Es hatte griechische Züge, war rundlich und hatte dunkle, gekräuselte Haare – oder es mochte der Menschentypus aus dem Nahen Osten gewesen sein. Ich schlief und war doch wach, auch wenn das noch so merkwürdig klingen mag. Auf telepathischem Wege, aber laut und deutlich sagte er die folgenden sechs Worte zu mir: ›Du wirst das große Los ziehen.‹ Irgendwie sprach ich ihn innerlich an und fragte, was er denn damit meine. Sogleich bewegte er sich von mir weg, und zwar genau so, wie er gekommen war, zurück in den Nebel, glitt rasch immer weiter in die Ferne, wurde wieder zum kleinen schwarzen Punkt und verschwand schließlich ganz. In dem Moment verzog sich auch der Nebel, und alles wurde wieder normal. Ich rief laut nach ihm, war völlig durcheinander und bat ihn, doch bitte zurückzukommen und mir zu erklären, was er damit meine. Aber er war weg. Als ich am nächsten Morgen aufwachte, fühlte ich mich in Hochstimmung und blickte voller Optimismus in die Zukunft. Doch bis zum heutigen Tag weiß ich immer noch nicht, was er mir sagen wollte. Seither sind fast vier Jahre vergangen, und ich habe natürlich nicht in der Lotterie gewonnen. Tatsache ist, dass ich mir nicht einmal ein Los kaufen kann, weil mir selbst dazu das Geld fehlt. Meine Lage hat sich derart zugespitzt, dass es mir fast unerträglich ist, weiterzuleben. Bitte sagen Sie mir, was da passiert ist und was ich mit all dem anfangen soll.«

Irgendwie amüsiert es mich – und glauben Sie mir, ich lache mit Ihnen, L. T., und nicht über Sie –, dass Sie sich bei all Ihrer Neugier auf die Nachricht, die Sie empfangen haben, nicht einmal fragten: »Wer war dieser Mann denn eigentlich?« Keine Sorge, ich werde es Ihnen verraten: Der Mann, der Sie in jener Nacht astral besuchte, war Ihr Geistführer Tyrone. Seine Botschaft war in der Tat so hoffnungsvoll, wie Sie sie zunächst empfanden. Nur leider gab es da ein kleines Verständigungsproblem: Während Sie glaubten, Sie würden Geld gewinnen, meinte er keine Lotterie im herkömmlichen Sinne. Dennoch kann ich Ihnen versprechen, dass sich Ihre finanzielle Situation in den nächsten 16 bis 18 Monaten zum Besseren wenden wird. Das »große Los« werden Sie in der einzigen Form von Lotterie ziehen, die man im Jenseits kennt oder für wichtig hält. Es steht außer Frage, dass Sie gegenwärtig eine sehr schwierige Zeit durchmachen. Doch vielleicht ohne es zu bemerken, gehen Sie spirituell weitaus gestärkter daraus hervor, als viele Menschen aus ihrem ganzen Leben. Am Ende Ihrer »Durststrecke« werden Sie als wahrhaft außergewöhnlicher Mensch dastehen und zurückblickend auf diese letzten Jahre konstatieren, auch wenn es jetzt schwer zu begreifen ist: Wenn das der Preis dafür war, an diesen Punkt zu gelangen, war es den Einsatz wert. Sollten Sie beim Lesen dieser Zeilen denken, dass spirituelles Wachstum ja gut und schön sei, aber Ihnen nicht Ihre Miete zahlt, verstehe ich Ihre Argumentation nur zu gut. Ich weiß aus eigener Erfahrung, wie sich so etwas anfühlt. Nur zu gerne würde ich Ihnen sagen, dass sich Ihre finanziellen Sorgen zuerst klären. In Ihrem Fall aber erhalten Sie erst am Ende der erstaunlichen spirituellen Entwicklung, die – wie Sie wissen – bereits in vollem Gang ist, eine nicht unerhebliche Belohnung. Vergeuden Sie keinen Gedanken daran, sich aus welchem Grund auch immer vorzeitig aus diesem Leben zu verabschieden, besonders jetzt, da so viel Freude winkt und der Geldsegen schon quasi um die Ecke auf Sie wartet.

A.C. reiste astral zu einem »Fremden«, um emotionalen Problemen auf den Grund zu gehen, die ihr heftig zusetzten und gelöst werden wollten. »In meinem Traum hatte ein Mann, den ich weder kannte noch wiedererkannte, eine schwere Kopfverletzung. (Ich glaube, es war eine Schusswunde.) Aus irgendeinem Grund saß ich ständig an seinem Bett im Krankenhaus, pflegte und ermutigte ihn und beteuerte, dass alles wieder gut werden würde. Er war vollkommen abhängig von mir und wollte nie, dass ich wegging. Seine Familie war sehr verärgert darüber, denn er verlangte nur nach mir und schickte sie immer weg, wenn sie ihn besuchen wollten. Ich erinnere mich, wie ich einen seiner Angehörigen sagen hörte, dass ich doch nur hinter seinem Geld her wäre. Schließlich begab ich mich zu meiner Arbeitsstelle und berichtete meinen Kollegen, wie schlecht es ihm ging. Sie hatten Verständnis dafür, dass ich eine Weile nicht ins Büro kommen könnte. Dann kehrte ich ins Krankenhaus zurück. Dort hatte sich die Familie des Mannes vor seiner Zimmertür versammelt. Sie versuchten, mich daran zu hindern, zu ihm hineinzugehen. Er war so aufgebracht darüber, dass der Arzt die Familie zurechtwies. Wütend stürmten sie aus dem Gebäude. Ich aber kehrte ins Krankenzimmer zurück, um den Mann zu beruhigen.«

Ich bin überzeugt, dass A. C. ihr Leben lang das Gefühl hatte, nie so richtig akzeptiert zu sein, wie sehr sie sich auch einsetzen und welche Anstrengungen sie auch unternehmen mochte. Bestimmt bremst sie dieses Gefühl sowohl in persönlicher als auch beruflicher Hinsicht, denn bisweilen weist sie aus Angst vor Zurückweisung Menschen oder Gelegenheiten ab, ohne ihnen überhaupt eine Chance zu lassen. Sobald sie ihre Verteidigungsmechanismen aufgeben und anderen Zugang zu ihrem Leben gewähren würde, so ihre Überzeugung, würde sie bestimmt Ablehnung erfahren.

Ihre Geistseele hat diese Astralreise in ihre Vergangenheit unternommen, um aufzuzeigen, woher dieses Problem kommt, sodass sie endlich Schritte zur Heilung einleiten kann. Die Szene spielt Anfang des 20. Jahrhunderts, und der Mann im Krankenbett war ihr Ehemann. Er war viel älter als sie. Sie war bei seiner Familie als Pflegerin und Haushälterin engagiert, nachdem er einen schweren Schlaganfall erlitten hatte. Seine Kinder – drei Söhne und eine Tochter – waren böse und ausfallend zu ihm. Sie hatten A. C. nur eingestellt, um sich nicht um ihn kümmern zu müssen. Hin und wieder statteten sie ihm Höflichkeitsbesuche ab, denn er war reich, und sie sahen sich schon als Erben seines Vermögens. Wirklich verliebt war A. C. nicht in ihn, aber sie hatte ihn gern, kümmerte sich aufopfernd um ihn und stellte sich bei den Besuchen seiner Kinder schützend vor ihn. Er schlug ihr die Heirat vor, um ihr nach seinem Tod eine gewisse Sicherheit zu geben. Da sie verwitwet und ohne weitere Angehörige war, hatte sie akzeptiert. Seine Kinder waren rasend vor Zorn, als sie erfuhren, dass er sein Testament geändert und ihr sein gesamtes Vermögen überschrieben hatte. A. C.s Astralreise führte sie am letzten Tag seines Lebens an sein Krankenbett. Er hatte zwar keine Kopfschusswunde, aber das Aneurysma, das seinen Tod verursachte, hatte im Grunde den gleichen Effekt. Seine Kinder gaben nach seinem Tod nicht klein bei, sondern quälten sie weiterhin mit ihren Grausamkeiten. Letztlich hatten sie damit Erfolg. Durch unsaubere Machenschaften gelang es ihnen, sich das Vermögen doch noch zu sichern, sodass A. C. trotz ihres legalen Anspruchs am Ende völlig allein und mittellos dastand. Die Einsamkeit und Ungerechtigkeit, die sie damals gespürt hatte, hat sich in ihre jetzige Lebensspanne übertragen. Die astrale Rückkehr in die alte Zeit war ein Versuch, diese Gefühle ein für alle Male loszulassen. Dies wird ihr in dem Augenblick gelingen, in dem sie erkennt, dass die in ihrem Zellgedächtnis gespeicherten Erinnerungen auf Ereignisse zurückgehen, die 100 Jahre zurückliegen, und dass diese nur in dem Maße für ihr jetziges Leben relevant sind, wie sie es zulässt.

Gary berichtet von einer wunderschönen Erfahrung mit einem »Fremden« zu einer Zeit, als er wieder einmal dringend daran erinnert werden musste, dass keiner von uns durch dieses unwirtlich harte Leben zu gehen braucht, ohne von irgendwoher eine starke Hand gereicht zu bekommen. »Einige Wochen nachdem meine Frau weggegangen war und mich mit unseren drei Kindern hatte sitzen lassen, hatte ich einen sehr realen, seltsamen Traum. Ich arbeitete in dem Hochhaus, in dem ich auch im wirklichen Leben mein Geld verdiene. Alles schien wie ausgestorben, als ich mein Büro verließ und mich zum Aufzug begab. Das hohle Echo meiner Schritte auf dem Marmorboden klingt mir immer noch im Ohr – es hörte sich so an, als wäre ich nicht nur der einzige Mensch im Gebäude, sondern der einzige auf Gottes weitem Erdboden. Wenn es nicht wegen der Kinder wäre, so dachte ich bei mir, würde mir eigentlich nichts mehr am Leben liegen. Fast am Auto in der Tiefgarage angelangt, sah ich dort einen Mann stehen, der gegen die Wand gelehnt anscheinend auf mich wartete. Ich war beunruhigt, denn wir beide waren die einzigen zwei Menschen weit und breit und mein Auto das einzige auf der gesamten Parkebene.

Er war schlank, hatte helles Haar und ein ziemlich alltägliches Gesicht. Ich weiß nicht, was mich an ihm auf den Gedanken brachte, dass er in diesem Leben schon eine Menge mitgemacht haben musste. Als ich mein Auto erreichte, kam er einen Schritt auf mich zu. Nicht dass ich es als bedrohlich empfunden hätte, aber da war überall so ein Nebel. Ich hörte seine Stimme nicht. Er redete telepathisch mit mir in einer nie vernommenen, wunderschönen Sprache – kaum habe ich je einen so weichen, fließenden Klang gehört. Die einzelnen Worte konnte ich nicht verstehen, aber ich schöpfte Trost und Mut aus dem, was er sagte. In Tränen aufgelöst, wachte ich auf. Interessant war, dass mir in den Tagen danach bewusst wurde, dass ich mir in jüngster Zeit im Büro viele Überstunden aufgeladen hatte, bloß um nicht nach Hause zu müssen, wo mich alles so stark an meine Frau erinnerte. Aber meinen Kindern gegenüber war das unfair. Sie brauchten mich jetzt dringender denn je. Seit ich das gemerkt habe, verbringe ich viel mehr Zeit mit ihnen. Wissen Sie, wer der Mann in meinem Traum war, und wenn ja, was er mir über meine Kinder sagte?«

Ich bin so froh über das, was Gary geschrieben hat, denn er bringt etwas ins Spiel, das ich schon lange erwähnen wollte. Es war kein Traum, sondern ein Astralbesuch seines Geistführers Marcus. Und seine Botschaft hatte in der Tat etwas mit Garys Kinder zu tun: Er würde umso schneller über das Weggehen seiner Frau hinwegkommen, wenn er sein Augenmerk auf seine Kinder lenken und ihnen in der leidvollen und verwirrenden Phase nach dem Verlust der Mutter zur Seite stünde. Für viele, die dieses Buch lesen, dürfte es interessant sein zu erfahren, dass Gary – ohne es zu merken – wirklich jedes Wort, das Marcus ihm sagte, verstanden hat. Er redete in Aramäisch, in der universellen Sprache des Jenseits. Während unserer kurzen irdischen Existenzen leiden wir unter Gedächtnisverlust in Bezug auf das Leben in der jenseitigen Heimat; so verlieren wir in dieser Zeit die bewusste Fähigkeit, Aramäisch zu sprechen. Aber im Geist kommt uns das Wissen um diese Sprache nie abhanden, und so ist es nichts Ungewöhnliches, wenn wir uns im Schlaf während einer Astralerfahrung mit einem Geistwesen auf Aramäisch unterhalten.

Der Vollständigkeit halber will ich berichten: Kurz nachdem Gary die Scheidung eingeleitet hatte, meldete sich seine Frau und wollte zu ihm zurückkommen. Er sollte sich nicht darauf einlassen, denn sie vermisst nicht ihn und die Kinder, sondern das stabile, sichere Leben, das er ihr zu bieten hatte. Inzwischen hat sie nämlich herausgefunden, dass sie aus eigener Kraft den gewohnten Lebensstandard nicht halten kann. Sie steckt in Schwierigkeiten, die er ihr nicht abnehmen kann, und sie würde viel mehr seelisches Leid verursachen, als er und seine Kinder es verdienen.

Manche Fremde treten in unseren Träumen auf, um auf

etwas in unserem Leben hinzuweisen, das uns zwar bereits bewusst ist, worum wir uns aber noch nicht intensiv genug gekümmert haben – um Dinge also, die wir entweder verdrängt haben oder bei denen wir nicht wissen, was wir unternehmen sollten. Ein Traum von Jean-Marie veranschaulicht das: »Ich saß mit zwei anderen Menschen im Cockpit eines Flugzeugs, und wir sollten irgendwohin fliegen. Ich war die Pilotin, und die beiden anderen (zwei Männer) waren meine Passagiere. Sie hatten großes Vertrauen zu mir. Wir hatten alle Fallschirme, aber die Brustriemen zur Fixierung der Schultergurte fehlten. Ich war etwas nervös, sagte mir aber, dass ich genug Erfahrung habe, ein Flugzeug zu steuern oder mit einem Fallschirm umzugehen. Es war finstere Nacht. Ich schaffte es, das Flugzeug vom Boden abheben zu lassen, und wir sprangen alle drei sicher ab. Ich erinnere mich nicht daran, wie ich auf dem Boden aufkam. Woran ich mich aber sehr wohl erinnere, ist, wie wichtig es mir war, das Flugzeug zu starten und zur Absprungstelle zu fliegen. Damit endet der Traum. Normalerweise erinnere ich mich nie daran, was ich geträumt habe, außer wenn es etwas Prophetisches oder ein Astralbesuch ist. Prophetische Träume sind in der Regel wörtlich zu nehmen. Dieser Traum aber hat mich ratlos gemacht.«

Jean-Marie hat Recht, prophetische Träume sind, wie die meisten Astralerfahrungen auch, in der Tat wörtlich zu nehmen. Im vorliegenden Fall handelt es sich um einen Wunschtraum. Lassen Sie sich bitte nicht dadurch verwirren, dass Jean-Marie im Traum flog, es aber trotzdem keine Astralreise war. Zwar haben wir bei Letzteren stets das Gefühl zu fliegen, aber ganz sicher brauchen wir dazu kein Flugzeug. Bemerkenswert ist, dass Jean-Marie das Kommando über das Flugzeug hat und zwei Männer untätig mit im Cockpit sitzen, die ihr ganz und gar vertrauen. Ohne dass Jean-Marie je die Kontrolle abgegeben hätte, gelangen sie zielgenau zur geplanten

Stelle und können sicher abspringen, obwohl die Fallschirme nicht komplett sind.

Es gibt zwei Männer in ihrem Leben (aus medialen Quellen weiß ich, dass der eine älter und der andere ungefähr gleich alt ist wie sie), die alles daransetzen, sie zu dominieren, indem sie ihr ein Gefühl von Unfähigkeit und Hilflosigkeit einflößen. In ihrem Traum trug sie nicht bloß generell die Verantwortung; vielmehr ging es darum, eine potenziell gefährliche Situation zu meistern, was sie mit großem Erfolg getan hat. Im Alltagsleben ist sie ebenfalls bereit, Verantwortung zu übernehmen, und Träume wie dieser werden ihr geschickt, um ihr Selbstvertrauen für kommende Zeiten aufzubauen. In den nächtlichen Bildern unterstützen die beiden Männer sie, im wirklichen Leben aber erfährt sie Widerstand von ihnen. Sie fühlen sich nur dann wohl, wenn sie Macht über Jean-Marie ausüben können, und sie werden diese Macht nicht so einfach aufgeben wollen. Sie selbst aber wird sich erst dann besser fühlen, wenn sie das Steuer ihres eigenen Lebens übernimmt, was sie auch tun wird, wie der Traum verrät. Am Ende werden sich die Dinge dadurch für sie selbst und auch für die beiden Männer in ihrem Leben höchst positiv wenden.

Die Fremden in Jean-Maries Traum symbolisieren zwei sehr reale Männer in ihrem Leben. Generell können Fremde aber auch klassische Archetypen repräsentieren, wie es in zwei getrennten Träumen von Esther der Fall war: »Ich habe zwei Träume von einer Frau namens ›Bee‹ gehabt, einer älteren Schwarzen, die in einem alten weißen Haus wohnte. Im ersten folgte ich ihr von Zimmer zu Zimmer, während sie Staub wischte. Sie sprach zu mir, und ich konnte spüren, wie sehr sie mich liebte. Sie kannte mich, und irgendwie kannte ich sie auch. Die Zimmer schienen sehr klein und waren voll gestopft mit Sachen, die sie im Laufe der Zeit zusammengetragen hatte. Ein alter Mann saß in einem abgenutzten braunorangefarbenen Sessel im Wohnzimmer und sah fern. Für ihn schien das der Inbegriff des Lebens. Sonst tat er nichts. In meinem zweiten Traum rannte ich an einem nebeligen, mondhellen Abend in den Wald, um vor einem alten weißen Auto zu flüchten, das mich zu verfolgen schien. Schließlich gelangte ich zu einer Lichtung, auf der sich Bees Haus erhob. Genau wie in meinem ersten Traum sagte sie mir, dass sie mich bereits erwartet hätte, und hieß mich mit einem freundlichen, wissenden Lächeln willkommen. Wieder saß der alte Mann in seinem Sessel. Über Augenkontakt schien sie mit ihm zu kommunizieren. Ich erinnere mich nicht, je sein Gesicht gesehen zu haben. Sie war immer in Bewegung, immer mit etwas beschäftigt und hatte dennoch ein offenes Ohr für mich, wenn ich ihr etwas sagen wollte. Ich wusste, dass sie mich liebte und mir helfen wollte, wenn ich sie nur darum bitten würde. Doch das tat ich nie. Ich weiß nicht, wobei sie mir überhaupt helfen wollte. Als ich aufwachte, war ich so glücklich wie seit langer Zeit nicht mehr. Ich bekam zwar nach jedem meiner Träume von ›Bee‹ noch am selben Tag schlechte Nachrichten. Aber sie hatte mir das Gefühl gegeben, dass alles gut ausgehen werde, und hat immer Recht behalten.«

Am besten gefällt mir an diesen Träumen, dass die darin vorkommenden Symbole in der Tat klassisch sind. So wird deutlich, dass wir die Arbeit mit den traditionellen Archetypen nie aufgeben sollten, auch wenn ich die Bedeutung unserer eigenen persönlichen Verbindung zu unseren Traumsymbolen gar nicht genug betonen kann. In beiden Träumen findet Esther zu einem Haus – im klassischen Sinne der Archetyp für *sie selbst*. Im Inneren dieses Hauses trifft sie auf eine geschäftige, ältere Frau – der herkömmlichen Deutung zufolge der Archetyp für die emotionale Seite unseres Wesens. Sie begegnet zudem einem völlig untätig dasitzenden, stillen, in sich gekehrten, »gesichtslosen« alten Mann – dem Archetyp für unseren Intellekt. Wenn Esther schlechte Nachrichten erhält, wird ›Bee‹/die ältere Frau/ihre emotionale Stärke sie durch das tiefe Tal führen und ihr Trost zusprechen. Der ältere Mann/ihr Intellekt hingegen tritt nie auf den Plan. In ihrem Leben, darauf möchte ich wetten, hat sich Esther immer stark über ihre emotionale Seite definiert; zu ihrem intellektuellen Potenzial hingegen hatte sie wenig Zugang.

Ich wünsche Esther einen Traum, in dem sich Bee und der ältere Mann, der weder Aufgabe noch Namen hatte, gleichermaßen geschäftig und entschieden zeigen und beide ebenso viel Interesse daran aufbringen, mit ihr in Verbindung zu treten. Dies würde ihr signalisieren, dass sie gelernt hat, auf das Zusammenwirken beider Gaben zu bauen. Wenn sie nur ein wenig mehr Energie ins Lernen und Studieren stecken würde, wird eben dies mit Sicherheit passieren. Ich rate ihr, drei Themen herauszusuchen, für die sie sich besonders interessiert, und sich mit diesen dann der Reihe nach systematisch zu befassen. Sie sollte sich durch Stapel von Büchern hindurcharbeiten, eventuell die Abendschule besuchen oder Fernlehrgänge buchen und Gleichgesinnte treffen. Sowohl mein gesunder Menschenverstand als auch meine medialen Quellen sagen mir, dass Esther aufgrund ihres emotionalen Tiefgangs und ihrer großen Einfühlsamkeit und Vorurteilslosigkeit eine begnadete Psychologin werden könnte. Psychologie dürfte ein Gebiet sein, das sie magnetisch anzieht, wenn sie sich erst einmal damit befasst. Esther sollte beobachten, wie sich in ihren Träumen das Gleichgewicht zwischen Emotionalität und Intellekt verschiebt. Da in ihren nächtlichen Bildern so klassische Archetypen auftauchen, dürfte die Deutung für sie ziemlich unproblematisch sein.

Ob Sie mir glauben oder nicht, auch in Ihrem Leben gab es einmal eine Zeit, in der es keine Fremden in Ihren Träumen gab und in der Sie nach Herzenslust Astralreisen ins Jenseits unternehmen konnten. Dort fühlten Sie sich viel mehr zu Hause als hier, wo Sie sich erst wieder mit der beunruhigenden Tatsache arrangieren mussten, einen winzigen, verletzbaren, wehrlosen Körper zu bewohnen. Viele Menschen, darunter auch einige »Experten«, meinten, ihnen würde im Schlaf nichts Besonderes und Interessantes widerfahren, weil Sie am nächsten Morgen nicht viel zu berichten wussten. Wie aber hätten Sie etwas erzählen sollen, selbst wenn Sie das entsprechende Vokabular gekannt hätten? Schließlich waren Sie damals noch ein Kind und konnten gar nicht sprechen.

11
Wenn Kinder träumen

Ich kann die vielen Bücher, Artikel und Studien nicht zählen, die ich in meiner dreißigjährigen Berufserfahrung über das Thema der Kinderträume gelesen habe. Viele sind interessant, gründlich, erschöpfend recherchiert und sachlich in ihrer Aussage. Noch mehr aber sind langweilig, überzogen und so klinisch in ihrem Ansatz, dass man nie darauf kommen würde, dass sie sich mit so Faszinierendem beschäftigen, wie dem, was während des Schlafens in einem Kind vor sich geht. Was mich bei den Abhandlungen zu diesem Thema am meisten nervt, ist, dass man von Kindern stets verallgemeinernd als »sie« spricht. Zugegeben, es ist bloß eine Kleinigkeit, und auch ich selbst komme in diesem Kapitel nicht ganz um solche Verallgemeinerungen herum. Aber nie scheint man zu bedenken, dass »sie« keiner fremden, außerirdischen Spezies angehören, die sich als interessante Forschungsobjekte anbieten. Nur selten entsteht der Eindruck, dass »sie« nicht nur kostbare, komplexe, ganz individuelle kleine menschliche Wesen, sondern dass »sie« darüber hinaus diejenigen sind, die »wir« selbst einmal waren. Wenn wir über Kinderträume sprechen, sprechen wir auch von unseren eigenen frühesten Träumen, die wir längst vergessen und über die Jahre oft ausgeschmückt und verschönert haben und die genauso in das Geflecht unseres Unbewussten eingewoben sind, wie dies bei unseren Kindern der Fall ist. Sollten Sie sich nicht mehr genau erinnern, blättern Sie noch einmal in Kapitel 7 zum Thema Astralreisen nach und achten Sie darauf, wie viele »Träume« sinngemäß mit den Worten »als ich noch ein Kind war« beginnen.

Was hinter Kinderträumen steckt

Wer sich als Forscher auf die Träume von Kindern spezialisiert hat, geht zumeist davon aus, dass diese brandneue, unbeschriebene Wesen mit individuellen und einzigartigen genetischen Merkmalen seien, die bei Null anfangen und sich von dort aus in klar vorhersehbaren Bahnen entwickeln. Das heißt, diese Forscher und ich beschreiten von Anfang an zwei grundverschiedene Wege.

Ich gehe von der Überzeugung – oder besser: dem *Wissen* – aus, dass wir alle vor Ewigkeiten geboren wurden und noch eine Ewigkeit in unserer wirklichen Heimat im Jenseits zu leben haben, von wo aus wir uns von Zeit zu Zeit auf eigenen Entschluss hin zur Inkarnation auf Erden begeben. Dabei suchen wir uns das Umfeld und die Rahmenbedingungen zur Förderung unseres spirituellen Wachstums selbst aus. Unser Geist, der sowohl das Wissen als auch die Erinnerungen aus früheren Inkarnationen und unseren Aufenthalten im Jenseits in sich trägt, zieht vor der Geburt in den Embryo ein, sodass jeder neugeborene Säugling – mit anderen Worten jeder Einzelne von uns – bei Ankunft auf dieser Welt im Besitz eines großen Reichtums an Wissen und Weisheit ist, das in der Geistseele unseres Unbewussten abgespeichert ist. Aus der Vollkommenheit gehen wir in die Unvollkommenheit ein, aus der grenzenlosen Bewegungs-, Rede- und Gedankenfreiheit in kleine, begrenzte und begrenzende, noch nicht ausdrucksfähige Körper. Wir tun dies, um in jeder neuen Lebensspanne die Erfahrungen zu sammeln, die wir zum Erreichen der vor unserer Abreise aus der jenseitigen Heimat gesteckten Ziele brauchen. Von uns Begeisterung darüber zu erwarten, auf der Erde zu sein und endlich wieder in einem Körper wohnen zu dürfen, nur weil wir aus eigenen Stücken hierher gekommen sind, wäre vergleichbar mit der Vorstellung, ein Soldat würde nach jeder Stunde im Ausbildungslager lechzen, nur weil er sich freiwillig zum Militär gemeldet hat. Letztlich wissen wir genau, warum wir hier sind. Wir waren früher schon hier und wissen, dass wir auch diesmal der unvergleichlichen, geheiligten Freude im Jenseits zuversichtlich entgegenblicken können, sobald wir diese Etappe auf der ewigen Reise unserer Seele abgeschlossen haben. Bei Geburt als »unbeschriebenes Blatt« bei Null anfangen? Mitnichten!

Wenn ein Kind schläft und sich seine Geistseele im Schlaf aus der Körperlichkeit löst, geht allerhand in ihm vor: Astralreisen zu unternehmen, mit Freunden und Angehörigen in der jenseitigen Heimat zusammenzusein und die besondere Schönheit der himmlischen Sphären zu genießen gehören zu seiner unmittelbaren Vergangenheit. Von Fremden umgeben, wehrlos, verletzlich und erneut den Beschränkungen eines Körpers ausgesetzt zu sein bringt ihm eine Flut von Zellerinnerungen aus anderen Lebensspannen zurück – mal schöne und mal Angst einflößende. Wer würde es ihm da verübeln, wenn es sich so oft es geht aus dieser Welt »wegstiehlt«, um zu Astralbesuchen in seine himmlische Heimat aufzubrechen? Wer würde es ihm verübeln, wenn es manchmal völlig verängstigt aufwacht und sich fragt, ob sich wohl bestimmte grausame Dinge, die es in einer anderen Epoche und an einem anderen Ort erlebt hat, im Hier und Jetzt wiederholen müssen? Wer würde es ihm verübeln, wenn sein noch in der Entwicklung begriffenes Bewusstsein nicht viel von dem speichert, was seine Geistseele im Schlaf macht, oder sein karger Wortschatz nicht ausreicht, um es zu beschreiben, wenn es sich dann doch einmal daran erinnert?

Die folgende Geschichte habe ich bereits bei anderen Gelegenheiten erzählt, aber sie veranschaulicht die Erlebnisse eines Kindes im Schlaf auf so treffliche Weise, dass ich sie hier noch einmal wiederholen will. Als mein Sohn Chris drei Jahre alt war, fragte ich ihn jeden Morgen, ob er in der Nacht irgendetwas geträumt hätte. Und er erzählte mir oft, dass er mit Freunden auf den Stufen eines großen Gebäudes gespielt habe. Dass dies so war, schien ihn genauso wenig zu beeindrucken, als wäre er tagsüber mit seinen Spielkameraden zusammen gewesen. Seine Schilderungen waren stets einfach, kurz und auf den Punkt gebracht. Ich stellte ihm hier und da ein paar Fragen und versuchte, ihm mehr Information zu entlocken, ohne ihm meine eigenen Gedanken einzugeben, aber es waren immer nur Freunde, Stufen, das große hohe Gebäude und ein Achselzucken nach dem Motto »Was ist schon dabei?«

Dies ging ein paar Wochen so, ohne dass ich dem viel Beachtung beimaß. Aber eines Morgens, nachdem mir der Junge wieder einmal den üblichen Kurzbericht von seinem immer gleichen »Traum« gegeben hatte, meldete sich meine Geistführerin Francine zu Wort. Ich solle mit Chris über seine nächtlichen Ausflüge sprechen. Er und zahllose andere Kinder von der Erde schienen sich mit alarmierender Häufigkeit auf den Stufen der so genannten Weisheitshalle zu versammeln, einem der prächtigsten und ehrwürdigsten Gebäude im Jenseits. Sie würden spielen und lachend und lärmend auf dem ganzen Vorplatz herumrennen, sodass die friedliche Atmosphäre dort erheblich gestört sei. Die gesamte Einwohnerschaft des Jenseits, so ihre Botschaft, würde es sehr schätzen, wenn ich ihn dazu anhalten könnte, entweder die Geräuschbelästigung auf ein Minimum zu reduzieren oder sich mit seinen Freunden einen anderen Platz zum Spielen zu suchen.

Der Vollständigkeit halber sei erwähnt, dass ich Chris tatsächlich ganz behutsam zur Rede gestellt habe. Er meinte nur, dass es ihm Leid täte, ohne sich zu wundern, wovon ich denn da überhaupt redete. Weder von Francine oder aus anderen Quellen sind mir je wieder irgendwelche diesbezüglichen Beschwerden zu Ohren gekommen.

Im Reich der Kinderträume

In meiner langen Karriere als Lehrerin und Medium habe ich mit hunderten von Kindern gearbeitet. Und wenn man meine Söhne und Enkel und die verschiedenen Pflegekinder zusammenzählt, habe ich selbst auch eine Reihe großgezogen. Als Hypnose-Spezialistin konnte ich zudem wunderbare Einblicke in das Unbewusste von Kindern nehmen, deren Geist gerade im Schlaf so umtriebig und geschäftig ist. Ich fühle mich also genauso qualifiziert wie jeder »formale« Wissenschaftler, um an dieser Stelle einige eigene Anmerkungen zu diesem Thema zu Papier zu bringen.

Je kleiner das Baby, desto häufiger unternimmt es im Schlaf Astralreisen ins Jenseits. Es flüchtet sich gewissermaßen in seine himmlische Heimat zu seinen dortigen Angehörigen, denn dort fühlt es sich viel sicherer und geborgener als in den ersten Jahren seiner Existenz hier auf Erden.

Je kleiner das Kind, desto klarer kann es sich an seine früheren Leben erinnern – die guten wie die schlechten – und desto größer ist die Wahrscheinlichkeit, dass es im Schlaf infolge einer Zellgedächtnis-/Déjà-vu-Reaktion auf den Wiedereinzug in einen irdischen Körper dorthin zurückkehrt.

Forscher haben herausgefunden, dass sich Kleinkinder im

Alter bis zu drei oder vier Jahren im Traum nie selbst sehen. Das stimmt. Der Grund liegt darin, dass sie in diesem neuen Leben noch kein Identitätsgefühl entwickelt haben. Sie haben gewisse Erinnerungen an ihre Persona im Jenseits und wissen oft auch noch, wer sie in den früheren Leben waren. Aber in den ersten zwei oder drei Jahren sind sie sich selbst fremd, so wie jemand, der an Gedächtnisschwund leidet und sich darum selbst nicht kennt. Mit der Zeit nehmen sie scheinbar unzusammenhängende Informationen aus ihrem Umfeld auf und versuchen, die Puzzlestücke wieder in eine Art Ordnung zu bringen. Ich habe mit Kleinkindern gearbeitet, die ihren Namen aus dem Jenseits besser kannten als den, den man ihnen hier gegeben hatte. Manche von ihnen erinnerten sich daran, in einem vergangenen Leben der Vater ihrer neuen Mutter gewesen zu sein, und hatten nun die größte Mühe, sich auf die komischen neuen Verhaltensmuster ihrer Beziehung einen Reim zu machen. Andere hatten noch klar in Erinnerung, wie sie in einem Konzentrationslager umkamen; wieder andere wussten von einem schrecklichen Schiffsunglück zu berichten, bei dem sie ihr Leben lassen mussten – ihre Schilderungen wiesen erstaunliche Ähnlichkeit mit dem Untergang der *Titanic* auf.

Ein Kleinkind, das mit größerer Sicherheit sagen kann, wer es früher einmal war, als wer es heute ist, hat sich wahrscheinlich noch nicht genug mit seiner jetzigen Identität angefreundet, um sich ihr im Traum zuzuwenden, und so unternimmt es im Schlaf lieber Astralreisen.

Wissenschaftler haben ebenfalls herausgefunden, dass Kinder bis zu etwa sechs Jahren im Allgemeinen keine Fremden in ihre Träume einbringen. Auch hier stimme ich zu. Bis zu einem Alter von sechs Jahren ist der Geist eines Kindes noch sehr aktiv und wird im Schlaf oft von dem, was ihm vertraut ist, angezogen. In diesem zarten Alter fühlt sich das Kind in vergangenen Lebensspannen, im Jenseits und zunehmend mit den Menschen seiner unmittelbaren Umgebung zu Hause. Darum tauchen Fremde in ihren Träumen nicht auf. Doch das heißt nicht, dass wir Erwachsenen die lieben und vertrauten Gesichter, von denen sie träumen und die sie im Schlaf besuchen, auch wiedererkennen würden. Leuten, denen es schwer fällt, sich in die faszinierende Vielfalt des geistigen Lebens eines Kindes einzufühlen, könnten sie in der Tat für »imaginäre Freunde« halten.

Gestatten Sie mir an dieser Stelle einen kleinen Exkurs: Es ist ein Fehler, das Wissen und die Ewigkeit der Erinnerung, die Kinder in dieses irdische Leben mitbringen, oder auch ihre instinktive Medialität zu unterschätzen. Man braucht bloß zu beobachten, wie sie vom Säuglingsalter an immer wieder auf etwas starren, über etwas lachen, mit etwas sprechen und spielen, was für alle anderen ringsum wie dünne Luft aussehen mag. In ihrer jungen Welt – so wie damals für uns, als wir in diesem Alter waren, vergessen wir das nie – sind Geistwesen so real wie irdische Menschen. Leider verlieren viele Kinder im Alter von etwa zehn bis zwölf Jahren ihren bewussten Zugang zur geistigen Welt, vor allem weil wir ihnen das Gefühl geben, albern zu sein und sich unschicklich zu verhalten. Ja, gelegentlich werden sie sogar des Lügens bezichtigt, wenn sie einem Erwachsenen von einer geistigen Erfahrung erzählen. Bitte ermutigen Sie Ihre Kinder, mit Ihnen über ihre früheren Leben zu sprechen, über ihr Leben im Jenseits, die »unsichtbaren« Personen, zu denen sie sprechen, und die Reisen, die sie im Schlaf unternehmen. Vielleicht meinen Sie, dies sei nicht so wichtig. Ich versichere Ihnen das Gegenteil! Es gab einmal einen kleinen Jungen bei mir in der Nachbarschaft, der mich im Alter von etwa vier oder fünf Jahren liebend gern zur Seite nahm, um mir alles über die Menschen aus seinen früheren Leben zu erzählen, die im Hier und Jetzt wieder aufgetaucht waren. Wie hat er sich darüber amüsiert, dass sie sich an nichts erinnern konnten, wenn er sie auf die gemeinsamen Zeiten ansprach. Mit seinen Eltern wollte er über diese Dinge nicht reden, weil sie immer so merkwürdig reagierten. Wenn ich mich richtig an seine Worte erinnere, sagte er, sie hätten immer Gänsehaut bekommen. Für eine Zeit verloren wir uns aus den Augen, und als ich den Jungen das nächste Mal wiedersah, war er elf Jahre alt. Da war ihm jede Erinnerung an unsere Gespräche oder sein früheres Wissen abhanden gekommen.

Da es ihm an der aufgeschlossenen, liebenden Ermunterung von Bezugspersonen fehlte, verlor er in diesen Jahren die bedingungslose Bejahung seiner eigenen Unsterblichkeit. Wie ich finde, ist das einer der allerschrecklichsten Verluste überhaupt.

Albträume und Nachtängste

»Als ich noch ganz klein war, habe ich wiederholt davon geträumt, wie ich mit zwei anderen Kindern eine spärlich beleuchtete kopfsteingepflasterte Straße hinunterging. Die Ladenschilder schaukelten im Wind und erzeugten dabei kreischende Geräusche. Wir fühlten uns nicht wohl in unserer Haut und wollten irgendwo Unterschlupf finden, wo es wärmer wäre. Es entstand der Eindruck, als befänden wir uns auf einer Straße in England vor der Erfindung des Automobils oder anderer moderner Verkehrsmittel. Wir gingen in eines der Häuser hinein. Niemand war zu sehen. Auf Zehenspitzen schlichen wir zum Treppenhaus und begaben uns hinunter in eine Art Keller. Eine der Stufen knarrte. Als ich um die Ecke spähte, sah ich einen Mann mit einem großen Messer. Er schaute uns mit grimmigem, finsterem Gesicht an. In unserer

Panik rannten wir die Treppe hoch, zur Tür hinaus und die Straße hinunter. Wie ich mich umwandte und zurückblickte, sah ich, dass er uns auf den Fersen war. Er schimpfte und fuchtelte mit dem Messer herum. Ich hielt die beiden anderen Kinder fest an der Hand und rief, sie sollten so schnell laufen, wie sie könnten. Dann wachte ich auf.« – *M. L.*

»Ich erinnere mich noch an einen Traum, den ich als Kind gehabt habe. Wir wohnten damals in einem Apartmenthaus in San Francisco, in dessen Untergeschoss es diverse absperrbare Kellerräume gab. Ich träumte, mit meinem Vater und mehreren Onkeln dort unten zu sein. Es war dunkel, und wir suchten den Aufgang zum Treppenhaus. Etwas war hinter mir. Es machte mir so viel Angst, dass ich mich nicht traute, um Hilfe zu rufen. Ich öffnete den Mund, doch meine Stimme versagte.« – *J. H.*

»Als ganz kleines Kind träumte ich davon, dass ein winziger grüner Außerirdischer durch mein Fenster hereinkam. Ich erinnere mich, wie ich zu schreien versuchte, aber keinen Ton herausbrachte. Können Sie mir sagen, was das zu bedeuten hat?« – *T. C.*

»Ich erinnere mich, im Alter von acht bis zehn Jahren einen Traum mit ganz lebhaften Farben und Klängen gehabt zu haben. Folgendes ist mir davon heute noch im Gedächtnis: Fremde Männer kamen auf unseren Bauernhof. Sie machten mir große Angst. Ich lief zu unserem einzigen Telefon neben dem Wohnzimmerfenster und wollte Hilfe herbeirufen. (Es war noch vor der Zeit der schnurlosen Telefone, als man beim Sprechen noch nicht herumwandern konnte.) Sie konnten mich durch die Vorhänge sehen. Ich ließ den Hörer fallen und rannte weg. Durch das Fenster schossen sie auf mich. Sie brachen ein (so glaubte ich zumindest) und verfolgten mich die Treppen hoch. Ich lief so schnell ich konnte, raste die andere Treppe hinunter und zur Haustür hinaus. Sie schossen zweimal auf mich. Ich spürte, wie die Kugeln in meinen Oberarm eindrangen (ich kann heute nicht mehr genau sagen, welcher Arm es war oder wann ich getroffen wurde – im Haus oder im Garten). In Panik rannte ich zur Scheune hinüber. Mir war die Idee gekommen, in einem weiten Bogen zurück zur vorderen Veranda zu laufen und mich dort hinter den Betonstufen zu verstecken, bis sie wieder weg waren.« – *M. M.*

Nachdem Sie diese vier Träume gelesen haben, will ich Ihnen vor Augen führen, was meines Erachtens für die Mehrzahl aller kindlichen Albträume gilt: Fast ausnahmslos geht es darum, verfolgt zu werden. Ich bin mir nicht ganz sicher, warum das so ist, glaube aber, dass es eine Kombination aus angsterfüllten Momenten aus vergangenen Leben und dem wachsenden Bewusstsein beängstigender Dinge in diesem neuen Leben ist. Dazu kommen sicher gewisse unbewusst vorgenommene Ausschmückungen durch den Erzähler, die die alten Träume viel komplizierter erscheinen lassen, als sie damals wirklich waren. Wissenschaftler haben herausgefunden, dass Kinder bis zu ihrem dritten Lebensjahr überhaupt keine Albträume haben. In dieser Zeit sind sie aufnahmefähig für alles Bedrohliche in ihrer Umgebung, mag es nun aus Streitigkeiten der Eltern herrühren (machen wir uns nicht vor, dass unsere Kinder nichts von unseren Auseinandersetzungen mitbekämen, nur weil sie gerade im Nebenzimmer sind. Selbst wenn sie kein einziges Wort hören können – sie spüren alles und jedes!) oder aus dem Fernsehen, Furcht einflößenden Märchen oder Kinderliedern.

Als meine Kinder und Enkel noch sehr klein waren, ließ ich sie nur wirklich kindgerechte Fernsehsendungen anschauen. Filme, in denen Gewalt verherrlicht oder Angst verbreitet wurde, waren ebenso tabu wie alles, was mit Monstern oder Außerirdischen zu tun hatte. Was auch nur *implizit* grausam war oder das Verletzen anderer als akzeptabel erscheinen ließ, durften sie nicht anschauen. Bewusst habe ich mich dagegen gewehrt, meinen Kindern Märchen von Hexen in Knusperhäuschen zu erzählen, in denen Kinder gebraten und anschließend verspeist werden; oder von Riesen, die hoch oben in den Bohnenranken leben und kleine, verängstigte Jungen jagen; oder von bösen Königinnen mit vergifteten Äpfeln; von Bären, die kleine Mädchen aufstöbern, die zufällig in ihr Haus geraten und dort eingeschlafen sind. Nicht einmal in Andeutungen habe ich erwähnt, dass es so etwas wie einen schwarzen Mann, ein Gespenst unter dem Bett oder ein Ungeheuer im Schrank geben könnte. Ich habe ihnen auch nie Schlaflieder gesungen, in denen Babys samt Wiege aus Bäumen fallen, habe ihnen keine Gebete beigebracht, die die Möglichkeit einschließen, dass man vor dem Aufwachen sterben könnte. Und ich schwöre Ihnen: Kein Kind, das je in meinem Haus groß geworden ist, hat sich je mit Albträumen oder anderen Nachtängsten geplagt. Kein einziges.

Dass dies so ist, hat aber noch einen anderen Grund, den ich in meinen früheren Büchern bereits dargelegt habe. Er erscheint mir aber so wichtig, dass ich ihn hier noch einmal erwähnen will. Ich habe nämlich ein absolut sicheres Rezept zur Vermeidung kindlicher Albträume gefunden. Auch wenn Sie mir nicht glauben und meinen Vorschlag lächerlich finden, *probieren Sie es trotzdem*. Von dem Augenblick an, wo Sie Ihr Neugeborenes aus dem Krankenhaus heimbringen, bis zu dem Tag, an dem es in die Vorschule oder den Kindergarten geht, sollten Sie es sich zur Gewohnheit machen, sich allabendlich an das Bettchen Ihres Kindes zu stellen. Sobald Sie merken, dass es so fest eingeschlafen ist, dass Sie reden können, ohne es aufzuwecken, sprechen Sie folgende Worte: »Mein kleiner Schatz, wohin auch immer dich deine Träume und Reisen während des Schlafens entführen mögen, heute Nacht sollst du alles, was du über das Zellgedächtnis aus vergangenen Leben mitgebracht hast – Furcht, Leid, Krankheit und Negativität –, abstreifen, auf dass es für immer im reinigenden weißen Licht des Heiligen Geistes aufgelöst werde. Mögen dich mit Gottes Hilfe all die Freude, die Liebe und die Gaben, die du aus jenen früheren Leben in deinem Zellgedächtnis trägst, beflügeln und dir in dieser neuen Lebensspanne, die du mit mir verbringen willst, zu Segen und Heil gereichen.«

Vielleicht fragen Sie sich, wie denn ein Kleinkind auch nur ein einziges Wort von alledem verstehen könnte. In diesem Fall kehren Sie gedanklich noch einmal an den Anfang dieses Kapitels zurück: Sie versuchen doch nicht, mit dem bewussten Teil dieses kleinen Wesens in Verbindung zu treten! Vielmehr kommunizieren Sie mit der in seinem Unbewussten wohnenden Geistseele, die ebenso alt und weise und komplex ist wie die unsrige. Und bei dieser Geistseele – darauf gebe ich Ihnen mein Wort – fällt jedes unserer Worte auf fruchtbaren Boden.

Meinen Sie immer noch, ich hätte Unrecht oder sei gar verrückt? Das ist Ihr gutes Recht. Aber betrachten Sie das Ganze doch einmal von dieser Warte: Selbst wenn ich Unrecht hätte oder verrückt wäre, dieses Gebet kann keinem etwas schaden. Es kostet Sie weniger als eine Minute. Und auch Sie wünschen sich sicher nichts sehnlicher als das Allerbeste für das emotionale und spirituelle Wohlergehen Ihres Kindes. Was haben Sie also zu verlieren, wenn Sie zumindest so tun, als würden Sie mir glauben?

Der einzige wirkliche Unterschied zwischen Albträumen und Nachtangst besteht darin, dass ich nie einem Kind begegnet bin, das sich an einen möglichen Grund für das nächtliche Aufschrecken hätte erinnern können. Es ist, als würde sich der Verstand weigern, mit etwas umzugehen, was im Schlaf so

Furcht erregend war, sodass er es einfach ausblendet. Und weil sich Kinder nicht an die Ursache ihrer Nachtangst erinnern können, können sie auch nicht darüber reden; deshalb ist es sehr schwierig für uns, dieses Phänomen zu erforschen.

Ich habe mich oft gefragt, ob nicht vielleicht ein Großteil der Nachtangst auf das Phänomen der Astralkatalepsie (siehe Kapitel 8) zurückzuführen sein könnte. Zwei der vier zu Anfang dieses Abschnitts vorgestellten Träume weisen einige klassische Anzeichen hierfür auf: »Es machte mir so viel Angst, dass ich mich nicht traute, um Hilfe zu rufen. Ich öffnete den Mund, doch meine Stimme versagte« und »Ich erinnere mich, wie ich zu schreien versuchte, aber keinen Ton herausbrachte.« Astralkatalepsie ist gar nicht so ungewöhnlich bei Kindern, und zwar aus gutem Grund: Für sie wie für uns alle sind Astralreisen etwas völlig Natürliches. Die Kinder aber sind immer noch dabei, sich wieder mit dem dazu notwendigen Prozess vertraut zu machen. Sie müssen sich erst damit abfinden lernen, dass ihr Geist den Körper verlassen und wieder in ihn zurückkehren muss, und dies steht der großen Freiheit, die sie im Jenseits gewohnt waren, diametral entgegen. Kein Wunder, dass der Wiedereinzug des Geistes in den Körper, den er vorübergehend als Wohnstatt gewählt hat, oft als beklemmend und unangenehm empfunden wird. Immer wieder erlebt das Kind, wie sein Geist halb im Körper und halb außerhalb ist. Bei solchen Gelegenheiten macht es alle möglichen Erfahrungen: Lähmungserscheinungen, das Unvermögen, um Hilfe zu rufen, das Gefühl, eine böse Wesenheit drücke es hinunter, sowie all die vielen anderen Sinneseindrücke, die eine Astralkatalepsie verursachen kann. In Kapitel 8 dieses Buches zeigt eine Schilderung nach der anderen, wie schrecklich solche Eindrücke auf Erwachsene wirken. Sie aber können das Geschehen hinterfragen und herausfinden, warum es geschah. Stellen Sie sich nun aber vor, um wie viel fürchterlicher das Ganze für Kinder sein muss, die nicht verstehen können, warum sie zu Tode erschreckt aufgewacht sind.

Zwar blenden Kinder die Ursache für ihre Nachtangst aus, sodass wir auf Vermutungen angewiesen sind; aber aufgrund meiner Sachkenntnis erscheint mir die einzig plausible Erklärung, dass Astralkatalepsie mit im Spiel ist. Auch ich selbst habe als Kind ziemlich lange unter Nachtangst gelitten. Was die Auslöser anbelangt, kann ich mich an rein gar nichts erinnern. Aber wenn ich, die ich ohnehin nicht gerne Astralreisen unternehme, auf einmal entdeckt hätte, wie meine Geistseele gerade von einem nächtlichen Ausflug in den Körper zurückkehrt, dann wäre das zweifellos aufregend genug gewesen, um mich aus dem Schlaf hochschrecken zu lassen. Meine Mutter hat ihr Übriges dazu beigetragen, denn sie hielt Geschichten vom schwarzen Mann im Schrank und Gespenstern unter dem Bett für ein probates Mittel, um mich davon abzuhalten, in der Nacht aufzustehen und durch die Gegend zu spazieren.

Fragen und Zuhören

Ich habe Ihnen geraten, bei der Auswahl der Märchen und Lieder, die Sie Ihren Kindern vor dem Einschlafen vorlesen oder vorsingen, achtsam zu sein. Ich schlug Ihnen auch ein Abendgebet vor, das dazu dienen sollte, alle Negativität aus früheren Leben, unter der Ihre Kinder noch leiden könnten, wirksam zu entfernen. Nun möchte ich Ihnen noch etwas ans Herz legen: Machen Sie Ihrem Kind klar, wie wichtig seine Träume sind – für es selbst und für Sie auch. Hören Sie geduldig zu, wenn es Ihnen seine nächtlichen Bilder mitteilt, und helfen Sie ihm nach bestem Wissen und Gewissen, solche

Erlebnisse zu verstehen und im richtigen Zusammenhang zu sehen. Nichts würde mich mehr freuen, als wenn die Informationen aus diesem Buch dabei hilfreich wären.

Vor einigen Jahren bat mich ein sehr ernster junger Vater in einem meiner Traumseminare, mit seiner vierjährigen Tochter über einen wiederholt auftretenden Traum zu sprechen. Er handelte davon, mit einem großen Schiff weit wegzufahren – etwas, das das Kind nicht zu beunruhigen schien, den Vater hingegen sehr besorgte. Wollte seine Tochter etwa den Wunsch zum Ausdruck bringen, von ihrem Zuhause und ihrer Familie wegzukommen, obwohl sie sie doch alle so abgöttisch liebten? Oder handelte es sich um eine Erfahrung aus einem früheren Leben, für die sie Hilfe benötigte? Ob ich mit meinen medialen Fähigkeiten weiterhelfen könne? Er wäre mir ja so dankbar, wenn ich herausfinden könne, warum seine Tochter so oft morgens erzählte, sie sei wieder einmal mit dem Schiff irgendwo inmitten des Ozeans unterwegs gewesen.

In kaum fünf Minuten war ich am Ziel, ohne meine medialen Fähigkeiten ins Spiel bringen zu müssen. Der Vater hätte seiner Tochter bloß – wie ich es tat – ein paar vorsichtige Fragen zu stellen brauchen, um das Geheimnis zu lüften. Ja, das Mädchen hatte wirklich wiederholt davon geträumt, auf einem großen Schiff auf und davon zu segeln. Hatte sie jemals in ihrem wirklichen Leben ein so großes Schiff gesehen, wie es in ihren Träumen vorkam? Ja, im Fernsehen. War noch jemand mit an Bord? Ja, ihre Mami, ihr Papi, die beiden Brüder und der Hund. Was machten sie auf dem Boot? Sie hatten Spaß. Und wie fühlte sie sich an Bord? Sie war glücklich. Mit anderen Worten: Dieser wiederkehrende Traum, der ihrem Vater so viel Sorgen bereitete, weil er darin Fluchtgedanken zu erkennen glaubte, war nichts als ein Wunschtraum – die Kleine wollte nichts anderes, als mit der Familie eine Vergnügungsreise auf einem großen Schiff zu unternehmen, wie sie es im Fernsehen gesehen hatte. Er hätte bloß ein paar Fragen stellen müssen, um das herauszufinden.

Viele wohlmeinende Eltern stellen ihren Kindern nur ungern gezielte Fragen. Wenn sie sich nach ihren Träumen erkundigen, dann tun sie es meist flüchtig – en passant. Manche haben Angst nachzuhaken, um nur ja nicht den Eindruck aufkommen zu lassen, sie seien womöglich enttäuscht, weil sich ihr Kind nicht erinnern kann oder das, was es erzählt, am Ende doch nicht so spannend ist. Andere fürchten, eventuell nicht weiter zu wissen, wenn ihr Kind ihnen einmal einen verstörenden Traum erzählen sollte; was sollten sie dann bloß sagen oder tun, um zu helfen. Und wieder andere spielen die Bedeutung von Träumen generell herunter. Und dem einen oder anderen ist womöglich auch die Zeit zu schade, überhaupt ein solches Gespräch zu führen.

Ich frage Sie, ob es für Sie als Kind hilfreich oder beruhigend gewesen wäre, wenn jemand die Beziehung zwischen Ihnen und Ihren Träumen bestärkt und gefördert hätte? Wenn Ihnen der Unterschied zwischen Wunschträumen, kathartischen Träumen und prophetischen Träumen erklärt und etwas über die wunderbaren Menschen und Orte und Zeiten erzählt worden wäre, zu denen wir ohne Furcht im Schlaf astral reisen können? Wenn Ihnen klar gemacht worden wäre, dass Albträume eigentlich eine äußerst nützliche Sache sind und wir, wenn uns jemand oder etwas im Traum verfolgt, nur stehen bleiben, uns umdrehen und den Verfolger anzuschauen brauchen? Wenn man Ihnen beigebracht hätte, das Ende eines traurigen oder beängstigenden Traums umzuschreiben, sodass sich alles schließlich zum Guten gewandt hätte? Wenn man mit Ihnen über die Bedeutung Ihrer Träume gesprochen und Ihnen so das Handwerkszeug gegeben hätte, um damit umzugehen – ein Handwerkszeug, das Sie später hätten weiter entwickeln und ergänzen können? Wenn man von der großartigen, immer währenden Faszination der Menschheit von Träumen und Astralreisen berichtet und Ihnen das Gefühl gegeben hätte, dass wir im Schlaf in die Segnungen, Wunder und Geheimnisse eingehen, die so grenzenlos und ewig sind wie Gottes Schöpfung selbst?

Wenn Sie auch nur eine Frage mit Ja beantworten, dann können Sie ermessen, wie sehr Sie Ihrem Kind helfen können, wenn Sie regelmäßig Gespräche führen, die mit der schlichten Aufforderung beginnen: »Erzähl mir von deinen Träumen.«

12
Luzide Träume und Tagträume: Zwischen Bewusstem und Unbewusstem

Es gibt Augenblicke, in denen unser Verstand und unser Unbewusstes auf eigentlich recht normale, aber dennoch faszinierende Weise zusammenarbeiten. Setzen wir solche Momente der Zusammenarbeit als selbstverständlich voraus, ohne groß darüber nachzudenken, sind sie nicht mehr als eine kleine, interessante Abwechslung. Machen wir sie hingegen für uns nutzbar, werden uns Möglichkeiten geboten, uns selbst regelmäßig mit wunderbaren Affirmationen zu versorgen – Affirmationen, an deren Kraft ich persönlich leidenschaftlich glaube.

Luzide Träume

»Vor vielen Jahren hatte ich einen Traum, der mich bis zum heutigen Tag nicht losgelassen hat. Ich saß am Fenster meines kleinen Arbeitszimmers zu Hause und tippte Briefe auf meiner alten Schreibmaschine. (Ich sagte Ihnen ja, dass das Ganze schon viele Jahre her ist!) Wie ich so dasaß und schrieb, wurde mein Blick nach draußen gelenkt. Bei genauerem Hinsehen erkannte ich, dass jedes Wort, das ich in die Maschine tippte, auf die hohe, etwa 100 Meter entfernte Lehmziegelwand, die das Nachbargrundstück umgab, projiziert wurde. Ich traute meinen Augen nicht recht; also tippte ich die Ziffer

2 und hielt meinen Blick auf die Wand gerichtet. Und siehe da, gleichzeitig mit dem Anschlag auf der Tastatur erschien die Zahl 2 auf der Wand. Ich wiederholte den Versuch mit der 3, und es passierte wieder. Ich ließ noch mehrere andere Zahlen über meine Maschine auf der Wand erscheinen, bis mir plötzlich bewusst wurde, dass ich träumte, weil das, was da geschah, in der Realität völlig unmöglich war. Als ich begriff, dass das alles ein Traum war, war ich erleichtert, denn es ließ die unerklärliche Tatsache, dass ich etwas auf die Wand meines Nachbarn schreiben konnte, weniger unmöglich erscheinen. Kaum aber hatte ich realisiert, dass ich träumte, konnte ich nicht ein einziges Zeichen, das ich in die Schreibmaschine tippte, mehr auf der Wand erscheinen lassen.« – *Raymond*

Wenn man sich während eines Traumes im Klaren ist, dass man eigentlich träumt, ist das ein so genannter luzider Traum. In neun von zehn Fällen ist es die plötzliche bewusste Erkenntnis, dass die Handlung allzu unwahrscheinlich oder absolut unmöglich ist, um wirklich passieren zu können, die das Moment der Luzidität ausmacht. Raymonds Traum ist ein klassisches Beispiel hierfür.

Zwar gibt es luzide Träume, seit es Träume gibt, doch der Begriff selbst wurde in den Achtzigerjahren des 19. Jahrhunderts von dem holländischen Autor und Arzt Frederik van Eeden geprägt. »Luzid« bedeutet so viel wie klar oder rational, und van Eeden hatte eine solche Affinität zu dem Phänomen, dass er über einen Zeitraum von 14 Jahren hinweg 352 seiner eigenen luziden Träume aufgeschrieben und in einem Buch mit dem Titel *A Study of Dreams* zusammengestellt hat. Hier seine Schilderung des ersten derartigen Traumes, an den er sich erinnerte: »Ich träumte, durch eine Landschaft mit kahlen Bäumen zu schweben und zu wissen, dass es April war. Ich bemerkte, dass sich die Perspektive der Zweige und Äste ganz natürlich veränderte. Dann überlegte ich während des Schlafens, dass meine Fantasie nie ein so ausgeklügeltes Bild wie die perspektivische Bewegung von kleinen Ästen, die ich vorbeischweben sah, erfinden oder hervorbringen kann.«

Ich persönlich ziehe zwei Schlüsse aus der Schilderung. Der erste, dass es wenig Spaß macht, die Aufzeichnungen von Frederik van Eeden zu lesen, und der zweite, dass er mitten in einer Astralreise war, keinem Traum, als der »luzide« Moment ihn einholte. Nach allem, was ich gelesen habe, ist in mir nicht der Eindruck entstanden, dass van Eeden von der Vorstellung der Astralreisen sonderlich begeistert gewesen wäre. In diesem Punkt ist er kaum anders als die meisten Wissenschaftler, die sich heutzutage mit luziden Träumen auseinander setzen. Das unterscheidet ihre Traumphilosophie so grundlegend von der meinen, aber sicherlich ändert das nichts an der Tatsache, dass luzide Träume – jene faszinierenden Begegnungen von Bewusstem und Unbewusstem während des Schlafens – wirklich auftreten.

Im Kapitel über wiederkehrende kathartische Träume ist dargelegt, wie positiv es sein kann, den Ausgang einer Geschichte umzuschreiben bzw. umzuprogrammieren, sodass verstörende Träume eine glückliche Wendung nehmen. Der Ehrlichkeit halber will ich vorwegschicken, dass ich selbst keine große Erfahrungen mit dem Phänomen des luziden Träumens gemacht habe und diese darum nicht aus erster Hand kenne. Dennoch habe ich alle einschlägigen Erlebnisberichte darüber studiert und die Behauptung, dass sich mit der Technik des Umschreibens bei luziden Träumen grandiose Ergebnisse erzielen lassen, erscheint mir absolut logisch. Wenn uns mitten in einem Traum bewusst wird, dass wir träumen, und wir uns in dem Moment klar machen, dass wir jetzt – ohne jede Konsequenz fürchten zu müssen – einfach alles und jedes tun können, dann eröffnen sich uns grenzenlose Möglichkeiten.

Hätte sich Raymond mit dem Phänomen des luziden Träumens ausgekannt, bevor er es zum ersten Mal erlebte, wäre er nicht so erschrocken gewesen. Anstatt zu denken: ›Ich kann unmöglich mit der Maschine auf der Wand meines Nachbarn schreiben‹, hätte er denken können: ›Oh, ich verstehe, ich träume gerade, was bedeutet, dass nichts unmöglich ist. Ich könnte also die kompletten Werke von Shakespeare auf die Wand meines Nachbarn schreiben, wenn mir danach ist, und dann einen großen blauen Elefanten erscheinen lassen, der Wasser aus dem Rüssel prustet und die Schrift damit wieder wegspritzt!‹

Wenn wir durch luzides Träumen etwas Bedeutenderes vollbringen möchten, als die Wand des Nachbarn erst zu beschreiben und dann wieder sauber zu wischen, können wir sie als Affirmationswerkzeuge für die vielfältigsten Situationen aus dem realen Leben nutzen. Träumen wir beispielsweise von einem bevorstehenden Meeting, dem wir mit Furcht entgegensehen, und der Verstand schaltet sich ein, um diesen Traum zu einem luziden zu machen, könnten wir dies nutzen, um uns selbst zu beobachten: Wir können zuschauen, wie wir die Tagung vermittels unseres Geschicks und brillanten Talents zum bestmöglichen Abschluss bringen, was durch den Beifallssturm aller Anwesenden unterstrichen wird, wenn uns danach ist. Wenn ein Traum von Arbeitsüberlastung luzide wird, könnten wir erleben, wie wir den Berg von Arbeit mit überschäumender Leichtigkeit erledigen und noch Stunden vor dem Termin fertig sind. Oder wie wir in das Büro des Chefs stürmen und ihm die Kündigung auf den Tisch knallen, woraufhin er uns reumütig zum Bleiben auffordert, weil die Firma ohne uns aufgeschmissen wäre. In einem luziden Traum können wir in der Lotterie gewinnen, im olympischen Zehnkampf erfolgreich sein, 50 Kaufinteressenten für unser Haus finden, den Mount Everest bezwingen, alle Herzen brechen, die Welt bereisen, mit Fred Astaire tanzen, besser als Barbra Streisand singen, ein Leben retten, den Hunger in der Welt besiegen oder die beste Mutter bzw. der beste Vater auf der Welt sein. Ebenso wie kathartische Träume – ja, im Prinzip jede Art von Traum – sind luzide Träume unser »Privateigentum«. Wir können in ihnen machen, was wir wollen, ohne Angst vor dem Urteil der anderen oder vor möglichen Konsequenzen haben zu müssen. Es gibt keinen Grund auf dieser Welt, sie nicht zu nutzen, um uns unseres Potenzials, unserer Fähigkeiten, unserer ganzen Schönheit zu vergewissern und uns vor Augen zu führen, dass unser rechtmäßiger Platz auf der Erde an der Seite Gottes ist.

Heilung durch Träume

In der Traumforschung wird behauptet, dass luzide Träume geradezu Wunder wirken können, indem sie die Heilungsprozesse zur Wiederherstellung unserer Gesundheit unterstützen. Ich kann, wie gesagt, keine Erfahrungen aus erster Hand vorweisen, um die wissenschaftlichen Ergebnisse über die spezifische Heilkraft von luziden Träumen zu untermauern, aber ich bin zutiefst *überzeugt, dass die Forscher in diesem Punkt Recht haben*. Warum? Weil ich aus meiner dreißigjährigen Berufspraxis um die Heilkraft der Träume im Allgemeinen weiß und immer und immer wieder erfahren habe, dass Träume die mächtigsten Verbündeten für unser physisches Wohlergehen sind.

Dies ist nicht nur Wunschdenken, sondern eine Frage von Logik und Fakten. Unser Körper reagiert auf die Botschaften aus unserem Unbewussten auf sehr klare, buchstabengetreue und unzweideutige Weise. Das folgende Beispiel aus meiner hypnotherapeutischen Praxis habe ich viele Male herangezogen und möchte es hier wieder tun, weil es absolut den Nagel auf den Kopf trifft: Wenn ich gegenüber einem Klienten im Zustand der hypnotischen Trance behaupte, dass ein gewöhnlicher Stift ein Feuerzeug sei und dann seinen Arm mit der Spitze des Bleistifts berühre, bildet sich dort eine Brandblase, denn das Unbewusste glaubt, der Arm sei verbrannt worden. Dass sich diese Reaktion mit beliebigen Mitteln beliebig oft reproduzieren lässt, mag uns eine Vorstellung davon geben, wie wörtlich der Körper reagiert, wenn das Unbewusste ihm eine Botschaft schickt wie: »Du bist krank«, oder besser: »Mit jedem Atemzug wirst du immer gesünder«. Das ruft mir eines meiner bevorzugten Zitate in Erinnerung, das ich gern selbst geschrieben hätte, das aber in Wirklichkeit von Henry Ford stammt: »Ob du glaubst, dass du es kannst, oder glaubst, dass du es nicht kannst – in beiden Fällen hast du Recht.«

Da unser Unbewusstes, wie wir wissen, während des Schlafs das Kommando führt, lohnt es sich, die Traumwelt zum Wohle unserer Gesundheit und Befindlichkeit nutzen zu lernen. Oft genug haben wir gehört, dass wir besonders viel Schlaf brauchen, wenn wir krank sind. Ich möchte schwören, dass das, was den Schlaf so erholsam macht, mit jenen Träumen zu tun hat, in denen wir uns als gesund und geheilt sehen. Eine der wirksamsten flankierenden Maßnahmen zur ärztlichen Therapie wäre, uns selbst zu verordnen, unsere Träume und Astralreisen während des Schlafens im Sinne der Heilung zu programmieren.

Mit Hilfe von Elektroenzephalographen haben Schlafforscher herausgefunden, dass unsere Gehirnwellen in der REM-Phase des Schlafs tatsächlich aktiver sind als im Wachzustand. Warum vergeuden wir diese vermehrte Aktivität, wo wir sie doch dazu nutzen könnten, morgens gestärkter und gesünder aufzuwachen, als wir abends eingeschlafen sind? In der Welt der Astralreisen und Träume – seien diese nun luzide oder nicht – hat das Wort »unmöglich« keinerlei Bedeutung. Wir können jederzeit aus dem Rollstuhl oder Krankenhausbett aufstehen, um einen Marathonlauf quer durch Griechenlands Berge und Täler zu bestreiten oder über den Strand von Maui zu wandern. Wir können ein helles, warmes, grünes Heillicht durch unsere Venen und Arterien fließen lassen, um sie zu reinigen und alles Blockierende fortzuspülen. Per Astralreise können wir uns zu den größten Heilern im Jenseits begeben und unser schwaches Herz, unsere kranken Organe, unsere verengten Bronchien, verletzten Glieder, verrenkten Gelenke und verschobenen Bandscheiben mit der mächtigen Energie ihrer heiligen Hände auffüllen lassen. Ich will nicht die Bedeutung qualifizierter und engagierter Ärzte schmälern. Gott segne jeden Einzelnen von ihnen. Aber ich will auch nicht behaupten, dass wir deren Bemühungen nicht im Schlaf mit unseren eigenen unterbewussten Aktivitäten wirkungsvoll unterstützen können.

In den stillen Augenblicken vor dem Einschlafen können Sie an 30 aufeinander folgenden Tagen entweder mit meinen oder Ihren eigenen Worten folgendes Gebet sprechen: »Lieber Gott, bitte segne meine Träume und Astralreisen in diesen Stunden, da sich Körper und Verstand ausruhen wollen, und schenke mir Affirmationen zu Gesundheit, Stärke und Wohlergehen. Flöße jeder Zelle dieses Körpers, den ich bewohne, eine Welle Deiner liebenden, mitfühlenden Heilung ein, und hilf mir in der Gewissheit aufzuwachen, dass ich im Schlaf durch Deine göttliche Gnade wiederhergestellt und erneuert werde.«

Es mag einen Tag, eine oder gar zwei Wochen dauern, aber irgendwann – das verspreche ich Ihnen – werden Ihre Träume und Astralreisen mehr in Richtung Gesundheit geführt und entsprechend positive Einflüsse zeitigen. Gleichzeitig werden Sie merken, wie dankbar Ihr Körper reagiert, so wie es bei jeder anderen Botschaft des Unbewussten der Fall ist. Um die Ausrichtung Ihrer Träume und Astralreisen zusätzlich zu akzentuieren, danken Sie Gott allmorgendlich gleich nach dem Aufwachen für Ihre Gesundheit, egal wie Sie sich fühlen. Seien Sie gewiss, dass nicht nur Ihr Körper Sie hört – Er hört Sie auch!

Tagträume

Tagträumen ist eine so normale Form der Zerstreutheit, dass wir es kaum beachten. Im Gegenteil, wenn uns wieder einmal einer dabei erwischt, wie wir »1000 Kilometer weit weg waren«, entschuldigen wir uns häufig mit dem lapidaren Satz: »Tut mir Leid, ich habe vor mich hingeträumt«. Sogar die Traumforscher tendieren dahin, über Tagträume hinwegzugehen, und ignorieren ihr affirmatives, informatives, Stress abbauendes, Bewusstsein erweiterndes Potenzial.

Auch wenn es noch so offensichtlich klingen mag, will ich der Vollständigkeit halber nicht unerwähnt lassen, dass es sich bei Tagträumen um die spontane Erzeugung von Bildern oder Szenarien tatsächlicher oder fiktiver, vergangener, gegenwärtiger oder zukünftiger Ereignisse in unserem Leben handelt. Wir bedienen uns ihrer, um heiß geliebte Momente nochmals zu erleben, bevorstehende Szenen zu proben, eine Vielzahl von Handlungsmöglichkeiten in vergangenen oder künftigen Situationen durchzuspielen, uns mit äußeren Umständen zu identifizieren, die unsere Aufmerksamkeit gefesselt haben, oder auch, um uns in Fernwahrnehmung zu üben oder uns in unsere Fantasien zu flüchten. Sollten Sie zu den Menschen gehören, die glauben, zur Meditation nicht fähig zu sein, darf ich Ihnen versichern, dass der einzig signifikante Unterschied zwischen Tagträumen und Meditation darin besteht, dass wir

Tagträume nicht absichtlich herbeiführen. Wir fühlen sie nur selten herannahen und bemerken sie meist erst dann, wenn wir mittendrin stecken oder sie schon vorüber sind.

Wenn wir an Tagträume denken, kommen uns jene kurzen, angenehmen, kleinen Momente in den Sinn, in denen wir geistig abtauchen – ein nicht geplantes »Austricksen« aller anderen ringsum, die schwören werden, dass wir jederzeit ebenso gegenwärtig und bei der Sache waren wie sie selbst. Und das Letzte, was ich will oder beabsichtige, ist, uns die Freude daran zu nehmen, indem ich allzu viel analysiere. Schließlich bereitet das Tagträumen nicht nur Ihnen, sondern auch mir selbst die meiste Zeit über großes Vergnügen. Doch so wie es die Möglichkeit gibt, unsere Nachtträume zu unserem Vorteil umzugestalten, gibt es auch Wege, unsere Tagträume in unserem Sinne zu beeinflussen.

Tagtraumbereiche

Durch unsere Tagträume können wir eine Menge über uns selbst lernen. Wir können ihre Umschreibung ebenso gut planen, wie wir es bei unseren Nachtträumen tun, auf dass sie nachhaltig positiv und affirmativ werden und nicht unsere Negativität weiter verstärken, wie es sonst leicht geschehen könnte.

Ich kann gar nicht genug betonen, wie entscheidend es für unsere mentale, physische und emotionale Gesundheit ist, eine »Null-Toleranz«-Haltung gegenüber der Negativität einzunehmen – wir brauchen sie nicht und können sie uns nicht leisten, weil es schlicht und ergreifend Tatsache ist, dass *wir das, was wir denken, auch erschaffen*. Sollten Sie daran zweifeln, schauen Sie sich einmal um und deuten Sie auf einen einzigen Gegenstand, der existieren würde, ohne dass jemand vorher daran gedacht hätte. Meine Vorhersage lautet: Sie werden ganz schnell aufgeben und sich eingestehen, dass alles, was existiert, zunächst einmal als Gedanke begonnen hat. Gedanken sind so mächtig, dass sie unser wichtigstes Transportmittel zum Jenseits sind – wo immer wir hin wollen, wir versetzen uns einfach in Gedanken dorthin.

Unsere Gedanken sind so mächtig, dass wir im realen Leben durch eine Pille von allen möglichen Krankheiten geheilt werden können; eine Pille, an deren Wirkung wir bloß *geglaubt haben*, die aber – wie sich später herausstellte – doch nur ein Placebo war. Sie sind so mächtig, dass sie im Verein mit Gottes fundamentalsten Gesetzen den Spruch wahr machen, dass »wir ernten, was wir säen«. Säen wir also Negativität, fließt Negativität zurück; säen wir Betrug, werden wir betrogen; säen wir Freundlichkeit, bekommen wir Freundlichkeit zurück. Und deshalb müssen wir unsere Tagträume kontrollieren und darauf achten, sie nicht mehr ganz so selbstverständlich hinzunehmen. Andernfalls könnte es leicht geschehen, dass sie uns unbemerkt unterminieren.

Es gibt sechs Hauptbereiche, um die sich Tagträume zu ranken scheinen; bestimmt sind sie jedem von uns vertraut.

Erfolg. Wir alle träumen davon – ob in der Erinnerung oder im Hinblick auf die Zukunft –, bei der Arbeit eine besonders brillante Leistung zu vollbringen, reibungslos das vollendete Dinner zuzubereiten, uns bei einem Sportereignis hervorzutun, einen Projekttermin einzuhalten, einen Streitfall mit Anmut und Klugheit zu gewinnen oder einen Kompromiss auszuhandeln, auf effiziente Weise einen Vortrag zu halten, ein Musikstück fehlerfrei vorzutragen, die Krankheit eines Patienten zu heilen, in der Lotterie zu gewinnen, einem Kind bei einem schwierigen Problem beizustehen, einem deprimierten Freund Zuspruch zu geben, uns selbstbewusst durch eine schreckliche Unterredung zu lavieren – Erfolgstagträume bestätigen und erinnern uns auf wunderbare, höchst geschickte Art und Weise an unsere Prioritäten, Ziele und das gesamte uns innewohnende Potenzial.

Liebe und Romantik. Ob wir nun vergangene wertvolle Momente mit einem geliebten Menschen Revue passieren lassen oder neuen entgegensehen; nochmals in der Heiterkeit, Sicherheit und dem Zugehörigkeitsgefühl, das die Liebe uns verleiht, schwelgen; einer wundervollen Überraschung oder einem herrlichen Urlaub, den wir mit einem geliebten Menschen planen, entgegenfiebern; uns insgeheim über das Maß an Liebenswürdigkeit, Rücksichtnahme und Selbstvertrauen wundern, das die Liebe einflößen kann – unsere Tagträume in Sachen Liebe und Romantik sind schöne und wertvolle Möglichkeiten, den essenziellen Funken unseres Seins stets aufs Neue zu entzünden und überspringen zu lassen.

Heldentum. Ob wir einen Fremden aus einem brennenden Auto ziehen oder das eine Beweisstück entdecken, das einen Angeklagten davor bewahrt, zu Unrecht wegen eines Verbrechens verurteilt zu werden; ob wir auf dem Fußballplatz das entscheidende Tor schießen oder uns bei einem Geschäftsmeeting aus den Klauen der Niederlage entwinden, um doch noch den Sieg zu erringen; ob wir ein verloren gegangenes Kind wieder finden oder ohne fremde Hilfe einen widerspenstigen Fluggast bezwingen; ob wir eine lebensrettende Operation durchführen oder zum Helden des Jahres gekürt werden; ob wir einem geliebten Menschen die Hypothekenzahlung abnehmen und ihm so die Zwangsvollstreckung seines Hauses ersparen oder irgendeinen anderen Akt vollbringen, der für alle anderen den Tag rettet – Tagträume vom Heldentum können faszinierend sein, darüber besteht kein Zweifel. Wenn sie aber allzu häufig auftreten, sollten Sie sich vielleicht fragen, ob in Ihrem Leben etwas passiert oder *nicht* passiert, wo Sie einmal näher hinschauen sollten oder wo Sie Hilfe benötigen. Solche

Tagträume können ein Hinweis darauf sein, dass Sie sich nicht genug anerkannt, unterschätzt oder gar chronisch missachtet fühlen. Wenn Sie das Problem nicht direkt anpacken, kann das Zorn und Unmut erzeugen. Tagträume von Heldentum können auch darauf deuten, dass Sie sich immer noch mit Schuldgefühlen und Gram über ein vergangenes Ereignis herumquälen, weil Sie womöglich das Gefühl haben, einen Menschen im Stich gelassen zu haben, obwohl Sie ihm durchaus hätten helfen können. Stattdessen aber standen Sie tatenlos daneben. Ist das der Fall, erinnern Sie die Tagträume an ein inzwischen erkanntes Versäumnis. Am besten, Sie vergeben sich und versuchen, wieder gutzumachen, was gutzumachen ist. Künftig können Sie es dann von vornherein besser machen.

Fantasie. Wir liegen im Kreise unserer Liebsten auf dem glitzernden Deck einer Yacht, die vor der französischen Rivieraküste ankert. Alle strahlen vor Glück und genießen das Essen, das von unserem aufmerksamen Bordpersonal zu Mittag serviert wird. Wir fahren allein im Auto, hören unsere Lieblingsmusik, haben alles, was uns lieb und teuer ist, mit an Bord und steuern auf ein ganz neues Leben zu, eine Stadt unserer Fantasie; wir starten mit einem ganz neuen Namen als unbeschriebenes Blatt ohne jede Verpflichtung gegenüber anderen; Rechenschaft sind wir nur uns selbst schuldig. Wir sind der populärste Skilehrer der Schweizer Alpen, wir bereisen die exotische Südseeinsel, die wir gerade gekauft haben, wir befinden uns in unserem eigenen Wildtierreservat im Herzen Afrikas mit zahmen Löwen und reizenden Tigern, die uns aus der Hand fressen.

Machen Sie sich keine Sorgen, ich habe nichts gegen solche Fantasien. Ich würde die meinen ebenso wenig aufgeben wie Sie die Ihrigen. Mittels Tagträumen zu entfliehen kann sehr aufregend und heilsam sein; zudem erfahren wir dabei, wohin uns unsere Fantasie führen kann, wenn wir uns ihr ganz überlassen. Wie bei so vielen anderen Dingen im Leben, die uns Freude bereiten, liegt der Schlüssel zum Glück im Maßhalten. Flüchten wir uns zu oft in unsere Fantasie, kann das ein Indikator dafür sein, dass wir uns eingesperrt fühlen, uns in ausgefahrenen Gleisen bewegen, uns von der Situation mehr und mehr erdrücken lassen und/oder dass sich unser Stresspegel der kritischen Marke nähert.

Versagen und Krisen. Ihr Boss ruft Sie in sein Büro und sagt: »Ich habe endlich erkannt, was für ein Versager Sie eigentlich sind. Sie sind entlassen!« Ein geliebter Mensch muss sich einer Operation unterziehen, und Sie stellen sich bildlich vor, wie man Ihnen mitteilt, man habe es nicht geschafft. Sie sollen vor Tausenden von Menschen als Primaballerina auftreten, wirbeln auf die Bühne und stolpern wie eine Gans direkt in den Orchestergraben hinein. Ihr Mann oder Liebhaber sagt, dass er Sie wegen einer anderen verlassen will und dass er Sie, offen gesagt, überhaupt nie geliebt hat. Ihr Haus wird von einem Tornado erfasst, und Sie können Ihre Familie nicht rechtzeitig in Sicherheit bringen. Sie schreiten zum Rednerpult, um vor versammelter Kollegenschaft einen mit Spannung erwarteten Vortrag zu halten, und merken plötzlich, dass Sie Ihr Manuskript zu Hause vergessen haben; Sie erinnern sich an nichts, was Sie sagen wollten.

Wer von uns hätte noch nie Tagträume von Krisen und Momenten des Versagens gehabt? Sie entspringen einem natürlichen Abwehrmechanismus, der immer dann in Gang kommt, wenn uns eine beängstigende Situation ins Haus steht. Offenbar meinen wir, für den Ausgang der Dinge besser gerüstet zu sein, wenn wir uns den allerschlimmsten Fall schon einmal ausgemalt haben. Ich will Ihnen ersparen, welche Versagenstagträume ich vor meinem ersten Pay-TV-Auftritt hatte, der mich aus irgendeinem Grund – auch nach vierzigjähriger Vortrags- und Fernseharbeit – mit Schrecken erfüllte, bis ich auf die Bühne hinaustrat und merkte, wie vertraut sich das alles anfühlte. Auch dies ist ein Tagtraumbereich, in dem wir (und ich meine wirklich *wir*) uns innerlich auf glückliche, positive und affirmative Ausgänge umprogrammieren können. Wie bei kathartischen Träumen geben uns diese Tagträume die Chance, uns unsere Ängste einzugestehen und uns mit ihnen auseinander zu setzen. Lassen wir jedoch zu, dass sie immer und immer wieder in einer Szene des Versagens enden, verstärken wir dadurch in jeder Hinsicht unsere Selbstzweifel, Unsicherheit und Negativität. Dann könnte es geschehen, dass wir selbst den Ausgang der Dinge heraufbeschwören, den wir am meisten fürchten, weil wir unsere Gedankenenergie dorthin schicken und dem Ganzen so den Anschein von Realität verleihen. Sich von solchen sich selbst erfüllenden Prophezeiungen zu erholen kann äußerst schwierig sein.

Die positive Umprogrammierung von Versagens- und Krisen-Tagträumen erfolgt nach demselben Schema wie bei kathartischen Träumen, nur dass wir in diesem Fall unser Gebet statt vor dem Einschlafen unmittelbar nach dem »Aufwachen« darbringen. Tagträume lassen sich ebenso wenig antizipieren wie kathartische Träume, doch dass wir sie haben *werden*, steht mit Sicherheit fest; auch die übliche Art unseres Tagträumens kennen wir gut. Es lohnt sich also auf jeden Fall, wenn wir jeden Morgen das folgende kurze Gebet sprechen: »Lieber Gott, während mich Deine ständige Gegenwart durch diesen Tag führt und lenkt, hilf mir bitte, jede Form von Negativität, die der Verstand in meinen Tagträumen erzeugen mag, zu entdecken, sie loszulassen und in Affirmationen zu verwandeln – in Affirmationen, die von meiner Macht und Stärke zeugen, von meinem Mut, meiner Fähigkeit, Liebe zu geben und zu empfangen, und meinem Bewusstsein, dass es im Verlauf des ewigen Lebens, das Du mir geschenkt hast, durch Dich und mit Dir nichts gibt, was ich nicht ertragen könnte.«

Spontane Astralreisen und Fernwahrnehmung. Genau genommen sind Astralreisen viel zu real, um als Tagträume bezeichnet zu werden, so wie sie zu real sind, um als Nachtträume zu gelten. Da wir aber gelegentlich im Rahmen unserer Tagträume »Astralpausen« einlegen, lohnt es sich, an dieser Stelle auch auf diesen Aspekt einzugehen.

In meinen früheren Werken habe ich erwähnt, was für ein begabter Astralreisender mein Sohn Chris in sehr jungen Jahren war, insbesondere während seiner Mathestunden oder wenn ich ihm wieder einmal eine wohlverdiente Standpauke hielt. Nichts ist frustrierender, als sich mit seinem Kind an einen Tisch zu setzen, um Tacheles mit ihm zu reden, nur um dann festzustellen, dass sich der Teil von ihm, zu dem man eigentlich vordringen wollte, hoch in den Lüften auf Astralurlaub befindet. Das kann so weit gehen, dass man auf seiner Stirn beinahe das Schild »Wegen Ferien geschlossen« prangen sieht.

Nicht, dass die meisten von uns diesen entrückten Zustand nicht aus eigener Erfahrung kennen würden. In der einen Minute lassen wir die Tagung, den Film, die Abendgesellschaft, das Gespräch, die Hausarbeit oder was auch immer über uns ergehen, auch wenn wir uns zu Tode langweilen; in der nächsten schon wandern wir, ohne das geringste Zutun unsererseits, als Kind durch unser Elternhaus, reden mit einem lieben Verstorbenen, werfen einen Blick in ein vergangenes Leben oder schweben über den Leuten, mit denen wir zusammen sind und halten nach kahlen Stellen an deren Hinterhaupt Ausschau. So wie beim nächtlichen Astralreisen gibt es in einem astralen »Tagtraum«, so kurz er auch sein mag, immer eine logische Abfolge von Ereignissen; es ist nicht ungewöhnlich, dass man auch das weiter vorne beschriebene Gefühl des Fliegens empfindet.

Zumindest aus meiner langjährigen Erfahrung mit Klienten weiß ich, dass spontane Fernwahrnehmung während des Tages weniger häufig vorkommt. Dennoch gibt es sie. Und wie der folgende Brief von Anthony beweist, kann eine solche Erfahrung verstörend sein, wenn wir nicht darauf gefasst sind.

»Ich habe einen Job, der nicht gerade eine geistige Herausforderung für mich darstellt, und ich gebe zu, dass ich oft vor mich hinträume, doch die folgende Art von Tagtraum war mir zuvor noch nicht begegnet. Auf meinem Schreibtisch stapelte sich ein großer Aktenberg, und ich erinnere mich, wie ich anfing, ihn abzuarbeiten. Dann aber beobachtete ich plötzlich eine Szene auf einem zweispurigen Highway in der Nähe einer Kleinstadt in Utah. (Ich bin noch nie in Utah gewesen und hatte auch den Namen dieser Stadt vorher nie gehört.) Ein Mann und eine Frau in einem blauen Honda fuhren in einer unübersichtlichen Kurve, als ein weißer Pick-up mit großen Farbklecksen auf der Fahrerseite ihnen unmittelbar auf ihrer Spur entgegenkam und sie von der Fahrbahn abbrachte. Der blaue Honda prallte gegen einen Baum, und ich wusste, dass die Menschen im Auto verletzt waren, aber nicht, wie schwer. Der weiße Pick-up machte einen Schlenker und verlangsamte eine Sekunde lang sein Tempo. Dann aber gab der Fahrer Gas, ohne sich zu vergewissern, ob die Leute Hilfe brauchten. Ich habe sein Gesicht ganz deutlich gesehen und würde ihn sofort wiedererkennen. Irgendwie war mir klar, dass er wohl die ganze Nacht durchgefeiert und diesen Unfall nur verursacht hatte, weil er am Steuer eingeschlafen war. Dann saß ich auf einmal wieder an meinem Schreibtisch und hatte fast die ganze Arbeit erledigt, ohne mich bewusst zu erinnern, auch nur einen Finger gekrümmt zu haben. Ich kannte keinen dieser Menschen und hatte nicht das Gefühl, der Unfall habe auch im Entferntesten etwas mit mir zu tun. Woher in aller Welt kommt so ein verstörender Tagtraum von wildfremden Menschen und einem Ort, an dem ich noch nie gewesen bin?«

Dies war eindeutig ein Fernwahrnehmungserlebnis und ein besonders interessantes noch dazu, weil es so überaus spontan und unerwartet kam und definitiv nicht in den Arbeitsalltag von Anthony hineinpasste. Wenn Anthony diese Stadt im Internet ausfindig machen kann, sollte er die lokalen Zeitungsarchive durchforsten und nachsehen, ob es zu dem Zeitpunkt einen Unfall dieser Art gegeben hat und er tatsächlich »Augenzeuge« war. Er sollte prüfen, ob die Opfer wohlauf sind und ob der Mann, der den Unfall verursacht hat, je zur Verantwortung gezogen wurde. Wenn es sich erweisen sollte, dass das, was er »sah«, auch wirklich passiert ist und er genügend Einzelheiten richtig erfasst hat, könnte er die örtliche Polizei oder den Reporter, der den Zeitungsartikel geschrieben hat, anrufen und höflich anbieten, seine Erfahrung mitzuteilen. Man sollte nie eine Gelegenheit verstreichen lassen, legitime Hilfe zu offerieren, auch wenn es einiger Geduld und oft auch mehrerer Anrufe bedarf, bevor man jemanden erreicht, der einen ernst nimmt. Nur zu leicht wird man in einer solchen Situation mit all den vielen Spinnern und Betrügern, die es auf dieser Welt gibt, in einen Topf geworfen. Aber die Hände in den Schoß zu legen, nichts zu unternehmen und ihnen das Terrain zu überlassen sollte dennoch nicht in Frage kommen.

Ich glaube, die wohl wichtigste Botschaft im Zusammenhang mit luziden Träumen und Tagträumen lautet: Lassen Sie nie eine Gelegenheit dazu ungenützt verstreichen! Wenn wir unsere Traumerlebnisse nicht als flüchtige Begebenheiten abtun, die wir weder herbeigeführt haben noch kontrollieren können, sondern die Chancen erkennen, die in ihnen stecken, können wir daraus Affirmationen ableiten. Dann werden sie zum Bindeglied zu den magischen Gaben, die Gott uns verliehen hat, und erinnern daran, dass unser brillanter, unermüdlicher, grenzenloser und ewiger Geist – die heilige Essenz unseres Seins – nie müde wird uns zu beweisen, dass wir uns jederzeit in die höchsten Höhen emporschwingen können.

13
Träume durch die Augen eines Mediums betrachtet

Wie in der Einleitung erwähnt, hatte ich bereits in der Planungsphase dieses Buches beschlossen, nicht nur über Träume im Allgemeinen, sondern über *Ihre* ganz persönlichen Träume zu schreiben. Ohne Ihre Hilfe und Ihr Entgegenkommen wäre das natürlich nicht möglich gewesen. Die von Ihnen eingesandten Traumberichte haben wertvolle Fallbeispiele geliefert. Gewiss sind die Leser dieses Buchs ebenso dankbar für Ihre Schilderungen wie ich selbst, denn es ist alles andere als selbstverständlich, dass ein Mensch seine manchmal doch sehr persönlichen Erfahrungen mit solch furchtloser Offenheit preisgibt.

Ich habe jeden einzelnen der zu Hunderten und Aberhunderten eingesandten Berichte gelesen und gesichtet. Das Material würde reichen, um ein weiteres spannendes Buch zu füllen. In diesem Werk will ich daraus nur ein Kapitel zusammenstellen und mit meinen Interpretationen versehen. Falls Sie das bisher Gelernte umsetzen und die nachfolgenden Schilderungen selbst deuten wollen, um auf diese Weise praktische Erfahrungen für die Auslegung Ihrer eigenen Träume zu sammeln, umso besser. Die Reihenfolge, in der die Träume und Astralreisen vorgestellt werden, wurde bewusst zufällig gewählt, damit Sie nicht in Versuchung geraten, in Kategorien zu denken, noch bevor Sie die Chance hatten, eigene Vorstellungen zu entwickeln. Es ist mir wichtig, nochmals darauf hinzuweisen, dass Traumdeutung eine Kunst und keine Wissenschaft ist. Hier gibt es nichts »Richtiges« oder »Falsches«. Der Erfolg liegt nicht in der Genauigkeit, sondern im Aufbau eines positiveren Verhältnisses zu unseren Träumen. Wir müssen lernen, die Botschaften zu verstehen, die sie uns in mühsamer Kleinarbeit zu überbringen suchen – Botschaften aus der Tiefe unseres Selbst, von Angehörigen im Diesseits und Jenseits und, wenn wir genau hinhören, auch von Gott.

»In meinem Traum lag ich im Bett und war kurz vor dem Einschlafen, als mir noch etwas Lustiges durch den Kopf ging, das ich meiner Mutter am nächsten Morgen unbedingt erzählen wollte. Da hörte ich ein Geräusch, das sich etwa so anhörte, als würde ein Plastikbeutel zusammengeknüllt. Ich dachte, ich würde es mir nur einbilden, und versuchte, es zu ignorieren. Doch dann spürte ich, wie sich jemand über mich beugte, mich niederdrückte und in mein Ohr atmete. Der Druck war ungeheuer stark. Mehrmals versuchte ich, die Augen zu öffnen, um mir den Mann anzusehen, aber mir war, als wären meine Augenlider zugenäht. Ich hatte das Gefühl, nichts tun zu können, um mich aus dem Griff dieses Mannes zu befreien. Noch immer im Traum wachte ich auf und kroch den Flur entlang zur Küche, wo sich meine Mutter aufhielt. Ich erinnere mich noch genau, wie ich auf dem Küchenboden saß und ihr völlig verzweifelt mit Gesten verständlich zu machen versuchte, dass ein Mann oder mannsstarker Geist in meinem Zimmer wäre. Sie führte mich zur Couch und fragte, ob er mich gewürgt habe. Ich verneinte das, schlug aber vor, mich vielleicht doch ins Krankenhaus zu bringen. Dann zog ich mein Hemd hoch und bemerkte die Wunden auf meinem Körper, die aussahen, als seien sie mir mit Stacheldraht zugefügt worden. An dieser Stelle wachte ich tatsächlich von irgendeinem fernen Geräusch auf. Dies ist beileibe nicht das erste Mal, dass ich das Gefühl hatte, von etwas Bösem verfolgt zu werden. Bitte sagen Sie mir, was da passiert, damit ich mich ein für alle Male von diesen Albträumen befreien kann.« – *M. P.*

Lassen Sie sich nicht von M. P.s Gang in die Küche, ihrer Unterredung mit der Mutter und dem Auftreten von Wunden täuschen. Es handelt sich hier dennoch um einen klassischen Fall von Astralkatalepsie – angefangen von dem seltsamen Geräusch über das Gefühl, jemand oder etwas drücke sie auf ihr Bett nieder, bis hin zu dem Eindruck, dass die Wesenheit im Zimmer böse sei. Je nachdem, wie intensiv unsere Furcht ist und wie lange wir bis zum vollständigen Aufwachen brauchen, löst die halb bewusste Angst, die uns angesichts der Erkenntnis ergreift, dass der Geist halb im Körper und halb außerhalb des Körpers weilt, alle möglichen Traumbilder davon aus, wie wir nach sicherer Zuflucht suchen. Manche Menschen schaffen es, sich mit einem Gebet zu beruhigen, sodass sie sogleich aufwachen und nicht das Gefühl haben, ihr Bett je verlassen zu haben. M. P. steht ihrer Mutter sehr nahe und holte sich folglich bei ihr Trost und Zuspruch. Die Wunden, die sie sah, waren nur eine Manifestation ihrer festen Überzeugung, dass sie von etwas Schrecklichem attackiert worden wäre. Der wissenschaftlichen Lehrmeinung zufolge bewegt sich die Dauer eines Traums zwischen zehn und 40 Minuten. Da Astralkatalepsie im Grunde ein Traumzustand ist, der sich als Folge der irrtümlichen verstandesmäßigen Gleichung »Abwesenheit der Geistseele ist gleich Tod« einstellt, können sich dabei die vielfältigsten und zum Teil lang andauernden Gemütserregungen manifestieren. Trotzdem sind diese Phänomene nichts als die Nachwirkungen der sie auslösenden Astralkatalepsie.

Allein mit dem Wissen, was eine Astralkatalepsie eigentlich

ist und welches ihre normalen »Begleitsymptome« sind, können wir die Häufigkeit ihres Auftretens und viele ihrer Auswirkungen erheblich reduzieren. Manchmal verschwindet dadurch sogar das ganze Phänomen ein für alle Mal. Doch auch die Anwendung zusätzlicher Schutztechniken kann Wunder wirken: Vor dem Einschlafen baden wir im weißen Licht des Heiligen Geistes und beten, dass unsere Geistseele, so sie in der Nacht verreisen wolle, schnell und leicht aus dem Körper ausziehen und wieder in ihn zurückkehren möge.

Astralkatalepsie ist ein gutes Beispiel für den alten Spruch »Wissen ist Macht«: Wie gut ist es zu wissen, dass wir trotz aller gegenteiligen Gefühle und Erscheinungen zu keiner Zeit wirklich in Gefahr sind. Wir erschrecken nur ob der Erkenntnis, dass unsere Geistseele gerade auf dem Heimweg ist.

»Seit einiger Zeit plagt mich ein hartnäckiges Rückenproblem. Der Arzt verschrieb mir Schmerztabletten, die ich jedoch vor kurzem abgesetzt habe, obwohl ich noch starke Schmerzen habe, denn sie machten mich schlapp und lustlos. Während ich die Mittel einnahm, träumte ich oft vom Verlust lieber Menschen und schöner Dinge, die mir etwas bedeuten. In einem wiederkehrenden Traum musste ich mit dem Flugzeug von zu Hause fort. Vor meiner Abreise nahmen ›sie‹ mir die Katzen weg, und ich wurde in die Maschine gezerrt. Dabei flehte ich ›sie‹ an, mich doch bitte nicht von meinen Katzen zu trennen. Ich weiß, es sind nur Träume, aber ich kann kaum beschreiben, wie durcheinander ich jedes Mal beim Aufwachen war und wie lange es manchmal dauerte, mich von der Traurigkeit, die sie in mir auslösten, zu erholen.« – *B. B.*

Das ist offensichtlich ein kathartischer Traum, in dem B. B. ihre Ängste thematisiert, von etwas getrennt zu werden oder etwas zu verlieren, was ihr sehr am Herzen liegt. Interessant ist, dass kathartische Träume dieser Art in den beiden von ihr erwähnten Situationen ausgesprochen häufig auftreten: Wenn wir physische Schmerzen haben, besonders wenn diese länger anhalten, leiden wir unter dem Verlust bzw. vorübergehenden Fehlen unseres gewohnten körperlichen Wohlbefindens, selbst wenn der Schmerz sich zu anderen chronischen Beschwerden hinzuaddiert, an die wir bereits gewöhnt sind. Wie auch immer unser Gesundheitszustand im Allgemeinen sein mag, wir haben uns an ihn gewöhnt. Er ist das, was wir für uns persönlich als »normal« empfinden. Wird er nun in irgendeiner Weise aus dem Lot gebracht oder beeinträchtigt, muss unser Unbewusstes das zwangsläufig als einen Verlust oder Mangel ansehen und es in unseren Träumen ausagieren.

Das Gleiche gilt bei der Einnahme jeder Art von starken Medikamenten oder psychoaktiven Drogen. Sofern es sich um ärztlich verordnete Mittel handelt, liegt es mir fern, das medizinische Behandlungskonzept Ihres Arztes in Zweifel zu ziehen. Als Medium kenne ich mich in Gesundheitsfragen zwar sehr gut aus und habe genug erfahren und gelesen, um gewisse Empfehlungen aussprechen zu können, aber ich bin nun einmal keine approbierte Ärztin und werde auch nicht vorgeben, es zu sein. Darum will ich Sie nicht ermuntern, die Ihnen verschriebenen Medikamente fortzuwerfen, ohne Ihren Arzt vorher zu konsultieren.

Das Problem bei Medikamenten und Drogen – und genau betrachtet oft der eigentliche *Zweck* ihrer Einnahme – ist, dass sie bewusstseinsverändernd wirken. Was mich immer wieder erstaunt, ist, dass Menschen, die Drogen nehmen – insbesondere Designer- und Partydrogen –, den Vorwurf, sie seien unter dem Einfluss der Mittel nicht sie selbst, entrüstet zurückweisen. Im Gegenteil, so behaupten sie, sie seien absolut sie selbst! Es mache ihnen eben Spaß, Drogen zu nehmen, aber das bedeute nicht, dass sie damit nicht umgehen könnten. Drogen, so klären sie uns auf, würden sie in keiner Weise beeinträchtigen oder beeinflussen. Schön wär's! Natürlich beeinflussen sie sie. Warum sonst würden sie weder Mühen noch Kosten scheuen, um sie sich zu beschaffen? Abgesehen davon, dass Drogen nachweislich unseren natürlichen Schlaf und die REM-Zyklen stören, rufen die darin enthaltenen bewusstseinsverändernden Substanzen solche kathartischen Träume über Verlust und Trennung hervor. So wie wir ein Gefühl dafür haben, was »normal« für unseren Geist und die Klarheit unserer Gedanken ist. Starke Drogen rauben uns den Verstand und die gewohnte Klarheit oder vermitteln uns zumindest den Eindruck, davon abgeschnitten zu sein. Und was könnte extremer sein als das? In B. B.s Traum tauchen die Katzen als Archetypen für »etwas Bedeutendes« auf, von dem sie sich nicht trennen wollte. Welcher Archetyp auch immer in unseren eigenen kathartischen Träumen auftreten mag, beim Aufwachen sollten wir uns als Erstes fragen: »Welcher wichtige Teil meines Lebens droht mir zu entgleiten, und was kann ich dagegen tun?«

Zum Glück hat B. B. bereits die vom Arzt verordneten Schmerztabletten abgesetzt. Sie sollte sich von ihm an einen guten Neurologen überweisen lassen, der in der Lage ist, ihr Rückenleiden zu kurieren.

»Ich habe wiederholt davon geträumt, wie ich eine nie endende Treppe hinaufgehe. Wenn ich nach oben schaue, sehe ich nichts als Stufen vor mir, die in der weiten, weiten Ferne zu einem Punkt zusammenzulaufen scheinen. Obwohl ich steige und steige, werde ich weder müde noch kurzatmig. Einmal war ich in meinen nächtlichen Exkursionen beinahe oben angekommen. Ich konnte die letzte Stufe vor mir sehen, aber nicht, was dahinter kam. Dann wachte ich auf, ohne zu wissen, was oder wer mich dort erwartete.« – *V. R.*

Hier haben wir es mit einem interessanten kathartischen

Traum zu tun, der für viele ähnliche Träume, die mir zugesandt wurden, repräsentativ sein dürfte. Man steigt und steigt oder geht und geht oder rennt und rennt, ohne dass man vorwärts oder dem Ziel näher kommt. V. R. bediente sich in seinem Traum der klassischen Bedeutung des »Treppen«-Archetyps, d. h. es geht für ihn darum, eine neue Stufe im Leben zu erklimmen.

Wann immer mir jemand von dieser Art von wiederkehrendem, aussichtslosem Traum erzählt hat, ging es um das Thema Perfektion. Der Träumende spürt die eigene Unfähigkeit, einem Ziel näher zu rücken und Fortschritte zu machen, egal, wie sehr er sich auch anstrengen mag. Zum besseren Verständnis sei erwähnt, dass jeder von uns in der jenseitigen Heimat im Rahmen seiner Vorbereitung auf die bevorstehende neue Lebensspanne je nachdem, was er in dieser Existenz lernen will, ein »Lebensthema« wählt, das den stärksten Motivationsfaktor oder die treibende Kraft für ihn darstellt. Insgesamt gibt es 44 Lebensthemen, die ich in meinen Büchern *Die Geisterwelt ist nicht verschlossen* und *Jenseits-Leben* vorgestellt habe, weshalb ich an dieser Stelle nicht mehr im Einzelnen darauf eingehen werde.

Wer sich nun vom Leitgedanken der Perfektion tragen lässt, setzt sich leicht unrealistisch hohe Standards und Ziele und wird darum unweigerlich mit Gefühlen der Enttäuschung, der Unzufriedenheit und des Versagens konfrontiert. Weil Perfektion auf der Erde nun einmal nicht erreichbar ist, bringt keine auch noch so große Anstrengung den Perfektionisten näher an sein Ziel heran. Könnten Träume mit einer treffenderen Symbolik für dieses Gefühl aufwarten als mit einer unendlichen Treppe oder der ständigen Hatz nach etwas, dem man nie näher zu kommen scheint?

V. R. ist offensichtlich gerade dabei, die Oberhand über sein Perfektionsthema zu gewinnen. Schließlich gelang es ihm einmal, einen Blick auf die oberste Stufe zu tun und zu erkennen, dass dort etwas auf ihn wartete. Dieses »etwas«, das jedem winkt, in dessen Träumen dieses wiederkehrende Thema vorkommt, ist die Freude, schwierige, aber dennoch realistische Aufgaben anzugehen und dann aufgeschlossen zu sein für das, was kommt – also den Prozess mit all seinen Fehlern, Mängeln und Rückschlägen zu akzeptieren. Sobald diese Erkenntnis gesichert ist und in der Praxis bewusst umgesetzt wird, hören die quälenden aussichtslosen Träume auf, darauf gebe ich Ihnen mein Wort.

»Kürzlich hatte ich einen Trum, der mich so sehr ängstigte, dass ich mitten in der Nacht hochschreckte. Ich erinnere mich nicht, etwas gesehen zu haben, aber ich hörte deutlich eine laute männliche Stimme, die da sprach: ›Du hast die Chance gehabt. Die meisten Menschen haben weniger Glück. Du stehst im Weg!‹ Ich kann mir überhaupt nicht vorstellen, was das heißen könnte. Wem oder was stehe ich im Weg?« – *M. M.*

Wenn wir einen Traum nicht verstehen, sollten wir – wie ich bereits dargelegt habe – zunächst bei uns selbst nach Antworten suchen und unsere persönliche Lage hinterfragen. Träume mit verwirrenden Inhalten weisen meistens auf uns selbst hin (»Du!«). Und dieser kathartische Traum bildet da keine Ausnahme. Öfter als uns lieb ist, stehen wir uns selbst im Wege. M. M. bildet da keine Ausnahme. Sie ist ihr größtes persönliches Hindernis, die schwierigste Hürde, die zwischen ihr und dem Erreichen ihrer Ziele steht. Obschon sie es in ihrem Brief nicht ausdrücklich erwähnte, weiß ich aus meinen medialen Quellen, dass sie mehr als einmal die Chance hatte, den beruflichen Werdegang einzuschlagen, den sie sich gewünscht hatte, dass sie aber immer wieder Ausreden findet, warum sie die sich bietenden Gelegenheiten nicht beim Schopf ergreift. Letztlich leidet sie unter Versagensängsten. Sie selbst ist sich dieser Furcht nicht bewusst, aber ihr Geistführer Frederic nimmt sie wahr. Es war seine Stimme, die sie sprechen hörte; er sagte, dass nicht jeder so viel Glück hätte wie sie; dass nicht jedem die Chance geboten würde, die sie mittlerweile verpasst hatte. Er wollte ihr vor Augen führen, was so typisch ist für viele Menschen: dass sie nämlich auf dem besten Wege sei, durch ihre eigene Angst just jene Entwicklung heraufzubeschwören, die sie am meisten fürchtet. Irgendwann bieten sich uns keine Gelegenheiten mehr, wenn wir sie allzu oft ausschlagen. M. M. sollte sich bewusst machen, dass das tragischste Versäumnis darin liegt, es nicht einmal versucht zu haben. Und sie sollte sich wie ein Mantra immer und immer wieder sagen: »Heute und von nun an will ich mir nicht mehr selbst im Wege stehen.« Dann wird weder sie noch Frederic je wieder mit diesem Thema konfrontiert, und sie kann den für sie richtigen Berufsweg erfolgreich beschreiten.

»Den folgenden Traum hatte ich zu einer Zeit in meinem Leben, als meine spirituelle Entwicklung sehr rasch voranschritt: Ich befand mich in totaler Dunkelheit und stand einem, wie ich meinte, absolut üblen Geist direkt gegenüber. Das Gefühl, das mir die Erscheinung – ein Mann – gab, war durch und durch böse. Er kam so nahe an mich heran, dass wir uns fast mit den Nasenspitzen berührten, und obwohl er größer war und mich überragte, standen wir uns doch irgendwie auf gleicher Augenhöhe gegenüber. Er schrie mich an: ›Ich bin Gott‹, woraufhin ich mit ruhiger Stimme entgegnete: ›Das bist du nicht.‹ Dreimal wiederholte sich dies, und obwohl er brüllte und mich dadurch einzuschüchtern versuchte, blieb ich ganz gelassen. Im Nachhinein betrachtet, war die Szene wirklich beängstigend, aber während ich träumte, wusste ich genau, dass ich geschützt war und er mir nichts anhaben konnte. Das wiederum machte ihn äußerst wütend.

Der Traum war sehr kurz, dennoch werde ich ihn nie vergessen.« – *D. D.*

Auch hier handelt es sich wieder um einen kathartischen Traum und eindeutig nicht um einen Astralbesuch, wie man vielleicht meinen könnte. Ich habe schon oft darauf hingewiesen und muss es in diesem Zusammenhang nochmals wiederholen: In der spirituellen Welt gibt es niemanden, der auch nur einen Bruchteil der Bösartigkeit entwickeln könnte, wie sie uns hier auf Erden bisweilen in Menschengestalt gegenübertritt. Wenn, wie bei D. D., ein böser Geist in einem Traum erscheint (und es keine weiteren Anzeichen für eine Astralkatalepsie gibt), ist das ein sicherer Hinweis dafür, dass er symbolhaft für einen Menschen in unserem Leben steht, den unser Unbewusstes als böse erkannt hat, ob unser Verstand diese Einschätzung nun teilt oder nicht. Lesen Sie auf alle Fälle das Kapitel über die »dunkle Seite« in meinem Buch *Die Geisterwelt ist nicht verschlossen*. Dann wird es Ihnen leichter fallen, die dunklen Wesen unter unseren Mitmenschen auszumachen und zu verstehen, woher sie kommen, was sie bezwecken und warum sie sich wohl umso widerspenstiger und aggressiver gebärden, je mehr wir unsere spirituelle Seite stärken. D. D. hat ganz richtig reagiert, indem er mit absoluter Gewissheit davon ausging, dass stilles Vertrauen auf unsere unerschütterliche Beziehung zu Gott solche dunklen Wesenheiten in die Schranken weisen und letztlich vertreiben wird.

»Mein Mann starb vor drei Jahren und ließ mich als alleinerziehende Mutter von fünf kleinen Kindern zurück. Seither habe ich ihn in drei Träumen gesehen. Jedes Mal versicherte er mir, dass er nicht gestorben sei. In einem dieser Träume brachte mich mein Geistführer zu ihm. Er arbeitete an einem unsicher wirkenden Ort. Überall lagen Trümmer herum. Ich würde diesen Traum wirklich gerne verstehen.« – *C. W.*

Natürlich waren das keine Träume, die C. W. hatte, sondern Astralreisen zu ihrem verstorbenen Mann. Sie hat absolut Recht, es war ihr Geistführer, der sie auf einer ihrer Exkursionen begleitete. Ich möchte weder C. W. noch andere Menschen mit ähnlichen Erfahrungen übermäßig beunruhigen, wenn ich sage, dass ihr verstorbener Mann noch nicht im Jenseits angekommen ist. Aber er wird es mit der Zeit schaffen. Im Augenblick jedenfalls ist er, um es in einfachste Worte zu kleiden, ein Geist. Aus tiefer Sorge über die Lage, in der er seine Frau zurückgelassen hat, und als eine Art fehlgeleiteter Selbstbestrafung für das Verlassen seiner Familie hat er es sich bislang versagt, den Heimweg anzutreten.

In C. W.s Astralbesuchen gibt es zwei Hinweise dafür, dass ihr verstorbener Mann noch nicht erlöst wurde. Darauf sollten wir bei jeder Astralerfahrung achten. Zum einen sagte er seiner Frau bei allen drei Besuchen, dass er nicht gestorben sei. Erdgebundenen Geistern oder Geistwesen fehlt das Bewusstsein, dass sie aus dieser Welt geschieden sind. Sie führen eine tragische und verwirrende Existenz. Stellen Sie sich einmal vor, Sie fühlten sich ebenso lebendig wie in diesem Augenblick, doch plötzlich scheint sich alles um Sie herum verändert zu haben: Ihre Freunde, Ihre Familie, ja Ihr ganzes Umfeld – alle ignorieren Sie, als wären Sie Luft. Und dann müssen Sie mit ansehen, wie Ihre Angehörigen um Sie trauern und sich mühen, ohne Sie zurechtzukommen, ohne dass Sie sie trösten und ihnen helfen können. Sie finden sich nicht mehr zurecht, und nichts, was einmal Sinn machte, hat jetzt noch Bestand. Am Ende werden alle erdgebundenen Seelen durch die Intervention von Geistwesen aus dem Jenseits und auch mitfühlenden Menschen erlöst. Von ihnen lassen sie sich schließlich überzeugen, dass sie gestorben sind und nur durch den Tunnel zu gehen brauchen, dem Licht entgegen, welches immer für sie zugänglich ist, um der verzweifelten Konfusion ein Ende zu bereiten und Frieden zu finden.

Zum anderen fand C. W. ihren Mann an »einem unsicher wirkenden Ort«, an dem »überall Trümmer herumlagen«. Worte wie »unsicher« und »Trümmer« passen überhaupt nicht in den Kontext des Jenseits hinein. Wenngleich wir auch in der jenseitigen Heimat in all den hier auf Erden bekannten Berufen tätig sind, gibt es doch in jener Wirklichkeit der universalen Vollkommenheit weder Unsicherheit noch irgendwelche Trümmer. Wann immer Sie einen verstorbenen Angehörigen an einem irgendwie unvollkommenen Ort arbeiten sehen oder er Ihnen unglücklich erscheint, stehen Sie entweder seinem erdgebundenen Geist gegenüber und müssen ihm helfen, den Weg zur himmlischen Heimat zu finden. Oder aber Sie haben einen kathartischen Traum, in dem Sie Trauer, Ängste und Verlustgefühle zu verarbeiten suchen.

»Im Traum fuhr ich mit dem Auto meiner Mutter, als ich irgendwie von der Fahrbahn abkam und sich der Wagen überschlug. Ich war noch am Leben und musste mit ansehen und anhören, wie sich die Polizisten mit meiner Familie über meinen Grabstein unterhielten und wie er auszusehen hätte. Dann starb ich und sah meinen Körper bei der Beerdigung im Sarg liegen. Nachdem man mich begraben hatte, konnte ich meinen eigenen Grabstein sehen. Nur die Inschrift konnte ich nicht lesen. Jemand legte Blumen auf mein Grab und sagte ›Ich bin so traurig, Janet‹. Wer war diese Person und warum trauerte sie um mich?« – *Janet*

Hier haben wir es mit einem äußerst faszinierenden Traum zu tun, der wesentlich komplexer ist, als es auf den ersten Blick erscheinen mag. Denken Sie daran, dass es sich immer dann, wenn wir uns selbst sehen können, wie es bei Janet der Fall war, um eine Astralerfahrung und nicht um einen Traum handelt. Auch wenn die Handlung wie im Zeitraffer von einer Szene zur anderen wechselt, bleibt sie dennoch in einer logischen Abfolge; auch das ist ein Indiz für eine Astralerfahrung. Dass es sich um einen prophetischen Traum handeln könnte, kann ich mit Sicherheit ausschließen, denn ich kenne niemanden, der – wachend oder schlafend – seinen eigenen Tod voraussagen könnte.

In Wirklichkeit haben wir es mit einer Astralreise in ein früheres Leben zu tun, in dem Janet zufällig den Namen Janice trug. Kein Wunder, dass sie den kleinen Unterschied überhörte. Hätte sie die Inschrift auf dem Grabstein sehen können, hätte sie die Daten »1902 – 1945« gelesen, denn so lange währte ihre damalige Lebensspanne. Janet/Janice starb tatsächlich an den Folgen eines Autounfalls, der sich im Norden Virginias ereignete. Die Person, die am Grab stand und sagte: »Ich bin so traurig, Janice«, war ihre verwöhnte, selbstverliebte Mutter. Am Abend des Unfalls war Janet zu ihr unterwegs gewesen, um ihr wieder einmal aus einer ihrer selbst inszenierten Krisen zu helfen. Während der Fahrt geriet das Auto auf eine vereiste Stelle; sie verlor die Kontrolle über das Fahrzeug, es überschlug sich und landete im Straßengraben. Ihre Mutter fühlte sich solchermaßen verantwortlich für den Tod ihrer Tochter, dass sie sich ein Jahr später selbst das Leben nahm.

Vielleicht hilft diese Astralerfahrung, einen alten Aberglauben zu zerstreuen, den ich schon hundert Mal gehört habe, und Sie wahrscheinlich auch: Es heißt, wenn man sich im Traum sterben sähe, würde man in eben jenem Moment tatsächlich im Schlaf aus dem Leben scheiden. Dies ist nicht nur unwahr, sondern geradezu irrwitzig. Betrachten Sie es einmal von dieser Warte: Wenn es wirklich wahr wäre, wie könnte man es dann überhaupt wissen? Um es herauszufinden, müsste man Menschen, die im Schlaf gestorben sind, nach den Träumen befragen, die sie just im Augenblick ihres Heimgangs hatten. Ich fürchte, dass dies eine ziemlich einseitige Unterredung wäre. Wenn Sie demnächst wieder einmal jemanden diesen Mythos aufwärmen hören, dann bitten Sie den Betreffenden doch, Ihnen zu sagen, woher er das so genau weiß. Mal sehen, was er antwortet!

»Ich hatte einen Traum, der mich nun schon seit langer Zeit verfolgt. Ich lag im Bett, hellwach. Meine verstorbene Großmutter und meine damals noch überaus lebendige Mutter schwebten über mir und unterhielten sich. Meine Großmutter redete davon, wie sie sich einmal den Arm mit Mutters heißer Suppe verbrannt hatte oder von etwas ähnlich Trivialem. Plötzlich erschien mein verstorbener Großvater, schaute mich voller Entsetzen an und sagte: ›Du bist die Nächste!‹ Meine Mutter starb einige Jahre nach diesem Traum an Leukämie. Ich habe solche Angst, die Nächste zu sein. Bitte helfen Sie mir, diesen fürchterlichen Traum zu verstehen.« – P. S.

Es ist nicht ungewöhnlich, dass sich zwei verschiedene Träume miteinander vermischen, so wie es im Fall von P. S. geschah. Zum einen wurde sie, selbst im Astralzustand befindlich, Zeugin eines Astralgesprächs zwischen ihrer Mutter und ihrer Großmutter. Sie hat ganz richtig verstanden: Ihre Mutter und ihre Großmutter unterhielten sich wirklich über eine Verbrennung, die eine kleine Narbe an Großmutters Arm hinterlassen hatte. Die alte Frau wunderte sich, dass die Narbe von ihrem »neuen«, jenseitigen Körper gewichen war, wie es bei allen Zeichen irdischer Verwundungen, Krankheiten und Gebrechen im Moment der Heimkehr der Fall ist.

Zum anderen erlebte sie einen kathartischen Traum, der durch das Erscheinen von P. S.' verstorbener Großmutter ausgelöst wurde. Darin benutzte sie das Bild ihres verstorbenen Großvaters, um ihre eigenen Ängste vor dem Tod im Allgemeinen und dem Tod ihrer Mutter im Besonderen zum

Ausdruck zu bringen. Diese Interpretation basiert weder auf medialen Erkenntnissen noch auf Mutmaßungen, sondern auf der rein logischen Analyse diverser Anhaltspunkte im Traum selbst. P.S. sah ihre verstorbene Großmutter im Gespräch mit ihrer Mutter vertieft. Dies dürfte sie zu der verständlicherweise erschreckenden Frage geführt haben: Wenn die Frauen in der gleichen Dimension miteinander reden können, eine der beiden aber gestorben ist, bedeutete das etwa, dass auch ihre Mutter tot war oder bald sterben würde? Wir wissen, dass die Antwort nein lautet. Schließlich treffen wir »Lebenden« die »Toten« regelmäßig im Schlaf. Dass P.S. jedoch so unerwarteterweise Zeugin dieser Szene wurde, muss für sie wohl alarmierend genug gewesen sein, um einen kathartischen Traum in ihr auszulösen.

Dass es sich bei diesem zweiten Teil um einen kathartischen Traum und nicht um einen Besuch handelt, ist allein daran abzulesen, dass kein Geistwesen aus dem Jenseits je einen Angehörigen »voller Entsetzen« anschauen würde, wie P.S.' Großvater es tat. Aus seinem Blick spräche vielmehr die reine, friedvolle und bedingungslose Liebe. Werfen wir nun einen genaueren Blick auf seine Botschaft »Du bist die Nächste«. Damit lag er auf jeden Fall falsch. Wir wissen, dass P.S.' Mutter zum Zeitpunkt des Traumes noch lebte und dann einige Jahre später verstarb. Also war zweifelsohne ihre Mutter die Nächste, einmal vorausgesetzt, »die Nächste« ist gleichbedeutend mit »die Nächste, die stirbt«. Doch selbst wenn er Recht gehabt hätte, fehlt immer noch jeder zeitliche Rahmen dafür, wann genau »die Nächste« an der Reihe sein sollte.

Das erinnert mich an die fünf Ausstiegspunkte, die ich in Kapitel 3 erwähnte und die wir alle in unserem Lebensentwurf verankern, bevor wir hierher kommen, also an jene fünf Möglichkeiten, die wir uns einräumen, um aus diesem Leben auszuscheiden und ins Jenseits heimzukehren. Manche nehmen den ersten Ausstiegspunkt, der sich bietet, und retten sich sofort hinüber. Andere warten womöglich den zweiten oder dritten ab. Wieder andere schließlich finden, dass sie noch eine Menge zu erledigen haben, und bleiben bis Nummer vier oder fünf hier auf Erden. Die Intervalle zwischen den Ausstiegspunkten folgen keinem bestimmten Muster. So könnten Nummer eins, zwei und drei beispielsweise schon im ersten Lebensjahr anstehen, Nummer vier im fünften und Nummer fünf im neunzigsten. Ich erlebte meinen dritten und vierten Termin, als ich 45 wurde. Mittlerweile bin ich 66 Jahre alt und nach Aussagen meiner Geistführerin noch nicht unbedingt im Begriff heimzugehen.

Hätten wir also noch nicht herausgefunden, dass die Botschaft in P. S.' kathartischem Traum unzutreffend ist, müssten wir uns fragen, wann dieses »nächste« Geschehen denn nun effektiv eintreten würde. Nun kann ich P. S. aus medialen Quellen versichern, dass sie noch viele, viele weitere Jahre hier auf Erden leben wird. Im Übrigen hat sie erst zwei ihrer Ausstiegspunkte verstreichen lassen.

Vergessen Sie also nie, dass sich jeder Traum bzw. jede Astralerfahrung zeitweilig mit anderen Träumen oder Astralerfahrungen verbinden kann. Achten Sie mithin auf auffällige Anhaltspunkte, wie sie in dem auf den ersten Blick äußerst beunruhigend wirkenden Traum zutage traten, der P. S. immer noch so unnötig durcheinander bringt.

»Ich habe eine 17-jährige Tochter, die ich sehr liebe. Doch seit ihrer Kindheit habe ich immer wieder geträumt, sie sei von einem Dämon besessen. In diesen Träumen hatte sie glühend rote Augen und sprach mit einer schrecklich tiefen Stimme wie im Film *Der Exorzist*. Es ist wirklich ein scheußliches und beängstigendes Gefühl, derart schlimme Träume vom eigenen Kind zu haben, und ich habe keine Ahnung, woher sie kommen.« – *F. R.*

Ich weiß, woher sie kommen. Doch bevor ich das erkläre, möchte ich erst ein paar Dinge klarstellen. Wie viele meiner Anhänger wissen, wurde ich katholisch, jüdisch, lutherisch und episkopal erzogen und genoss eine katholische Schulbildung. 50 Jahre lang habe ich mich leidenschaftlich dem Studium der Weltreligionen gewidmet. Heute bin ich bekennende christliche Gnostikerin und fühle mich allen Religionen verbunden, die Gott – unter welchem Namen auch immer – huldigen und verehren und die Würde und Heiligkeit des Lebens anerkennen.

Ich spreche also aus tiefstem Respekt und einer Position der Gewissheit heraus, wenn ich sage: Es gibt keinen Dämon. Es gibt keinen Teufel. Und es gibt nichts und niemand, der jemanden auf dieser Erde ohne dessen Wissen und Einwilligung besessen machen könnte – eine Einwilligung, die ein Kind im Übrigen auf keinen Fall zu geben vermag. Es gibt offenbar so etwas wie das Böse, das in den von Gott abgewandten Menschen verwurzelt ist. Aber meines Erachtens wird diese ganze Vorstellung vom »Teufel/Dämon/Satan« in vielen Religionen völlig überbewertet, sodass die Gläubigen von Furcht und Schuldgefühlen geleitet werden anstatt von der grenzenlosen ewigen Liebe und der Güte, die Gott uns Menschen seit Urzeiten zuteil werden lässt.

Ob Sie meine Philosophie teilen oder nicht, eines steht fest: Wann immer der Teufel, ein Dämon, Satan oder irgendeine andere Verkörperung des Bösen in einem kathartischen Traum erscheint, ist dies Sinnbild für eine tief in unserem Inneren verankerte Furcht, mit der wir uns auseinander setzen sollten. Nicht mehr und nicht weniger. Wenn Sie streng religiös erzogen sind, könnte die Dämonengestalt Ihre ständige Furcht davor symbolisieren, sündig und unwürdig zu sein und/oder in die Hölle zu kommen. Und auch dieser Vorstellung kann ich persönlich gar nichts abgewinnen. Wenn es – wie in F. R.s Traum – so aussieht, als sei ein Kind von einem Dämon besessen, so könnte dies (und im vorliegenden Fall trifft das tatsächlich zu) von einer Angst sprechen, die hin und wieder alle Eltern überfällt: der Angst vor der eigenen Unzulänglichkeit im Angesicht der Tatsache, voll verantwortlich für die moralische, charakterliche und religiöse Erziehung des Kindes zu sein und damit die großen, grundlegenden Eckpfeiler setzen zu müssen, damit es das glückliche und erfolgreiche Leben führen kann, welches wir ihm so sehr wünschen. Ich hatte einmal eine Klientin, die davon träumte, ihr Kind sei »böse«, bloß weil das Kind unehelich gezeugt worden war, gerade so als sei es der Fehler des Kindes oder als würde Gott dieses unschuldige kleine Leben nicht billigen.

Wenn also der Teufel – wie im Übrigen auch der Tod mit Kapuze und Sense, wo wir schon beim Thema sind – in Ihren kathartischen Träumen auftaucht, nehmen Sie beide nicht für bare Münze. Der Teufel verdammt Sie nicht zu einem Leben im Bösen (auch so etwas wie Flüche oder Verdammnis gibt es nicht), und das Erscheinen des Todes ist kein Zeichen dafür, dass Sie bald sterben müssen. Ihr Unbewusstes nutzt solche Gestalten lediglich, um in Ihren Traumbildern das Thema der »Furcht« auf eine Weise darzustellen, dass Sie es erkennen und sich höchstwahrscheinlich auch daran erinnern werden. Wenn Sie tief in Ihr Inneres blicken, kommen Sie fast immer zur Ursache der eigentlichen Angst. Und haben Sie die erst einmal identifiziert, ist der erste Schritt zu deren Überwindung bereits getan.

»Als Kind habe ich wiederholt davon geträumt, wie ich mich auf der Flucht vor etwas oder jemandem auf einem Dachboden versteckte. Als ich dann 16 war, begleitete ich einen meiner Freunde auf einem Besuch bei seiner Großmutter. Sie wohnte in einer anderen Stadt, in der ich noch nie gewesen war. Sie bat uns, die Weihnachtsdekoration vom Dachboden zu holen, und als wir hinaufgingen, um sie zu suchen, fand ich mich auf genau dem gleichen Dachboden wieder, von dem ich in meiner Kindheit so oft geträumt hatte.« – *J. I.*

In diesem Brief geht es ganz offensichtlich um prophetische Kindheitsträume; dennoch gibt es da eine Besonderheit, auf die wir alle in unseren eigenen Träumen achten sollten, eine Variante eben, die ein Déjà-vu-Gefühl auslöst. Um diese Träume zu verstehen, müssen wir uns erst einmal mit dem Phänomen des »Déjà-vu« auseinander setzen.

Über die detaillierten Lebensentwürfe, die wir im Jenseits verfassen, bevor wir in diese Welt hineingeboren werden, habe ich schon viel gesagt. Das Wort »detailliert« ist dabei noch untertrieben. Wir geben alle möglichen winzig kleinen Details an, zum einen, um sicherzustellen, dass wir die gesetzten Ziele auch erfüllen, und zum anderen, um uns selbst kleine, scheinbar triviale Zeichen zu setzen, die uns unterwegs immer wieder signalisieren, dass wir uns noch auf der richtigen Spur befinden. Von Zeit zu Zeit erkennen wir eine dieser Wegmarken aus dem Lebensplan wieder und stellen staunend fest, dass wir einen bereits erlebten Moment nochmals durchleben. Dabei handelt es sich nur selten um Augenblicke von offensichtlicher Bedeutung; eher sind es Dinge wie: »Ich saß in exakt diesem Auto, bei genau diesem Regen, hörte genau diese Musik im Radio, fuhr dieselbe Straße entlang und kramte genau wie jetzt im Handschuhfach herum.« Was wir gemeinhin als Déjà-vu-Erlebnis bezeichnen, ist nichts als das Stolpern über eine jener kleinen Wegmarken, die wir uns selbst in der himmlischen Heimat setzten – die wunderbare Erfahrung, uns für einen kurzen Moment an unseren Lebensplan zu erinnern und uns auf diese Weise darin bestätigt zu sehen, dass wir im Tritt mit dem Spielplan sind, den wir so sorgfältig ausgearbeitet haben.

Was J. I. passiert ist, erleben viele von uns hin und wieder, nämlich dass sich unser Unbewusstes im Schlaf an diese Wegmarken oder deren Details erinnert und sie sich noch einmal vor Augen führt, sowohl aus einem Gefühl des Heimwehs nach den himmlischen Gefilden heraus als auch, um uns daran zu erinnern, nach welchem kleinen, unbedeutenden Ereignis wir Ausschau halten sollten, um Bestätigung für die Korrektheit unseres Weges zu finden. Der Dachboden, von dem J. I. als Kind wiederholt geträumt hatte und in dem sie sich als 16-Jährige wiederfand, war eine solche Wegmarke. Nun ist es nicht unbedingt so, als hätte dieser Dachboden eine große Bedeutung in J. I.s Leben – es ist nicht so, als müsste sie dort den Rest ihres Lebens fristen oder dort heiraten; als würde sie gekidnappt und gegen ihren Willen dort festgehalten. Doch andererseits ist es alles andere als unwesentlich, wenn wir von unserer Geistseele und aus unserem Leben im Jenseits das Zeichen erhalten, dass wir mit unserem Lebensplan vollkommen synchron sind.

»Meine Mutter starb im März 2001. Ihr Tod löste viele Schuldgefühle in mir aus, und weil ich das Gefühl nicht loswurde, dass sie mir böse sei, bat ich sie, mich im Traum zu besuchen oder mir auf anderem Wege ein Zeichen zu geben, dass sie im Jenseits angekommen sei. Aber ich empfing keines – oder zumindest keines, das ich bemerkt hätte. Schließlich wandte ich mich an ein Medium, das mir versicherte, dass meine Mutter mir keineswegs böse, sondern im Gegenteil sehr froh darüber sei, wie gut ich sie betreut hätte. Gleich nach ihrer Ankunft habe sie alle Lieben wiedergetroffen. Nach diesem Gespräch fand ich nicht nur erstmals etwas Seelenfrieden wieder; auch meine Mutter besucht mich seither in meinen Träumen. Glauben Sie mir, ich bin dankbar dafür, aber die Frage erhebt sich: Warum musste ich erst ein Medium aufsuchen, damit sie mir erscheinen konnte?« – *C. O.*

Zuerst möchte ich meine Freude darüber zum Ausdruck bringen, dass Sie gute Erfahrungen mit einem Medium gemacht haben und Sie dort ehrlich und einfühlsam beraten wurden. Aus meinen medialen Quellen kann ich bestätigen, dass die erteilte Auskunft über Ihre Mutter völlig richtig war, und auch ohne zu fragen weiß ich, dass die Astralbegegnungen mit ihr im Schlaf schön und frei von jeglicher Verstimmung sind. Seien Sie sich im Klaren darüber, das kein Medium – ich selbst eingeschlossen – die Macht hat, verstorbene Angehörige erscheinen zu lassen bzw. am Erscheinen zu hindern. Wir können nur begreifliche Blockaden wie Furcht, Schuld und Trauer beseitigen helfen, die eine Kommunikation mit der geistigen Welt behindern; und genau das hat Ihr Berater getan. Überdies können wir den Ratsuchenden darin unterstützen, sich für Besuche von Geistwesen zu öffnen und die Zeichen erkennen zu lernen, die deren Gegenwärtigkeit ankündigen.

Lassen Sie mich an dieser Stelle jedoch eine Warnung einschieben, denn immer wieder werden Menschen von selbst ernannten Medien Hunderte oder gar Tausende von Dollar aus der Tasche gezogen, die deren Gefühle von Furcht, Trauer und Verletzlichkeit skrupellos ausnutzen. Man sollte ihnen das Handwerk legen und sie hinter Gitter bringen. Sollte Ihnen also ein so genannter Geistheiler, ein Medium oder »spiritueller Berater« weiszumachen versuchen, dass Ihr verstorbener Angehöriger erdgebunden oder gefangen sei und in der Hölle, im Fegefeuer oder an einem anderen Ort des Grauens schmoren müsse und dass nur teure Kerzen und/oder komplizierte Gebetsrituale und/oder eine lange Serie teurer Sitzungen und/oder großzügige »Spenden« den friedvollen Ausstieg Ihrer lieben Verstorbenen ins Jenseits sicherstellen können, legen Sie den Telefonhörer auf oder verlassen Sie *sofort* die Praxis, ohne auch nur einen Pfennig zu bezahlen. Zögern Sie überdies nicht, beim Betrugsdezernat der örtlichen Polizei Anzeige zu erstatten. Es ist unglaublich, aber wahr, dass schon viele intelligente Menschen aus allen Bevölkerungsschichten solchen verachtenswerten Profiteuren zum Opfer gefallen sind. Ihre Furcht, der »Experte« könne womöglich Recht haben, setzt sich manchmal über das Offensichtliche hinweg: dass es nämlich unser ganz persönliches Verhältnis zu Gott ist, das uns den Weg nach Hause bereitet – nicht die Kreditkarte oder das Scheckbuch. Er da oben kann mit unserem Geld nichts anfangen. Eine erfreuliche Tatsache, weil das Geld so in unserer Brieftasche bleibt, aus der wir das profane Leben bestreiten, in dem es erfunden wurde. Bitte seien Sie also vorsichtig, besonders in jenen Phasen von Kummer und Leid, in denen wir alle am verletzlichsten sind.

»In einem wiederkehrenden Traum besichtigte ich diverse ältere Häuser, bis ich schließlich ein dreistöckiges Anwesen entdeckte, das all die Merkmale aufwies, die ich so sehr liebe – einen viereckigen Turm, eine umlaufende Veranda und große Erkerfenster. Mein Mann und ich sprachen mit dem Immobilienhändler, der uns herumführte. Mein Mann war Feuer und Flamme und ging mit dem Immobilienhändler in ein Nebenzimmer, wo sie eifrig weiterredeten. Ich konnte ihre Stimmen hören, als ich mich umdrehte und eine alte Frau vor mir stehen sah. Sie war klein und schmächtig und schaute geradewegs durch mich hindurch. Und jedes Mal, wenn ich zu dieser Szene im Traum kam, empfand ich die gleiche Furcht – ein ungutes Gefühl, das mich auch während des darauf folgenden Tages immer wieder hochschrecken ließ. In einigen Bereichen jenes Hauses fiel es mir schwer zu verweilen, so als ob eine unbekannte Kraft uns aus dem Raum zu drängen versuchte. Aber ich schaffte es nicht, diese Frau zum Sprechen zu bringen bzw. herauszufinden, wer sie ist.« – *F.J.*

Dies ist ein weiteres kombiniertes Traumerlebnis, in dem unterschiedliche Szenen ineinander verwoben sind. Fangen wir bei dem Haus an, das F. J. im Kopf hat. Es gab es wirklich, lag im Norden Englands und war Ende des 17. Jahrhunderts im Besitz ihrer Familie. Sie spürt immer noch eine Affinität zu diesem Baustil mit den markanten Ausstattungselementen, denn sie hat noch viele glückliche Erinnerungen an dieses frühere Leben. Eingedenk dessen hat sie wiederholt prophetische Träume von einem Haus, nach dem sie und ihr Mann sich tatsächlich eines Tages umsehen werden – ein Haus, das zwar perfekt erscheint, aber vor dem sie gewarnt wird.

Auch wenn es noch so selbstverständlich klingen mag, will ich betonen, dass unsere Fähigkeit, Geistwesen und Geister zu sehen, während einer Astralreise dramatisch wächst, weil wir uns dann auf der gleichen höheren Schwingungsebene bewegen wie diese. F.J. hat ihr Potenzial noch nicht entfaltet, Geister und Geistwesen im realen Leben sehen zu können. Ohne die prophetischen Träume würde sie sich darum zweifellos in bestimmten Bereichen des Hauses unwohl fühlen, zu dem sie sich irgendwie magisch hingezogen wähnt. Womöglich würde sie ihre unguten Gefühle als »Einbildung« abtun (was übrigens eines von vielen überstrapazierten Worten ist).

F. J. unternimmt also nicht nur eine prophetische Astralreise zu dem Anwesen, das sie sich eines Tages anschauen wird und von dem sie sich wegen der Ähnlichkeit zu ihrem ehemaligen Familienanwesen so hingezogen fühlt, sondern sie trifft auch den Geist, der dort wohnt. In diesem Fall ist es der einer alten Frau namens Alice. Sie wurde in diesem Haus geboren, lebte und starb dort. Was sie mit dem Anwesen verband, war nicht unbedingt die große Liebe. Vielmehr war es damals der prachtvollste Bau weit und breit, und darin zu wohnen gab ihr das Gefühl, sich über alle anderen erheben zu können. Ein Leben lang hielt sie es für ihr gutes Recht, verwöhnt und versorgt zu werden, obwohl sie nichts dazu beitrug, sich dies auch zu verdienen. In späteren Jahren heiratete sie einen Mann, von dem sie fälschlicherweise glaubte, er sei ihr gesellschaftlich und finanziell gleichgestellt, bis sie entdecken musste, dass er ein Betrüger war, der sie systematisch um ihr üppiges Erbe brachte. Sie ermordete ihn und verscharrte seinen Leichnam auf dem Grundstück. Rechtlich wurde sie nie für ihre Tat belangt. Aber sie starb mit der Angst, dass man sie erwischen würde. Darum blieb sie zurück, um sicherzustellen, dass niemand, besonders nicht die Polizei, je die Leiche finden würde. Als Geist ist sie harmlos, aber sie sitzt dem Irrglauben auf, noch zu leben. Auch dürfte sie ihr einstiges Territorium vehementer verteidigen als jeder andere, fürchtet sie doch, jeder Eindringling könne über ihr Geheimnis stolpern und sie ihrer Freiheit berauben. Insoweit ist sie böse, und sie wird jeden, der in ihr Haus kommt, unnachgiebig quälen. F. J. sollte Alice klarmachen, dass sie in Wirklichkeit längst tot ist und ihr keine Verhaftung mehr droht. Abgesehen davon aber sollte sie sich von ihr fern halten und auch jenes Haus meiden. Und für uns alle gilt: Wann immer wir ein ungutes Gefühl zu einer Person oder einem Ort entwickeln, sei es im Wachen oder im Schlafen, sollten wir unserem Instinkt folgen und es nicht als »Einbildung« abtun.

»Meine beste Freundin starb vor einem Jahr und besucht mich seither im Traum. Mit Beginn ihres Auftretens stellten sich weitere Traumbilder ein, die ich meine, in irgendeiner Weise verwerten zu müssen, doch ich weiß nicht wie. Beispielsweise sagte meine Freundin darin einmal, sie würde bei dem ungeborenen Kind einer unserer gemeinsamen Freundinnen weilen. Das war alles, was sie sagte, und ich konnte mir keinen rechten Reim darauf machen. Dann aber wurde das Baby mit schweren gesundheitlichen Problemen geboren. Im Traum sah ich es sterben, und zwei Tage später wurde dies auch wahr. Danach träumte ich vom Bruder meines Mannes. Er ist 20, und in meinen nächtlichen Bildern sah ich ihn sehr weit weg und ziemlich durcheinander, weil ein Mädchen ein Kind von ihm erwartete. Einen Tag später erhielt mein Mann einen Anruf, in dem ihm mitgeteilt wurde, dass sich der Bruder, von dem ich geträumt hatte, in ernstlichen Schwierigkeiten befände. Er sei in schlechte Gesellschaft geraten und in diverse krumme Geschäfte verwickelt. Er war unauffindbar. (Doch es war nicht davon die Rede, dass er ein Mädchen geschwängert hatte.) Ist es ein Zufall, dass ich nie solche Träume hatte, bis meine beste Freundin starb? Soll ich Menschen warnen, wenn ich auf diese Weise von ihnen träume? Oder vermisse ich etwa meine beste Freundin so sehr, dass ich den Verstand verloren habe?« – B. D.

Wer sich nun fragt, ob eine prophetische, mediale Begabung gleichbedeutend damit sei, den Verstand verloren zu haben, weiß, wie ich mich mein Leben lang gefühlt habe. Schließen wir einen Pakt und werfen das Wort »Zufall« in einen Topf mit dem Begriff »Einbildung«, einverstanden?

Das Wichtigste bei prophetischen »Träumen«, wie B. D. sie hat, ist, sich zu überlegen, woher sie eigentlich kommen. Die Antwort auf diese Frage dürfte vielen von Ihnen, die ähnliche Erfahrungen gemacht haben, ein gutes Stück weiterhelfen.

Dazu müssen Sie wissen, dass nicht nur unsere Geistseele Zugang zu allen Lebensentwürfen in der Archivhalle hat und prophetische Informationen auf Astralreisen dorthin abruft, sondern dass jeder Bewohner des Jenseits dort ein und aus gehen kann. Darum ist diese Halle einer der geschäftigsten und meistfrequentierten Orte in der himmlischen Heimat.

Während wir also größtenteils unsere prophetischen Informationen durch eigene Astralbesuche in der Archivhalle erhalten, bekommt B. D. sie von ihrer verstorbenen besten Freundin, die in den Aufzeichnungen liest, auf kommende Ereignisse hinweist und andere Einblicke weitergibt. Unmittelbar nach dem Tod der Freundin haben die beiden Frauen eine optimal funktionierende astrale Kommunikation aufgebaut. So haben sie vielleicht bemerkt, dass der Hinweis bezüglich der Probleme, die es mit dem Baby geben würde, von der besten Freundin stammte. Dass sich B. D. mittlerweile besser an den Inhalt der ihr gegebenen Informationen als an deren Quelle erinnert, ist gut und vorteilhafter, als wenn es umgekehrt wäre. Was würde es bringen, wenn sie mit schönen Erinnerungen an Begegnungen mit ihrer besten Freundin aufwachte, sich aber kein einziges der dabei gesprochenen Worte ins Gedächtnis zurückrufen könnte?

Gewiss ist B. D. nicht die Einzige unter uns, die prophetische Informationen von lieben Verstorbenen erhält, nachdem diese Einblick in die Lebenspläne in der Archivhalle genommen haben. Dennoch ist dies nicht unbedingt üblich. Nur zur Klarstellung: Wenn so etwas geschieht, heißt das nicht, dass der Verstorbene nun Ihr Geistführer oder einer Ihrer Engel geworden sei. Ein Geistführer ist niemand, den wir auf der Erde kennen gelernt hätten. Vielmehr sind wir uns im Jenseits begegnet. Bevor wir unsere nächste Erdenreise antreten, verpflichtet er sich, während der bevorstehenden Lebensspanne unser ständiger Begleiter, Beobachter, Agent, Beichtvater und engster Freund und Verbündeter zu sein. Bei unserer Ankunft auf Erden ist er bereits an unserer Seite. Danach suchen wir uns keinen neuen mehr, wenngleich uns natürlich verstorbene Angehörige und Freunde auf unserem Weg mitbegleiten können. Und Engel, unsere herrlichsten und erhabensten Beschützer, sind eine ganz eigene Spezies. Sie inkarnieren niemals und würden nie auch nur ein einziges Leben in menschlicher Gestalt verbringen.

Wie auch immer Ihnen die Information zufließen mag, in Kapitel 3 über prophetische Träume habe ich bereits dargelegt, wie ungeheuer wichtig das Beten ist, auf dass uns keine so vagen, ungenauen oder unvollständigen Nachrichten übermittelt werden, mit denen wir hinterher nichts anfangen können. Nicht minder wichtig ist, dass Sie die Verantwortung für das, was Ihnen mitgeteilt wird, gewissenhaft übernehmen. Gott sei Dank empfange ich meine prophetischen Informationen ausschließlich im Wachzustand, sodass ich nicht von einer unendlichen, unentrinnbaren Flut überrollt werde. Dennoch werden Sie nie erleben, dass ich jemandem mehr voraussage, als er wissen möchte; dass ich Warnungen ausspreche, ohne gleichzeitig zu empfehlen, was zu tun sei; oder dass ich generell so vage Auskünfte erteile, dass ein Klient beim Verlassen meiner Beratungspraxis in tieferer Verwirrung steckt als vor seinem Besuch. Werden Voraussagen auf unverantwortliche Weise ohne das nötige Einfühlungsvermögen und Feingefühl gemacht, so sind sie nicht nur kontraproduktiv, sondern regelrecht grausam. Dann missbraucht der Berater ein Instrument, das der Menschheit andernfalls unschätzbare Dienste erweisen könnte.

Was B. D.s Schwager anbelangt, kann sie allabendlich vor dem Schlafengehen um Informationen bezüglich seines Aufenthaltsorts bitten. Die ihr zufließenden Antworten sollte sie mit ihrem Mann besprechen, weil in diesem speziellen Fall in der Familie ein echtes Interesse daran besteht, ihn zu finden und ihm zu helfen. Wenn er momentan nicht aufgefunden werden will, liegt das nur daran, dass er sich gedemütigt fühlt, außerordentlich verstört ist und keinen Ausweg mehr sieht.

Wir alle sollten uns ähnlich verhalten, wenn uns unsererseits ein Teil einer Geschichte anvertraut werden sollte, die uns wichtig erscheint: Wir sollten Fragen stellen, Antworten erbitten, weitere Einzelheiten zusammentragen und so lange immer wieder nachfragen, bis wir Antwort bekommen. Früher oder später wird dies geschehen. Wenn Gott uns die Gabe und die Bürde prophetischer Träume zuteil werden lässt, sind wir es Ihm zweifellos schuldig, etwas Sinnvolles damit anzufangen – nach allem, was Er für uns getan hat.

»Ich habe von meiner über alles geliebten Hündin geträumt, die ich vor fünf Jahren einschläfern lassen musste. Sie war im Himmel und fraß mir aus der Hand. Um sie herum gab es andere Tiere, doch ich erkannte keines von ihnen wieder. In der Nacht, in der ich diesen Traum hatte, verschwand mein Kater, den ich seit etwa fünf Jahren hielt. Zehn Tage lang habe ich ihn überall gesucht, doch nirgends gefunden. War es der Geist meiner Hündin, der den Kater in dem Traum zu sich rief und ihm versprach, sich um ihn zu kümmern? Oder ist das bloßes Wunschdenken meinerseits?« – *S. H.*

Seien Sie versichert, dass Tiere zu den meistgeliebten Geistwesen im Jenseits zählen. Ihr Übergang von der Erde zur himmlischen Heimstatt vollzieht sich ausnahmslos von einem Moment zum anderen. Wenn wir selbst dort ankommen, werden wir von all den Tieren, die wir in unseren vielen Leben einmal gehabt haben, begrüßt. Meine Geistführerin Francine hat mir mehrmals gesagt, dass die Menschen, die uns bei unserer Ankunft im Jenseits begrüßen möchten, kaum zu uns vordringen können, weil so viele Tiere uns umringen.

Tiere sind wesentlich feinfühliger, als es je einer von uns Menschen sein könnte. Mit der gleichen reinen, bedingungslosen Liebe, die sie uns während ihres Erdendaseins schenken, und genauso umsichtig wie unsere Geistführer, wachen sie über uns aus den jenseitigen Gefilden. Es steht außer Frage, dass S. H. in jener Nacht, als ihr Kater verschwand, im

Jenseits mit ihrer Hündin zusammen war. Sie wusste, dass das Tier sterben würde, und wollte S. H. trösten und ihr versichern, dass sie dereinst alle wieder froh und glücklich vereint sein würden, denn Tiere erfreuen sich des ewigen Lebens ebenso wie wir. Es handelte sich hier also ganz bestimmt nicht um einen Traum, vielmehr um eine sehr reale Astralreise wie bei jedem glücklichen »Traum«, den wir von unseren heiß geliebten, verstorbenen Haustieren haben.

Nur für den Fall, dass Sie sich die Frage schon des Öfteren gestellt haben: Ja, es stimmt wirklich, auch Tiere träumen. Wenn Sie schon einmal einen Hund oder eine Katze im Schlaf haben »rennen« sehen, können Sie das sicher bestätigen. Wissenschaftler haben von einer Vielzahl von schlafenden Tieren Elektroenzephalogramme erstellt und herausgefunden, dass es bei Säugetieren und Vögeln (jedoch aus unerklärlichen Gründen nicht bei Reptilien) eine REM-Phase gibt. Sie tritt wesentlich häufiger als bei uns Menschen auf. Ich bin von Tag zu Tag mehr davon überzeugt, dass wir »Zweibeiner« uns etwas vormachen, wenn wir meinen, uns über die Tiere stellen zu können.

»Ich hatte einen Traum, der mich seit der Nacht, in der er aufgetreten ist, verfolgt: Ich bin im Auto unterwegs. Es ist Nacht. Ich sehe ein Motel und steuere darauf zu, um dort zu übernachten. Gegenüber auf der anderen Straßenseite stehen drei ältere Häuser und links davon eine ziemlich große, hell erleuchtete Tankstelle mit den typisch weißen Überdachungen der Zapfsäulen, wie sie bei den meisten Lkw-Rastplätzen in Colorado anzutreffen sind. Ich gehe in das Motel und melde mich an. Dann beschließe ich, zur Tankstelle hinüberzuwandern, um mir etwas zu trinken zu besorgen. Schließlich habe ich den ganzen Tag über im Auto gesessen und Lust, mir die Beine zu vertreten. Beim Überqueren der Straße fällt mir auf einmal auf, dass dort ja alle Lichter ausgeschaltet sind. Plötzlich bemerke ich einen großen schlaksigen Mann, der mir ständig auf den Fersen bleibt. Er ist mein ›Schatten‹, aber ich weiß nicht, warum ich das überhaupt weiß. Er ist über 1,80 m groß, sehr dünn, aber auch bärenstark. Zunächst umkreist er mich mehrmals, dann greift er mich an und haut mir vor die Brust. Ich kann nicht genau sagen, ob er ein Messer hat oder mit der Faust zuschlägt. Auf jeden Fall wirbelt er mich mit der gleichen Wucht durch die Luft, als wäre ich von einem Auto angefahren worden. Ich fliege kilometerweit hoch, bevor ich zu stürzen beginne. Im Fallen wird mir bewusst, dass der Aufprall ziemlich schmerzhaft sein dürfte und ich dabei vielleicht sogar umkommen werde. Als ich dann aber lande, spüre ich nichts dergleichen; ich komme vielmehr erstaunlich sanft und unverletzt auf dem Boden auf. Nun fängt der Mann an, mich sexuell zu belästigen; mehrfach haut er mir vor die Brust. Dann wache ich auf.« – R. P.

Dies ist ein ziemlich ungewöhnliches Phänomen, etwas kompliziert zu erläutern und erfordert mehr Geduld.

Zuerst einmal handelt es sich hier um eine Astralerfahrung, nicht um einen Traum. Die Klarheit der Details und die akribisch logische Abfolge der Handlungsstränge sind unverkennbar. Außerdem weiß ich aus meinen medialen Quellen, dass R. P. nichts dergleichen widerfahren ist noch je widerfahren wird. Es passierte vielmehr jemand anderem, den R. P. nicht einmal kannte. Bitte missverstehen Sie mich nicht: R. P. besetzte nicht etwa den Körper eines Fremden; vielmehr sah sie einen schrecklichen Überfall aus den Augen des Opfers.

Wenn wir in der Archivhalle sind, um Einblick in die zahllosen Lebenspläne zu nehmen, die dort archiviert sind, bieten sich uns mehrere Möglichkeiten. So können wir die Chronik eines Menschen beispielsweise vor unserem geistigen Auge abspielen lassen. Das dauert nur wenige Augenblicke und ist fast wie im Kino, nur dass der Film dreidimensional und sehr viel klarer vor uns abläuft – ähnlich wie ein Hologramm. Alternativ können wir uns einen Lebensplan akustisch wiedergeben lassen, so als würden wir uns in einer virtuellen Wirklichkeit ein Hörbuch oder Hörspiel mit allen Begleitgeräuschen anhören, sodass wir total in das Geschehen hineingezogen werden. Oder wir machen das, was R. P. tat, das heißt, wir tauchen regelrecht in diesen Entwurf ein, sodass unser Geist mit der Person verschmilzt, deren Lebensplan wir gerade studieren.

In der spirituellen Welt ist diese Verschmelzung die ultimative Form von Empathie. Wir verlieren dabei zu keiner Zeit unsere eigene Identität; auch übernehmen wir nicht die des Geistes, mit dem wir da verschmelzen. Aber wir sind vorübergehend in der Lage, dessen ganze Wirklichkeit in die unsrige aufzunehmen. Auf diese Weise durchleben wir die von uns abgerufenen Ereignisse in all ihren emotionalen und sensorischen Details, ohne wirklich am Ablauf der Dinge beteiligt zu sein. Dabei spüren wir keinen physischen Schmerz, weshalb auch R. P. unverletzt blieb, als sie nach ihrem langen Fall schließlich auf dem Boden ankam; darum auch wurde ihr im ganzen Verlauf dieses brutalen Angriffs kein einziges Haar gekrümmt.

Dass sich R. P.s Geist ausgerechnet mit dem Geist dieses speziellen Opfers und dessen Lebensentwurf verband, ist eine ziemlich ungewöhnliche, aber doch absolut realistische Erfahrung. Es würde sich für sie lohnen, die örtlichen Archive, besonders die von Colorado Springs, zu durchforsten und nach diesem Zwischenfall zu fahnden. Besonders wichtig wäre es dabei zu sehen, ob der Täter verhaftet und zur Verantwortung gezogen wurde. R. P. könnte ihn bestimmt identifizieren und, so unglaublich es klingen mag, vielleicht die einzige »Augenzeugin« sein.

»Mein Vater starb an einem Samstagmorgen im Juli 1999 an einem schweren Schlaganfall. Die Nacht darauf sah ich ihn klar und deutlich im Traum vor mir. Er saß auf einem Stuhl, den rechten Arm nach oben gewandt. Mit kräftiger Stimme forderte er: ›Erkläre mir bitte, was es mit dieser Sterberei auf sich hat!‹ Er schien das Ganze auf die leichte Schulter zu nehmen, so als wäre alles in Ordnung, sobald er erst einmal wüsste, was mit ihm passiert war. Mein Vater war ein kluger Mann, sehr gebildet, eine echte Führernatur. Niemand konnte ihn zu etwas überreden, was er nicht einsah. War es wirklich so, dass er mich um eine Erklärung bat? Blieb er auch im Tode seinen alten Prinzipien treu? Brauchte er eine Erklärung, bevor er weitergehen konnte?« – *K. R.*

Es steht außer Frage, dass K. R.s Vater einen schnellen und leichten Übergang ins Jenseits hatte, denn sein Geist konnte so kurz nach seinem Tod schon einen Astralbesuch abstatten. Wer ähnliche Erfahrungen gemacht hat, kann sicher sein, dass der Verstorbene den Heimweg im Handumdrehen bewältigt und sich ebenso rasch in seiner neuen Wohnstatt eingewöhnt hat. Ich beneide jeden, dem das gelingt. Mein eigener Vater brauchte acht Monate, bis er mich erstmals besuchen konnte. Er musste wie so viele andere Geistseelen bei ihrer Rückkehr in die jenseitigen Gefilde zunächst die Orientierungsphase durchlaufen.

Ja, K. R.s Vater blieb im Tod seinen Prinzipien treu. Wir alle tun das. Unser Geist wurde vor Ewigkeiten mit bestimmten grundlegenden, typischen, individuellen Eigenschaften ausgestattet und erschaffen, ebenso wie wir in jedes neue Leben mit grundlegenden, typischen und individuellen Eigenschaften hineingeboren werden. Diese Qualitäten verweben wir zu den mannigfaltigsten Persönlichkeiten, sodass mit jeder neuen Inkarnation ein Individuum mit mehr oder weniger gleichen Grundanlagen entsteht. Einige unter uns haben einen Sinn für

Humor, andere nicht. Einige von uns gehen mit dem Kopf durch die Wand, andere bleiben eher passiv. Einige sind Führungsfiguren, andere eher Mitläufer. Einige sind extrovertiert, andere eher reserviert. Unsere von Gott gegebenen Eigenschaften strahlen in ihrer ganzen Pracht und Herrlichkeit, wenn wir in der himmlischen Heimat sind. Dennoch sind wir nie jemand anders als *wir selbst*, so wie wir ungeachtet all der vielen Metamorphosen, die wir im Laufe unseres Lebens durchlaufen haben, immer noch die gleiche Person sind, die wir bei der Aufnahme in den Kindergarten waren. Wir sind nur älter geworden und klüger und größer und haben (hoffentlich) bessere Tischmanieren.

Und so kam auch K.R.s Vater, ausgestattet mit den gleichen Eigenschaften wie auf der Erde, schon in der Nacht nach seinem Tod aus dem Jenseits auf Besuch zu seiner Tochter und forderte: »Erkläre mir bitte, was es mit dieser Sterberei auf sich hat.« Wäre er ein schüchterner Mensch gewesen, der keinen Schritt ohne vorherige Rückversicherung gewagt hätte, hätte das wohl bedeutet: »Bitte erkläre mir, was mit mir passiert ist, damit ich weitergehen kann.« Doch K.R.s Vater, ein hochintelligenter Mann mit dem ausgeprägten Selbstbewusstsein einer geborenen Führungsfigur, forderte seine Tochter quasi zu einer Art Quiz heraus, nach dem Motto: »Also gut, ich weiß jetzt, was passiert, wenn wir sterben. Mal hören, wie du dir das Ganze vorstellst, damit ich dir zur Not ein paar Nachhilfestunden geben kann.«

Wenn irgendein verstorbener Angehöriger oder Freund aus dem Jenseits zu Besuch kommt, werden wir ihn stets als freundlich, liebenswürdig, friedvoll und frei von Zorn, Schuld, Vorwürfen und sonstigen irdischen Negativitäten erleben. Zudem werden wir oft schmunzelnd feststellen, dass er noch immer genau die Sprüche auf Lager hat, die wir so gut von ihm kennen.

»Ich träume immer wieder davon, dass mein Mann mich betrügt. In diesen Träumen betrete ich dann meistens ein Zimmer, wo ich ihn mit so einer 20-Jährigen im Internet chatten sehe. Letzte Nacht träumte ich auch noch, dass ich in einen Laden ging und sie dort zusamen sah. Irgendwie wusste ich, dass er ihr Geld und Geschenke schickte. Ich war so entsetzt, dass ich aus dem Laden rannte und in ein Auto lief. Bedeuten all diese Träume, dass er mich wirklich betrügt?« – S.

Ich muss wohl zwei Dutzend Briefe zu diesem gleichen Thema bekommen haben. In einigen Fällen handelt es sich um kathartische Träume, in denen eine Unsicherheit an der symbolischen Figur eines Partners oder Geliebten ausagiert wird, der in Wirklichkeit keinen Betrug begeht. Bei S. aber kann ich leider aus meinen medialen Quellen nur das Gegenteil behaupten. Ja, Ihr Mann betrügt Sie. Ihre kathartischen Träume wollen Ihnen etwas klarmachen, das Sie bereits wissen, und Ihnen vor Augen führen, dass es nur wehtut, wenn Sie vor der Wahrheit weglaufen, anstatt sich ihr direkt zu stellen – in Ihrem Fall laufen Sie in ein Auto, was natürlich nicht wörtlich zu nehmen ist, wie bei den meisten Traumsymbolen dieser Art.

Ich habe diesen schmerzlichen Traum aufgenommen, nicht um absichtlich die Gefühle von S. zu verletzen, sondern um eine weit verbreitete Angst anzusprechen. Außerdem will ich daran erinnern, wie wichtig es ist, kathartische Träume, in denen wir uns klein, missachtet und kraftlos fühlen, auf ein glücklicheres Ende umzuprogrammieren. Diese werden uns geschickt, um unsere Ängste loszulassen, nicht um sie zu verstärken. Auch S. sollte sich dazu entschließen, den Ausgang ihres Traumes neu zu schreiben, und zwar an der Stelle, wo sie ihren Mann mit der anderen Frau in dem Laden antrifft. In diesem Augenblick sollte er sich umschauen und seine Frau hereinkommen sehen, sich dann zu der anderen Frau hinwenden und ihr sagen: »Ein für alle Male, ich bin glücklich verheiratet, meine Frau ist alles, was ich mir je gewünscht habe, und noch viel mehr. Ich will nichts tun, was meine Beziehung zu ihr gefährdet.«

Was ich persönlich an Ihrer Stelle und der Stelle all der anderen vielen Frauen vorziehen würde, die ähnlich leiden wie Sie, ist Folgendes: Wenn Sie in den Laden kommen und dort Ihren Mann/Ihre Frau mit einer/einem anderen (nicht alle diesbezüglichen Zuschriften kamen von Frauen) sehen, stürmen Sie nicht nach draußen und rennen blindlings über die Straße, gerade so als seien Sie diejenige gewesen, die sich etwas vorzuwerfen hätte. Stattdessen konfrontieren Sie Ihren Partner und sagen ihm: »Ich habe nichts als das Allerbeste verdient. Ich glaube, es in deiner Person gefunden zu haben. Das war ein Fehler. Bitte lass mich wissen, wann du vorbeikommen und deine Sachen abholen willst.«

Und noch eines: So groß die Versuchung auch sein mag, schreiben Sie Ihren Traum nie dahingehend um, dass Sie den anderen attackieren, mit dem Ihr Partner Sie offenbar betrügt. Wer auch immer es sein mag, er ist nicht derjenige, auf den Sie sich verlassen und mit dem Sie ein gemeinsames Leben aufgebaut haben. Wenn man es genau betrachtet, ist er eigentlich bloß eine Randfigur.

Eine Freundin von mir wurde von ihrem Mann – ihrer ganz großen Liebe – wegen einer anderen verlassen. Über ein Jahr lang spielte sie in ihren kathartischen Träumen in allen Varianten durch, wie sie die Frau mit ihrem Auto überfuhr. Verständlich, wie ich finde; doch erst nachdem ich sie überzeugen konnte, den Ausgang ihrer Träume umzuschreiben und an die Stelle der Frau ihren eigenen Ehemann zu setzen, konnte sie die Sache endgültig hinter sich lassen und sich neuen Erfahrungen zuwenden. Ein Jahr lang im Schlaf die Illusion aufrechtzuerhalten, dass er mit der ganzen Sache irgendwie nichts zu tun habe, bedeutete bloß einen Aufschub für die Notwendigkeit, sich mit der Wahrheit zu konfrontieren: Irgendwann musste sie sich eingestehen, dass nicht sie, sondern er die eigentliche Zielscheibe ihrer Wut sein musste. (P.S.: Sie ist inzwischen wieder verheiratet und in ihrer Beziehung ausgesprochen glücklich; ihr Ex-Mann und die andere Frau aber haben sich nach zwei absolut unerfreulichen Ehejahren scheiden lassen – und stellen Sie sich vor, warum? Er hat sie betrogen. Was sagen Sie dazu?!)

Lassen Sie mich noch einmal wiederholen: Wenn wir uns in einem Traum als hilflos, machtlos und minderwertig erleben, dann heißt das nicht, dass wir dies auch in Wirklichkeit wären. Diese Träume führen uns nur vor Augen, dass uns der *Glaube* an unsere eigene Unterlegenheit niemals zu einem Happy End führen wird. Programmieren Sie den Ausgang solcher Träume positiv um und seien Sie gewiss, dass das in der Realität nicht ohne Folgen bleiben wird.

»In meinem Traum bin ich in einem Zimmer, an dessen Wänden sich lauter Regale befinden. Darauf sind viele Kästchen mit Herren- und Damenuhren gestapelt. Jedes dieser Kästchen enthält zwei Stück. Als ich meinen Blick nach unten wende, entdecke ich eine Schachtel, in der zwei Babypuppen liegen. Auf einmal stehe ich in einem Western-Saloon. Ich bin umringt von lauter Leuten, die so aussehen, als hätten sie sich für einen Ball fein gemacht. Es wird Twostep getanzt. Als die Musik verklingt, gehe ich an einen Tisch, an dem eine Gruppe junger Frauen Domino spielt. Alle Domino-Steine haben zwei Punkte. Eine Freundin von mir steht auf und sagt mir, sie hätte eine Doppelschicht hinter sich. Damit endet der Traum. Was um Himmels willen könnte er bedeuten?« – *M. P.*

Ist es nicht unterhaltsam, wenn wir gelegentlich einen Traum haben, der uns irgendwie bloß oberflächlich und albern erscheint – ein Traum, der zwar eine Botschaft enthält, aber keine wirklich weltbewegende? Ich hoffe, M. P. hat es genossen, in einem Western-Saloon einen Ball zu erleben und Twostep zu tanzen. Ich selbst zumindest fand die Vorstellung ziemlich amüsant.

Diese Zuschrift ist ein gutes Beispiel dafür, dass nicht alle kathartischen Träume in die Tiefe gehen, quälerisch und verstörend sein müssen. Manche wollen uns bloß an Kleinigkeiten erinnern, oft ganz triviale Dinge, die in unserem Unbewussten gespeichert sind. Bei Träumen wie diesem ist dies unweigerlich der Fall – Träume, die häufig mit weit hergeholten Geschichten aufwarten, nur um unsere Aufmerksamkeit zu erlangen. In M. P.s Fall geht es um die Zahl zwei, die sie ja geradezu ansprang. (Es hätte bloß noch gefehlt, dass ihr sie irgendjemand auf die Stirn tätowiert hätte.) Ich kenne viele Menschen, denen ähnliche »Nummern-Träume« Rätsel aufgegeben haben.

In diesem Fall ist die Antwort geradezu frustrierend einfach: Sehen Sie eine Zahl im Traum, bedeutet das schlicht und ergreifend, dass diese Zahl für Ihr Leben irgendeine Form der Wichtigkeit besitzt. Nicht mehr und nicht weniger. Was im Einzelfall so bedeutsam daran ist, kann höchst unterschiedlich sein, doch wenn Sie selbst einmal länger darüber nachdenken, fällt Ihnen bestimmt eher etwas ein, als wenn ich als Außenstehende das Ganze zu deuten versuche.

Kehren wir zum Beispiel von M. P. zurück. Ich werde an dieser Stelle auf weitschweifige Erklärungen verzichten, die ein ganzes Buch füllen würden. Nur so viel in Kürze: Mag sein, dass die Zwei in der Numerologie ihre persönliche Zahl ist. Wer sich mit Numerologie befasst, weiß, dass dies für einen praktisch veranlagten, hilfsbereiten, sanften, geduldigen, liebens- und vertrauenswürdigen Menschen steht, der immer zu Kompromissen bereit ist, wenn dies zur Beilegung von Dissonanzen sinnvoll erscheint. Die Nummer zwei könnte ferner bedeuten, dass wichtige Ereignisse in ihrem Leben oft am Zweiten eines Monats oder im zweiten Monat des Jahres geschehen (denkbar wäre auch der elfte, da die elf in der Numerologie auch als 1+1 = 2 betrachtet wird). Die Zahl könnte der Hinweis darauf sein, dass sie in einem oder mehreren ihrer früheren Leben eine Zwillingsschwester oder einen Zwillingsbruder hatte. Sie könnte ebenso gut auf eine Hausnummer verweisen, deren Einzelziffern sich zu einer Zahl addieren, die auf die Zwei zurückgeführt werden kann (zum Beispiel 641 Maple Drive: 6+4+1 = 11, und das wiederum lässt sich auf 1+1 = 2 zurückführen). Eine andere Möglichkeit wäre, dass sie in ihrem Lebensplan vorgesehen hat, zwei Kinder zu haben, zweimal zu heiraten, zwei Berufsausbildungen zu absolvieren; oder aber, dass sie Dinge immer erst beim zweiten Anlauf meistert und nicht gleich beim ersten. In ihrem Fall ist die Annahme berechtigt, dass die Zahl zwei in ihrem Leben eine eher angenehme als unangenehme Rolle spielt, da ihr im Verlauf des Traums nichts Negatives widerfährt und alle Symbole harmlos sind, von den Uhren und den Puppen angefangen über die tanzenden Paare und das Dominospiel bis hin zu ihrer Freundin.

Wenn in Ihren Träumen immer wieder eine bestimmte Nummer auftaucht, dann achten Sie einmal darauf, wann und wo Sie ihr im realen Leben begegnen, und notieren Sie dies jeweils. Ob Sie auf diese Weise herausfinden können, was genau sie für Sie bedeutet, sei dahingestellt. Ganz bestimmt aber bekommen Sie so einen Eindruck davon, ob Sie etwas Positives oder Negatives damit assoziieren, und das allein ist möglicherweise schon Antwort genug.

»Vor zehn Jahren hatte ich ein Semester lang einen Studenten namens Ricky in einem meiner Seminare. Wir waren nicht besonders vertraut miteinander. Ja, leider haben wir uns noch nicht einmal richtig gekannt. Anfang Dezember dieses Jahres aber tauchte er dann auf einmal in meinen Träumen und Gedanken auf. Ich wundere mich darüber, weil ich heute ganz woanders wohne und er auch nicht zum Kreis der Leute gehört, mit denen ich in Kontakt geblieben bin. Auch habe ich all die Jahre davor nicht nach ihm gefragt. Dennoch kam er immer wieder in meinen Träumen und Gedanken vor. Im Laufe des Monats überkam mich ein Gefühl der Unruhe und Niedergeschlagenheit. Kurz vor Monatsende dann las ich die traurige Botschaft, dass Ricky und sein Vater am Donnerstag vor Weihnachten bei einem Autounfall ums Leben gekommen waren. Danach verließ mich das Gefühl der Nervosität und Traurigkeit wieder.« – N. L.

Auf den ersten Blick könnte man das Ganze als typische Feiertagsdepression abtun, die N. L. mit den Nachrichten über ihren ehemaligen Studenten in Verbindung gebracht hat – wären da nicht die Träume und Gedanken, die sie schon Wochen vor seinem Tod hatte. Nur allzu oft verpassen wir hochinteressante kleine Details über unser Leben, wenn wir zu schnell nach »rationalen Erklärungen« greifen, die sich bei genauerem Hinsehen oft als weit hergeholt und alles andere als wahr erweisen.

Es ist eine weit verbreitete und verständliche Annahme, dass jemand, den wir aus einem früheren Leben oder unseren Aufenthalten im Jenseits kennen, eine besondere Bedeutung für unser aktuelles Dasein hat. Und natürlich ist dies auch vielfach der Fall. Ich gehe jede Wette ein, dass Sie bei allen Leuten aus Ihrem Freundes- und Bekanntenkreis auf Anhieb sagen könnten, ob Sie den oder die Betreffende(n) schon früher einmal gekannt haben.

Daneben aber gibt es jene Menschen, die wir allenfalls flüchtig kennen lernen und die weder großes Interesse noch sonderliche Neugier bei uns wecken und schon gar keine nen-

nenswerte Bedeutung für uns haben. Dennoch besteht zwischen uns eine Art sporadischer telepathischer Verbindung, sodass wir unbewusst an ihrem Leben Anteil nehmen, ohne dass wir uns darüber im Klaren sind. Dabei handelt es sich nicht unbedingt um einen Austausch auf Gegenseitigkeit. Vielleicht schenkt uns der andere nicht einmal einen flüchtigen, unbewussten Gedanken. Der Verbindung selbst tut dies keinen Abbruch. Es bedeutet bloß, dass der andere über weniger ausgeprägte telepathische Fähigkeiten verfügt als wir und/oder dass wir ein besseres Gedächtnis haben als er.

Wir können unmöglich wissen, wie viele Menschen wir aus unserer jenseitigen Heimat oder von früheren Inkarnationen auf Erden her kennen. Stellen Sie sich doch nur einmal vor, mit wie vielen Menschen Sie in diesem Leben zu tun haben: Angehörige, Freunde, Kollegen, Nachbarn, Bekannte und so weiter. Selbst bei vorsichtiger Schätzung kämen Sie bestimmt auf mindestens 50 Personen. Nun multiplizieren Sie diese Zahl mit der Anzahl Ihrer vergangenen Leben. Sind Sie nicht sicher, wie viele das in Ihrem Fall waren, dann dürfen Sie gern meine Zahl verwenden: 54. Das hieße 2700 Menschen, nicht gezählt all die vielen anderen Freunde und Bekannte aus dem Jenseits. Glauben Sie, dass Sie die Zeit – ganz zu schweigen von der Energie und dem Wunsch – hätten, in diesem Leben eine enge, spirituelle Verbindung zu 2700 Menschen aufrechtzuerhalten? Nein? Nun, ich auch nicht. Allein der Gedanke macht mich müde.

Genau daran liegt es, dass wir telepathische Beziehungen zu Menschen unterhalten, denen wir nicht besonders nahe stehen: Es sind Leute, die wir aus anderen Zeiten und von anderen Orten her kennen, mit denen wir damals unter Umständen sogar sehr vertraut waren, von denen wir uns dann aber in gegenseitigem Einverständnis getrennt haben, um den Zielen entgegenzustreben, die wir uns für dieses Leben gesteckt haben. Es ist nichts anderes, als würden wir mit einer Gruppe von Freunden zu einer großen Firmenfeier gehen. Ein jeder von uns hat seine eigenen Pläne, muss seine eigenen Kontakte knüpfen, will ganz bestimmte Leute treffen und jeweils unterschiedliche Dinge erledigen. Würden Sie den ganzen Abend über nur mit Ihren Freunden zusammenbleiben und jeden anderen außen vor lassen, dann würden Sie, wenn überhaupt, nur sehr wenig bewegen. Darum geht jeder seiner getrennten Wege. Man ist sich der Anwesenheit der anderen zwar am Rande bewusst, wechselt aber womöglich nicht viel mehr als ein paar flüchtige Worte miteinander und freut sich schon darauf, sich später miteinander über die Feier auszutauschen und sich die eine oder andere Anekdote zu erzählen.

Sollten Sie also einmal eine derartige Affinität zu einem beinahe wildfremden Menschen verspüren, dass dieser sogar mehrfach in Ihren Träumen auftaucht, brauchen Sie sich nicht verpflichtet zu fühlen, irgendwie darauf zu reagieren. Quittieren Sie es bloß mit einem Lächeln und nehmen Sie sich vor, es dem Betreffenden gegenüber zu erwähnen, wenn Sie dereinst im Jenseits wieder miteinander vereint sind.

»Mit etwa sechs Jahren hatte ich einen sich wiederholenden Traum. Jedes Mal schreckte ich daraus hoch, konnte mich aber immer nur an Fragmente der darin enthaltenen Bilder erinnern. Ich weiß nur, dass es irgendetwas mit einem Baby zu tun hatte, das nicht geboren werden konnte. Ich schwebte über einem Krankenhausbett, völlig in Panik; und dann war auf einmal Dunkelheit und irgendetwas mit Büschen. Ich erinnere mich auch daran, dass etwas Schreckliches im Zusammenhang mit der Farbe Rot darin vorkam, und solange ich Kind war, hasste ich die Farbe regelrecht. Meine Mutter sagt, wann immer ich den Traum hatte, sei ich zu ihr ins Schlafzimmer gerannt, hätte am Fußende ihres Bettes gestanden und in einer Art Fremdsprache auf sie eingeredet. Ich weiß nur, dass ich versuchte, ihr schnell von dem Traum zu erzählen, bevor ich ihn wieder vergessen hatte, und wie frustrierend es für mich war, dass sie mich nicht verstand.« – F. C.

Ich bin sicher, Sie haben alle erkannt, dass es sich hier um eine Astralreise in ein früheres Leben handelt. Aus meinen medialen Quellen weiß ich genau, was passiert ist. Die Szene spielt Anfang des 20. Jahrhunderts in Indien. F. C. war noch im Mutterleib und wartete darauf, geboren zu werden – ihre Mutter war ein junges Mädchen, das von ihrem eigenen Vater geschwängert worden war – ein wohlhabender, mächtiger Mann, der keinerlei Reue zeigte. Um keine Schande und Unannehmlichkeiten über die Familie zu bringen, wurde der Säugling unmittelbar nach der Geburt vom Vater und seiner ihm sklavisch ergebenen Frau direkt vom Krankenhaus zu einem Dickicht am Ufer eines Flusses gebracht, wo man ihn in ein rotes Laken gewickelt dem sicheren Tod überließ.

F. C.s Schilderungen von ihren wiederholten Vorlebens-Besuchen bergen einige äußerst bemerkenswerte Besonderheiten. Zum einen fällt auf, dass sie sich an ein Baby erinnert, das »nicht geboren werden konnte«. In der Tat musste sie vor ihrer damaligen Geburt viele Streitigkeiten in der Familie mit anhören; darin war stets die Rede davon, dass diese Schwangerschaft unerwünscht sei; dass das Kind eigentlich nie geboren werden dürfte; dass die junge Mutter das Kind auf keinen Fall behalten könne und sie es aller Voraussicht nach ohnehin nicht lebend zur Welt bringen würde, wo sie doch so zierlich gebaut sei und ein solch schmales Becken habe, und so weiter und so weiter... Endlose Tiraden, ausgelöst von dem Zorn jenes grausamen, arroganten Mannes, der es für sein gutes Recht hielt, seine eigene Tochter zu vergewaltigen, und der sich im Angesicht der Konsequenzen auch noch als Opfer sah. All diese an den Haaren herbeigezogenen Argumente ließen in F. C. den Eindruck »kann nicht geboren werden« entstehen.

Auch wenn noch so viele Leute bei dem, was ich jetzt sagen werde, die Nase rümpfen, stehe ich beileibe nicht alleine da, wenn ich meine: Von dem Augenblick, da die Geistseele in den Mutterleib eingezogen ist, kann der Fötus alles hören und verstehen, was in seiner Gegenwart gesagt wird. Wenn Sie da anderer Meinung sind, dann tun Sie mir den Gefallen, so zu tun, als hätte ich Recht (nur für den Fall, dass doch etwas dran sein könnte), und passen Sie gut auf, welche Worte und welchen Tonfall Sie wählen, wenn Sie sich in Gegenwart eines ungeborenen Kindes unterhalten. So hatte F. C. damals in Indien als armer, hilfloser Fötus noch im Mutterleib alles über das ihr bevorstehende Schicksal erfahren müssen. Kein Wunder, dass sie sich daran erinnert, wie ihr Geist »völlig in Panik« über dem Krankenhausbett schwebte, auf dem die Mutter ihr todgeweihtes Kind zur Welt brachte. Es ist immer tragisch, wenn ein Säugling schon bei seiner Geburt die Gewissheit in sich trägt, unerwünscht zu sein und in eine unsichere Welt hineingeboren zu werden, wo es abgelehnt, als Last empfunden und weder respektiert noch geliebt wird. Dabei ließe sich dies so einfach vermeiden, wenn man schlicht auf Diskretion achten würde, sobald ein ungeborenes Kind im Raum ist. Wäre das emotionale Wohlergehen eines hilflosen Wesens es nicht wert, sich dieser kleinen Mühe zu unterziehen?

Doch ich möchte F. C.s Vorlebenserfahrung noch unter einem anderen Gesichtspunkt beleuchten. Stellen Sie sich vor, Ihr sechsjähriges Kind käme mitten in der Nacht in heller Aufregung in Ihr Schlafzimmer gestürmt, würde Sie aus dem Schlaf reißen und einen wahren Wortschwall über Sie ergießen – auf Bengali! Ich hoffe, die traurige Geschichte von F. C. – wie im Übrigen alles, was Sie in diesem Buch gelesen haben – hat in Ihnen so viel Verständnis geweckt, dass Sie sich die Zeit nehmen würden, es zu trösten und in aller Ruhe nachzufragen, was genau es denn geträumt hat und wovor es solche Angst hat. Je deutlicher Sie Ihrem Kind zeigen, dass Ihnen seine Träume wichtig sind; je mehr Sie es ermuntern, Ihnen davon zu erzählen, und ihm helfen, sie zu verstehen, desto eher wird es sich an den Inhalt seiner nächtlichen Bilder erinnern. Und glauben Sie mir: Auch Sie selbst werden eine Menge dabei lernen. Zudem wäre es hilfreich, wenn Sie Ihr Kind bereits im Säuglingsalter in das weiße Licht des Heiligen Geistes einhüllten, sobald Sie es schlafen legen. Bitten Sie es bei dieser Gelegenheit, alle Negativität loszulassen, die es womöglich aus seinen früheren Inkarnationen mit auf diese Welt gebracht hat, auf dass sie sich in dem weißen Licht auflösen möge. Diese Lebensspanne, an dessen Anfang es noch steht, ist für sich genommen Herausforderung genug; um wie viel schwerer wäre sie erst zu bestehen, wollte der kleine Mensch auch noch all das zusätzliche Gepäck mit sich herumschleppen und müsste dann womöglich ständig über seine eigenen Füße stolpern.

Wenn Sie etwas wirklich Spannendes erleben wollen, dann stellen Sie ihm doch ab und zu einmal – etwa ab dem Alter von drei Jahren – morgens nach dem Aufwachen oder nach dem Mittagsschlaf ganz beiläufig die Frage: »Wer bist du eigentlich gewesen, bevor du hierher gekommen bist?« Setzen Sie es nicht unter Druck. Nötigen Sie es nicht zu antworten. Geben Sie ihm nicht das Gefühl, Sie wären enttäuscht, wenn es mit nichts Speziellem aufwarten könne. Sollte seine Antwort »keine Ahnung« lauten, dann insistieren Sie nicht. Versuchen Sie es ein andermal. Früher oder später wird es Ihnen ganz sicher alles über seine Vergangenheit berichten. Bestimmt bekommen Sie einige ebenso fesselnde Geschichten zu hören, wie sie mir meine eigenen und Hunderte von anderen Kindern erzählt haben, mit denen ich im Laufe der Zeit gearbeitet habe – Geschichten von einem Cowboy, dessen Pferd Cinnamon hieß; vom Untergang der *Titanic*; vom Überlebenskampf im Konzentrationslager; von der Arbeit in einer Gerberei am Flussufer; vom Herumreisen als Zugschaffner... Alles Mögliche kann da aus einem Kind heraussprudeln. Und oft sind die Schilderungen so komplex, als dass ein so kleines Wesen sie hätte an den Haaren herbeiziehen können.

Eines Tages saß ich mit meiner Tochter und meinen Enkeln zusammen. In unserem Gespräch waren wir an einem jener merkwürdigen Momente von kollektivem Gedächtnisschwund angelangt, da sich keiner – weder Gina noch ich noch meine damals siebenjährige Enkelin – mehr an den Namen der berühmtesten aller Pariser Sehenswürdigkeiten erinnern konnte. Wir zermarterten uns das Gehirn, stammelten vor uns hin, zeichneten Umrisse in die Luft und konnten kaum glauben, welche Hohlköpfe wir waren, als sich Willy zu Wort meldete. Er war noch nicht einmal vier Jahre alt und hatte die ganze Zeit über auf dem Fußboden neben uns gesessen und gespielt. Mit einem Anflug von Ungeduld in der Stimme meinte er: »Mann, es ist der Eiffelturm!« Ich würde mir nichts dabei denken, wenn ein Dreijähriger so etwas sagt, der zufällig in Paris aufgewachsen ist. Aber so etwas aus dem Munde eines Kindergartenkindes aus San José zu hören, das bis dahin kaum je aus seinem Umfeld herausgekommen ist (und im Übrigen keinerlei mediale Begabung hat), ist schon mehr als erstaunlich.

Diese kleine Geschichte zeigt uns, dass sich im Kopf eines jeden Kindes eine schillernde, faszinierende, grenzenlose Welt auftut, zu der es am ehesten im Schlaf Zugang hat. Ermuntern Sie Ihr Kind, dieses Reich zu erkunden, und zeigen Sie ihm Möglichkeiten auf, Reisen dorthin zu unternehmen. Helfen Sie ihm, die schmerzlichen Erfahrungen, die es dort gemacht hat, loszulassen. Und geben Sie ihm zu verstehen, wie interessiert und offen Sie für alles sind, was es Ihnen aus jener Welt zu berichten weiß. Sie geben ihm damit ein Geschenk, das ihm in diesem und allen weiteren Leben wertvolle Dienste leisten wird.

Wo wir gerade von Kindern reden, will ich Ihnen den Brief der jüngsten Einsenderin nicht vorenthalten. Die kleine Nina musste vor kurzem ihren Hund hergeben und hofft nun, bald an seiner Stelle ein Frettchen als Haustier zu bekommen. Ihr »Traum« macht mich – und bestimmt auch Sie – schmunzeln:
»Ich hatte vor kurzem einen Traum, in dem ich mich sehr glücklich fühlte. Ich war irgendwie gespannt, so als würde ich jemand Wichtiges treffen. Alle aus der Familie meiner Mutter waren da, auch meine verstorbene Tante, die bei uns ganz in der Nähe wohnte. Ich kannte alle, und alle waren froh. Die Geschwister meiner Mutter und meine Cousins und Cousinen waren auch da. Alle wirkten richtig glücklich. Sie waren in einem Raum zusammen, in dem ich mich wohl fühlte und der mir irgendwie vertraut vorkam. An einer Seite gab es eine Tür. Wer durch sie durchging, schien in irgendeine andere Welt überzuwechseln. Immer wieder ging jemand hinein, aber keiner kam je heraus. Irgendwann war ich an der Reihe und wollte gerade zu der Tür hinübergehen. Doch da sagten alle: ›Warte!‹ Ich blieb also stehen. Später – ich hatte das Gefühl, es wären ein paar Minuten gewesen – wandten sich auf einmal alle der Tür zu. Ich wurde so hingeschoben, dass ich direkt vor ihr stand. Mir war etwas mulmig zumute. Dann ging die Tür auf, und eine Frau kam heraus. Sie hatte zwei ›Hilfen‹, die sie stützten, aber sie wirkte nicht schwach. Sie war ungefähr 1,50 Meter groß, ziemlich füllig und hatte schwarzes, etwa schulterlanges Haar. Und sie strahlte übers ganze Gesicht. Ich hatte sie nie zuvor gesehen, aber ich wusste, dass sie meine Oma Ruby war. Sie kam mir wie ein Wesen direkt aus dem Himmel vor. Und auf einmal war ich in ihren Armen. Wir

weinten und lachten, und da wusste ich, dass mir von nun an nichts mehr geschehen konnte.«

Du bist ein Wesen direkt aus dem Himmel, Nina. Deine ganze Familie – die Lebenden und die Toten – haben den Beweis dafür geliefert, indem sie eine solche wunderbare Astralbegegnung im Jenseits arrangierten, um dir offiziell deine Oma Ruby vorzustellen – ein ganz besonderer Mensch, der dich liebt und auf all deinen Wegen über dich wacht. Und um die Frage zu beantworten, die du in deinem Brief gestellt hast: Ja, du wirst deinen Highschool-Abschluss schaffen. Deine Großmutter Ruby und ich vertrauen da ganz auf dich.

»Ich habe vor kurzem geträumt, wieder in Paris zu sein, wo ich vor sechs Jahren mit meiner Nichte im Urlaub war, die in der Tragödie vom 11. September im World Trade Center ums Leben gekommen ist. Ob sie selbst in dem Traum vorgekommen ist, weiß ich nicht mehr, aber dass ich in Paris war, daran besteht kein Zweifel.« – I. B.

Hier handelt es sich eindeutig um eine Astralreise, die I. B. nach Paris unternommen hat – an jenen Ort, an dem sie und ihre geliebte Nichte so herrliche gemeinsame Tage verbracht haben. Viele von uns unternehmen im Schlaf Astralbesuche zu solchen Lieblingsplätzen, um uns zu trösten und ins Gedächtnis zu rufen, dass wir einmal glücklich waren und dereinst wieder ebenso glücklich sein werden. Wir erleben diese Astralreisen als ebenso real wie alle Fahrten, die wir im Wachzustand unternehmen, und ich kann Sie nur dazu ermutigen, Gott und Ihren Geistführer darum zu bitten, an jenen Orten eine Begegnung mit Ihren lieben Verstorbenen zu arrangieren. Seien Sie versichert, dass diese den Platz ebenso ins Herz geschlossen haben wie Sie selbst.

Noch ein Wort des Trostes an die Adresse von I.B. und all die vielen anderen, die bei den schrecklichen Ereignissen vom

11. September nahe stehende Menschen verloren haben und nun von ihnen träumen, Astralerlebnisse mit ihnen haben oder noch auf solche Begegnungen warten: Seien Sie versichert, dass Sie Teil einer weltweiten Familie sind, die mit Ihnen trauert und für Sie betet. Ihre lieben Verstorbenen sind eingegangen in die Heerscharen der Engel, die auf immer und ewig mit Ihnen in der unendlichen, heiligen, liebevollen Umarmung Gottes ruhen.

Epilog

Welch eine Freude ist es für mich gewesen, dieses Buch zu schreiben! Angefangen hat alles mit dem brennenden Wunsch, meinen ganz persönlichen Wissensschatz und meine Ansichten weiterzugeben. Ich wollte das innige Verhältnis meiner Leser zu ihrer Traumwelt auf anschauliche Weise darstellen, ihre Liebe dazu erwecken und sie aufgeschlossener für ihre nächtlichen Bilder machen. Ich wollte auf gut lesbare und verständliche Weise logische Informationen und Betrachtungen über Träume liefern. Ich wollte die Macht der Geistseele verdeutlichen, die tief in unser Unbewusstes eingebettet ist, als lebendiges Zeugnis unserer Ewigkeit – unser genetisches Geschenk Gottes. Doch wie es mir so oft passiert, wenn ich mich leidenschaftlich der Lehre widme, erkannte ich auch diesmal, wie viel es dabei für mich selbst zu lernen gab. Beim Lesen Ihrer Traumberichte und der Betrachtung des von Ihnen eingesandten Materials mit Ihren Augen habe ich mich mit jedem Wort, das ich zu Papier brachte, neu in die Welt der Träume verliebt.

Während der ganzen Zeit, die ich an diesem Buch arbeitete, musste ich immer wieder daran denken, wie sich meine Großmutter Ada, meine erste Traumlehrerin, jeden Morgen als Erstes zu mir auf die Bettkante setzte, mich nach meinen Träumen befragte und mir so aufmerksam zuhörte, als würde es in ihrem Leben nichts Spannenderes geben. Sie war es auch, die mir beibrachte, mich mit meinen Albträumen anzufreunden, und mir erklärte, warum ich so oft das Gefühl hatte, im Schlaf das Bett verlassen zu haben und verreist zu sein, obwohl ich doch eindeutig die ganze Zeit über da gelegen hatte. Als ich wenige Jahre nach ihrem Tod erstmals eigene Vorträge zum Thema Träume hielt, fragte ich mich gelegentlich, ob sich die Menschen, die mir da so eifrig lauschten, wohl darüber im Klaren seien, wie viel besser sie dran wären, wenn Oma Ada statt meiner am Rednerpult stehen würde. Hoffentlich habe ich den Träumen meiner Enkelkinder das gleiche Interesse und Verständnis entgegengebracht, wie sie es mir gegenüber getan hat; und hoffentlich war ich ihnen eine ebenso gute Hilfe wie sie mir. Und ich schmunzle bei der Erkenntnis, dass ich nicht etwa denke, Oma Ada hätte dieses Buch gemocht, sondern dass ich denke, Oma Ada *wird es mögen*. Denn für alle, die es noch nicht wissen: Sie ist wieder auf der Erde, heißt jetzt Angelia Dufresne, ist acht Jahre alt und meine Enkelin. Wagen Sie nie, in meiner Gegenwart zu behaupten, dass Gott nicht großzügig wäre.

Ihrer Mithilfe und den Erfahrungen mit diesem Buch ist es zu verdanken, dass ich wieder Lust darauf habe, Traumseminare zu halten. Das ist nur so eine Idee, die mir im Moment kommt, und ich weiß wirklich nicht, woher ich die Zeit dazu nehmen soll. Aber wie ich schon viele, viele Seiten früher erwähnte, hat alles, was ist, einmal mit einem Gedanken begonnen. Wenn es also eine Möglichkeit gibt, dass wir gemeinsam unsere Träume erkunden, wird sie mir bestimmt nicht verborgen bleiben.

Angesichts all Ihrer vielen Zuschriften und dem, was ich bei der Arbeit an diesem Buch erfahren habe, muss ich Ihnen ein Geständnis machen. Ich habe erläutert, warum es so wichtig ist, ein Traumtagebuch zu führen, immer einen Stift in Reichweite des Bettes zu haben und im Augenblick des Aufwachens alles aufzuschreiben, was einem aus einem Traum oder einer Astralreise im Gedächtnis geblieben ist. Und ich meinte dies ganz ernst. Ich weiß aus eigenem Erleben, wie faszinierend es ist, alle paar Wochen ein gut dokumentiertes Traumtagebuch zu durchblättern, um uns die Muster unserer nächtlichen Bilder, die wiederkehrenden Archetypen, die Häufigkeit unserer Astralreisen und all die anderen Hinweise vor Augen zu führen. Sie zeigen uns, was sich in unserem Bewussten und Unbewussten eigentlich abspielt und mit welchen Themen wir uns im realen Leben auseinander setzen sollten. Wann immer ich ein solches Traumtagebuch geführt habe, habe ich dies als ausgesprochen hilfreich empfunden. Doch um ganz ehrlich zu sein, ich habe schon seit Jahren keines mehr geführt. Ich war viel zu beschäftigt, auf tausenderlei andere Dinge fixiert, bin wie eine Wahnsinnige rund um die Welt gereist, und bei all der Hektik habe ich es irgendwann aufgegeben, meine Träume zu notieren. Dieses Buch hat mich an mein Versäumnis erinnert und mir gezeigt, dass es an der Zeit ist, den guten alten Brauch wieder aufleben zu lassen.

Wir sollten unsere Träume weder als gegeben hinnehmen noch sie als triviale Wiederholung unseres Tagesablaufs abtun, so als würde uns des Nachts nur eine sinnlose Abfolge unverständlicher Bilder präsentiert, die sich tagsüber in unserem Unbewusstsein angesammelt haben.

Wäre dies der Fall, wie könnten Neugeborene dann träumen? Und dass sie träumen, daran besteht kein Zweifel.

Wäre dies der Fall, wie könnten Blinde dann träumen? Und dass sie es tun, steht ebenfalls fest.

Träume sind etwas, das wir alle gemeinsam haben, denn es gibt keinen Menschen auf der Erde, der keine nächtlichen Bilder sehen würde. Sie verbinden uns mit unseren Vorfahren, denn sie sind so alt wie die Menschheit selbst. Sie verbinden uns mit biblischen Zeiten, als dem Menschen im Traum

Weissagungen zuteil wurden, die das ganze Spektrum vom Wetter bis zur Ankunft Christi umfingen. Sie verbinden uns mit den Ureinwohnern Australiens, den Aborigines, die ihre Träume so verehren, dass sie die Schöpfung selbst Traumzeit nannten. Träume sind etwas, das wir mit Menschen in so exotischen Ländern gemein haben, dass wir noch nicht einmal ihren Namen aussprechen können; ebenso wie mit Angehörigen und Freunden, die uns liebend gerne von ihren Träumen erzählen würden, wenn wir uns nur die Zeit zum Zuhören nähmen.

Während ich dieses Buch schrieb, erzählte ich einer guten Freundin von meiner Arbeit. Sie ist eine viel beschäftigte, bodenständige Frau und Mutter und nicht unbedingt die Person, von der ich mir großes Interesse dafür erwartet hätte. Aber man lernt nie aus: Als ich ihr gegenüber das Thema der luziden Träume ansprach, wollte sie wissen, was genau das sei. Ich erklärte es ihr, sie antwortete: »Ach, die Art von Träumen meinst du. Die mag ich besonders gern! Ich kann mich zwar nur an zehn oder zwölf davon erinnern, aber immer, wenn die Handlung in eine Richtung geht, die mir nicht passt, drehe ich das Ganze so hin, wie ich es gern hätte.« Und dann erzählte sie mir, dass sie als Kind hoch oben auf einer Anhöhe gelebt hatte und wie viel Spaß es ihr gemacht hatte, im Schlaf mit ausgebreiteten Armen den Hang hinunterzurennen, bis sie schließlich abhob, um einen Rundflug über die Umgebung zu machen. Ich kenne sie seit vielen Jahren und war völlig perplex, weil ich ausgerechnet von ihr so etwas nie erwartet hätte. Nachdem sie mir mehrere grandiose Geschichten von luziden und prophetischen Traumerlebnissen erzählt hatte, meinte ich schließlich: »Und warum hast du mir das alles so lange vorenthalten?« Darauf entgegnete sie: »Du hast mich nie danach gefragt.«

Fragen Sie! Erzählen Sie in Ihrer Familie und Ihrem Freundeskreis von diesem Buch! Ich garantiere Ihnen, Sie werden die Menschen in Ihrem Umfeld besser kennen lernen und ihnen näher kommen, wenn Sie sich mit Hilfe dieses Buches in die Welt hineinversetzen, die diese im Schlaf erkunden. Unterhalten Sie sich über die Archetypen, die ihnen in ihren nächtlichen Bildern begegnen. Lassen Sie sich erzählen, welche Art von Träumen sie haben und welche Astralreisen sie unternehmen. Setzen Sie sich zusammen und überlegen Sie gemeinsam, was das alles bedeuten könnte – mit der gleichen Entschlossenheit, mit der Sie sich an die Entschleierung von manch anderem kleinen Geheimnis machen. Je mehr Praxis Sie in der Interpretation von Träumen haben, desto besser werden Sie auch Ihre eigenen nächtlichen Bilder deuten und im realen Leben daraus Nutzen ziehen können.

Sie erinnern sich sicher – es gibt fünf Traumkategorien.

Prophetische Träume sind immer in Farbe, und die Handlung findet stets in einer logischen Abfolge statt. Weil wir von Ereignissen »träumen«, die noch nicht stattgefunden haben und von denen wir sonst nichts wissen können, dürfen wir davon ausgehen, dass wir hierbei in Wirklichkeit Astralreisen ins Jenseits zur Archivhalle unternehmen, wo all unsere Lebensentwürfe aufbewahrt sind – an jenen Ort also, an dem per definitionem die Zukunft niedergeschrieben ist und nur darauf wartet, sich zu offenbaren. Wenn jemand tagsüber keine übersinnlichen Fähigkeiten entwickelt, ist noch lange nicht gesagt, dass er keine prophetischen Träume haben kann. Ich persönlich *bin* medial veranlagt, habe aber in meinem ganzen Leben noch keinen prophetischen Traum gehabt. Sollten Sie mit der Gabe des prophetischen Träumens ausgestattet sein, sollten Sie sich stets vor Augen führen, dass Sie sie ausschließlich zu einem guten Zweck verwenden und einfühlsam und verantwortlich damit umgehen. Ist dies nicht gewährleistet, sollten Sie lieber gar keinen Gebrauch davon machen.

Kathartische Träume spiegeln die Art und Weise wider, wie wir im Schlaf unsere Ängste und Frustrationen, unseren Stress und Zorn emotional »ausatmen« und ausagieren, um nicht tagsüber von dieser ganzen Last erdrückt zu werden. Auch Albträume fallen unter diese Kategorie, und Gott sei Dank gibt es sie. Denn ohne sie wären wir alle garantiert verrückt und/oder selbstmordgefährdet. Es handelt sich dabei gewöhnlich um ein Durcheinander von chaotischen Bildern, so turbulent wie all die Negativität, von der sie uns zu befreien suchen. Entdecken wir auch nur eine Kleinigkeit im Handlungsablauf, die keinen logischen Sinn ergibt, wissen wir wenigstens, dass es sich nicht um einen prophetischen Traum handelt und wir ihn auf einen glücklichen Ausgang umprogrammieren können. Dann sind wir in der Lage, den Verfolger oder was immer uns sonst Angst macht zu erkennen und zu besiegen.

Wunschträume sind genau das, was der Name verrät, nur gehen sie oft sehr viel tiefer, als wir meinen. Gelegentlich können wir ihre Aussage eins zu eins übernehmen. Wenn wir also von einem neuen Sportwagen oder einem Ausflug ins Disneyland träumen, spielen wir vielleicht wirklich mit dem Gedanken an ein neues Auto oder eine Reise in den Freizeitpark. Meist aber steckt das eigentlich Wichtige unter der Oberfläche, und so lohnt es sich, einmal genau hinzuschauen, welche emotionalen und spirituellen Wünsche hinter der Sehnsucht nach einem Sportwagen (»Ich will mein Selbstbewusstsein stärken« oder »Ich fühle mich unbeachtet und will mehr Aufmerksamkeit«) oder der Exkursion ins Disneyland (»Ich will meinen Alltag hinter mir lassen« oder »Ich möchte einen unbeschwerten Tag mit meiner Familie erleben«) stecken.

Erkenntnis- und Problemlösungsträume lassen uns mit Antworten aufwachen, die wir beim Schlafengehen noch nicht kannten. Sie zeigen uns, dass unser Geist aktiv ist, während wir schlafen, und dass er entweder auf telepathischem Wege Informationen oder Lösungsmöglichkeiten einholt oder Astralreisen zu Orten im Dies- oder Jenseits unternimmt, wo diese zu finden sind. Es liegt auf der Hand: Wenn etwas nicht aus uns selbst heraus kommt, müssen wir es von anderswo beziehen; und unser Geist weiß, wie er dorthin gelangen kann, auch wenn unser Verstand den Weg nicht kennt. Wie bei prophetischen Träumen und Astralerfahrungen folgen auch Erkenntnis- und Problemlösungs-»Träume« einer logischen, chronologischen Abfolge.

Astralbesuche ermöglichen tatsächlich reale Begegnungen mit den uns nahe stehenden Menschen sowohl im Dies- als auch im Jenseits. Unsere Empfindungen täuschen uns da in keiner Weise. Wir können im Schlaf, da unser geschäftiger, skeptischer Verstand ausgeschaltet ist, jeden beliebigen Menschen aufsuchen und empfangen, nach dem es uns verlangt. Wann immer wir uns im Traum ohne Flugzeug fliegen sehen, befinden wir uns auf einer Astralreise. Und wenn wir mit dem Gefühl erwachen, wir wären im Schlaf einem geliebten Menschen begegnet, dann würden wir uns einen Bärendienst erweisen, würden wir das Ganze als bloße Einbildung abtun. Nie sollten wir daran zweifeln, welche Kraft, welche Freude und welchen Trost uns die geistige Welt schenken kann; unsere Geistseele kennt sie in- und auswendig, denn wenn sie nicht gerade in einem menschlichen Körper steckt, weil sie glaubt, wieder einmal eine Inkarnation für ihre weitere Entwicklung zu brauchen, dann ist sie im Jenseits zu Hause.

Daneben gibt es noch eine Reihe von Begriffen, die Ihnen vertraut sein sollten, um eigene und fremde Träume deuten zu können:

Archetypen sind Symbole, die wir in unseren Träumen verwenden, um die Personen, Ängste, Frustrationen und anderen Gefühle, die es des Nachts zu verarbeiten gilt, bildlich darzustellen. Es gibt zwar zahllose klassische, traditionelle Definitionen dafür, was diese Symbole im Traumkontext zu bedeuten haben, aber keine Interpretation ist bedeutsamer und zutreffender als die, die sich aus Ihrer ganz persönlichen, spirituellen Beziehung zu dem jeweiligen Archetyp ergibt. Bevor Sie also in einem Traumlexikon oder in der in diesem Buch enthaltenen Aufstellung der Archetypen nachschauen, fragen Sie sich immer erst: »Was genau bedeutet dieses Symbol für *mich*?«

Astralkatalepsie ist ein beängstigendes, aber harmloses Phänomen, das sich immer dann einstellt, wenn der Verstand irgendwie merkt, dass die Geistseele den Körper verlassen hat und nun dorthin zurückkehrt. Diese Wahrnehmung löst immer eine Panikreaktion aus, wobei Panik oft noch eine milde Untertreibung ist. Klassische Anzeichen einer Astralkatalepsie sind das Gefühl der körperlichen und stimmlichen Lähmung, der Eindruck einer bösen Wesenheit, die uns niederdrückt und/oder auf uns lastet und/oder uns belästigt, sowie laute Geräusche wie Knistern, Knallen oder ein ätherisches Rauschen, das sich so anhört, als würden sämtliche Radiosender der Welt mit voller Lautstärke durcheinander funken. Astralkatalepsie ist ein weit verbreitetes Phänomen und, wie gesagt, ungeachtet aller anders lautenden Empfindungen völlig harmlos. Sie brauchen nur vor dem Einschlafen kurz darum zu bitten, dass Ihre Geistseele schnell und mühelos in Ihren Körper zurückkehren möge, um das Phänomen ein für alle Male zu verbannen.

Tagträume sind gewissermaßen spontane Meditationen, die uns wie ein Geschenk plötzlich in den Schoß fallen, wenn wir gar nicht mehr damit rechnen; wir merken sie erst, wenn wir schon mittendrin stecken. Meist sind sie positiv und beglückend, aber gelegentlich missbrauchen wir sie aus Unachtsamkeit dazu, unsere Sorgen und Ängste zu verstärken. Ist dies der Fall, können wir uns darauf programmieren, uns nicht länger in unserer eigenen Negativität zu suhlen, und auf diese Weise dafür sorgen, dass unsere Tagträume zu Affirmationen werden.

Luzide Träume können in jeder der fünf Traumkategorien vorkommen; der Unterschied besteht darin, dass wir uns während des luziden Traumes bewusst werden, dass wir träumen. Kaum haben wir dies erkannt, haben wir völlig freie Hand und können die weitere Handlung ganz nach unserem Gutdünken gestalten. So bieten luzide Träume die einzigartige Chance, uns selbst neu zu erfinden, unsere kühnsten Phantasien zu verwirklichen und in all die Rollen zu schlüpfen, in denen wir uns in der Realität schon immer einmal gefallen hätten.

Fernwahrnehmung ist eine Fähigkeit, die uns einen Gegenstand oder Ort, von dem wir physisch, geographisch oder zeitmäßig getrennt sind, detailliert wahrnehmen lässt. Wir können diese Gabe bewusst entfalten, wenn wir die entsprechenden mentalen »Muskeln« trainieren und uns für die Erkenntnis öffnen, dass wir alles sehen können, was wir wollen und wann immer wir wollen, ohne dazu auch nur einen Schritt vor die Haustür setzen zu müssen. Je mehr wir uns in unseren wachen Stunden in der Fähigkeit der Fernwahrnehmung schulen, desto leichter dürfte es uns fallen, uns an die Einzelheiten unserer nächtlichen Astralreisen zu erinnern.

Telepathie ist die direkte, tonlose Weiterleitung von Informationen, Wissen oder Gefühlen vom Verstand bzw. Geist eines Menschen an einen anderen, ohne dass der »Sender« oder »Empfänger« dabei auf einen seiner fünf Sinne zurückgreifen muss. Telepathie lässt sich sowohl im Wachen wie im Schlafen praktizieren, ist aber besonders im Rahmen von prophetischen sowie Erkenntnis- und Problemlösungsträumen nützlich, in denen unsere Geistseele ganz besonders offen für das Senden und Empfangen von spontanem Wissen ist.

Totems sind die Tiere, die wir uns im Jenseits selbst ausgesucht haben, damit sie während der bevorstehenden Lebensspanne über uns wachen mögen. Sie erscheinen oft in unseren Träumen, und vielfach halten wir sie für bedrohliche Wesen, die uns verfolgen und verletzen wollen. In Wahrheit aber rennen sie bloß so schnell, weil wir selbst rennen. Was bleibt ihnen anderes übrig, wo es doch ihre Aufgabe ist, nie von unserer Seite zu weichen.

In diesem Buch habe ich immer wieder Gebete angeführt, die Ihnen helfen sollen, sich mit jedem einzelnen Aspekt Ihrer Träume vertraut zu machen und anzufreunden. Ich wünsche mir, dass Sie von ihnen großzügig Gebrauch machen, ob Sie nun meine Formulierungen oder Ihre eigenen verwenden. Gott hat meine Stimme so oft gehört, dass ich mich manchmal frage, ob Er sie nicht bald leid ist; obwohl ich natürlich weiß, dass Ihm nichts ferner stünde als das. Aber Er würde sich freuen, auch Ihre Stimme zu hören. Und ganz gleich, was Sie Ihm sagen oder wie Sie es ausdrücken, Er versteht Sie immer.

Nur um es klarzustellen: Die Gebete in diesem Buch sind ebenso für mich wie für Sie gedacht, denn der Tag, an dem ich aufhören werde, Gott als Quelle von allem zu sehen, ist ein Tag, den niemand – nicht einmal Gott – je wird heraufdämmern sehen.

Darum das folgende Schlussgebet: »Lieber Gott, wir danken Dir für all die Träume, die wir hatten, und all die Träume, die wir noch haben werden. Wir wissen, dass Du sie uns schickst, damit unser Geist, den Du aus Deiner vollkommenen, bedingungslosen, ewigen Liebe heraus erschaffen hast, wachsen und gedeihen möge. Zum Dank geloben wir, das Wissen, das wir aus unseren Träumen beziehen, in Deinen Dienst zu stellen. Es möge Dir zu Lob und Ehre gereichen. Amen.«

Gott segne Sie und Ihre Träume.
Schlafen Sie gut.

Sylvia

ARKANA
GOLDMANN

Jenseits-Botschaften

Sylvia Browne
Die Geisterwelt ist nicht verschlossen
21567

James van Praagh
Und der Himmel tat sich auf.
Jenseits-Botschaften   21569

Sylvia Browne
Jenseits-Leben   21603

Joel Rothschild
Signale   21575

Goldmann • Der Taschenbuch-Verlag

Chadidscha, die einfühlsame, intelligente und warmherzige Internet-Bekanntschaft interessiert sich für Carsten, zweifellos. Mysteriöserweise beantwortet sie seine E-Mails manchmal fast übernatürlich schnell. Als Carsten einen von Chadidscha gegebenen Hinweis auf ihre Identität verfolgt, stößt er auf eine schockierende Realität ...

Carstens zwischen Sex und HipHop eingebettetes Weltbild kommt ins Wanken. Ein ebenso spannender wie tiefgründiger Dialog über das Leben, den Tod und über Purusha, die Ursubstanz der Welt, entspinnt sich.

GOLDMANN